CHUANGYE JICHU YU NENGLI XUNLIAN

# 创业基础与能力训练

主　编　龚秀敏
副主编　韩　莉

北京大学出版社
PEKING UNIVERSITY PRESS

图书在版编目(CIP)数据

创业基础与能力训练/龚秀敏主编. —北京：北京大学出版社，2016.6
ISBN 978-7-301-27382-1

Ⅰ.①创⋯　Ⅱ.①龚⋯　Ⅲ.①企业管理－高等学校－教材　Ⅳ.①F270

中国版本图书馆CIP数据核字（2016）第186606号

| | |
|---|---|
| 书　　名 | 创业基础与能力训练 |
| 著作责任者 | 龚秀敏　主编 |
| 责 任 编 辑 | 王慧馨 |
| 标 准 书 号 | ISBN 978-7-301-27382-1 |
| 出 版 发 行 | 北京大学出版社 |
| 地　　址 | 北京市海淀区成府路205号　100871 |
| 网　　址 | http://www.pup.cn　新浪微博：@北京大学出版社 |
| 电 子 信 箱 | zyjy@pup.cn |
| 电　　话 | 邮购部 62752015　发行部 62750672　编辑部 62765126 |
| 印 刷 者 | 北京富生印刷厂 |
| 经 销 者 | 新华书店 |
| | 787毫米×1092毫米　16开本　19印张　447千字 |
| | 2016年6月第1版　2016年6月第1次印刷 |
| 定　　价 | 39.00元 |

未经许可，不得以任何方式复制或抄袭本书之部分或全部内容。
**版权所有，侵权必究**
举报电话：010-62752024　电子信箱：fd@pup.pku.edu.cn
图书如有印装质量问题，请与出版部联系，电话：010-62756370

# 前　言

近两年,在"大众创业、万众创新"背景下,中国的创业热潮不断升温,创新创业已成为中国走向强国富民之路的重要战略。高校青年学子作为最具创意、活力和激情的群体,必将成为最重要的潜在创业者。因此,如何激发学生们的创业热情,培养其企业家精神,训练其创新创业能力,将成为高校以及全社会面临的重要课题。本书以培养年轻人的创业价值观为理念,在介绍创业理论的基础上强调理论与实践的结合,突出创业能力的开发和训练。我们也希望通过本书的应用能带来教学上的三个转变。

第一,从就业导向的创业教育向价值导向的创业教育转变。我们的创业教育应该引导年轻人为梦想而创业,而不是为就业而创业。创业教育不该是解决就业问题的致富技巧培训,而应该以培养具有创新精神、创业素质和社会责任的公民为目标。

第二,从认知型教学向能力型教学转变。从目前我们的课堂教学来看,大多数教学比较重视对知识的掌握,以完成理论认知过程为目标,这可能导致学生成为有知识、没能力的"短板"人才。尤其是创业人才的培养,更应强调创意、创新、行动和应用的意义。因此,本书通过大量的实践案例及课内外能力训练的设计,尽可能实现认知学习与能力训练的平衡,使学生在应用知识的基础上释放出创新的活力。

第三,从结果型教学向过程型教学转变。在传统教学中,教师重视教学结果,以学生的考试成绩或掌握知识的程度作为评价教学质量的标准。其实这个结果可以通过突击应试的方法来实现,同时这种教学模式也忽视了学生本身所具有的思想力和创新力。本书力求通过丰富的学习内容的设计,使学生在互动的课堂上把握创业精髓,全方位地参与学习过程,在过程中掌握知识并实现能力的提升。这好比老师把一只柠檬放到学生手中,不仅要教他们懂得柠檬的概念和特性,还要引导和激励他们行动起来,努力把柠檬变成柠檬汁。这个过程更有意义。

如果把社会财富比作一个大蛋糕,那么创业教育的目标应该是培育越来越多的有能力生产蛋糕的人,而不是只会瓜分蛋糕的人。这是我们编写这部教材的指导理念。

本书适用于各高校本科层次的创业管理课程的教学。教材由十个模块组成,以了解企业、组建企业和管理企业为线条将相关模块串联起来,形成整体框架。在每个模块中嵌入教学内容、案例讨论、课堂活动以及思考与实践四个部分,既包含理论知识,又涵盖了能力训练的内容。

- **教学内容**

主要介绍创业的基本概念、原理,使学生了解什么是企业,掌握创业的一般过程,对创业中的难点和问题有初步的认识。

- **案例讨论**

主要通过精彩的案例故事,向学生揭示创业中的问题和现实环境的复杂性,引导学生去

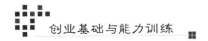

思考创业过程中出现的问题。

● 课堂活动

通过能力训练部分的设计,增加学生在课堂教学中的参与度,使学生在应用和模拟中掌握创业知识,培育创业意识。

● 思考与实践

在每个模块的最后部分,设计不同形式的课外实践操作题和思考题,供学生课后自我学习和实践。

与同类教材相比,本书具有以下特色:

● 突出能力训练。为每个模块设计相应的互动性小组活动,使学生在实践模拟中掌握知识,培养素质,训练能力。

● 穿插大量案例。为每个模块精心挑选大量的实际案例,帮助学生了解创业中的问题,总结创业经验,吸取失败教训。

● 课外延伸活动。在每个模块的结尾部分,都嵌入了课外学习的实践活动内容,引导学生在课外进行团队活动、问题探讨、资料收集、课题研究、实地调研、创业者采访等延展性学习,增加学生对创业者以及创业活动的深入了解。

为编写本书,几位编者投入了大量的时间和精力,付出了很多的心血和努力。经过对内容的多次修改、补充、更新和完善,本书终于正式出版,其中龚秀敏负责模块一、二、五、六、十及全书案例分析和课堂训练部分内容的编写;田寰宇负责模块一、七的编写;韩莉负责模块三的编写;张晓菊负责模块四的编写;傅巧灵负责模块八的编写;叶敏负责模块九的编写。

感谢大家精诚合作!

本书是将理论知识与能力训练融为一体的教学探索,在写作中难免有疏漏之处,敬请读者批评指正。

编者<br>
2016 年 3 月

---

本教材配有教学课件,如有老师需要,请加 QQ 群(279806670)或发电子邮件至 zyjy@pup.cn 索取,也可致电北京大学出版社:010-62765126。

# 目 录

**模块一 选择你的创业生涯** ……………………………………………………… (1)
  1.1 创业者肖像 …………………………………………………………………… (2)
  1.2 什么是创业 …………………………………………………………………… (6)
  1.3 选择创业的理由 ……………………………………………………………… (7)
  1.4 初创企业的生存空间 ………………………………………………………… (10)
  1.5 初创企业的老问题 …………………………………………………………… (12)
  1.6 初创企业的成功因素 ………………………………………………………… (15)

**模块二 认识企业** ………………………………………………………………… (25)
  2.1 什么是企业 …………………………………………………………………… (26)
  2.2 谁是企业家 …………………………………………………………………… (27)
  2.3 创新与企业家精神 …………………………………………………………… (28)
  2.4 企业的主要类型 ……………………………………………………………… (32)
  2.5 企业经营中的重要元素 ……………………………………………………… (36)
  2.6 企业的运作过程及在经济中的角色 ………………………………………… (40)
  2.7 企业为社会带来什么 ………………………………………………………… (42)
  2.8 小企业的魅力 ………………………………………………………………… (44)

**模块三 市场中的供给与需求** …………………………………………………… (63)
  3.1 市场与市场结构的基本类型 ………………………………………………… (64)
  3.2 需求——市场中买方行为 …………………………………………………… (67)
  3.3 供给——市场中卖方行为 …………………………………………………… (71)
  3.4 需求与供给的结合——市场供求均衡分析 ………………………………… (74)
  3.5 弹性原理与价格决策 ………………………………………………………… (76)

**模块四 你能成为创业者吗?** ……………………………………………………… (95)
  4.1 创业意愿 ……………………………………………………………………… (96)
  4.2 自我认识 ……………………………………………………………………… (98)
  4.3 培养高自我效能感 …………………………………………………………… (103)
  4.4 创新能力 ……………………………………………………………………… (104)
  4.5 领导力 ………………………………………………………………………… (106)

|     |     |     |
| --- | --- | --- |
| 4.6 | 风险承受 | (110) |
| 4.7 | 抗挫折力 | (112) |

## 模块五　创建你的企业 (123)
　5.1　创业想法的产生 (124)
　5.2　识别商业机会 (128)
　5.3　拥有企业的四种方式 (131)
　5.4　Timmons创业模型 (137)
　5.5　选择商业模式 (139)
　5.6　组建创业团队 (143)
　5.7　为你的公司注册 (146)

## 模块六　管理你的企业 (157)
　6.1　员工的招聘与管理 (158)
　6.2　创业者的时间管理 (163)
　6.3　初创企业风险管理 (169)
　6.4　供应商的管理 (173)

## 模块七　创业融资与资本市场 (187)
　7.1　创业资本的内涵 (188)
　7.2　创业融资的方式 (188)
　7.3　创业融资的主要渠道 (193)
　7.4　创业企业不同阶段的融资路径 (196)
　7.5　投资人的困惑 (197)
　7.6　借助资本市场创业 (199)
　7.7　创业企业在资本市场中扮演的角色 (201)

## 模块八　学会财务管理 (211)
　8.1　什么是现金流量和时间价值 (212)
　8.2　如何进行成本核算 (216)
　8.3　怎样使用财务报表 (221)
　8.4　怎样评估你的投资 (229)
　8.5　收入增长与利润增长 (235)

## 模块九　创业中的营销常识 (247)
　9.1　什么是市场营销 (248)
　9.2　营销管理理念 (249)
　9.3　了解营销组合 (252)
　9.4　营销管理过程 (253)
　9.5　营销创新 (259)

## 模块十　企业的商业计划 (267)
　10.1　商业计划——创业魔术师的设想 (268)

10.2 谁需要撰写商业计划 …………………………………………………… (269)
10.3 谁是商业计划书的读者 …………………………………………………… (270)
10.4 投资人想从商业计划书中看到什么 …………………………………………… (271)
10.5 商业计划书的内容 …………………………………………………… (273)
10.6 撰写商业计划书常见的问题 …………………………………………… (286)

# 模块一

## 选择你的创业生涯

**教学内容**
- 创业者肖像
- 什么是创业
- 选择创业的理由
- 初创企业的生存空间
- 初创企业的老问题
- 初创企业的成功因素

**案例讨论**
- 李彦宏创造的百度神话
- 柯达:一个曾经伟大的公司
- 一个创业失败者的真实故事

**课堂活动**
- 自主创业与工薪就业
- 你最想创办什么样的企业
- 创业企业应变能力测试

**思考与实践**
- 中美创业者资料研究
- 设计一份创业意愿调查问卷
- 进行行业研究

## 教学内容

# 1.1 创业者肖像

当你手握一只柠檬时,它仅仅是一只柠檬,很酸、很涩,无法为你带来更多的价值和财富。但是当你把这只柠檬制成一杯柠檬汁,并把它拿到市场上出售时,你会发现一个新的天地就在眼前。把柠檬变成柠檬汁的过程就是价值发现和财富创造的过程,也是我们称之为创业的过程。创业是一种伟大的人类活动,创业改变了很多人的命运,改变了世界的模样,更推动了人类社会的进步。

在《风险投资》一书中,伦敦商学院教授朱利安·伯金肖(Julian Birkinshaw)举了一个聪明的例子:假设一位高管乘坐英国维珍航空公司(Virgin Atlantic)的航班抵达希思罗机场(Heathrow Airport),在搭乘希思罗机场快线(Heathrow Express)进城时,他用爱立信(Ericsson)手机给办公室打了电话,又用IBM笔记本上网在特易购(Tesco.com)网站购物,然后通过英国信用卡在线服务(Egg)付账。要不是创业者勇于创建新的企业,上述活动就无法进行。

在这个世界上有无数多的创业者都成为商界英雄或成功故事中的传奇人物。其实他们之所以受到世人的敬重,并不是因为他们的成功和财富,而是他们身上所散发出的令人赞叹的人类光芒。勇敢、执着、坚毅、忍耐、冒险、责任、创新、变革……他们用理念和行动改变了世界。在这里,我们回顾十位成功创业者的业绩,看看他们为自己,为家人,为社区,为国家,为这个世界做了什么。

| 创业者:亨利·福特(Henry Ford,1863—1947) |
|---|
| 创建企业:Ford Motor Company——福特汽车公司 |
| 国籍:美国 |
| 创业成就:<br>　　1903年,福特与其他11位投资者一起建立了福特汽车公司。创业资金2.8万美元。1913年,福特创立了全世界第一条汽车流水装配线,并且以这种方式使汽车在美国快速普及。这种新的生产方式使汽车成为一种大众产品,它不但对当时的工业生产方式带来巨大的变革,而且还对现代社会和文化产生巨大的影响。1999年,《财富》杂志将他评为"二十世纪商业巨人",以纪念他对人类工业发展做出的杰出贡献。 |

| | |
|---|---|
|  | 沃尔特·迪士尼(Walt Disney,1901—1966) |
| | 创建企业：The Walt Disney Company——迪士尼公司 |
| | 国籍：美国 |
| | 创业成就：<br>1923年,沃尔特·迪士尼和他的哥哥一起创办了迪士尼兄弟动画制作工作室。他创造出了很多脍炙人口的卡通形象,如米老鼠、唐老鸭、白雪公主、小熊维尼等。伴随着一部部经典动画片,一代又一代的孩子在欢乐中长大。今天,迪士尼公司已经发展成为一个成功的跨国集团,其业务涉及电影、电视、音乐、主题公园、房地产、玩具、儿童图书以及其他娱乐事业等多个领域。2015年,其总资产达881亿美元,在全球拥有18.5万的员工。|

| | |
|---|---|
|  | 创业者：梅林·凯·艾施(Mary Kay Ash,1915—2001) |
| | 创建企业：Mary Kay——玫琳凯化妆品公司 |
| | 国籍：美国 |
| | 创业成就：<br>1963年,梅林·凯投入5000美元的全部积蓄,在美国达拉斯创建了自己的化妆品公司。那一年,她已经年近50。就在人们认为事业应该结束的时候,她却开始了创业生涯。公司成立伊始,她就以"丰富女性人生"为己任,为广大妇女提供前所未有的经济独立以及个人发展机会。她是美国历史上最具传奇色彩并获得巨大成功的女性。实际上,她的最大贡献不只是建立了庞大的化妆品商业王国,而是以积极的企业文化激励了千千万万的妇女去追求独立、自尊和自信,她的成就甚至可以和任何一位妇女解放运动领袖相媲美。2001年梅林·凯去世,但是她创办的公司还在继续辉煌。今天的玫琳凯公司已从早年的小型直销公司发展为业务遍及近40个国家的大型化妆品跨国公司。|

| | |
|---|---|
|  | 创业者：戴姆·安妮塔·罗迪克(Dame Anita Roddick,1942—2007) |
| | 创建企业：The Body Shop——美体小铺 |
| | 国籍：英国 |
| | 创业成就：<br>1976年,34岁的罗迪克在英格兰的布莱顿创建了第一家"The Body Shop",以出售清洁护肤品为主要业务。她的创业理由很简单,就是想维持家庭生计。此前由于工作原因,她曾去过很多国家,她发现：世界各地许多女性都是以天然蔬果为原料进行保养,且效果极佳。因此,罗迪克决定效仿并开发纯天然配方的护肤保养品。多年来,她一直坚持天然和环保理念,其诚实守信的经营原则深获英国当地居民的喜爱。1984年,美体小铺成功上市,罗迪克更是利用其影响力致力于创建"道德良心企业"。2007年,罗迪克去世,但是她经营的事业仍在继续。罗迪克不但是英国商界的先锋人物,更是女性创业家的典范。|

| | |
|---|---|
|  | 创业者:柳传志(1944— ) |
| | 创建企业:Lenovo——联想集团 |
| | 国籍:中国 |
| | 创业成就:<br>1984年,柳传志和其他11名科技人员投资20万元人民币共同创办了联想集团前身"北京计算机新技术发展公司"。在经历了30多年的创业艰辛后,当年那个仓库式小企业已经成长为我国计算机领域拥有多元化业务的大型集团。2005年5月联想完成对IBM个人电脑事业部的收购,成为全球个人电脑市场的领导企业。如今,联想集团的销售网络遍及全世界,在全球拥有4.2万名员工。 |

| | |
|---|---|
|  | 创业者:霍华德·舒尔茨(Howard Schultz,1953— ) |
| | 创建企业:Starbucks——星巴克咖啡店 |
| | 国籍:美国 |
| | 创业成就:<br>1971年,第一家星巴克咖啡店在美国西雅图创立,当时星巴克只出售咖啡豆。1987年,舒尔茨筹资买下了星巴克,成为星巴克的新主人。此后,他将星巴克转型成美国版的意大利咖啡屋,为顾客提供现煮咖啡。在经历了40多年的艰苦创业后,星巴克已经成为全球最大的连锁咖啡店。截至2015年,星巴克已在全球67个国家拥有23 450个店铺。2014年,公司总资产达107.5亿美元。那个童年时家境贫寒的少年已经成为拥有十多亿美元个人资产的亿万富翁。这是创业带来的奇迹。 |

| | |
|---|---|
| 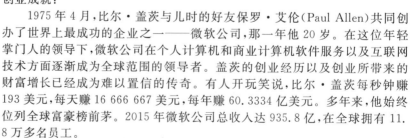 | 创业者:比尔·盖茨(Bill Gates,1955— ) |
| | 创建企业:Microsoft——微软公司 |
| | 国籍:美国 |
| | 创业成就:<br>1975年4月,比尔·盖茨与儿时的好友保罗·艾伦(Paul Allen)共同创办了世界上最成功的企业之一——微软公司,那一年他20岁。在这位年轻掌门人的领导下,微软公司在个人计算机和商业计算机软件服务以及互联网技术方面逐渐成为全球范围的领导者。盖茨的创业经历以及创业所带来的财富增长已经成为难以置信的传奇。有人开玩笑说,比尔·盖茨每秒钟赚193美元,每天赚16 666 667美元,每年赚60.3334亿美元。多年来,他始终位列全球富豪榜前茅。2015年微软公司总收入达935.8亿,在全球拥有11.8万多名员工。 |

| | |
|---|---|
| 创业者：史蒂芬·保罗·乔布斯(Steven Paul Jobs,1955—2011) | |
| 创建企业：Apple——苹果公司 | |
| 国籍：美国 | |
| 创业成就：<br>　　1976年,21岁的乔布斯在自家的车房里与26岁的斯蒂夫·沃兹尼亚克(Stephen Gary Wozniak)成立了苹果电脑公司,制造了世界最早商业化的个人电脑。1980年,苹果股票在华尔街上市,乔布斯从此跻身于百万富翁的行列。在后来的岁月中,乔布斯曾被苹果公司扫地出门,从一个成功者又变回创业者。但也正是这次巨大的挫折引领他进入了生命中最具创造力的阶段。1997年,乔布斯再次成为苹果公司的CEO,率领苹果公司为世人带来接连不断的惊喜,他本人也成为具有传奇色彩的创业英雄。与此同时,苹果公司的股价一路上升,2011年8月,首次登顶全球市值最大企业,打破了微软公司在1999年创下的6205.8亿美元纪录。2011年10月,乔布斯去世,但他已把苹果公司打造成美国最具价值的企业。他改变了这个世界,让人类的生活因现代科技而充满更多可能。 |  |

| | |
|---|---|
| 创业者：马云(1964—　) | |
| 创建企业：Alibaba——阿里巴巴集团 | |
| 国籍：中国 | |
| 创业成就：<br>　　1999年,马云和一群志同道合的伙伴创立了阿里巴巴集团,致力于为全球企业和个人创造便捷的网上交易渠道。其业务涉及国内外贸易的网上交易市场、网上零售、支付平台、网上购物搜索引擎以及分布式的云计算服务等。2012年7月,阿里巴巴集团将其核心业务调整成为七个事业群,分别为阿里国际业务、阿里小企业业务、淘宝网、天猫、聚划算、一淘和阿里云,以促进一个开放、协同、繁荣的电子商务生态系统。阿里巴巴拥有来自超过240个国家和地区的互联网用户和2.4万多名员工。 |  |

| | |
|---|---|
| 创业者：马克·艾略特·扎克伯格(Mark Elliot Zuckerburg,1984—　) | |
| 创建企业：Facebook——脸谱社交网站 | |
| 国籍：美国 | |
| 创业成就：<br>　　2004年,扎克伯格以一名哈佛大学二年级学生的身份开始创建他的网络社交帝国Facebook公司,创业资金1000美元。这个喜欢穿着T恤、牛仔裤和球鞋的年轻人,用自己的方法改变了全世界的交友方式,他也因此成为《福布斯》富豪排行榜上最年轻的独立创业的亿万富豪。2012年5月,Facebook在纳斯达克成功上市。2013年5月,公司首次进入全球财富500强之列,此时的扎克伯格年仅29岁。 |  |

无论是一百多年前的创业先驱,还是当今社会的创新楷模,这个世界因他们的存在而变得越来越精彩。与1903年福特通过传统经营模式不断壮大企业相比,今天新兴的创业者们借助网络载体和资本市场的运作,把高科技运用到各行各业中,在不断的融资扩张中,使企业获得了爆炸式的增长,他们中间也有人从单纯的创业者转型为私募股权投资基金①的管理者,参与到更多新兴创业企业的活动中。2012年1月,GEM(The Global Entrepreneurship Monitor,全球创业观察组织)发布了全球创业观察2011年度全球调查覆盖报告。报告指出,在GEM调查覆盖的54个国家和地区中,中国的早期创业活动指数排名第一,这说明我国已成为创业活动最频繁的国家之一,实际上,我国经济的快速发展也印证了这一点。

我们看到,在遍布于全国各地的创业园区中,正聚集着大量充满激情的创业者们,他们的学历不同、成长背景不同、创业领域不同,发展速度也参差不齐,但是这些创业精英都在努力扩大自己企业的业务,提高自身的经营能力,向着理想的目标努力。我们不知道他们中间谁会成长为未来的行业巨人,但我们可以肯定的是:每一棵繁茂的大树都始于一粒种子。相信在不远的将来,下一个奇迹就会在他们中间产生。

请借助网络资源指出下列创业者来自哪个国家或地区,创建了什么企业,属于什么行业,创业于什么时间,创业时的年龄是多少。

表1-1　你认识这些创业者吗

| 创业者 | 国家/地区 | 企业名称 | 所属行业 | 创业时间 | 创业年龄 |
| --- | --- | --- | --- | --- | --- |
| 杰夫·贝索斯(Jeff Bezos) | | | | | |
| 戴尔(Michael Dell) | | | | | |
| 李嘉诚 | | | | | |
| 黄怒波 | | | | | |
| 卡内基(Andrew Carnegie) | | | | | |
| 任正非 | | | | | |
| 拉里·佩奇(Larry Page) | | | | | |
| 宗庆后 | | | | | |
| 巴菲特(Warren. E. Buffett) | | | | | |

## 1.2　什么是创业

什么是创业?创业可以改变现状吗?创业可以使我们变得富有吗?创业可以使家庭更

---

① 私募股权基金一般是指从事私人股权(非上市公司股权)投资的基金。私募是相对公募来讲的。如果一家基金不通过公开发行,而是在私下里对特定对象募集,那就叫私募基金。

幸福吗？这些问题可能很难有非常肯定的答案，但是，在探讨什么是创业时，有一些结论却是毋庸置疑的：创业可以自己当老板，创业可以安排自己的命运，创业可以选择自己的兴趣，创业可以享受自由，创业可以带来自信，创业可以经历不同的人生。

如果从学术角度来界定什么是创业的话，我们可以这样来定义：创业是指个人或群体寻找机会创建企业，并通过创新和独特的方法满足顾客需求，为个人和社会创造价值的过程。在这个定义中包含创业活动中几个关键性要素：

（1）创业者。创业者是创业活动的主角，无论是个人创业还是团队创业，人都是决定创业活动成败的关键。

（2）机会。机会是创业者成功的关键因素。机会隐藏在市场中，只有那些能洞见别人不曾看到的市场趋势和变化并抓住机会的人，才能获得创业的成功。

（3）创新。创新意味着变化、变革和转变，它是一个企业持续成长的原动力。没有创新的企业只能短时间维持现状，追求创新的企业才有长久的成长。

（4）企业实体。所有的创业活动都是以创建一个实体企业或实体组织为表现形式的。技术发明和科学研究不属于创业，它们只是创业活动的基础之一，真正的创业活动一定是将知识和发明转化为生产力，并使之市场化的过程。

（5）价值。创业活动就是创造价值的过程。这里的价值具有丰富的含义，它代表着企业出售产品和服务所获得的利润，代表着为消费者带来的使用价值和体验价值，代表着为国家创造的税收，以及为个人带来的财富和成长。离开了创业活动，所有这些价值都不可能被创造出来。

## 1.3 选择创业的理由

创业是一种自发的活动，是创业者自身有意识地做出的选择。每个创业者在做出创业决定时都会有自己的理由，只是每个人的理由和动机各不相同。创业是要有激情的，没有雄心大志，患得患失安能成得大事？创业也是要有理性的，没有对行业的研究和自我分析，仅凭头脑一热就仓促行动，其结果多是令人失望的。在目睹了众多创业成败的经历后，我们将创业者创业的理由归纳为以下三点。

### 1.3.1 自我实现

根据马斯洛需求层次理论[①]，人类的需求可分为五种，即生理需求、安全需求、社交需求、尊重需求和自我实现需求。这些需求依次由较低层次到较高层次排列，其中，自我实现需求为最高层次的需求。自我实现指的是人们充分发挥自己的潜能去实现个人理想，获得个人

---

① 马斯洛需求层次理论（Maslow's hierarchy of needs）是行为科学理论之一，由美国心理学家亚伯拉罕·马斯洛在1943年发表的《人类激励理论》论文中所提出。

成就的过程。

现实中,很多创业者都是为了这个理由开始自己的创业历程的。比如马云和俞敏洪,两人早年都是高校英语教师,但是教学之余,都想从事一些既能实现自我价值,又具有挑战性的商业活动,于是马云创立了海博翻译社,而俞敏洪创办了英语学习辅导学校,由此两人开始了他们传奇般的创业生涯。从翻译社到阿里巴巴,从英语辅导学校到新东方,他们在创办实业中完成了自我实现的目标。陈天桥和丁磊也是创业楷模,他们原来都是国企白领,收入待遇丰厚,但是他们不满足于现状,在经历了数年的磨炼后,两人先后离职,创办起自己的企业,在中国互联网和网络游戏领域成就了自己的创业梦想。

这一类的创业者,他们大部分都有着较高的学历,创业前事业稳定,生活比较安逸。但是为了实现自我价值,他们放弃了原本就有的相对平稳的小康生活,全身心地投入到自己认为更有价值的创业活动中。这类创业者普遍拥有出众的思考问题和解决问题的能力,遇到困难能冷静面对;他们还具有强大的学习能力和分析能力,对很多经济问题和商业问题具有前瞻性的理解,引领企业沿着创新之路发展,使企业在市场中充满活力和竞争力。他们因努力实现个人价值而成为商界精英和市场的宠儿,追求自我实现就是他们成功的最好理由。

需要指出的是,创业并不是追求自我实现的唯一选择,很多人在各行各业都能各司其职,在为社会创造价值和财富的同时,也在自己的工作岗位上找到快乐。我们看到,每年都有很多高级白领放弃高薪职位参与NGO[①]项目,通过这种纯粹的公益活动来达成自我实现的目标。

### 1.3.2 顺势而为

所谓顺势而为的创业者即机会型创业者。他们创业并不是因为自己有鸿鹄之志,也并非生活所迫,而是因具备了某种特殊资质或掌握了某些有商业价值的资源而借势开始创业。这类创业者常常拥有自己的专利产品,或者在某个方面有超常的个人爱好或能力,他们都是在创业之后才开始思考企业的商业规划和运营目标的。比如我们前面曾提到的Facebook的创始人扎克伯格就是其中的典型代表。他因为个人爱好创建了一个社交网站,和同宿舍的几个同学凑了1000美元便开始了创业生涯。随着后期不断引入战略投资者,公司规模日渐壮大。而作为创业者的扎克伯格最初只是专心做技术研发,直到公司准备上市才开始过问公司的经营管理和资本运营。这类创业者都是先有了项目,再成立的公司。由于创业者的资源优势,这类初创企业通常盈利状况良好,但是有些企业先期对自身发展没有长远规划,经营也缺乏激情,所以其业绩和规模比较有限,很难达到自身的突破。

在20世纪八九十年代,中国经济体制改革带动了大批的科技人员、政府行政管理人员打破传统观念束缚,开始"下海"创业。他们大都掌握一定的资源,主要以创建科技或者综合服务类的企业为主。这类顺势而为的创业者很多都因为创业初始顺风顺水而缺乏创新动

---

① NGO,non-government organization,指在特定法律系统下,不属于政府部门的协会、社团、基金会、慈善信托、非营利公司或其他法人,是不以营利为目的的非政府组织。

力,没有做到与时俱进,最后被同行超越,成为市场竞争中的出局者,比如曾经以《学习的革命》名噪一时的宋朝弟的科利华公司和段永基的四通公司等。这可谓成也萧何败也萧何,创业起步的过分顺利造成创业者对市场缺乏足够的敏锐度,从而影响了企业的竞争力和自身管理水平的提高。这些企业的中途退场正是市场的公平裁决。

对于顺势而为的创业者,他们需要做的是强化企业发展的责任意识和危机感,坚持学习与思考,居安思危,不断为提高企业的竞争力和创业者的管理能力而努力,这才是真正把创业的优势转化为胜势的正确途径。

### 1.3.3 环境所迫

不同于前两类创业者的"从容",这类创业者之所以选择创业之路,很大程度上是被自身或者周围环境的不利条件所迫,属于"被动"创业,也被称为生存型创业者。生存型创业者一般都缺乏创业的有利资源,心理准备也不充足,他们拥有的是破釜沉舟的勇气和决心。

陶华碧这个名字也许大家并不熟悉,但是"老干妈"这个品牌却是家喻户晓。陶华碧就是"老干妈"的创始人。她的创业经历可谓典型的生存型创业。陶华碧家里很穷,没有读过书,目不识丁,只会写自己的名字。年轻的时候她嫁给了一个地质队员,但是婚后没几年丈夫就病逝了。陶华碧自己带着两个孩子,在窘困的生活中煎熬着。为了生存,陶华碧开始摆地摊,后来在贵阳南明区的一条小街上,她用捡来的砖头盖起了一间简陋的餐厅,专门卖凉粉。她的米粉生意慢慢兴隆起来,其中的秘密就是她用自己特制了辣椒酱拌米粉。

食客们对陶华碧的辣椒酱情有独钟,有的客人吃完米粉后常常会买一点辣椒酱带回家。甚至有很多时候,来到店里的客人根本不打算吃米粉,而是专门来买辣椒酱。后来她发现,周边的十多家米粉铺子居然都是用从她那里买来的辣椒酱作为拌凉粉的佐料。这个小发现给陶华碧带来了大灵感。1996年,她改弦更张,成立了自己的"老干妈"辣椒酱食品加工厂,从此走上了创业致富之路。

2014年,老干妈入选当年中国最有价值品牌500强榜单,以160.59亿元的品牌价值名列第151位。

以上是生存型创业者中为数不多的成功案例,对于大多数的生存型创业者,由于起步艰难,所以创业所生产的产品或提供的服务没有定价优势,企业只能在残酷的市场竞争中自生自灭。再加上资金不够充裕,所以对这类创业者来说企业的生存便是头等大事。目前,这样的创业企业遍布我国市场经济的各个角落,其中大部分都缺乏资金和良好的管理团队,很多都是家族式企业。它们中间每年都有不少企业宣布破产或被兼并收购,很多创业者会被挤出市场,以失败收场。

被动不等于盲动,很多失败的生存型创业者常常对企业立业和发展的困难估计不足。因此,他们应该对主观和客观的环境有一个清醒认识后再开始创业。他们要明确自己可以获得哪些创业资源,要判断所进入行业的竞争环境激烈与否,要知晓自有资金如何调拨周转,要懂得如何让企业在盈余情况下有所发展等。当然,创业初始的被动并不意味着后期发展就注定失败,有效地控制和利用有限资源,始终把生存当作企业运营的首要目标,让企业在盈利条件下不断稳定发展壮大,这是生存型创业者最理智的发展策略。

## 1.4 初创企业的生存空间

在中央电视台《赢在中国》创业比赛的某场答辩中,俞敏洪在聆听完一个创业比赛选手陈述自己在培训行业的创业思路后问他:"请问你这个创业计划,如果我来做和你自己做有什么区别?"选手无法回答。对于创业新手来说,这个看似简单的问题的确是他们心头的一块大石头。实际上,他们最大的竞争对手并不是和他们资历相当的同行业新进入者,而是行业中的现存企业。有人会问,既然行业中已经有很多作为竞争者的存量企业,那么初创企业是否还有生存的空间和机会?答案是肯定的。很多学者在做了大量的实证研究后发现,国家就业的增长与经济的繁荣主要是由初创企业带动的。创业行为引发了创新和新经济活动的出现,它是全球各国经济和社会发展的引擎。因此,初创企业与现存企业虽互为竞争者,但那些具有创新精神的初创企业不但会发现自己的生存机会,还会在竞争中拓展自己的成长空间,成为行业中的领导者。我们可以通过对现存企业和初创企业在市场中竞争筹码的比较来判断初创企业是否存在生存空间和胜出的可能性。

### 1.4.1 现存企业的竞争筹码

行业中的现存企业应该都是经过早年的创业历程而拼命生存下来的企业。它们中间既有只存活了几年的少年型企业,也有成长了百年之久的长寿型企业。它们之所以能在险恶的竞争环境中生存下来,一定有自己的存活理由。这是市场的逻辑,市场只青睐那些有能力胜出的企业,达尔文的进化论不仅适用于自然界,在商界也同样适用。对于现存企业来说,它们的竞争武器或生存筹码来自于以下几个方面。

1. 稳定的现金流

从企业建立到开始盈利是需要一个过程的,在这期间初创企业必须用自有资金维持运营。而现存企业大都开始盈利,这些正的现金流可以保证企业有较厚实的留存收益,从而支撑企业继续扩大产能,发展更多的业务。初创企业由于还没具备持续的自我造血功能,即便想扩大规模,也没有足够的资金支持。有的初创企业可能会通过资本市场进行融资,但是,这种做法常常是门槛高、成本大、周期长。一旦初创企业在成长初期无力找到资金来源,那么,资金链的断裂很可能导致初创企业的夭折。从这个角度讲,在与初创企业较量时,现存企业稳定的资金流的确是帮助它们获胜的有利筹码。

2. 行业经验

现存企业由于进入行业较早,积累了大量的经营管理经验,对于如何控制生产运营成本和如何应对行业不利因素都有相应措施。它们面对初创企业的竞争,可能一开始在创新性上有所落后,但是长期积累的行业经验以及形成的规模经济①能帮助这些现存企业去复制类似的创新产品和创新服务,其结果是通过成熟的生产线和有经验的员工队伍完成生产和销售,创造出超过初创企业的业绩。

3. 企业品牌

任何行业的新进入者都必须花费相当多的成本在企业品牌的塑造和推广上,这里既包括物质成本,又包括时间成本。而现存企业在行业的上下游已经建立了相当成熟的供应链,企业积累的知名度可以帮助它们争取更多供应商的订单,在消费者中也逐渐培养了一些长期顾客群,这些都能保证现存企业比初创企业有更为坚实的生存基础,从而有实力抵御那些行业的新进入者。

## 1.4.2 初创企业的竞争筹码

初创企业很可能是行业平衡的破坏者,甚至是整个行业的毁灭者。在我们的记忆中,很多曾经是革命性的产品现在已经消失得无影无踪:电报、打字机、胶片照相机、随身听音乐播放器……这些产品曾给世界带来过惊喜,也曾给无数的人带来过方便和享受,但是,它们最终还是从市场中消失了。甚至有一些伟大的企业和品牌也退出了竞争的舞台,留给世界的只有记忆和思考。为什么会有这样的结局?答案只有一个,那就是初创企业的出现。初创企业是现存企业的挑战者和旧行业的终结者。它们之所以有巨大的能量,是因为它们手中掌握了新的竞争筹码。

1. 创新性发明

初创企业可能发明出具有独立性的创新产品或服务,比如新药的研制或者新型电脑软件的开发等,通过专利申请获得独家经营权,这样就拥有了市场定价权,形成垄断经营,带来的丰厚盈利将为企业发展壮大提供足够的资金支持。初创企业中能快速成长的企业大部分都是通过这种途径做到的,如经营"脑白金"系列产品的巨人集团、对魔兽争霸游戏有独家代理的盛大网络公司等。

2. 行业革命

初创企业带来的技术革新会给一个行业的经营活动带来革命性的颠覆,面对行业革命,现存企业常常因为转型成本巨大而不能及时做出反应。如果初创企业能积极运用这些革新的成果,它们会因此而迅速发展。技术变革一般会帮助企业降低运营成本,还会培育出一个更大的新兴市场。谁先占领这个市场谁就必然在竞争中胜出。比如互联网的出现就引发了一场典型的行业革命。面对网络化的新趋势,传统图书销售企业不舍得放弃原有的书店式经营模式,又缺乏了解互联网的技术人员,所以,一些现存的传统书店正遭遇着前所未有的威胁。而像亚马逊、当当这样的新型网络书店则利用互联网建立起强大的图书在线销售系统,从而赢得了巨大的市场份额。

---

① 规模经济是指由于生产专业化水平的提高等原因,使企业的单位成本下降,从而形成企业的长期平均成本随着产量的增加而递减的经济。

### 3. 优秀人才

对于很多企业来说，客户经理、销售经理或者技术主管都是核心价值所在，但与厂房、设备等固定资产不同的是，这些有价值的人员是可以流动的。因此，现存企业可能没有太多的新东西去吸引这些有才能的人，甚至，一些人才会因现存企业缺乏创新活力而选择离开。然而，初创企业对于这类专业化优秀人才来说是非常具有吸引力的。初创企业虽然初期规模不大，也没有显赫的品牌，但却充满活力，未来极具高成长性。所以，优秀人才常常愿意选择初创企业作为自己施展才华的地方，他们在推动初创企业迅速成长的同时，也为自身积累了巨大的财富。

我们从上面的比较可以看出，初创企业与现存企业的生存方法是不一样的。初创企业会凭借新产品、新技术、新流程、新的商业模式、新的管理方法以及新的发展理念去抗衡来自现存企业的压力和阻力。初创企业是现存企业最大的威胁者。一切新的变革都会助力这些初创企业在市场中开拓出广阔的发展空间。

2011年6月，有国外媒体评出了2012年即将消失的十大品牌，其中，诺基亚的名字赫然在列，这不免让诺基亚的很多忠实粉丝黯然神伤。其实历史上有过很多曾像诺基亚一样伟大的企业，它们有着辉煌的创业故事和妇孺皆知的企业品牌。但如今它们早已光环不再，有的甚至已从市场中消失。请大家讨论一下，世界上有哪些伟大的企业已被市场淘汰，并说出这些企业失败的原因。将讨论的结果填入表1-2中。

**表1-2 昔日的优秀企业**

| 企业名称 | 所属国家 | 所属行业 | 失败原因 |
| --- | --- | --- | --- |
|  |  |  |  |
|  |  |  |  |
|  |  |  |  |
|  |  |  |  |
|  |  |  |  |
|  |  |  |  |
|  |  |  |  |

## 1.5　初创企业的老问题

对于初出茅庐的创业者来说，企业运行初期会遇到各种各样的来自内部或外部的困难和问题,这些问题是所有的初创企业都可能面临的老问题,这些问题常常成为妨碍企业发展的障碍,如何顺利解决这些问题是初创企业持续生存下去的关键。

### 1.5.1 面临风险

创业者不乏激情,为了企业能迅速发展可以勇往直前、不畏艰险。但是,创业者主观愿望的向好并不能回避客观环境潜在的风险。一般来说,初始的创业者对风险并不敏感,且缺乏足够的应对经验。因此,初创企业抗击风险的能力和手段都不强,一旦风险来袭,大多数初创企业都无力克服障碍。初创企业面对的风险主要来自于外部环境的变化,比如行业风险和政策风险。行业风险是指因行业产业结构或者运营模式出现重大变革而带来的风险。如生产电子书的汉王科技公司,面对苹果电脑公司推出的触摸屏式平板电脑,汉王的生存和发展空间被严重打压,其盈利大幅降低。而政策风险是指因国家法规或宏观经济政策(包括货币政策、财政政策、行业政策和地区发展政策等)发生调整对企业经营活动造成的风险。如2011年日本福岛核电站因地震海啸引发了重大的核泄漏事故,为此,中国迅速调整了电力行业的发展策略,原来重点发展的核电项目都被要求缓建或者重新立项审批,所有与核电有关的企业经营活动都受到极大影响。再如,2008年,因受全球金融危机的影响,中国开始实行紧缩货币政策,各大银行纷纷停止或暂停了贷款审批业务,这导致部分企业资金吃紧,甚至出现资金链断裂、濒临破产的情况。目前,中国整体商业环境还不能完全市场化,企业受政策面的影响比较大,因此,初创企业尤其应密切关注随时出现的风险,以提高自己克服障碍的能力。

### 1.5.2 财务管理盲点

创业者往往重视企业业务拓展和员工管理,而非将财务管理看作重要事情来抓,这也是很多初创企业最后失败的原因。良好的财务管理,不仅可以帮助企业节约成本,有效使用资金,还能帮助企业完善账目,为日后资本扩张或者再融资打下基础。创业者除了要学习必要的财务知识,完善企业自身财务制度以外,还必须学会如何与工商、财务系统打交道。开业需要办理工商执照和相关手续,还要办理税务登记等。企业经营中每年要进行年审和报税,股权转让时还要去登记变更。因此,对初创企业来说,如果忽视财务管理或者不会进行财务管理,这将是一个致命的问题。

### 1.5.3 诚信不足损害形象

有些创业者认为自己的企业船小好调头,企业经营随心所欲,只要能赚钱什么方法和手段都可以使用,完全不顾及企业的信誉。这些行为会使企业的形象大打折扣,从而遭到消费者和整个市场的谴责和抛弃。在中国改革开放初期,浙江温州地区众多小企业大量生产伪劣皮鞋和服装,虽然获利不少,但这些小企业还是摆脱不了造假的形象,生产规模始终无法扩大。后来由温州市政府出面,严格控制地区产品的质量,并投入大量资金进行宣传,经过十几年的时间才把温州地区企业的形象和信誉重新树立起来。

初创企业进入市场会面对残酷的竞争,其经营各方面都应合法合规,虽然这样会导致成本较高,但是企业因此树立的良好形象和信誉最终可以帮助企业争取到更多的用户群,使企业不断发展壮大。比如可口可乐、宝洁这样的世界大公司,几十年良好的品牌和信誉赢得了众多消费者的喜爱,从小企业发展成现在庞大的跨国公司。由此可见,诚信的确是企业持续生存的基础。

### 1.5.4　合伙人关系混乱

初创企业大都由几位合伙人共同筹资组建的,创业者共担风险同享收益。但在现实中,大家往往只能共苦而不能同甘。当企业遇到困难时,团队成员能不计个人得失群策群力共渡难关。但当企业产生盈利时,由于在利润分配比例上产生分歧,几个合伙人开始出现不和。矛盾激化到一定程度,还会导致初创企业面临解体。这就是为什么很多小企业在产生盈利后越办越小的原因。因此,在创业前如果大家把合伙人之间的责任、权力和利益关系拟定清楚,并在操作中认真执行,这样就不会因规则模糊而导致企业散伙。初创企业规模小,人员配备有限,公司合伙人通常也需要在实践中不断积累经验。所以互相理解和尊重是非常必要的,成长迅速的初创企业合伙人之间的关系都应该是很融洽的。

参考刚学过的内容,对表1-3中几位创业者所面临的情境进行分析,并对他们可能面临的困难或问题进行总结和归纳。

**表1-3　创业者可能面临的困难和问题**

| 序号 | 情境描述 | 创业者可能面临的困难和问题 |
| --- | --- | --- |
| 1 | 温州领带生产商老李手下有1000名员工。他们所生产的全部领带均出口外销,每条领带只赚0.1美元。除了利润少之外,老李还很担心订单问题。一旦对方改换生产商,连现在的蝇头小利都没得赚了。做生意真难啊 | |
| 2 | 老王和两个朋友创办了加工成品油的小企业。他们的创业资金是以高利贷的形式从亲戚那里筹集来的。企业员工均为家族成员,没有人精通财务,而且家族管理者之间经常发生争权行为 | |
| 3 | 通过网络销售礼品的小刘偶尔会把一些劣质商品混入卖品中销售。由于商品价格便宜,所以顾客即使吃了亏也懒得投诉或退货。小刘很了解顾客的这种心理 | |

续表

| 序号 | 情境描述 | 创业者可能面临的困难和问题 |
|---|---|---|
| 4 | 李萌在商业闹市区租下了一个店铺,专营糕点产品。创业半年多来,李萌一直觉得做得很累很辛苦。从早晨一睁眼开始,她就要开始算计钱的问题。鸡蛋、面粉、白糖、奶油……每分钟都在花钱啊 | |
| 5 | 老夏看上了一个投资回报快的项目——风味灌汤包。在投资了3万元后,小店终于开张了。让老张没想到生意火得不得了。可是就在两个多月内,风味灌汤包的小吃店如雨后春笋般冒出来,老张的进账也日渐减少。他开始犯难了,就这样下去,小店的前景不妙啊 | |

## 1.6 初创企业的成功因素

对于每个创业者来说,创业成功的标准各不相同。一家初创企业如果能在行业内立住脚跟,顺利地开展业务,有比较稳定的运营收入,团队合作愉快,那么,可以认为这个企业的创立是成功的。初创企业的成功因素有很多,其关键的因素有以下几个方面。

### 1.6.1 做自己喜欢做的事

很多创业者在创业初期常常没有清晰的个人目标,只要看到别人赚钱的项目他们都想去做,这样就在项目的选择上具有很大的盲目性。一个期待成功的创业者,其选择项目的标准首先应该是个人的兴趣和爱好,做自己喜欢做的事情,并结合自身的优势,从自己最熟悉最擅长的领域开始做起,因势利导,先立足后成长,这就是企业成功的开始。

### 1.6.2 稳定的管理团队

创业成功的企业普遍都有一个良好而稳定的管理团队,有人因理想而来,有人因财富而来,但是大家一致的目标是把企业做好。对于有着不同目的的创业合伙人,要有灵活妥善的进出机制,允许他们择机退出而不影响企业的正常发展。比如比尔·盖茨和保罗·艾伦一起建立了微软公司,但是中途保罗因为身体缘故退出微软,自己单独创业。微软保留了他的股份,公司继续稳定运营。很多家族式企业中的管理者都是亲戚,创业初期大家团结一致,但是企业发展起来后,大家的经营理念出现分歧,再加上血缘关系以及利益分配等因素,企业内部管理出现失控,导致企业无法正常运行。

经营企业和治理国家有相同之道,攘外必先安内,如果企业内部混乱不堪,人员不整,财力匮乏,必然缺乏外部竞争能力。

### 1.6.3 稳定的资金

初创企业的资金链常常是很薄弱的。拥有稳定的现金流和资金来源是企业成功的保证。任何好的项目,如果后续资金不足,不仅后期无法运作,前期投入也会受到极大影响。创业者应重视财务管理,不仅要对企业存量资金运用合理,对未来的流量资金也要有规划。

### 1.6.4 稳定的员工队伍

初创企业的员工比较少,大部分也不像创业者本人那样对企业抱有必胜的决心。所以,创业者一方面要在员工中选拔和培养未来能和企业一起成长的人,另一方面也要多激励员工的工作热情,充分把现有人员团结起来,一起建设好企业。

### 1.6.5 坚强的意志品质

创业者在创业过程中经历的艰辛和挫折是普通人体会不到的,如果没有坚强的意志品质,创业很难做到成功。史玉柱于1989年硕士毕业后开始创业——经营汉卡①。当他的高科技产品遇到国外软件冲击后,他迅速调整战略,在1994年利用积累的资金转而投身保健品市场——脑黄金。1996年,史玉柱把所有资金都投入了巨人大厦的工程,造成资金链断裂,巨人集团无法经营,他个人负债2.5亿元。其后他反思了自己创业失败的原因,韬光养晦,1998年再次卷土重来,开始二度创业——经营"脑白金"。由于销售策略得当,广告效应好,史玉柱的健特生物公司几年内盈利8亿元,他不仅还清了以前的负债,还开始进军资本市场,两次动用2亿元收购了民生银行和华夏银行的股份,到2007年股份价值50亿元。后来史玉柱出售了"脑白金"项目,转而进军网络游戏市场,推出了大型网游《征途》,最高时在线人数达到100万。借此,他的巨人网络公司在美国纳斯达克证券交易所上市,市值42亿美元。对史玉柱来说,他创业最艰难的时候就是负债2.5亿元,公司几近破产。当时的新闻媒体俨然已经把他断定为创业失败者。但是他以坚强的意志和百折不挠的精神重新创业,取得了远远超过第一次创业时的辉煌。

没有人会轻而易举地成功。这些成功的创业者是经历了失败的考验后才拥有胜利者的光环,优秀的品质和企业家精神是保证他们创业成功的关键因素。

**案例讨论**

**案例一:李彦宏创造的百度神话**

李彦宏,百度公司创始人、董事长兼首席执行官,全面负责百度公司的战略规划和运营管理。2011年,他以94亿美元资产列福布斯全球富豪榜第95位,并成为中国内地首富。

---

① 汉卡为一种计算机中文处理系统。

李彦宏1986年考入北京大学，1991年留学美国。1997年，李彦宏离开了华尔街，前往硅谷著名的搜索引擎公司——INFOSEEK（搜信）。在那里，他见识了一个每天支持上千万流量的大型工业界信息系统是怎样工作的，也见证了 INFOSEEK 在股市上的无限风光和后来的惨淡。

　　李彦宏开门立户前的默默考察工作从1996年就开始了。他利用每年回国的机会在各地转悠，看看高科技公司在做什么、大学里在研究什么、老百姓的电脑在干什么。直到1999年国庆，人们的名片上开始印 E-mail 地址了，街上有人穿着印有".com"的 T 恤了，李彦宏断定：互联网在中国成熟了，大环境可以了，自己存折上的钱也差不多了——就算是两三年一分钱挣不到，也可以保证全家过正常的生活。2000年1月，李彦宏和徐勇在中关村安营扎寨，招了5个程序员，用4个月就做出了一个搜索引擎。2000年5月，百度卖出第一套搜索服务，每年8万美元服务费，买主是硅谷动力。2000年9月，通过百度第一个投资商的推介，德丰杰①联合 IDG②向百度投资1000万美元。到2001年夏，ChinaRen、搜狐、新浪……中国主流门户网站一个接一个采用百度搜索引擎。百度当时只有几十人，主要业务就是出售搜索技术。但即使卖到最好，也难以达到盈利。而李彦宏不满足于几十号人，他要不断地扩张，不断找人。

　　早在1998年，Overture③竞价排名一出现，李彦宏就利用业余时间模仿了一个试验系统。2001年，Overture 在美国已经被证明成功，李彦宏决定放弃既定的卖搜索技术模式，转而自己运营搜索引擎，靠竞价排名广告盈利。2001年8月，Baidu.com Beta 版上线，开始竞价排名业务。当时，不仅中国绝大多数广告客户不明白什么是竞价排名，百度的销售也无法讲清楚什么是竞价排名。后来，他们干脆对客户说，你们也不要明白竞价排名是怎么回事，总之，你买一个排名，在新浪、搜狐、网易都能看到。很多人就是因为在新浪、搜狐能看到而买了百度的竞价排名。2004年6月初，百度以超过3亿的中文网页链接和超过6000万的日流量宣布成为全球最大的中文搜索引擎。同期百度接受了谷歌1000万美元的投资，与谷歌的联手表面上是百度为了加强在国内市场的竞争实力、提高国际市场的知名度，但事实上百度选择最大的竞争对手为投资方还有着更为紧迫的原因——上市。

　　2005年8月5日，百度正式在美国纳斯达克证券交易所挂牌上市，发行价27美元，开盘价是66美元，然后一路狂飙。到交易首日收盘时，百度股价定格为122.54美元，市值达到39.58亿美元。中国概念股奇迹在3小时内缔造——百度是美国当时表现最为强劲的新股，甚至成为美国历史中上市当日收益最多的十大股票之一。

　　（资料来源：http://www.ce.cn/cysc/cycy/cydt/200705/30/t20070530_11545405.shtml）

---

　　① 德丰杰（Draper Fisher Jurvetson, DFJ）由 Tim Draper 作为第三代家族成员所创办，总部设于硅谷，是全球著名的大型风险投资公司，旗下共管理着超过45亿美元的资本。在它20年的历史中，德丰杰共投资超过200家创业公司。

　　② 美国国际数据集团（International Data Group, IDG）是全世界最大的信息技术出版、研究、会展与风险投资公司。IDG 集团公司创建于1964年，总部设在美国波士顿。

　　③ Overture（原名 GoTo）是一个比较有特色的著名搜索引擎，最先提出了"竞价排名"的业务模式。国内百度推出的竞价排名服务便是借鉴了 Overture 的业务模式。

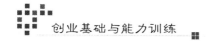

**小组讨论：**

(1) 你认为李彦宏从创业中得到了什么？

(2) 百度能被投资者追捧的原因是什么？

(3) 请分析李彦宏创业成功的关键因素是什么。

**案例二：柯达：一个曾经伟大的公司**

你只需按下快门，剩下的由我们来做。伊士曼·柯达公司（Eastman Kodak Company，以下简称柯达公司）基于这个理念为人类凝固了无数时光，但这个伟大的公司根本想不到，最终把它打败的对手根本与相机行业无关。2012年1月19日，柯达正式依据美国《破产法》提出破产保护申请，并将在法庭监督下出售大约1100项专利。人们怎么也无法想象，这家昔日如此辉煌的公司也会走向没落。柯达公司的名字将伴随着一张张美好的照片，静静地留存在人们的记忆中。

1878年，24岁的美国储蓄银行职员乔治·伊士曼准备去圣多明哥度假。他花94美元买的照相工具装满了一整辆马车，包括像微波炉一样大的照相机，笨重的三脚架，为了冲洗照片准备的化学药品、玻璃桶、板架、水壶和一顶遮光用的帐篷。他又花了5美元才学会如何使用这套器械。

在此后7年里，如果有人对照相这件事心存爱好，他们差不多都得做这么多事，直到伊士曼试制成功人们所熟知的胶片。1888年，伊士曼创立了柯达公司，并研制和生产了只使用胶卷的方箱式相机"柯达"（Kodak）。当时该产品出厂时，这台售价25美元的柯达相机里预装了可曝光100次的胶卷。曝光后，用户只要再花10美元，将整台相机寄送回伊士曼的公司，他们就会负责胶片显影、冲印，并为相机装上新的胶卷后再送还给用户。这就是那句著名的"你只需按下快门，剩下的由我们来做"的由来。柯达公司把拍照变成了"按下快门"的简单动作，摄影成为所有人都能完成的一项活动。

1976年，柯达公司在美国胶片和相机市场占有率分别达到90%和85%，全球胶片占有率达到65%。1981年，柯达公司的销售额冲破了100亿美元，最鼎盛时期曾经拥有超过14.5万名员工。1997年，柯达公司的股票达到峰值92美元。此时，它已经是一家价值310亿美元的公司。

然而，就是这样一个有着百年历史的伟大企业，最终还是因数码技术以及移动、网络技术的出现而被终结。最让人琢磨不透的是，柯达才是第一个发明数码相机的公司。1975年，柯达应用电子研究中心的工程师发明了著名的数码原型机，将照片记录在磁带内，并拍下了历史上的首张1万像素的数码相片。

历史的脚步迈得太快，它把很多公司抛在了后面，柯达公司就在其中。随着人们把时间越来越多地移向互联网和手机，照片上传已成为人们生活中重要的分享和有趣的事情。2007年11月，第20亿张照片被上传到照片分享网站Flickr，当年Facebook用户每天上传840万张照片。2007年6月，苹果智能手机iPhone正式推出。就像当年人们等不及看到照片被冲印出来一样，那些等不及把照片从相机传到电脑，再从电脑转发到网络上的人们开始狂热地追求智能手机带来的多元和随意，数码、智能、网络已形成不可阻挡的潮流，这也加快了柯达公司退出商业舞台的速度。

尽管2003年9月，柯达公司正式宣布放弃传统胶卷业务，向数码转型，甚至2005年再度占据北美数码相机销量首位,但这些举措和行动仍然没有挽回投资者对它的信心。这家有着131年历史的公司的市值从1997年2月最高的310亿美元一路剧降,到申请破产前一天,也就是2012年1月18日,其股票收盘价仅为0.555美元,全部市值为1.45亿美元,15年间蒸发了超过99%。

对大多数消费者来说,他们对柯达的印象依然停留在那小小的胶卷暗盒和那个"柯达一刻"的广告里。他们记住的是柯达为他们凝固的那些时光。

(资料来源:杨樱、沈从乐.柯达:一个伟大的公司和一个失去方向的行业.《第一财经周刊》,2012年02月10日)

**小组讨论:**
(1) 请说出柯达公司在百年经营中深受消费者喜爱的原因是什么。
(2) 有人说,柯达公司是被自己打败的,你认同这种说法吗?
(3) 柯达公司的败落为其他企业带来哪些启示?

### 案例三:一个创业失败者的真实故事

外地小伙子小吴怀揣着父母给的18万元创业金和对未来的希望来到成都创业,他打算开一家"韩式风格"的服装店。在读大学的时候,小吴就坚信"韩流"必将成为日后的一种时尚潮流。在此同时,他也看到其中的商机。为了开一家专营"韩式风格"的服店,他在网上收集了大量韩式服装的代理商和生产厂家资料,并默默地在心中勾画着日后创业的蓝图。

在筹备了三个月后,小吴的店终于开张了。该地段位在城南一所高中学校附近,人气旺、时尚气息浓厚,加之小吴选购衣服的眼光独特,小店开张不久就吸引了不少的年轻人士光临。谨慎的经营风格和万事亲历亲为的创业态度,使他在第2个月就有上万元纯收入进账。首战告捷的他自信心也开始膨胀起来,开始加大进货量。

连续几个月,小吴的生意接连告捷,有人看着眼红。终于有一天,有人在他店的附近也开了一家专营"韩式风格"的服装店。对方为吸引客人,将很多与小吴店里近似款式的衣服都便宜销售。这招果然见效,当月小吴的生意下滑了不少。

小吴也像其他创业者一样碰上了一种最容易遇见的竞争方式——同质化竞争。小吴为站住脚跟,选择了降价来拉回客人。小吴始终相信自己的眼光,眼看盛夏来临,他又进了一批新货作为应对对手的策略。但是,新货的销售情况并不理想。这时,对方观察到小吴进购的新货,于是很快也购进了一批。但对方知道夏季一过就要转凉,所以只进了少量夏装,更多地购进了大量秋装。对方聪明之处是,他并没有在店里把秋装挂出来卖,只把夏装挂了出来。当秋季来临,小吴忙着购进秋装的时候,对方的秋装已早早卖完了。当月,小吴一件衣服也没有卖出去,损失惨重。

无论是营销手段还是面子都输给了对手,小吴心里着急了。为了在竞争中甩开对手,为了尽快成功,他头脑发热,想到了一种违法的方法。小吴悄悄托人进购了少量仿冒服装,但仿冒的服装在质量上与以前的有明显差别。小吴希望通过这种手段使他在同质化竞争中占有优势。小吴将买回来的仿冒品挂在了店中,以较便宜的价格销售。果然,便宜的价格吸引了不少客人购买,而且这种货对他来讲利润也很可观。

重拾希望的他马上向朋友借钱购进了大量仿冒服装。令小吴万万没有想到的是,正是因为他的这一步,为今后的失败埋下了"定时炸弹"。新货卖了没有多久,小吴的麻烦就接踵而至,很多客人在买回衣服、裤子后都出现了质量问题,纷纷找到他要求退货。小吴每天都处于同消费者周旋之中,根本没有心思打理小店的生意。而且,当地工商部门也发现了他的违法行为,开始进行调查。从那之后,小吴的生意一落千丈。一年后,他终于坚持不住,关了服装店。

(资料来源:http://www.niubb.net/a/2015/12-05/1127676.html)

**小组讨论:**
(1) 小吴创业失败的主要原因是什么?
(2) 消费行业的准入门槛低,但是竞争激烈,其生存的核心要素是什么?
(3) 企业进行价格战的成败因素是什么?

### 课堂活动

**活动一:自主创业与工薪就业**

1. 活动目的

通过分组辩论,使学生充分认识自主创业和工薪就业是两种不同的职业选择。学生通过各种观点的碰撞逐渐清楚地了解自己的特点和弱点,对创业所面临的困难有初步的体会。帮助学生理性地分析自主创业与工薪就业的区别。

2. 活动学时

1学时。

3. 活动环境

(1) 可供学生进行讨论的开放性空间,活动桌椅可摆放成5~6组。
(2) 白板、白板笔。

4. 活动准备

(1) 要求每名学生提前准备自己的观点和反对对方的论据要点。
(2) 每组要设定一个负责辩论记录的同学,并让其客串讨论组的主持人。
(3) 主持人需提前作整体时间规划,要保证每人都有3~5分钟时间直接陈述自己的观点,并设定互相提问和自由辩论的时间。

5. 活动步骤

(1) 将学生分成5~6个小组,每组5~6人,围成圆形而坐。
(2) 要求各组每个成员对支持创业和支持打工的立场进行表态,并由主持人带领成员进行讨论。
(3) 教师在学生陈述观点时,要参与到各组中,并做一些观点摘要,帮助主持人控制学生的情绪。
(4) 在小组讨论后,各组派代表阐述本小组辩论的结果。允许观点鲜明、理由充分的同学补充发言,然后教师加以点评。
(5) 宣布讨论结果,并把所有的讨论记录资料进行汇总整理后发给学生。

**活动二:你最想创办什么样的企业**

1. 活动目的

通过头脑风暴活动,激励学生去幻想日后可能创业的领域或项目。帮助学生识别个人的优势和劣势,增强学生对创业可能面临的机遇和困难的了解。

2. 活动学时

1学时。

3. 活动环境

(1) 可供学生进行讨论的开放性空间。

(2) 白板、白板笔。

4. 活动准备

(1) 设定两名负责记录的同学。

(2) 笔、纸。

(3) 创业备选项目表。

| 序号 | 创业备选项目 |
| --- | --- |
| 1 | |
| 2 | |
| 3 | |
| 4 | |
| 5 | |
| 6 | |
| 7 | |
| 8 | |
| 9 | |

5. 活动步骤

(1) 教师宣布:全班学生共同参与头脑风暴活动。

(2) 将全班分成5~6个小组,每组6人左右。将《创业备选项目表》发给各小组。

(3) 教师向学生介绍创业企业类型:生产型企业提供产品;服务型企业提供服务。要求学生通过头脑风暴的讨论来决定可能进入的领域。

(4) 各小组开始头脑风暴讨论,每个小组应尽可能多地提出本小组的创业备选项目,并将项目填入《创业备选项目表》。

(5) 教师宣布头脑风暴时间结束。每个小组对头脑风暴所产生的备选项目数进行统计,然后评出3个小组公认最有创意、最具特色或最具创新性的项目。

(6) 各小组派代表向全体同学介绍本小组头脑风暴所产生的备选项目的数目。并向大家介绍那3个最有创意的项目。教师将结果记录在白板上。

(7) 全班展开讨论,对白板上显示的项目进行可行性分析和讨论。

(8) 每个学生将自己认为最棒的项目写在纸条上,交给教师,由教师下课后进行统计。

(9) 教师对头脑风暴活动进行点评,并向学生宣布:在下次课上,将揭晓最被大家认可、最有创意的项目名称。

(10) 宣布头脑风暴结束,并把所有的记录汇总课后整理发给学生。

**活动三：创业企业应变能力测试**

1．活动目的

本活动是为提高学生的应变能力而设计的。通过该活动,使学生对创业企业面临的各种压力和困难有所了解。训练学生积极应对压力和困境的心理,以及分析问题和解决问题的能力。

2．活动学时

1学时。

3．活动环境

(1) 把教室桌椅分成3组。

(2) 教室备有白板、白板笔、多媒体电脑。

4．活动准备

(1) 准备好以下三种类型企业的图片,以备活动时使用。教师也可以灵活选取别的类型的企业图片。

软件公司

出租汽车公司

速冻主食企业

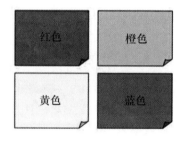

(2) 准备1/2 A4纸大小的彩色纸张。具体颜色包括：红色、橙色、黄色和蓝色。

5．活动步骤

(1) 教师向学生介绍活动内容：每个小组代表一个正在创业的企业,分别隶属于三个行业：高技术行业、服务业和制造业。每个企业在经营过程中都会遇到很多困难和问题,有些问题是突发性问题,企业面临这些问题时常常束手无策。所以,该活动是针对各小组面对现实问题时的应变能力的测试。每个小组一定要发扬团队精神,积极动脑筋解决问题,相互配合,高质量地完成该活动。

(2) 教师将准备好的企业分类图片展示给学生,告诉他们：全班同学将被分为三大组,并以抽签的形式来决定各组代表哪个类型的企业——软件公司、出租汽车公司或速冻主食企业？

（3）按照1、2、3的喊号顺序，将学生分成三个讨论组，各组选定一位组长。各组组长到讲台处抽签，选定各小组所代表的企业。

（4）教师向学生布置任务：现在每个小组的同学做好准备，你们的任务是为其他两类企业设想一下他们创业过程中可能出现的各种困难和问题。比如："昨天晚上，你们企业的后仓库因电线老化而发生火灾，你们将如何处理？"这里要求大家要根据三类企业的行业特点来考虑可能发生的问题。在设想完众多问题后，按照问题的严重等级罗列出最具代表性的、发生可能性最大的四个问题，并给这四个问题配以红色、橙色、黄色和蓝色的标记。这些颜色代表着问题预警颜色，其中红色为最严重的问题，蓝色为经常发生的小问题。

（5）教师宣布活动开始。各小组按照教师要求为其他两个企业设想可能出现的问题。这里教师要提醒大家尽可能地想出一些意想不到的问题，最好是能难倒对方的问题。当然，这些问题不能胡编乱造，一定是在现实中可能出现的问题。各小组把想出的问题按照严重性等级排列，最后确定四个级别的问题，并给这四个问题配以不同等级的预警颜色。

（6）教师把四种不同颜色的纸张发给学生。各小组按照问题的颜色标记，将不同等级的问题写在不同颜色的纸上。

（7）各小组将问题写好后，教师宣布："现在提问时间开始。各小组选出代表向其他两组同学公布可能出现的困难和问题，并把写有问题的彩纸拿给相应的小组，然后留出15分钟的时间让各小组讨论应对策略。"

（8）各小组分别派代表向其他两组公布问题结果。

（9）各小组分头讨论问题的应对方法，时间限制在15分钟以内。

（10）15分钟的讨论结束后，各小组依次派不同的代表向大家介绍他们解决问题的方案。在介绍过程中允许其他同学有礼貌地提出质疑。

（11）教师对各组的应对方案进行点评，然后宣布活动结束，并把活动的所有记录整理汇总后发给学生。

## 思考与实践

1. 中美创业者资料研究

要求学生在课外进行创业资料研究，比较美国的创业者和中国的创业者在创业动机和创业困难方面是否存在差异。分析一下在创业动机与创业困难方面中美创业企业家之间的异同之处。

2. 设计一份创业意愿调查问卷

请大家以小组为单位，设计一份创业意愿调查问卷。然后利用课余时间，在周边大学进行问卷调查，将调查数据进行统计。最后，完成一份小组调研报告。

3. 进行行业研究

中国的商业环境非常容易受到国家政策方面的影响，从改革开放至今，各项政策的出台导致了很多创业企业的兴衰。选择某一感兴趣的行业，搜集该行业的资料，整理出改革开放后国家政策方面影响此行业的大事记，并查找受影响的创业企业案例，写出一份调查报告。

# 模块二 认识企业

## 教学内容
什么是企业
谁是企业家
创新与企业家精神
企业的主要类型
企业经营中的重要元素
企业的运作过程及在经济中的角色
企业为社会带来什么
小企业的魅力

## 案例讨论
小企业的价值
极品布丁公司
小公司变成巨人——迪士尼的创业与成长

## 课堂活动
我们的T恤屋开业了
一起栽种企业长青之树
你能解决这些问题吗

## 思考与实践
进行一次创业态度与创业障碍调查
校园观察
网络资料查询

### 教学内容

## 2.1 什么是企业

什么是企业？为企业下定义并不是件容易的事情。虽然我们无法即刻从理论层面定义企业这个概念，但是我们可以很直观地描述出企业是做什么的。看看下面对清晨生活的描述，你就知道企业为我们提供了什么。

6:00 清晨时分，闹钟的铃声把你从睡梦中叫醒，上学的时间到了。

6:05 掀开被子，迅速地换下睡衣，穿上牛仔裤和T恤。

6:10 刷牙、洗脸后，你奔向厨房，打开冰箱看看早餐吃什么。哈哈，三明治、茶鸡蛋、牛奶、咖啡、奶酪、香肠……早餐的选择还是蛮多的。

6:15 你一边吃早餐，一边打开电视看着早新闻。天气预报提醒你今天出门别忘记带雨伞。

6:30 把书和课本放进书包，一边用手机听着音乐，一边赶往公交车站。

7:20 下车后，你在路边的ATM取了点钱，因为你打算中午吃完快餐后要去新华书店买一本畅销书和一张电影光盘。

7:40 你在报刊亭买了一份晨报和一张手机充值卡。

7:55 上课铃声响起之前，你坐在了课桌前。

一天的学习就这样开始了。

在上面这段文字的描述中，你能说出企业为我们的生活提供了哪些产品和服务吗？我们不难发现，在生活的每一个细节中，都渗透着企业的活动痕迹，我们每个人都离不开企业。当然，企业不仅为我们提供产品和服务，它还是国家税收的重要来源。无论是公务员的工资、教育投入，还是街心花园和公共设施，这些都是企业向国家缴纳的税收所带来的结果。

中文中的"企业"一词原本是从日语翻译过来的。而日语中的"企业"又源于英语中的"enterprise"。日本明治维新以后，在引进西方的企业制度过程中，引进了"企业"这个词。"企业"的"企"，表示企图，"业"表示事业。在综合考虑中外学者对企业的解释后，我们将企业定义为：企业是一个契约性组织，是以营利为目的、从事生产经营活动、向社会提供商品或服务的经济组织。如果更通俗一些，我们可以将企业理解为能够带来利润的商业冒险事业。企业通过各种生产经营活动创造物质财富，提供满足社会公众物质和文化生活需要的产品和服务，在市场经济中占有非常重要的地位。

每天，当新一轮太阳升起的时候，在世界的不同地方都会有新生企业诞生。它们以不同的方式生存，以不同的模式经营，为我们提供所需的商品和服务，也给我们带来大量的就业机会，来供养家庭和享受高品质的生活。企业的影响力渗透到我们生活的方方面面，它们是国家经济增长和财富积累最重要的力量。

## 2.2 谁是企业家

人们对"企业家"这个词似乎并不陌生,但是对如何准确定义企业家这个概念却常常犯难。什么人才能被认定为企业家呢?那些杂货铺的小老板、冷饮店的经营者、干洗店的主人、录像光盘的出租人、西餐馆的经营者……他们算得上是企业家吗?实际上,并不是所有创办街边小店的人都可以被称作企业家。虽然,他们也会为自己的小店冒一些风险,但是他们所做的事情可能已被前人重复过千百次,他们并没有创造出与众不同的价值。因此,我们在定义企业家的时候,要看看他(她)是否符合几个基本条件,比如:创办并拥有自己的小企业,创造利润,承担创业风险和积极创新。当卖汉堡的街边小店成长为世界著名的快餐巨人时,麦当劳的创始人雷·克拉克(Ray Kroc)便被认定为当之无愧的企业家,因为,他带来了新的管理技术和标准化的生产流程,这些都是前人所不曾做过的。

实际上,最早为企业家定义的人是18世纪的爱尔兰籍法国经济学家理查德·坎蒂隆(Richard Cantillon)。坎蒂隆认为企业家是那些在确定价格下购买生产资料,并将它们组合成新产品的人。19世纪初,法国经济学家J. B. 萨伊(Jean Baptiste Say)也对企业家这个概念作了不同角度的解释。他用企业家这个词来形容从事非常重要的经济活动的人。根据萨伊的观点,企业家就是那些对如何更有效地使用经济资源做出重要决策的人。这里,萨伊强调了管理决策的重要性。这些决策应该能为企业经营带来新的方式、新的变化和新的契机。20世纪初,弗兰克·奈特(Frank Knight)对坎蒂隆和萨伊的企业家理论进行了传承和发展,提出承担风险是企业家重要的特质,为企业家的定义注入了新的含义。

随着创业型经济时代的出现,越来越多的学者开始对创业理论及企业家概念进行研究。在此,我们沿用美国管理学大师彼得·德鲁克(Peter F. Drucker)的观点来定义企业家概念:企业家是创新者,是勇于承担风险、有目的地寻找创新源泉、善于捕捉变化并把变化作为可供开发利用机会的人。

在企业家身上,有不同于常人的特征:
- 追求创新;
- 不惧怕风险;
- 快速做出反应和决策;
- 承受失败和挫折的压力;
- 适应不确定的环境;
- 渴望有凝聚力的团队。

总之,在企业家身上存在着与众不同的特质——那就是创新精神。企业家的活动不是简单地、千百次地对经营活动的不断重复,而是在现有经营基础上寻找突破和创新,为企业带来新的机会,为顾客带来新的产品,为市场带来新的活力。

## 2.3 创新与企业家精神

### 2.3.1 什么是创新

创新是全球经济发展的原动力。人类在漫长的发展过程中从未停止过创新的脚步。在我们今天的生活中,到处充满创新的痕迹。那么什么是创新呢？创新与发明有什么区别吗？在了解创新这个概念之前,我们先回顾一下人类历史上几个著名的大事件：

- 18世纪的英国乡间流行一个民间传说：一个人只要染上过牛痘,便不会再染上天花。这个传说在挤牛奶女工身上得到初步验证。后来,爱德华·詹纳(Edward Jenner)在大胆的试验后,于1796年成功地发明了牛痘接种方法,事实证明,这是医学史上革命性的发明。
- 1709年,意大利佛罗伦萨的一位乐器制作师克里斯托弗里(B·Cristofori)制作出了第一架以弦槌代替拨弦发音的键盘乐器,这就是历史上的第一架钢琴。钢琴的发明使人类可以聆听肖邦的沉静、莫扎特的激情、贝多芬的雄浑和巴赫的醇美。正是有了钢琴的出现,人类才有机会走进更典雅、浪漫、甜美和平静的生活,才能在声音世界中体验如此绚烂而美妙的经历。
- 1854年,在纽约世界博览会上,由艾立沙·奥迪斯(Elisha Otis)发明的世界上第一部安全电梯与观众们见面了。从此,源源不断的订单如雪片般飞来。电梯见证了城市的发展,谁能想象没有电梯的城市会是什么样？
- 1879年10月22日,托马斯·阿尔瓦·爱迪生(Thomas Alva Edison)点燃了人类历史上第一盏真正有广泛实用价值的白炽电灯。这被世人誉为历史上最伟大的发明之一。1931年10月18日,爱迪生辞世,他为人类留下了1093项发明。在举行葬礼的那天,全美国以熄灭电灯一分钟的方式来纪念这位卓越的发明家和"带领世界走出黑暗的掌灯者"。但是人们发现,有的地方竟然连熄灯一分钟都不可能了,那将导致灾难的发生。这就是新发明带给人类的非凡意义。
- 1928年,英国细菌学家亚历山大·弗莱明(Alexander Fleming)在一次细菌培养实验中偶然发现,一种青霉菌可以吞噬培养皿中的葡萄球菌。在经历了反复试验和大量的研究后,这个伟大的发现成就了人类医药史上重大的发明——青霉素。此后,青霉素拯救了无数人的生命,人类的平均寿命也得以延长。这个伟大的发明为弗莱明赢得了1945年的诺贝尔医学奖。
- 1946年2月14日,世界上第一台电脑ENIAC在美国宾夕法尼亚大学诞生。这原本只是为美国军方在第二次世界大战期间计算炮弹弹道的机器,如今已成为我们生活中不可缺少的一部分。人们很难想象,当时这部硕大的计算机约有一间半教室大,相当于六只大象的体重。然而,随着计算机技术的进步,在晶体管代替了电子管后,又有了集成电路以及大规模集成电路的出现。20世纪这些伟大的发明,把当年的庞然大物变成了今天办公桌上的PC机、可随身携带的笔记本,甚至是可以随时进行绘画创作的iPad平板电脑。

上述这些令我们眼花缭乱的伟大事件不但推动了人类社会发展的进程,而且也带来了人类生活方式的重大改变。这些伟大的发明不仅仅是一项发明,它们更是人类创新的产物。在这里,我们要问一个问题:发明是否等同于创新呢?经济学家约瑟夫·熊彼特(Joseph Alois Schumpeter)在创新方面的经典理论为我们阐释了创新的内涵以及创新与发明的区别。

熊彼特在《经济发展理论》(1912)一书中首先提出了创新理论,并用以解释经济发展的内涵。他认为,所谓"创新",就是"建立一种新的生产函数",就是把一种从来没有过的生产要素和生产条件的"新组合"引入生产体系。经济发展就是整个社会不断地实现这种"新组合"的过程。

根据熊彼特的经济发展理论,经济增长并不等同于经济发展。他认为"仅仅是经济的增长,如人口和财富的增长所表明的,在这里也不能称作是发展过程。因为它没有产生在质上是新的现象,而只有同一种适应过程,我们把这种增长看作是数据的变化"。熊彼特理论中的经济发展不是简单的经济数据的变化,而是经济生活内部自行发生变化的结果,是对一种平衡状态的打破,是在改变和替代以前存在的均衡状态,是在不断地实现"新组合"。这种新组合包括五项内容:① 引进新产品;② 引进新技术;③ 开辟新市场;④ 掌握新的原材料供应来源;⑤ 实现新的组织形式。熊彼特的理论告诉我们,实现新的组合就是创新。创新是经济发展的根本现象。"创新是创造性的破坏"——这是熊彼特对"创新"的经典描述。他坚信,只有当经济吸收了变化的结果,并改变其结构时,经济才能发展。这种变化破坏旧的均衡,创造新的均衡,发展就是在新旧均衡的转换中出现的。

在提出创新理论的同时,熊彼特也为我们指出了创新与发明之间的区别。根据熊彼特的观点,创新是一个经济学范畴的概念,创新应该带来收益。在发明未能转化为市场所需的新产品、新流程和新服务之前,发明只是一个新概念、新设计,不能创造任何经济价值。因此,发明不等同于创新,发明只是创新的必要条件之一。单纯的发明及其专利仅对发明者本身有意义。只有当发明被应用于社会,并带来经济收益和价值,对社会经济发展有着积极的影响作用时,发明才完成了向创新的转换。

现代管理学之父彼得·德鲁克(Peter Drucker)也在他的著作《创新和企业家精神:实践与原则》(1985)中对创新有过系统的研究。他指出:"创新是企业的特效武器,这意味着,通过变化,他们找到了新的商机或者提供新的服务。"德鲁克认为,大多数企业家本人不是新技术的发明者,他们的创新在于把旧事物进行新的组合。他们充分运用新的技术来开拓市场,而这样的市场可能以前根本不存在。比如亚马逊公司(Amazon)和星巴克公司(Starbucks),前者开启了网上售书的先河,成为电子商务领域的领导者,而后者则是以经营意大利风格的咖啡吧取代了传统的咖啡豆售卖,成为全球成长最快的咖啡连锁店。无论是亚马逊公司的创办者杰夫·贝佐斯(Jeff Bezos)还是星巴克的CEO霍华德·舒尔茨(Howard Schultz),他们可能提供的东西都是人们所熟知的,但他们能用某些特定的手段将旧事物进行改造和重新包装,从而创造出新事物。

基于上述分析,我们将创新定义为:将新的构想通过新产品、新流程以及新的服务方式有效地应用到市场中,进而创造新价值的过程。

### 2.3.2 企业家精神

企业家精神(Entrepreneurship)也常被称为创业精神。企业家精神是看不见、摸不着的。但是我们在社会进步和经济成长中可以真切地感受到企业家精神的存在。企业家精神造就了一个个创业英雄和他们背后卓越的企业,把一粒粒商业的种子培育成参天大树。理查德·泰德罗(Richard Tedlow)在《影响历史的商业七巨头》(2003)一书中曾指出,美国人最擅长的事便是创建初创企业。互联网产业是在硅谷诞生的,尽管那里是世界上失败率最高的地方,但它也是地球上最具活力的地区。

可以说硅谷精神正是企业家精神最完美的注解。硅谷聚集了最勇敢的创业者,他们爱穿T恤、牛仔、休闲鞋;他们崇尚创新,敢冒风险,没有框架束缚;他们以追求变化为乐,把标新立异的想法转换成新产品、新工艺、新公司和新市场;他们追求富有挑战的工作,并享受成功后自我实现的愉悦。这就是一幅鲜活的企业家精神肖像。

我们可以说,企业家精神是一种能激发持续的创新性和成长性的内在的生命力,是企业家特殊才能和综合素质的集合,是一种重要的无形生产要素。创新、冒险、合作、敬业、学习、诚信、服务是企业家精神的重要内涵。

企业家精神的英文是"Entrepreneurship",其中包含了多个字母。在每个字母中都蕴含了与企业家精神相关的丰富内涵。

(1) E——Exploiter(开拓者)。

创建自己的初创企业是每个企业家的梦想。企业家是开拓者,他们凭借企业家精神把灵感变成实体,在为顾客创造价值的同时,也为个人创造财富。不仅如此,他们还为国家贡献税收,更为无数的家庭提供就业的机会。没有人知道这些初创企业能生存多久,也没有人知道他们中间谁会成为未来的巨人。但我们知道,这个社会离不开开拓者,因为他们是探索财富来源的冒险者。

(2) N——New idea(新想法)。

每一天,这个世界都在被源源不断的新想法改变着。每一个成功企业都是从最初的一个新想法演化而来的。对企业来说,一个新想法会演变为一个新的商业模式、新的管理流程、新的产品和服务、新的营销方式,甚至是一个新行业的诞生。新想法意味着创新思维。创新思维是企业家的特质,也是企业家精神的核心内涵。正是无数多的新想法才使我们的生活变得更有趣。很多年前,人们没有手机、数码相机和iPad,人们也无法想象买书可以不去书店,而是在网上订购;那些年代,所有的妈妈们要去商店购买生活用品;家人和朋友则要在2~3天后才能收到彼此的信件。然而今天的世界因新想法而变得大不相同了。我们足不出户就可以在网上订购我们想要的衣服、书籍和用品;家人和朋友的联络只需通过智能手机几秒钟就能实现;iPad不仅成为电子阅读器,它还能上网、绘画、弹钢琴。新想法造就了无数的伟大企业,它不但是企业成长的源头,也是推动社会发展的无形力量。

（3）T——Take responsibility(承担责任)。

责任是一种使命。对企业家来说,他们肩负着众多的责任和使命。对股东负责,使股东利益最大化;对顾客负责,生产可信赖的良心产品;对员工负责,为他们营造成长的空间;对社会负责,创造正面价值,积累社会财富。企业的良知和责任,不是外界强加给它们的负担和包袱,而是保障企业健康成长的力量。

（4）R——Risk taker(风险承担者)。

企业家并不喜欢风险,但是他们能够了解风险,并有效地对待风险。风险意味着不确定性,而不确定性是一种生活的常识,通过调查研究和准备,不确定性的程度是可以减轻的。企业家与普通人的区别就是,他们知道风险,但不畏惧风险,他们是有准备的风险承担者。他们所做的努力就是将风险转化为利润。利润是企业家对承担风险的报酬。

（5）P——Passion(激情)。

企业家精神是一种挡不住的激情,它意味着对新事物、初创企业、新产品、新领域的强烈向往。激情是不顾一切地做自己喜欢做的事情。那么企业家是不是那些最有激情去赚钱的人？事实上,对于很多企业家来说,追求金钱只是他们创业的动机之一,但不是最主要的目标。为钱而工作,企业家可能会成功,但不一定会快乐。钱不是焕发企业家激情的原始动力,而恰恰是他们做自己喜欢做的事情的积极结果。钱是激情创业的副产品。对企业家而言,他们更享受兴致勃勃地在商业新领域中开荒和播种,当然,收获只是迟早的事情。

（6）U——Unbending spirit(不屈不挠的精神)。

创办一个企业会面临许许多多的困难和挑战。而持之以恒和坚持不懈是创业者关键的品格。为了创办自己的企业并获得所期望的回报,创业者学会忍耐和坚持。

（7）S——Self-confident(自信)。

自信是一种来自内心的强大力量。企业家凭借这种力量与市场中不确定性带来的压力抗衡。无论他们面临多大的困难,他们都会坦然面对。自信来自于对现实的机敏判断,来自于不随波逐流的独立人格。自信让企业家在困境中看到未来成功的曙光,自信是成功的重要条件。

（8）H——Honesty(诚信)。

诚信是做人之本、治家之本、置业之本、治国之本。人无诚信不立,家无诚信不和,业无诚信不兴,国无诚信不宁。诚信是企业家精神的基石。

（9）I——Insight(洞察力)。

洞察力这个词很有意思,从字面来看是指对幽暗山洞深处进行仔细观察的能力。今天我们用这个词来形容人们对事物或问题进行深入分析的能力。洞察力是企业家与众不同的能力。凭借洞察力,企业家们敏锐地发现市场中的风吹草动,然后像猎豹一样,快速捕捉每一个新的机会。洞察力代表着机警的观察、睿智的判断和积极的行动。洞察力是企业家精神的重要元素。

"Eentrepreneur"是创业者或企业家的意思。在这个词中,还富有更多的积极含义。请

大家以每个英文字母为首字母,写出与"企业家"相关的英文单词。

表 2-1  与企业家相关的英文单词

| 英文字母 | 与企业家相关的英文单词 |
| --- | --- |
| E | |
| N | |
| T | |
| R | |
| E | |
| P | |
| R | |
| E | |
| N | |
| E | |
| U | |
| R | |

## 2.4  企业的主要类型

在我们的生活中,有各种各样的企业。企业家们以独特的视角不断地审视市场中的变化和趋势,在发现、识别和捕捉市场机会过程中建立起一个又一个不同类型的企业。他们中间有民营企业的佼佼者联想、娃哈哈,也有国有企业的巨人中石油、中石化;有来自美国的麦当劳、星巴克,也有来自美国的诺基亚、德国的大众汽车;有家电行业的精英企业海尔,也有饮料行业的领军企业汇源;有从事地产业的万科、制造业的格力,也有餐饮业的老字号全聚德、互联网的新锐搜狐和阿里巴巴。当然,更多的是各行业中大大小小、默默无闻的企业,或者是刚刚诞生的初创企业,这些企业根据市场的需要,为人们生产产品或提供服务。在服务于消费者的同时,也获得经营的回报——利润。因此,根据企业的财产构成、经营领域、规模大小、生产要素、所有制形式、国家归属等方面的差异性,企业被分成了以下不同的类型。

### 2.4.1  根据企业的财产组织形式划分

根据企业的财产组织形式,企业可分为个人独资企业、合伙企业和公司制企业。
(1)个人独资企业。
个人独资企业是指由一个自然人投资,财产为投资个人所有,投资人以其个人财产对企业债务承担无限责任的营利性经济组织。从法律层面来看,个人独资企业可以有自己的企业名称,可以叫作厂、店、部、中心、工作室等,但不得使用"有限""有限责任""公司"等字样。个人独资企业可对外以企业名义从事生产经营活动,但是它不具有法人资格。当个人独资企业经营失败时,出资人会以其个人财产对企业债务承担无限责任。

一般来说,个人独资企业是普遍存在的,零售商店、律师行、快餐店、牙医诊所等大都属于个人独资企业。

(2) 合伙企业。

合伙企业是指两个或两个以上的合伙人订立合伙协议,为经营共同事业,共同出资、合伙经营、共享收益、共担风险的营利性组织。合伙企业包括普通合伙企业和有限合伙企业。

① 普通合伙企业是指由普通合伙人(可以是自然人、法人和其他组织)组成的,合伙人对合伙企业债务承担无限连带责任的企业。但是,根据《中华人民共和国合伙企业法》规定,国有独资公司、国有企业、上市公司以及公益性的事业单位、社会团体不得成为普通合伙人。

② 有限合伙企业是指由普通合伙人和有限合伙人组成的,普通合伙人对合伙企业债务承担无限连带责任,有限合伙人以其认缴的出资额为限对合伙企业债务承担责任的企业。

(3) 公司制企业。

公司是由两个或两个以上自然人或法人投资设立的,具有独立法人资格和法人财产,自主经营、自负盈亏的法人企业。根据我国现行的《中华人民共和国公司法(2014)》规定,公司的主要形式有两种:有限责任公司和股份有限公司。这两类公司虽然都是以营利为目的的企业,但是,它们在法律上还是依据各自的特点,有不同的界定。

① 有限责任公司又称有限公司(Limited liability companies,LLC.),是指由 2 个以上、50 个以下的股东共同出资,每个股东以其所认缴的出资额对公司承担有限责任,公司以其全部资产对其债务承担责任的经济组织。其主要特征是:有限责任公司对股东人数有严格限制,股东数量相对较少,因此,公司筹集资金能力受到一定限制。但是,从另一个角度来看,由于股东数量较少,因此公司设立程序较为简单,而且公司也无须向社会公开公司营业状况。另外,有限责任公司的资本不必分为等额股份,公司也不能公开发行股票、募集股份,在生产经营过程中所需资金只能由其他合法方式融资取得。2 人以上的有限责任公司的最低注册资本为 3 万元。

② 股份有限公司(Co.,Ltd.)是指注册资本由等额股份构成,并通过发行股票筹集资本,公司股东以其认购的股份为限对公司承担责任的法人企业。

公司法对股份有限公司的股东人数设置了最低限,但对股东人数上限没有要求。这就使股份有限公司拥有众多的大小股东,公司可以广泛吸纳社会资金,分散风险。另外,股份有限公司的资金是通过公开发行股票的方式向社会招募,股东可以通过自由买卖股票的方式,自由转让股份,无须经过其他股东同意。为了保护东权益,股份有限公司必须按时向社会公开其财务状况,以便投资者及时掌握公司的经营情况。股份有限公司的注册资本最低限额为 500 万元。

## 2.4.2 根据企业的生产经营领域划分

根据企业的生产经营领域,企业可分为生产型企业、流通型企业、服务型企业。

(1) 生产型企业。

从狭义来讲,生产型企业是指生产和加工实物产品的企业。一般来说,生产型企业需要经历原材料购买、生产或加工、库存管理、市场销售的过程。比如电视机厂、造纸厂、家具厂等都属于生产型企业。

(2)流通型企业。

流通型企业是指专门从事商品流通和商品交换的企业。通俗地讲,流通型企业是相对于生产型企业来说的。流通型企业本身并不直接生产实物产品,而是通过向生产型企业购买成品,然后向市场出售,通过赚取购入价与售出价的差额来获取利润的商业企业。比如:批发店、零售店、家电连锁店等。

(3)服务型企业。

服务型企业是指以满足顾客需要为核心,以提供服务产品为主要业务并以此作为收入来源的企业。服务型企业主要涉足的领域包括:餐饮、旅游、仓储、广告、旅店、代理、租赁、咨询、金融、律师服务等。

根据服务产品和发展层次的不同,服务型企业又被分为传统服务型企业和现代服务型企业。传统服务型企业是指那些发展时间较长、服务产品比较成熟、技术含量相对较低的传统企业。比如从事餐饮、洗浴、照相业务的企业。现代服务型企业是指为适应现代生活和城市发展需要而快速发展起来的、技术含量和知识含量较高的服务型企业。这些企业主要包括从事金融、证券、会计、律师、信息咨询等业务的服务型企业。

## 2.4.3 根据企业规模划分

根据企业规模,企业可分为大型企业、中型企业、小型企业。

在划分企业规模大小时,主要参照2011年6月18日工业和信息化部、国家统计局、国家发展和改革委员会、财政部关于《中小企业划型标准规定》来进行划分的。但是在划分大、中、小、微企业的规模时不能简单地依据营业收入或从业人员数量来划分,还要结合行业的类型来进行判断,因为,不同行业的规模划分标准是不同的。

举例来说,工业企业、零售业企业和软件信息技术服务企业的规模划分标准就很不一样。如表2-2所示:

表2-2 不同行业企业规模的划分标准

| 行业名称 | 指标名称 | 计量单位 | 大型 | 中型 | 小型 | 微型 |
| --- | --- | --- | --- | --- | --- | --- |
| 工业 | 从业人员X | 人 | X≥1000 | 300≤X<1000 | 20≤X<300 | X<20 |
| | 营业收入Y | 万元 | Y≥40 000 | 2000≤Y<40 000 | 300≤Y<2000 | Y<300 |
| 零售业 | 从业人员X | 人 | X≥300 | 50≤X<300 | 10≤X<50 | X<10 |
| | 营业收入Y | 万元 | Y≥20 000 | 500≤Y<20 000 | 100≤Y<500 | Y<100 |
| 软件信息技术服务业 | 从业人员X | 人 | X≥300 | 100≤X<300 | 10≤X<100 | X<10 |
| | 营业收入Y | 万元 | Y≥10 000 | 1000≤Y<10 000 | 50≤Y<1000 | Y<50 |

由此可见,当我们在判断企业规模时,要知道不同行业的规模划分标准是不一样的,一定要根据具体行业的划分标准来判断。

## 2.4.4 根据生产要素划分

根据生产要素,企业可分为劳动密集型企业、资本密集型企业和知识密集型企业。

(1) 劳动密集型企业。

劳动密集型企业主要是指依靠大量劳动力进行生产、对技术和设备的依赖程度较低的企业。其衡量的标准是在生产成本中工资与设备折旧和研究开发支出相比所占比重较大。这些企业主要集中于农林、纺织、服装、玩具、皮革、家具等产品的加工、制造行业中。国际经验表明,凡是人口众多、土地和资本稀缺的国家和地区,其产业结构都要经历由劳动密集型向资本和技术密集型演进的过程。

(2) 资本密集型企业。

资本密集型企业又称资金密集型企业,是指需要较多资本投入的企业。这些企业身处资本密集型产业中,比如冶金工业、石油工业、机械制造业等重工业。在这些企业的单位产品成本中,资本成本与劳动成本相比所占比重较大,每个劳动者所占用的固定资本和流动资本金额较高。

(3) 知识密集型企业。

知识密集型企业是建立在现代科学技术的基础上,生产高、尖、精产品,集中大量科技人员,科研设备先进的企业。在这些企业中,技术设备复杂,科技人员比重大,操作人员的素质比较高,使用劳动力和消耗原材料较少。这些企业多来自于电子计算机行业、飞机和宇宙航天业、原子能工业、大规模集成电路工业、精密机床等行业。

## 2.4.5 根据所有制形式划分

根据所有制形式,企业可分为全民所有制企业、集体企业、合资经营企业和私营企业。

(1) 全民所有制企业。

全民所有制企业又称国有企业,是指生产资料归全民所有,具有法人财产权,自主经营,自负盈亏,维护国家财产保值和增值的相对独立的经济单位。

(2) 集体所有制企业。

集体所有制企业是指生产资料归劳动群众集体所有的、独立的商品经济组织。集体所有制企业包括城镇和乡村的劳动群众集体所有制企业。

(3) 合资经营企业。

合资经营企业是指由两个或两个以上不同单位或个人共同投入资金、设备、技术和其他资源,并通过协议共同经营的企业。

(4) 私营企业。

私营企业是指由自然人投资设立或由自然人控股,以雇佣劳动为基础的营利性经济组织。

## 2.4.6 根据国家归属划分

根据国家归属,可划分为本土企业和外国企业。

（1）本土企业。

本土企业是指本国公民在本国境内登记注册并进行生产经营活动的企业。

（2）外国企业。

外国企业是指在中国境内设立机构、场所，从事生产、经营和虽未设立机构、场所，而有来源于中国境内所得的外国公司、企业和其他经济组织。

根据表2-3中的信息判断这些企业各是什么类型的企业。

表2-3 企业类型及行业填空表格

| 企业实例 | 类型 | 行业 |
| --- | --- | --- |
| 王瑞大学毕业后，在父母资金的资助下成立了自己的鲜花种植园，并从事鲜花速递业务 | | |
| 新浪与易居合资的中国房产信息集团，已经获准在美国纳斯达克 IPO（Initial Public Offerings：首次公开募股）上市 | | |
| 张晓伟创办的粮油加工股份有限公司已经有十个年头了，公司注册资金5000万元，专门生产馒头、大饼、速冻食品等 | | |
| 乐陶陶玩具公司是集设计、开发、生产和销售为一体的玩具生产企业，专业生产立体拼图及婴幼儿玩具 | | |
| 美国速8酒店（Super 8 Motels, Inc.）是世界上最大的经济型酒店运营商之一，在全球范围内运营近2100多家酒店。第一家速8酒店于1974年10月在美国的阿伯丁开业，收费标准为每晚8.88美元。2004年6月美国速8酒店进入中国市场，在北京开业了第一家酒店 | | |
| 中国石油化工集团公司（简称中国石化集团公司）是由国家独资设立的我国特大型石油石化企业集团。中国石化集团公司注册资本1049亿元，总部设在北京 | | |
| 美的东芝合资公司是由广东美的电器股份有限公司与日本东芝开利株式会社共同投资，集研发、制造、营销于一体的综合性的大型科技型企业 | | |
| 李晓晶两年前在一家外企从事管理咨询工作，随着国家经济的发展，咨询业务数量大增，她决定自己单干，成立了自己的咨询公司 | | |

## 2.5 企业经营中的重要元素

世界上的大企业都是从小企业成长起来的。企业今天的财富往往源自昨天最初的一个灵感和想法。在漫长的经营过程中,资金、技术、员工、计划、战略、顾客等因素都成为企业成长过程中的重要元素。从下面这些小企业的例子中,你发现了哪些重要的企业经营元素?

- 邻居囡囡的妈妈很喜欢为自己 5 岁的女儿制作各种精美儿童餐,比如小熊番茄饭、蝴蝶结蛋糕、核桃西米露、小猪比萨。因此,一到周末,来找囡囡玩的小伙伴都愿意吃一顿囡囡妈妈做的精美食物。久而久之,囡囡的家成了周末小朋友聚会的地方。邻居孩子妈妈们对囡囡妈妈的手艺大加赞赏,并表示愿意向她学习儿童餐的制作方法。后来囡囡妈妈建立了一家小型儿童餐公司,专门制作和销售营养美味的儿童套餐,并定期举办妈妈培训班,教会那些厨艺不佳的妈妈们学做儿童餐。公司虽小,但是很受欢迎。
- 在一次前往荷兰的旅游途中,张宇偶然发现了荷兰人在出售用新鲜嫩草制作的环保地毯。回国后,张宇决定尝试着模仿这个创意,制造自己的鲜草地毯。在经过数十次的试验后,张宇的鲜草地毯终于成功制造出来。在此基础上,他创建了自己的环保鲜草地毯公司,专门出售鲜草地毯以及鲜草拖鞋、鲜草坐垫等。他的产品非常畅销,顾客数量快速增长,其利润回报也远远超出他的预期。
- 王建在大学期间就尝试设计新产品,他和伙伴们设计的第一个产品就是供周边餐馆使用的电子菜单。后来,他们陆续开发出比目前市场上任何软件都要好得多的新软件,并在风险投资人的资助下,创建了一家开发和销售软件产品的公司。

从上述例子中我们可以看到,一个企业的成长不仅需要资金的支持,还涉及一系列其他的重要元素(如图 2-1 所示)。

图 2-1　企业经营中的重要元素

## 2.5.1 创业灵感

创业灵感是创业活动中瞬间产生的、富有创造性的突发思维状态。创业灵感是创业者创业生涯的开始。好的灵感不仅带来企业的成功,而且引领社会的进步。亨利·福特有一句名言:"如果问那些从来没有见过汽车的顾客他们想要什么,他们肯定会说'我要一匹跑得更快的马'。"而现实是,福特的灵感超越了顾客的想象,他为消费者制造出比马跑得更快的T型汽车,还开发出世界上第一条生产流水线。他不仅造就了一个伟大的企业,而且引领大众进入了全新的汽车时代。好的灵感不是冥思苦想出来的,而是源于对市场的洞察、对顾客需求的倾听和对未来的预见。

## 2.5.2 资金

创业资金好比身体的血液,是维持整个机体正常运转的关键。创业过程就是资金的供血、造血和补血的过程。面对资金问题,创业者需要思考两个问题:如何使投入的资金正常周转,以及如何在资金短缺时筹集资金。资金短缺问题常常成为创业者最大的障碍。

## 2.5.3 商业计划

商业计划就是企业为自身的发展制订的包括核心业务、市场分析、组织资源、团队力量、竞争者信息、目标顾客、资源配置、竞争策略以及盈利模式和财务分析等内容在内的企业发展目标和行动方案。好的商业计划可以帮助创业者有效地对企业的发展能力进行评估,并以计划为依据,监控企业的业务进程与盈利程度。商业计划更是企业获得外部融资的关键环节。

## 2.5.4 企业战略

企业战略就是在分析企业外部环境和内部资源的基础上,为实现企业长期经营目标所制订的具有全局性、长远性的谋略和规划。企业战略涉及多层面的战略,比如营销战略、发展战略、品牌战略、融资战略、技术开发战略、人才开发战略、资源开发战略等。一个好的战略计划会引导企业员工采取有目标的行动。

## 2.5.5 创新

我们在前面曾提到,创新是将新的构想通过新产品、新流程以及新的服务方式有效地应用到市场中,进而创造新价值的过程。创新不仅仅指产品和技术的创新,还包括商业模式、业务流程、管理方式和企业文化等多方面的创新。创新决定了企业在行业中的地位,决定了企业到底是引领者还是跟随者。创新是企业获得丰厚利润的关键武器。

## 2.5.6 团队

创建企业的过程也是创建团队的过程。团队是由创业者和创业伙伴组成的一个共同体。优秀的团队应该是有效利用每一个成员的知识和技能、协同工作、解决问题、实现共同目标的团队。对于风险投资人来说,他们宁可选择二流的项目、一流的团队也不愿选择一流的项目、二流的团队。由此可见团队在创业中的重要作用。

## 2.5.7 供应链

供应链是指以核心企业为中心的,由原材料供应商、生产商、分销商、零售商以及终端顾客等上下游成员组成的链条式网络结构。供应链包括:物资流通、商业流通、信息流通、资金流通等四个流程,每个流程有各自不同的功能和不同的流通方向。企业应该努力优化其供应链,以达到满足客户需求、降低成本、实现利润的最终目标。

## 2.5.8 顾客

顾客是企业所提供的产品或服务的购买者或享用者。顾客可以是个人,也可以是组织。顾客是企业收入的来源。如果企业是树,顾客就是企业赖以生存的土壤。维系现有顾客、开发潜在顾客、培育未来顾客是企业的重要任务。

## 2.5.9 市场

从经济学角度看,市场是由某种产品或服务的买者或卖者组成的群体,即供给者和需求者构成了市场。而从营销学角度看,市场是由某种产品或服务的当前买者和潜在买者所组成的群体。也就是说,这里的市场是针对购买者而言的。而卖者是产品的提供者,他们来自于行业。因此,从营销学角度来说,卖者构成行业,买者构成市场。市场规模决定了企业的生存空间,市场变化决定了企业的生存状态。市场对企业来说至关重要。

## 2.5.10 利润回报

从会计学角度讲,利润是企业销售产品的收入扣除成本和税金后的余额。但从广义来说,利润就是企业在一定时期内获得的经营成果,它是对企业家承担风险、付出艰辛的回报。创业者创办企业的最终目的就是获得利润回报。企业的利润回报不仅对企业家个人有着非凡的意义,而且对员工、股东、社区以及整个社会都有着重大的积极意义。每个企业干净、合法的利润回报是构成国家财富的重要源泉。

## 2.6　企业的运作过程及在经济中的角色

### 2.6.1　从微观角度看企业的运作过程

企业的生产经营过程有着自己的运行规律。从微观视角来看,每个企业的生产经营是从资源投入开始的,经过必要的生产经营过程和管理阶段,最后形成产品和服务,并生成利润回报。此过程不断地循环周转,使企业规模不断地扩大(如图2-2所示)。

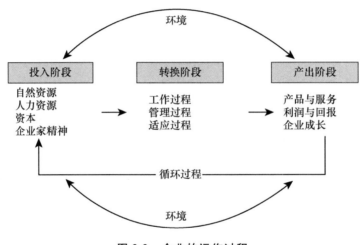

图 2-2　企业的运作过程

(1) 投入阶段。

这里主要涉及人类创造财富所需的四大生产要素。

① 土地或自然资源:是指大自然赐予人类的、在原始状态下就有价值的、用于生产物品或劳务的天然资源。它包括矿藏、河流、森林、野生资源,这些都是人类创造财富的生产原料来源。投入土地获得的回报是地租。

② 人力资源:是指人类所拥有的、用于生产物品或提供服务的体力和脑力劳动的总和。人力资源可谓所有资源中最重要的资源。投入人力资源获得的回报是工资。

③ 资本:在经济学家眼中,资本涉及两类:一类是物质资本,它是人们生产出来的且用于生产其他产品所需的生产工具、机器设备或厂房的总称;另一类是货币资本,是用来购买机器、设备、厂房和其他生产资料的资金。在商人眼中的资本,常常指货币资本。投入资本获得的回报是利息。

④ 企业家精神:这里主要指企业家的冒险精神以及企业家特有的才能要素。企业家精神是一种宝贵资源。在创建企业的过程中,自然资源、人力资源和资本是一个企业存在的基本条件,但是企业家精神这种独特的资源则是企业创新和成长的核心条件。投入企业家精

神获得的回报是利润。

（2）转换阶段。

这里主要涉及三个重要过程。

① 工作过程：即生产产品或提供服务的过程，也是劳动力和劳动资料的消耗过程，是实现产品价值重要的过程。

② 管理过程：即为保证组织目标顺利实现而实施的一系列计划、组织、领导和控制的活动过程。

③ 适应过程：主要指企业适应外界环境变化的过程。任何一个企业都存在于客观环境之中。企业环境既包括人口、经济、技术、政治、法律以及社会文化方面的宏观环境，也包括对企业有直接影响的微观环境，如供应商、顾客、竞争对手、政府机构等，它们是影响企业生存的重要力量。当这些环境发生变化时，企业本身要进行及时调整，以便在变化中找到生存的平衡点。

（3）产出阶段。

产出阶段一方面意味着企业完成了生产和服务过程，为市场提供所需产品，另一方面也意味着企业将获得利润回报。如果产品销售顺利，则所投入的资金将以销售收入的形式被收回。这时的资金数额应该大于初始投入的资金数额。只有这样，企业的资本才能像滚雪球一样，越滚越大。这就形成了企业的成长周期。

## 2.6.2 从宏观角度看企业在经济中的角色

企业在国家中的经济角色可以通过一个直观的经济模型反映出来，这个模型称为经济循环流向图（如图2-3所示）。在这个模型中，经济由两类决策者组成：家庭和企业。它们在两类市场上进行交易。

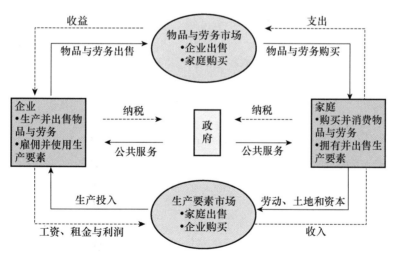

图2-3 经济循环流向图

首先，在生产要素市场上，家庭是卖者，企业是买者。家庭向企业出售劳动力、土地和资本,为企业提供用于生产物品与劳务的生产要素。而作为买者的企业,在生产要素市场上向家庭购买企业所需的生产资料,并支付给家庭工资、地租和利息,以此作为家庭出售其生产要素的回报。

其次,在物品与劳务市场上,家庭是买者,企业是卖者。企业将购买来的生产要素投入到生产中,使之转化为有形的产品和无形的劳务。然后,企业在物品与劳务市场中向家庭出售所生产的产品与劳务。家庭购买企业的物品与劳务,并向企业支付等值货币,以此作为企业为家庭生产物品与劳务的报酬。

在图 2-3 中我们看到,企业始终运行于生产资料市场和物品与劳务市场之间,不断地将购买来的生产要素转化为物品与劳务,在满足社会对产品需要的同时,也使自身获得利润。由此可见,企业在社会经济中扮演重要的角色。企业不但为社会提供源源不断的产品和服务,也在这个过程中获得利润,并通过纳税的形式为国家创造价值、积累财富。此外,我们还看到政府在经济中的作用。政府不是市场经济的控制者,而是服务者。政府除了行使国防、立法、教育等职能外,还从家庭和企业那里获得税收,并将税收汇集起来为家庭、企业和社会提供公共服务。

1. 资金和物品是如何在市场中循环流转的?
2. 请将下面的数据填入经济循环流向图中,并思考资金与物品在市场上的循环流转过程。

- 李伟将承包栽种的 500 棵杉树卖给一家木材公司。
- 嘟嘟制鞋厂向宏盛鞋店供货 5000 双皮鞋。
- 晓丽在百货商店花 200 元买了一件夹克。
- 东海咨询公司向 B&B 商业大厦物业缴纳租金 40 000 元。
- 建材企业老板每月付给李明 3000 元工资。
- 亮亮清洁公司为金江饭店清洗 100 块地毯,收入 5000 元。
- 张帅努力经营自己的饭庄,去年获 12 万元纯利。
- 永康家具公司从木材厂购置了 100 000 元松木木材。
- 微微照相馆向银行还本付息 10 万元。
- 绿色农庄向清泉超市提供 30 000 元新鲜蔬菜。
- 尚佳小学为学生购置了 2 万本课外图书。
- 卫东与家人一起乘国际航空公司的飞机前往欧洲旅行。
- 王冬去银行取回了到期的 10 万元存款的利息并办理了 2 年期的续存手续。

## 2.7 企业为社会带来什么

创业者很了不起吗?是的,他们的确如此。他们之所以与众不同,其理由就是他们创办了企业。从某个角度来说,企业是决定一个国家贫穷或富足的关键因素。我们可以想象一下,如果一个国家的企业数量越来越少,这个国家会怎样?

——越来越多的人找不到工作;

——人们能够享用的产品越来越少;

——政府的税收来源接近枯竭;

——因国家税收的减少导致公务员工资出现缺口;

——思想家、诗人、艺术家逐渐消失;

——越来越多的孩子无法支付学费而辍学在家;

——新想法、新设计、新产品慢慢淡出人们视野;

——商品供应出现短缺;

——社会不安定因素在增加;

——巨大的社会危机在慢慢酝酿……

这是一个很可怕的想象,它意味着一个国家失去了经济发展的引擎。可见,企业在市场经济中扮演着极为重要的角色。一个国家经济的繁荣程度取决于企业行为获得鼓励和回报的程度。正是创业动机、创造力和追求成功的冒险精神才促成了一个又一个初创企业的诞生。在这个过程中,企业通过为社会带来新产品和新服务获得利润回报,而整个国家也伴随着企业的成功变得富足和繁荣。企业的存在对社会有着以下几个重大意义:

(1) 提供产品和服务。

企业的基本经济功能就是提供人们所需要的产品和服务。企业家就是要发现顾客的需求并想尽办法去满足这些需求。

(2) 创造就业。

企业是人们获得就业机会的最主要来源。企业为那些需要工作的人提供就业机会,并支付其工作报酬。人们通过就业来维持家庭生计和实现个人梦想。

(3) 增加收入。

企业吸纳就业者为其工作,并为工作着提供工资收入。企业不但要实现自我盈利的目标,还要使企业员工能够赚到更多薪水。这对支付政府税收、增加消费者可支配收入都是至关重要的。

(4) 增加税收。

如果没有企业创造利润,政府就失去重要的税收来源。政府不但无法支付庞大的公务员薪酬,也没有能力提供公共服务。从这个角度讲,企业是国家税收蓄水池的重要来源。

(5) 促进社会进步。

生产力的发展是人类社会进步的动力。而企业正是生产力发展的关键推动者。企业通过技术创新、流程创新或商业模式创新来提供社会所需的物品和服务,从而推动生产力的发展,带动整个国家财富的增值和社会的进步。

(6) 增加国民福利。

通俗地说,国民福利就是百姓从经济增长中得到的收入和保障。而企业是一国经济增长最重要的贡献者。企业的发展不仅为股东和员工带来收益的增长和就业机会的保障,也为一国国民福利的增加做出重要贡献。

## 2.8 小企业的魅力

### 2.8.1 认识小企业

对一个国家或一个城市来说,创业具有三重意义:孵化创新思想、促进就业增长和推动经济发展。从传统观点来看,多数人会认为,对地区经济发展起着决定性作用的是大公司和大企业,是它们创造了大多数的就业岗位。但是,这个传统命题后来证明不再成立。1979年,David Birch 在对美国企业进行了长期的实证研究后发现,大公司不再是新生就业岗位的主要提供者,取而代之的是众多的中小企业。在此之后,Brock and Evans(1989),Loveman and Sengenberger(1991)以及 Acs and Audretsch(1993)等更多学者的研究也支持了 David Birch 的结论。今天,在创业型经济来临之际,小企业已成为各国国民经济发展的重要力量。

小企业是指劳动力、劳动手段或劳动对象在企业中集中程度相对较低,或者生产和交易数量规模较小的企业。但是对于如何具体界定"小"的范围,不同国家、不同行业会有不同的标准。我国是依据企业职工人数、销售额、资产总额等指标,并结合行业特点对小企业进行界定。关于这一点,我们已在企业类型划分中有所介绍。

与大公司、大企业相比,小企业的确有其自身的劣势。在大鱼吃小鱼的游戏规则下,小企业的生存环境充满变数和挑战。但是,世界是变化的,游戏规则也在慢慢发生变化。昨日的大鱼吃小鱼规则已经演变为今天的快鱼吃慢鱼的规则。而在新旧规则的交替中,谁能说小企业总是处于劣势地位呢?其实,小企业虽然有自己的劣势,但也有着大企业无法比拟的独特优势(如表 2-4 所示)。

表 2-4 小企业的优势与劣势

| 优势 | 劣势 |
| --- | --- |
| 快速反应 | 规模小竞争弱 |
| 体制灵活 | 融资相对困难 |
| 敢于冒险创新 | 管理水平有限 |
| 个性化优势 | 失败风险大 |
| 专业化优势 | 人才缺乏 |

目前,全球经济正从管理型经济向创业型经济转换。管理型经济是指以稳定性、专业化、产品同质性、规模经济以及可预测性为特征的经济形态。在管理型经济时代,大企业占主导地位,小企业是大企业的追随者。而创业型经济是将知识、技术、管理、资本与企业家精神融合在一起的新型经济形态,其经济特征表现为变化性、灵活性、产品多样性、创新性和集

群性。随着创业型经济时代的来临,大企业的主导性逐渐下降,而创新型小企业逐渐由大企业的追随者变为经济增长的驱动者。人们开始重新认识小企业对经济增长的重要贡献。我们今天看到的行业巨人苹果、谷歌、微软、联想、阿里巴巴都是从昨日的小企业成长起来的。小企业永远是新生代商业巨人的摇篮。

### 2.8.2 小企业的回报

如果有人问你"为什么要创办小企业?",你会怎样回答?你可能会说"为了赚钱",或者"为了按自己的意愿做事情"。对于这个问题,每个创业者都会有自己的答案,这些答案反映了创业者对创业回报的不同看法。实际上,当人们做出创业选择时,他们首先会认定这是一个能得到回报的机会。然而,对创业者来说,什么才是他们最看重的回报呢?保罗·雷诺兹在对创业者期望得到的创业回报的研究中发现,大多数创业者普遍认为创业可以带来三种关键性的回报:自由、收入与成长。此外,创业者们时而也会提到另外两种回报——创造巨大财富和开发创意产品。而那些众所周知的回报却是创业者偶尔提及或很少提及的,比如认可、尊重、权力、家庭等[①](如图 2-4 所示)。

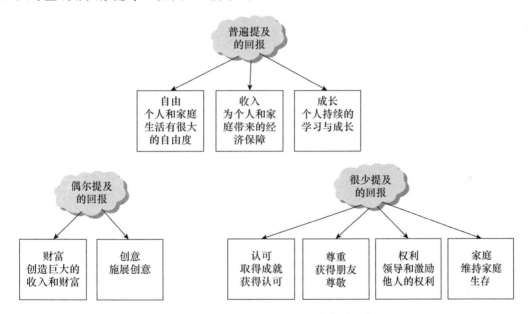

图 2-4　创业者创办小企业所追求的回报

(1) 自由的回报:自由的生活对创业者来说可能是最容易也是最快得到的回报。创业者可以按照自己的意愿去设计个人的生活,并按照自己的习惯和想法去做事情。追求自由的空间,享受不被别人约束的生活,这种回报对每个创业者来说极具诱惑力。

(2) 收入的回报:收入回报是指创业活动为创业者个人、配偶以及孩子所带来的日常生

---

① Jerome Katz, Richard P. Green. Entrepreneurial Small Business, 3rd Edition. McGraw-Hill Companies. 2011. p. 9.

活保障。从另一个角度看,收入回报是创业者创办企业所获得的辛苦酬劳以及他们承担创业风险所得到的补偿。保罗·雷诺兹在研究中发现,超过3/4的创业者认为,他们从创业中获得的收入回报只要与创业前持平或稍稍高于创业前收入水平就可以了。只有1/4的创业者表示希望通过创业活动获得高收入。

(3) 成长的回报:成长的回报意味着创业者从挫折和挑战中学到的东西以及创业过程带给他们的丰富经历。创业的过程就是创业者见证一粒种子长成繁茂大树的过程。无论是失败的教训还是成功的经验都是创业者难得的收获。从另一个角度讲,这里的成长不仅意味着创业者个人的成长或企业的成长,它也意味着国家的成长,因为国家财富积累中有企业的很大贡献。谁能说这不是一个巨大的回报呢?

## 案例讨论

**案例一:小企业的价值**

他们是创业者,他们拥有了自己的小企业。从他们的创业经历中,我们细细品味创业的甘苦和价值。

● 王平创办自己的小餐馆已经两年了。

我起初在另一个镇上的餐馆工作,积累了一些工作经验。之后我又花一段时间在另外两个餐馆学习餐厅管理。在时机成熟后,我终于创办了自己的餐馆。很多人认为,只要是好厨师就可以开一家餐馆,事实上并没有这么简单。你要了解餐饮业每个环节,比如采购、广告宣传、烹饪、管理员工、客户关系等。同时你还要意识到,顾客来你的餐馆并不仅仅是为了填饱肚子,他们还需要很多具有附加值的服务,比如,优雅的就餐环境、与众不同的餐厅设计、人性化的服务、独特的菜品等。

我喜欢自己创业的感觉,喜欢做自己的老板。我有20名员工,我喜欢和他们一起合作,一起吃苦,一起克服一个又一个挑战,一起享受成长的快乐,看着我们的餐厅越来越兴隆。我的目标是把我的餐馆办成小镇上最好的餐馆。

● 马莉拥有一个厨具店,她刚刚开业六个月。

我是厨具店的老板,我虽然不是厨具方面的专家,但是我找到了几个可以信赖的内行朋友一起经营厨具店。我认为做什么生意都不重要,重要的是你在产品和服务方面要有想象力,能够不断推出新想法和新产品。我曾在广告公司工作过,这为我积累了丰富的市场运作经验。

我现在有12名员工,有的时候我发现管理员工比管理产品要难得多。作为厨具店的创业者,我自然也就成为员工的领导者。我很在意员工对这个小企业的态度。我希望我能将那些努力工作的员工长久地留下来。但我知道,员工的忠诚度不是靠简单的管理就能获得的。以前我听别人说过,管理是一门艺术,它包括沟通的艺术、领导的艺术、安排时间的艺术等,现在我真的理解了这句话的含义。

我的公司才刚刚起步,利润很低,前期投入较大,还不能从生意中赚到足够多的利润。我希望尽快收回成本,但是我知道,这不是一两天的事,可能需要熬过相当长的时间。不过,我并不害怕,我已经准备好承受一切挑战,我不会轻易放弃的。

● 阿海和他的合伙人共同经营一家提供休闲食品、饮料和民间音乐的餐吧,他们的生意创办6年了。

我一直都对民间音乐很感兴趣,我的一些朋友就是民间乐手和歌手。我考虑开这样一个餐吧的想法已经很久了。刚好那年夏天,我看到这家店面在出租,于是就用积蓄租下了这个店铺,和一帮朋友一起开始了我们的创业设想。

创业让我感到兴奋,因为,这正是我想做的事情。我愿意为我的音乐餐吧投入金钱、时间、精力和热情。另外,我不但能和一群志同道合的朋友一起工作,还能不断地结交喜欢民乐的新朋友。尽管创业经常会把人逼到崩溃的边缘,但是,当你咬牙走出困境时,你会发现收获的远远不止金钱。

现在,我的生意越做越大,在全国已经有了4家连锁店。在兴奋之余,我也感到了巨大的压力。从一个小企业成长为一个中型企业,管理方式肯定和以前是不一样的。但是我相信自己的能力,同时也逐渐地感悟到只有不断地学习才能成功应对未知的挑战和变化。作为管理者,学习应该成为我们日常生活的一部分。

● 安言4年前开办了自己的第一家服装零售商店,现在他已经在周边地区拥有了自己的3家店铺。

要创业,你就得有一点疯狂的执着,我的确很执着。但是我发现,仅凭执着还不能成功。以前我发现美容业、餐馆业很火爆,赚钱很容易,于是我先后尝试着开办自己的美容店和餐馆。因为我自己不是内行,所以聘请懂行的人来经营。但最后我发现,走入一个我不熟悉的行业,赚钱很难,成功的希望很小。这两次失败的经历并没打消我对创业的执着,于是我又开始了服装零售生意,因为我觉得这个生意不需要什么技能,人人都会卖服装。但是我又错了。开办服装店初期我的经营一度严重亏损,4个店员就辞职了3个,店铺停业时间达3个月。一身债务压得我透不过气来,不过也正是还债的压力迫使我咬紧牙关,力争东山再起。我重新思考了创业失败的原因,终于发现我应该提供消费者喜欢的服装,而不是我自己喜欢的服装。这个失败的经历让我清楚地意识到我的经营决策应该以市场为导向,而不应该以个人的兴趣为导向。另外,不断创新也是成功的关键,如果总能为顾客带来新产品、新感觉,那就永远有做不完的生意。

(资料来源:共青团中央,中华全国青年联合会,国际劳工组织.大学生KAB创业基础[M].北京:高等教育出版社,2007)

**小组讨论:**

(1) 这些小企业对家庭、社区、国家经济有哪些贡献?
(2) 如果是你,你愿意创办什么样的小企业?
(3) 猜想:这四个小企业如果每个月向国家分别纳税2000元,这些钱能做些什么?

**案例二:极品布丁公司**

20世纪60年代,利兹·萧尼斯曾是有着严重反叛心理的街头少年。如今,这位年近五十岁的女企业家经营的"极品布丁"公司已经成为资产上百万元的企业。它的创业经历让人佩服。

利兹出生在一个信奉宗教的家庭。她的少年时代过得并不那么开心,12岁那年母亲死于脑溢血,而父亲一年后选择了再婚。在以后的30年里,父亲和女儿一直没有见面。此后的利兹走上了叛逆的道路,她离开了学校和家庭,开始了打工生涯。她去夜总会演过音乐剧,也在办公室做过文员。在一家塑料公司工作了12年后她又跳到地毯行业里做管理工作。但这一切并没带给她工作的快乐。1993年,她决定创办自己的企业。

怎样从地毯走向布丁呢?利兹曾一直帮一个朋友做甜点。为此,她去图书馆查到了早期澳大利亚移民的食谱,其中之一就是现在非常有名的"古尔高维布丁"。这就是后来的极品布丁,把她推向了成功之路。

古尔高维是位于澳大利亚新南威尔士西南方的一个乡间小镇的名字。那是一个非常落后的农村,贫瘠且被灌木覆盖。19世纪初期,这个地区的女移民发明了一种不用面粉的布丁,这种布丁的原料有香蕉、面包和无核葡萄。她们把这种布丁叫作"古尔高维布丁"。利兹对原始配方稍微加改动后就尝试着拿到集市上售卖。结果令她很满意,所有的布丁都能卖出去。

在发现产品很受欢迎后,利兹决定把布丁推向航空公司。在执着努力下,利兹终于收到来自澳大利亚航空公司的第一份订单——每周提供1000个小布丁。

利兹真正开始创办极品布丁公司是在参加完1994年墨尔本食品博览会之后。食品博览会非常重要,因为那里是所有食品采购商都会去的地方。这次博览会上的一个展位要价大约是1000元。利兹从古董商那里借来了价值10万元的法国古董,用这些古董把展位装饰起来,使它看上去像一间法国的画室。结果,利兹的展位出人意料地获得了博览会最佳展位奖。之后,她的企业真正开办起来了。

一个月后,她从安塞特航空公司那里得到了一张价值75万美元的大订单——为安塞特供应4000个布丁,并且把产品冷冻起来送往全国各地。对利兹来说,这是一个既惊喜,又棘手的大任务。因为,她当时的生产条件非常简陋,根本没有能力完成如此大单。利兹需要资金、设备、洗涤机、洗碗机,还需要雇人。而且她对如何速冻产品一无所知,她更不知道该如何设计包装,以保证食品不变质。这的确是一场充满风险的生存游戏。后来利兹以家产为抵押,从银行借到了大额急需资金,并昼夜不停地生产布丁,终于按时完成了合同订单。

在这之后的日子里,她又与多家航空公司签订合同,布丁事业越做越大。截至2000年,企业的员工已经增加到十几个人,年产25万个布丁,销售额超过100万美元,并且每年翻一番。令利兹引以为豪的是,其客户名单简直就是澳大利亚的一本"著名企业录"。现在,极品布丁主要面向高收入阶层以及许多五星级饭店、高尔夫球俱乐部、配餐公司和私人医院。

利兹以她的创业经历向人们证明:要想把一项爱好或一个家庭式小企业发展成几百万元资本的大企业所需要的本领远远超过烹饪技术。它需要顽强的性格、执着的行动以及企业家的冒险精神,而早年间小巷的"底层生活"岁月已经为利兹积累了丰富的品格财富和人生经验。这一切最终促成了普通小人物向大企业家的蜕变。

(资料来源:http://edu.sina.com.cn/focus/wzjcy/index.html,有改编)

**小组讨论:**

(1) 问题青年转变为优秀企业家的原因是什么?
(2) 分析并说明利兹在创业过程中有哪几个关键转折。
(3) 你认为利兹在创业过程中可能遇到的最棘手的三个问题是什么?

### 案例三:小公司变成巨人——迪士尼的创业与成长

很难想象,这个世界如果缺少了迪士尼公司,孩子们会少了多少笑声和快乐啊!这就是一个公司的巨大价值,它不仅创造了利润,还给世界带来了无尽的欢乐。然而,这样一个伟大的企业也是从小公司开始,艰难地成长为今天的巨人的。我们今天看到的都是迪士尼的辉煌和财富,但是,在创业之初,沃尔特·迪士尼也经历了所有创业者的艰辛。

沃尔特·迪士尼出生在一个生活条件并不富裕的家庭。第一次世界大战期间,沃尔特·迪士尼当过兵,服完兵役后回到家乡,在一家广告公司做画家。由于公司对沃尔特·迪士尼的绘画能力有质疑,因此他只干了一个月就被解雇了。从那以后,沃尔特·迪士尼便开始了自己的创业生涯。

1920年,沃尔特和一位广告公司的同事合伙成立了伊沃克斯-迪士尼商业美术公司,但公司成立不到一个月就停业了。之后,沃尔特·迪士尼加入了堪萨斯市广告公司,并在这里学到了拍摄电影和动画的基本技术。后来,沃尔特·迪士尼建立了欢笑动画公司,并成功地通过电影发行人弗兰克·纽曼发行自己公司制作的动画短片。但是好景不长,不久以后公司又倒闭了。1923年7月,沃尔特·迪士尼来到洛杉矶,准备在好莱坞发展。他与哥哥罗伊·迪士尼成立了迪士尼兄弟制片厂,并于1925年改名为沃尔特·迪士尼制片厂。在此期间,沃尔特·迪士尼推出的《幸运兔子奥斯瓦尔德》大受欢迎,于是,他前往纽约与发行人商谈合同续约事情。在从纽约回好莱坞的火车上,沃尔特·迪士尼突发灵感,创作出了以老鼠为原型的卡通形象——莫迪默,后来在他妻子的建议下,这个卡通形象改名为米奇。从此,一个经久不衰的形象诞生了。1928年11月18日,世界上第一部有声动画《威利汽船》在纽约首映,反响空前!这一天也被定为米奇的生日。1932年7月30日,沃尔特推出了世界上第一部彩色动画《花与树》。1937年12月21日,沃尔特在好莱坞正式推出了影史上第一部长篇动画电影《白雪公主与七个小矮人》。在第二次世界大战结束后的十多年里,沃尔特又推出了《仙履奇缘》《小飞侠》《小姐与流浪汉》《睡美人》《101斑点狗》《森林王子》等多部脍炙人口的影片。沃尔特·迪士尼的动画制作进入黄金时期。1955年,第一个迪士尼主题乐园在美国加利福尼亚州诞生。

如今,迪士尼公司的业务已广泛涉及娱乐节目制作、主题公园、玩具、图书、电子游戏和传媒网络等多项领域,公司在美国本土已拥有15万名员工。2010年公司营业额已超过361亿美元,从昔日的白手创业,到今日拥有的巨大财富。迪士尼讲述的不仅仅是一只老鼠和一只鸭子的故事,而是抵押梦想,创造财富的传奇。只要心怀创业的梦想,或者从你身边走过的路人,都有可能成为未来传奇故事中的主角。

(资料来源:http://baike.baidu.com/ view/17085.htm,有改编)

**小组讨论**

(1) 以小组的形式完成一篇具有想象力的命题小作文"在没有迪士尼的日子里",并阐述其存在的价值。

(2) 以儿童为服务对象,讨论一下能创办什么样的公司。

(3) 进入网页 http://disney.com,思考一下该公司未来可以开拓的三个新业务是什么。

## 课堂活动

**活动一:我们的T恤屋开业了**

1. 活动目的

通过模拟训练,使学生了解企业经营运作的基本流程,把握贷款、做计划、设计产品、购买原材料、生产、销售以及还贷过程中的关键要素。同时,培养学生的合作精神和创新意识。

2. 活动学时

本活动需要3个学时。

3. 活动环境

根据学校的教学环境情况,可将活动桌椅拼成5~6个独立空间。每个小组占用一个空间进行。教室备有白板、白板笔、多媒体电脑等。

4. 活动道具

在活动开始前,教师需要提前将以下道具准备齐全:自制模拟纸币、彩色水笔、彩色A4纸、不同角色的员工胸卡、企业目前经营计划表、现金记账表、纳税单、银行标志、批发店标志、收购店标志、多把剪刀等(见下面模版)。具体如图2-5—图2-12及表2-5所示。

道具一:自制模拟纸币。

图 2-5　模拟纸币

道具二:角色胸卡。

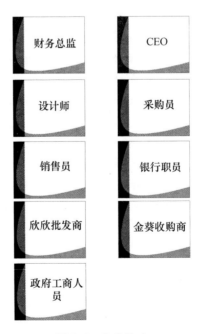

图 2-6　角色胸卡

道具三：企业月度经营计划表。

|  | 星期一 | 星期二 | 星期三 | 星期四 | 星期五 | 星期六 | 星期日 |
|---|---|---|---|---|---|---|---|
| 第一周 |  |  | 注册日20元 |  | 贷款日200元 | 休息日 |  |
| 第二周 | 市场调研发布信息 |  | 制订计划 |  | 成本预算定出厂价 | 休息日 |  |
| 第三周 | 购买原材料及工具 |  | 图案设计 |  | 样品制作 |  | 休息日 |
| 第四周 | 广告宣传 | 订单谈判 |  | T恤加工 |  | 销售产品 | 休息日 |
| 第五周 | 核算日房租30元还贷20元 |  | 水电20元发薪50元 |  | 纳税10% |  |  |

图 2-7　企业月度经营计划表

道具四：现金记账表。

表 2-5　现金记账表

| 现金记账表 ||||||||||||
|---|---|---|---|---|---|---|---|---|---|---|---|
| 现金记账 |||| 账目明细 ||||||||
| 日期 | 收入 | 支出 | 余额 | 原料 | 工资 | 房租 | 水电 | 广告 | 销售 | 其他 | 总计 |
|  |  |  |  |  |  |  |  |  |  |  |  |
|  |  |  |  |  |  |  |  |  |  |  |  |
| …………………… |||||||||||| 
|  |  |  |  |  |  |  |  |  |  |  |  |
|  |  |  |  |  |  |  |  |  |  |  |  |

道具五：纳税单。

图 2-8　纳税单

道具六：银行标志。

图 2-9　银行标志

道具七：批发店标志。

图 2-10　批发店标志

道具八：收购店标志。

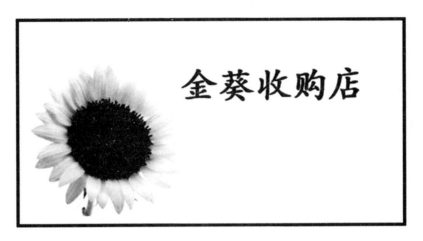

图 2-11　收购店标志

道具九：多把小剪刀。
道具十：多盒彩色水笔或彩色铅笔。
道具十一：1 包 A4 白纸、1 包 A4 彩纸（教师也可以为学生添加其他类型的道具）。
道具十二：市场信息发布小白板。
道具十三：尺子。
道具十四：设计图纸。
道具十五：订单合同。

```
                订单合同


        T恤订单数量


        本批次T恤价格



        甲方签字：              乙方签字：
```

图 2-12　订单合同

5. 活动步骤

(1) 各类角色介绍

① 银行1人。银行家负责发放贷款、存款、找零以及销售回款等事宜。

② 欣欣批发商1人。批发商负责批发原材料。每个单位原材料(即1/2 A4纸)为30元。

③ 金葵收购商2人。收购商负责向企业发布模拟的宏观经济信息及市场订单信息,同时负责收购各企业生产的合格T恤衫成品。收购价格为与各企业谈判后的定价。也就是说,各企业的产品收购价格都不一样,略有差异。收购商可根据模拟的宏观经济信息和相应的经济景气度调整收购价格。对于有创新设计的企业,收购商可以高价收购(视产品设计水平商议后决定)。

④ 政府工商人员1人。工商人员负责工商注册、收缴和监督各企业纳税情况,并在企业间发生争端时,进行调解。

⑤ 企业内部角色。将其余学生分成6个小组,每小组4~5人。它们分别代表T恤衫行业中的6个不同企业。每个小组为自己的企业起一个名字。完成之后,给企业成员分派角色:CEO、财务总监、设计师、销售员、采购员等。各角色任务如表2-6所示。

表2-6 企业各类角色

| 角色 | 任务内容 |
| --- | --- |
| CEO | 负责全公司的总体运营情况,总决策人 |
| 财务总监 | 负责贷款、财务记账、成本控制等工作 |
| 设计师 | 负责T恤衫的图案设计 |
| 销售员 | 负责产品销售工作 |
| 采购员 | 负责采购原材料和生产工具 |

(2) 活动内容介绍

教师宣布,现在每个企业已经正式成立,彼此互为T恤衫行业中的竞争对手。本行业的产品是T恤衫。现在,每个企业将以T恤衫为核心产品,展开设计、生产、宣传和销售活动。在经过一个月的生产和经营后,看看谁是行业中的领先者。根据活动的进行程度,教师可组织1~3轮的模拟,在模拟活动全部结束时,考察每个企业的利润情况。

(3) 经营模拟活动目标介绍

在企业的生产经营模拟活动中,学生完成以下目标:

● 为企业的经营活动制订计划;
● 计算产品成本;
● 为产品定价;
● 制订广告营销方案;
● 完成基本记账并管理现金流;
● 了解企业的整个经营流程以及资金周转情况;
● 知晓企业经营中的各种关系;
● 熟悉设计创新与利润的关系。

(4) 道具介绍

① T恤衫原材料：每个企业在开始设计和生产T恤衫之前都要到欣欣批发店购买原材料——1/2 A4大小的白纸或彩纸。每张原材料可以做1件T恤衫(如图2-13所示)。

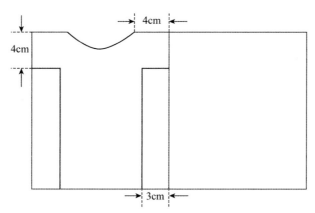

**图 2-13　T恤衫制作指导图**

每张白色原材料价格为30元，彩色原材料价格为40元。如果原材料被企业员工损坏，其损失由企业自己负担。

② 纸币：纸币面值为1元、2元、5元、10元、20元、50元、100元、200元、300元。由教师自行设计或参考模板提前准备好(见道具一)。每个企业拥有自有资金100元。每个企业可向银行贷款200元。因此，每个企业共拥有300元的初始资金。企业将投入这些资金用于：企业注册、购买原材料、广告营销、支付月底房租、支付月底水电费、缴纳营业税、支付工资等。

③ 胸卡：每个小组为每位成员分派角色。每个成员根据自己的角色佩戴不同的胸卡，做到责任到人。

④ 企业月度经营计划表：该表显示一个月内的企业生产经营计划以及相关活动的基本流程，包括：注册、贷款、计划、成本计算、市场信息发布、采购原料、设计图案、T恤制作、产品销售、缴纳各种款项等日程安排。每个企业都根据经营计划表的安排进行生产和经营。

⑤ 现金记账表：记录企业现金收支和明细账目。

⑥ 小白板：用于收购商发布收购数量及收购价格等市场信息。

⑦ 纳税单：教师在活动开始前提前准备好自制的纳税单，在一个周期结束后，每个企业在各自的营业收入基础上以10%的税率向国家缴纳税收。将缴纳的数额写在纳税单上，最后看看哪些企业上缴税收更多，为国家和社会做贡献。

⑧ 彩色水笔或彩色铅笔：属于生产工具。教师应提前准备6～10套彩色水笔或彩色铅笔，供6个小组使用。每套彩笔至少应该有8种颜色，用于T恤衫的设计，每只笔价格3元。企业在购买生产工具时，需购买自己所需的不同颜色的彩笔，并计入成本。

⑨ 剪刀、尺子、设计图纸：属于生产工具。根据小组数量配备足够的剪刀和尺子，制作T恤衫时备用。每把尺子5元，每把剪刀5元。设计用图纸3元/张。企业在购买生产工具时，需购买自己所需的剪刀和尺子，并计入成本。

(5) T恤衫制作说明(如图2-14所示)

① 将A4纸折叠,用1/2 A4纸作为一个单位的原材料,根据尺寸要求,用剪刀剪裁T恤衫。注意每件T恤衫的尺寸大小应该是统一标准化的。

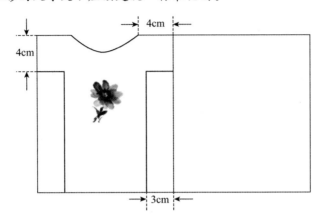

图2-14 T恤衫制作说明

② 在裁剪好的T恤衫中央空白处(或侧面其他地方),画上本小组设计师设计的图案。

图案、颜色自选。注意:设计环节是小组创新的亮点,图案最好简单而有创意,图案的新颖程度决定了每批订单价格的多少。每一批T恤衫的图案应该是大致一样的。不同批次的T恤衫图案可以是不同的。鼓励设计师标新立异,与众不同。

(6) 介绍企业经营流程

第一周

星期二/三:注册日。每个企业派CEO前往工商办事处登记注册。注册费20元。

星期四/五:贷款日。每组派财务总监从银行贷款200元,并从银行取出自有资金100元。这样,每个企业的初始资金为300元。企业需要将这些资金滚动起来,投入到T恤衫的生产和销售中,并将部分销售收入用于支付月底必须按期交付的各种费用,包括:水电费20元,厂房房租30元,按月偿还银行贷款本息共计20元,支付员工工资50元、按照10%税率缴纳当月的营业税。

星期六/日:休息日。要求各企业小组休息。

第二周

星期一/二:市场调研及信息发布日。各企业在生产之前要对市场进行需求调研,获取市场信息。企业的市场信息来源主要靠金葵收购商提供。金葵收购商发布本期预计收购T恤衫的总订单数量,将订单数量写在小白板上,并展示给各企业。收购商还可以发布模拟的宏观经济信息,向企业通告市场景气度,并在此基础上扩大或缩小总订单数量。一般来说,经济繁荣期,收购商会扩大订单数量;而在经济不景气时,减少订单数量。信息内容还可以包括:愿意以较高价格收购有独特设计的T恤衫产品。各企业必须根据市场信息以及企业手中的资金情况对自己的生产数量做出决策。

星期三/四,制订计划日。每个企业根据自己的资金情况和所获取的市场信息,开始做生产经营计划,主要是针对资金的使用以及T恤衫的生产数量等制订计划方案。计划内容

包括:
● 多少钱用于购买原材料?
● 多少钱用于购买生产工具?
● 打算生产多少件 T 恤衫?
● 假设 T 恤衫全部能够卖出,当月的销售收入预计是多少?
● 假设 T 恤衫全部能够卖出,那么扣除月底缴纳的各种费用或税款后当月的利润预计是多少?

星期五/六:成本预算及产品定价日。每个企业根据计划中所决定的生产数量、生产工具数量以及各种费用支出预算对企业该批次 T 恤衫的总成本进行估算,并在此基础上制定每件 T 恤的单位出厂价。但是各企业需要注意的是,企业的产品不一定能按照计划的数量和价格全部卖出,这要取决于金葵收购商发布的收购订单总数量和在接下来的环节中与其谈判后的价格。金葵收购商代表着市场的意愿,他最清楚市场需要什么产品、需要多少数量以及市场所能接受的价格。因此,各企业在制定出厂价时,既要保证不低于单位成本,又要避免因价格过高而卖不出去的情形。当然,企业的设计创新也影响着产品价格的高低,新颖独特的设计一定会卖出高价。

星期日:休息日。每个企业都必须停下手头工作,让员工安心休息。

第三周

星期一/二:采购原材料和工具日:每个企业派采购员到欣欣批发店购买生产 T 恤的原材料,单位原材料(即 1/2 A4 纸)价格为:白色 30 元/张,彩色 40 元/张,即时付款取货。同时,各企业根据自己的需要,购买彩笔、剪刀、尺子、设计图纸等生产工具。生产工具价格为:剪刀 5 元/把;尺子 5 元/把;彩笔 3 元/只。设计专用图纸 3 元/张。

星期三:图案设计日。各企业成员配合设计师进行 T 恤衫的图案设计。尽可能做到新颖别致。如果企业设计的产品缺乏吸引力,收购商就会减少在该企业的收购数量,或降低单位收购价格,以免造成手中货物滞销现象。由于订单的数量和收购价格直接影响企业的收入,因此,各企业都会在设计上进行创新尝试,这样有利于企业间的竞争。

星期四/五:样品制作日:每个企业在产品设计的基础上制作一件 T 恤衫样品,用于广告宣传和与收购商进行订单数量谈判。

星期六/日:休息日。每个企业都必须停下手头工作,让员工安心休息。

第四周

星期一:广告宣传日。各企业派代表向大家进行产品广告宣传。各企业可以自行设计广告语或广告海报。海报设计可在电脑中完成。

星期二:与收购商谈判日。

● 各企业委派销售员将 T 恤衫成品样本送到金葵收购店,并标明各自打算出货的数量和价格,由收购商进行判断和选择。两位收购商在进行商量后对每个企业的 T 恤订购数量以及价格做出决定。对于在设计上没有新意的厂商可以压低收购价格,而对于设计独特的厂商产品可以提高收购价格,以此刺激企业进行设计创新。

● 金葵收购商对谈判后的订单数量和价格进行记录。

● 金葵收购商将谈好的订单数量及价格写在订单合同上,交给各个企业的销售员,以示订单签约完成。

星期三/四：T恤加工日：每个企业按照订单合同生产T恤衫。完成T恤衫的剪裁和绘图。注意避免出现废品。

星期五/六：销售产品日。

各企业派销售员将T恤衫成品送往金葵收购店。金葵收购商按照计划订单要求进行清点，他们有权利对每件产品的质量进行检验。如果产品合格，收购商会将钱如数支付给企业；如果产品不合格，收购商有权拒绝收购。

星期日：休息日。

第五周

星期一/二：核算日。

● 需要指出的是，第五周各部门会很忙。在第五周开始时，教师提醒各组注意：本周三开始还要派财务总监去银行交房租30元，还贷20元，缴纳水电费20元，支付员工工资50元。

● 各企业对销售T恤的收入和税前利润进行核算。

星期三/四：缴费及发薪日：各企业备好足够的资金，派财务人员前往银行交纳各种款项，并支付员工薪酬。

星期五：纳税日。

● 月末最后一个周五，各小组按照10%的税率缴纳税款。由财务总监负责将应交税款数额写在纳税单上，并将税款交至银行处。

● 教师负责纳税情况检查，如果发现漏缴现象，则实行双倍缴税的惩罚措施。

● 纳税完毕后，各小组结算现金留存数额。有的企业可能还需要清点没有卖出的库存数量。最后，现金最多的小组获胜。

（7）模拟活动总结

教师宣布模拟结束。展示各小组利润。宣布利润冠军组。教师组织学生进行模拟活动总结。从模拟开始到活动结束共经历5周时间。在月末到来之际，教师带领各小组对利润情况进行总结，组织开放式讨论，分析生产经营中的问题。各小组的CEO代表小组发言，与大家分享本企业的生产经验。

### 活动二：一起栽种企业长青之树

1. 活动目的

通过互动活动，使学生了解企业成长的条件、要素。

2. 活动学时

本活动需要0.5个学时。

3. 活动环境

安排六个独立讨论的小空间，供学生分组讨论。教室备有白板、白板笔、多媒体电脑。

4. 活动道具

（1）笔、空白A4纸。

（2）多媒体电脑。

图2-15 企业之树

(3) 图片:企业之树(见图 2-15)。

5. 活动步骤

(1) 介绍企业之树。

教师可提前准备好一幅大树的电子图片(如图 2-22 所示),并将其呈现在投影屏幕上。然后介绍本活动的主要内容:在自然界中,一棵参天大树是由一粒种子长成的。这个过程是漫长而艰辛的。在这个课堂活动中,我们把企业比喻成一棵树,这棵树的生命最初是由一粒种子开始的。树有自己的主干、枝干、树叶、果实,在树的成长过程中还需要肥沃的土地、充足的水和阳光。该课堂活动的内容就是进行小组讨论,提出企业之树每个部分的象征性含义,并思考问题:如果想让企业之树茂盛、常青,需要哪些要素或条件?

(2) 将学生分为 6 个小组,各小组探讨企业之树的每个部分——种子、树根、主干、枝干、树叶、果实、土壤、水、阳光的象征性含义及作用。

(3) 分析企业之树繁茂、常青的关键因素有哪些?

(4) 通过抽签的形式选出 1~2 个小组,并由小组组长或代表向全班介绍他们的讨论结果。

(5) 教师对学生的讨论结果进行总结。

**活动三:你能解决这些问题吗?**

1. 活动目的

通过思考创业中的问题,使学生切身体验企业家是怎样进行分析和决策的。

2. 活动学时

本活动需要 0.5 个学时。

3. 活动环境

(1) 安排六个独立讨论的小空间,供学生分组讨论;

(2) 教室备有白板、白板笔、多媒体电脑。

4. 活动道具

(1) 笔、空白卡片;

(2) 多媒体电脑;

(3) 任务卡片和问题卡片。

**任务卡片**

你是一家小企业的所有者。如果你在经营过程中遇到以下问题或麻烦,你将如何解决?

请与你的员工一起合作,积极寻找办法,将麻烦转变为机会。

**问题卡片**

问题一:

你们企业一直在以帆布为材料为煤矿工人制作加厚工装裤。但是有一天你们发现这种帆布材料用完了,并且该材料已脱销,这种情况还将持续下去。你知道,每停产一天将损失 10 万元。面对这个棘手问题你将如何解决?

问题二：

你们企业一直在为某白酒厂制作硬木塞。那家酒厂每年从你们那里购置大批的木塞。但是有一天你看到报纸说政府计划通过一个限制白酒的生产法案，以控制酗酒现象、维护国民健康和交通安全。这肯定会对你的产品产生负面影响。你们该怎么办？

问题三：

你们是一家印刷海报的企业。几年来生意一直不错。但是从上个月起，你开始注意到生意订单出现持续下降。经过调查，你发现，在不远的临街，另一家海报印刷企业三个月前就开张了。这就是问题的症结，你该怎样做才能摆脱竞争者的影响？

问题四：

你们是一家儿童玩具公司，产品远销美国、德国等6个国家。但是最近半年，你们公司的产品两次被外方要求退货，原因是外方指责你们的玩具不符合国际环保要求。面对10万美元的退货损失，你们打算如何应对？

问题五：

你们是一家生产环保购物袋的企业。这种棉布做成的袋子可以反复清洗、循环使用。如果大多数人能使用这种环保袋购物，就会大大减少对塑料袋和纸袋的消耗，在保护环境的同时也能增加企业的利润。为了达到这个效果，你们该怎样积极行动。

问题六：

你们是一家高科技小公司，近两年业绩增长很快。这一切都要归功于公司的几个技术骨干，其中刘兆的贡献最大，他发明的专利使公司一直保持市场优势。但昨天你们突然得知，刘兆要跳槽到一家外资公司。面对这个突然的打击，你们该如何应对？

5. 活动步骤

（1）将全班学生分为六个小组，每组约6人左右。选出一位组长，组织大家讨论。这里假设组长就是小企业的所有者，他要带领员工积极应对问题和困难的挑战。

（2）教师向学生说明任务卡上的内容，要求学生积极参与问题的讨论。

（3）各小组以抽签的形式，在1~6问题卡片中选择其中的一张。

（4）各小组围绕抽中的卡片中的问题展开讨论。

（5）每个小组选派一位代表向大家描述他们抽签的内容，并将组员讨论的解决办法与全班同学分享。

（6）教师进行总评。

**思考与实践**

1. 进行一次创业态度与创业障碍调查

北京市人力社保局创业指导中心的数字显示,2013年北京地区高校毕业生有22.9万人,有意从事自主创业的人员约占毕业生总数的10%左右,而最终能选择自主创业的仅为1%。这个数字带出了一个问题思考:在北京这样一个高校云集的地方,为什么选择自主创业的年轻人如此之少?请你们对周围的同学做一个创业态度和创业障碍调查,看看能否找到上述问题的答案。

2. 校园观察

当你在校园里行走时,观察一下哪些地方让你感到失望。然后列出一个清单,并说明对这些令人失望的地方可以进行哪些方面的改进。

3. 网络资料查询

通过互联网查询以下公司的资料,并回答问题:下列企业来自哪个国家?属于什么行业?吸纳了多少人就业?能为顾客创造什么价值?每年创造了多少利润?他们对国家经济的贡献是什么?

表 2-7 公司相关信息表

| 企业品牌 | 国家 | 行业 | 全球雇员 | 顾客得到什么 | 年利润 | 对国家的贡献 |
|---|---|---|---|---|---|---|
| Barbie | | | | | | |
| Apple | | | | | | |
| Google | | | | | | |
| citigroup | | | | | | |
| HaiDiLaoHuoGuo | | | | | | |
| Haier 海尔 | | | | | | |
| Facebook | | | | | | |
| lenovo | | | | | | |

# 模块三

## 市场中的供给与需求

### 教学内容
市场与市场结构的基本类型
需求——市场中买方行为
供给——市场中卖方行为
需求与供给的结合——市场供求均衡分析
弹性原理与价格决策

### 案例讨论
黄飞红——小花生的大商机
日本地震：中国企业的机遇和挑战
价格的故事——市场中第一个竞争者

### 课堂活动
你的橘子能卖出去吗？
服装的异地买卖
冰淇淋店应该提价还是降价？

### 思考与实践
关于一碗牛肉面的价格
餐馆调研
供给与需求调研

# 教学内容

## 3.1 市场与市场结构的基本类型

### 3.1.1 什么是市场

在现实中,任何一个企业都不是孤立地存在着,它们要通过市场与消费者发生买卖关系,从而通过持续不断的交易,使消费者的需求得到满足,同时也使自身获得利润。市场就是企业赖以生存的环境,无论环境有多么复杂和险恶,企业都要努力活下来。因此,经济学中的市场知识应该是创业者知识结构中很重要的部分。如果创业者是一叶小舟,那么,市场就是承载小舟的海。创业者要凭借其敏感的洞察力去判断海水有多深,还要预见前行中可能出现的危险。因此,作为创业者,无论经营面包房还是开办纺织厂,都要学会市场的语言和信号,每一个细微的市场变化都会直接影响着企业的生存状态和决策方向。

- 市场中食用油价格的上涨会导致面包房经营者的成本上升。如果经营者提高面包的价格,那么买面包的顾客数量就会减少。如果你是面包店老板,你该如何做决策?
- 假如你是一间制衣厂的老板,有一天在报纸上看到一则新闻:今年我国南方许多地区遭遇洪水,这可能导致大面积的棉花作物减产。这个市场信息对你会有影响吗?看到这则消息后你应该做什么?
- 李宏大学毕业后在家乡的小镇上办了一个小型电影院。他认为,即使是在农村,人们也有看电影的需求。但是电影院的经营一直不太好,于是他打算在本来就很便宜的票价基础上再降价10%,希望借此增加观众数量。但事实是,观众人数仍不见改观。其结果是,李宏的第一次创业以亏损而告终。李宏的创业决策错了吗?错在哪里?
- 小齐和小梅是大学里很要好的朋友。大学毕业后他们各自创办了自己的小公司。小齐加盟了一家汽车租赁公司,办起了自己的租车行。在他的店里,价值10万元的车每天的租金为100元。而小梅创办了自己的婚纱租赁公司。她店里价值5000元的婚纱每天的租金为200元。租金的价差的确让人想不通,为什么会这样?如果是你,你会选择开办一个租车行还是婚纱租赁店呢?
- 2008年,美国金融危机的爆发使很多小企业纷纷破产。但是,有一类企业却饱赚了一大笔钱,那就是生产和销售保险箱的企业。这些企业忽然发现,一夜间所有的库存都卖光了,而且大量的订单还推高了保险箱的售价。这种戏剧性的结果让这些企业沉浸在突如其来的幸福中。如果你创办的企业恰好是保险箱销售企业,你是否知道自己赚钱背后的经济学道理?

市场就是这样的,既变幻莫测,又充满理性。那只"无形的手"一直在有序地指挥着买者和卖者的行为。对创业者来说,他们的问题来自于市场,然而,他们解决问题的答案也隐藏在市场中,就看你是否能真正了解市场,找到答案。那么什么是市场呢?简单地说,市场就是某种商品或服务的一群买者与卖者。市场包括有形市场和无形市场。所谓有形市场,是指有固定交易场所的市场,如农贸市场;所谓无形市场,是指没有固定交易场所的市场,如通过网络买卖商品。企业生产的任何一种商品或服务都面临一个市场,如蛋糕市场、冰淇淋市场、童装市场、幼儿教育市场、美容美发市场等。

### 3.1.2 市场的类型

小强和小郭是大学同学。大学毕业后,小强在大城市创办了一家家政服务公司;小郭在自己的家乡——一个小城镇也创办了一家家政服务公司。小强非常繁忙,大城市的各类家政服务公司众多,他每天都在为争取顾客而竞争,或降低价格,或提高服务质量;相比之下,小郭则非常悠闲,他开办的家政服务公司在当地只有一家,公司所定的服务价格较高,但顾客量还可以,他缺乏动力去降低价格或提高服务质量来吸引消费者。同样都是家政公司,为什么小强繁忙而小郭不忙呢?为什么小强有动力降低价格或提高服务质量而小郭没有呢?因为他们面临不同的市场类型。所以,作为创业者,一定要清楚企业面临一个怎样的市场,这会使你采取不同的决策行为。

在经济分析中,根据不同市场结构的特征,可将市场划分为完全竞争市场、完全垄断市场、垄断竞争市场和寡头市场四种类型。决定市场类型划分的主要因素有以下四个:第一,市场上企业的数量;第二,企业所生产的产品的差别程度;第三,单个企业对市场价格的控制程度;第四,企业进入或退出一个行业的难易程度。市场类型的划分和特征如表3-1所示。

表3-1 市场类型的划分和特征

| 市场类型 | 企业数量 | 产品差别程度 | 对价格的控制程度 | 进出一个行业的难易程度 |
| --- | --- | --- | --- | --- |
| 完全竞争 | 很多 | 完全无差别 | 没有 | 很容易 |
| 垄断竞争 | 很多 | 有差别 | 有一些 | 比较容易 |
| 寡头 | 几个 | 有差别或无差别 | 相当程度 | 比较困难 |
| 完全垄断 | 唯一 | 唯一的产品,且无相近的替代品 | 很大程度,但经常受到管制 | 很困难,几乎不可能 |

(1) 完全竞争市场:是一种只有竞争而没有垄断的市场结构。现实中完全符合其条件的市场是不存在的,比较接近这些条件的市场是农产品市场。例如,在大米市场上,有成千上万出售大米的农民和很多购买大米的消费者,农民们提供的大米基本上无差别,由于有许多买者和卖者,所以每一个人对大米市场价格的影响都微乎其微,他们对大米的市场价格没有任何控制程度,只能接受市场决定的价格,农民进入或退出大米行业很容易。

(2) 垄断竞争市场:该类型的市场与完全竞争市场比较接近,同样有大量的买者和卖者,每个企业规模都不大,而且也没有进入限制。但与完全竞争不同的是,这种市场上同一个行业中企业提供的产品有差别。例如,在手机行业,有大量的生产企业,他们提供不同品牌、不同质量、不同型号、不同外观的手机产品。由于企业提供同种产品,所以企业之间的竞争非常激烈;同时,由于企业的同种产品存在不同程度的差别,从而使市场带有垄断的因素,即企业对产品的价格有一些影响力。总之,这是一个以竞争为主,附带有垄断因素的市场,在现实生活的零售业、服务业中是普遍存在的。例如:冰激凌市场、盒饭市场、美容美发市场、复印打印服务市场等。大多数创业者创办的企业都面对的是这一类市场。

(3) 寡头市场:是几家企业控制的市场。这种市场,进入困难,产品可以有差别(如汽车市场),也可以没有差别(如钢铁、石油市场),而且这些企业并不总是主动地进行竞争,它们对产品的价格有较强的控制程度。寡头市场的成因和垄断的成因很相似,只是在程度上有所差别。寡头市场普遍存在于一国的钢铁、汽车、飞机制造、机械等重工业。

尽管市场类型是多种多样的,但我们以下各节对供给与需求的分析是基于完全竞争市场的,一是因为完全竞争市场是最容易分析的,二是因为现实中大多数市场都存在某种程度的竞争,因此从研究完全竞争下的供给与需求所得到的许多结论也适用于更复杂的市场。

(4) 完全垄断市场:是一个与完全竞争市场相对的极端市场,在这个市场上企业只有一个,它向广大的消费者提供产品,直接决定了产品的价格。形成垄断的原因有很多,主要有:第一,一家企业控制了生产某种产品所必需的全部资源或基本资源的供给而形成的垄断。例如,全球最大的国际钻石垄断企业——戴比尔斯(De Beers)联合矿业公司,垄断了全球钻石产量的70%~80%,其下属的中央销售组织是全球毛坯钻石的主要供应者。第二,一家企业拥有生产某种商品的专利权,从而在一定时期内形成完全垄断。第三,政府借助于政策对某一行业进行完全垄断。例如,国家政府对铁路、邮政、供电、供水等公用事业的完全垄断。第四,自然垄断。在某些行业中,生产规模的扩大会导致平均成本的降低,如果只有一家企业生产该种产品就可以满足整个市场的需求,那么它的平均成本就是最低的。在这种情况下,其他企业就很难进入这个领域,从而形成自然垄断。现实中的自然垄断行业以公用事业为主,如水、电、煤气供应等。

请大家写出以下市场的市场类型及理由。

表 3-2 市场类型及理由

| 市场 | 市场类型 | 理由 |
| --- | --- | --- |
| 美容美发市场 | | |
| 幼儿教育市场 | | |
| 玉米市场 | | |
| 铁矿石市场 | | |
| 快递市场 | | |
| 绿豆市场 | | |
| 饮料市场 | | |
| 中国电信市场 | | |
| 方便面市场 | | |
| 服装市场 | | |

## 3.2 需求——市场中买方行为

### 3.2.1 需求的含义

随着物质生活的丰富和提高,富裕人群数量逐渐增多,他们对生活和服务产品也提出越来越新的需求。于是,一些服务行业逐渐发展起来,并大赚其钱,如鲜花店、预约上门美容服务、宠物养殖业等。市场是个宝,全靠自己找。市场上的各类需求无奇不有,无所不包。有的人为四处寻觅却找不到合适的礼品而发愁;有的人为自己的非凡爱好难以满足而烦恼;有的人为买到一本好书而欢欣;有的人为听到一首最新流行的歌而雀跃。

创业起步,就在于你能不能观察和洞悉这些潜在的市场需求,并将满足和愉悦及时奉送给需求者。找出盲点,需要敏锐的眼光和创意的灵感;找出热点,财富就会离你不远。可以这么说,了解市场需求是创业者成功的基石。

- 张海大学毕业后在自己的家乡创办了一家小型租赁公司,主要业务是出租DVD、VCD、电子游戏碟等,他之所以创办这样一个公司,是因为他发现当地居民租碟看片子的需求很大。
- 李美很喜欢养宠物。在生活中她发现城市中喜欢养宠物的人越来越多,但很多人要么没有时间,要么没有精力,要么就不知道如何给宠物洗浴、梳理毛发、修剪指甲等,于是她创办了一家宠物美容服务公司。自公司开业以来,顾客络绎不绝,生意十分繁忙。
- 小莉是一名心理学专业硕士,她毕业后在一家心理咨询所工作。她发现,由于现代都市生活压力较大,人们会因压抑、挫折和矛盾而产生很多的心理问题,有的人可以进行较好的自我调节,而有的人却苦于没有发泄缓冲的空间。如果向身边的人倾诉事业、家庭中的不如意,很可能造成不必要的尴尬和麻烦,甚至为一些家庭带来裂痕。但是一味压抑又会加重现代人的亚健康问题。于是,小莉结合自己的专长创办了一家"哭吧",她希望人们在"哭吧"能尽情地宣泄情感,接受一定的心理指导,从而恢复心理平衡。

从上面的例子中我们看到市场中存在着各种各样的需求。那么什么是需求呢?应当了解,经济学所涉及的需求与需要不是同样的概念。需要是指人们的一种欲望、一种要求,例如,人们需要衣、食、住、行等条件以维持生存,人们需要工作,需要社交、友谊、爱情,也需要一定的社会地位、荣誉等。需求则不只是人们的一种欲望、一种要求,而是指一种具有某种支付能力的欲望和要求。这就是说,对某种商品或服务的需求,必须具备两个条件:一是消费者有购买欲望;二是消费者有支付能力,即需求是购买欲望和购买能力的统一。例如,李明想买一台电脑,但没有支付能力,这不能成为需求;而王涛能买得起电脑,但他目前没有购买欲望,这也不能成为需求。所以,只有当消费者的购买欲望与购买能力同时存在时,真正的需求才得以出现。

根据以上分析,我们给需求下一个定义:需求是指消费者在某一特定的时期内,在各种可能的价格下愿意而且能够购买的商品数量。例如,小燕开了一家西饼店,当蛋糕的价格分别为每斤1元、2元、3元、4元时,消费者小赵每月愿意而且能够购买的数量分别为5斤、4斤、3斤、2斤,这就是需求。

### 3.2.2 影响个人需求的因素

影响消费者对某种商品需求的因素有很多,创业者一定要关注这些因素,及时根据人们需求的变化来调整自己的经营决策。这些因素概括起来主要有以下几种。

(1) 商品本身的价格。

一般来说,一种商品的价格越高,消费者对该商品的需求量就越小;相反,价格越低,需求量就越大。例如,你经营一家小型电影院,若电影票越贵,消费者对看电影的需求量就越小,若电影票降价了,消费者对看电影的需求量就增加了。

(2) 消费者的收入水平。

试想一下,如果小张的工资从每月2000元上涨到每月4000元,而其他因素都不变的前提下,他对看电影的需求会发生什么变化呢?很可能的情况是,需求要增加。对大多数商品来说,当消费者的收入提高时,就会增加对商品的需求,我们把这种随着收入增加而需求也增加的物品称为"正常物品"。当然,在现实生活中还存在着另外一些物品,即当人们的收入增加时,人们对这些物品的需求反而会减少,这种随着收入增加而需求减少的物品称为"低档物品"。例如,改革开放以来,随着我国人民收入水平的提高,人们对黑白电视机的需求越来越少,甚至消失。

(3) 相关商品的价格。

一种商品的需求,不仅取决于其本身的价格,而且还取决于相关商品的价格。相关商品分为两类:替代品与互补品。例如:面包是蛋糕的替代品,试想一下在其他因素都不变的情况下,若面包的价格下降,小张对蛋糕的需求会发生什么变化呢?很可能的情况是对蛋糕的需求会下降。当一种物品价格下降减少了另一种物品的需求时,这两种物品被称为"替代品",比如馒头与花卷、汉堡包与热狗、羊肉与牛肉等。当一种物品价格下降增加了对另一种物品的需求时,这两种物品被称为"互补品",例如,汽车与汽油,当汽车的价格下降时,人们会增加对汽车的需求量,从而也增加了对汽油的需求。

(4) 消费者的偏好。

消费偏好是指消费者对某种商品或服务的一种嗜好或喜爱程度,它对消费者个人需求的影响是明显的。若小张喜欢看电影,他对电影的需求就会多一些;若小赵喜欢鲜花,她对鲜花的需求就会多一些。消费者偏好受文化因素、经济因素、社会因素等多种因素影响,企业的广告可以在一定程度上影响消费者的偏好。

(5) 消费者的预期。

这里的预期主要是指消费者对自己收入、商品价格水平的预期。如果小张预期自己下个月会赚到更多钱,那么他可能愿意这个月多看几场电影;若小丽预期手机的价格会在1个月后大幅下降,那么她现在就不太会去买一部手机。

## 3.2.3 需求规律与需求曲线

如上所述,有许多因素会影响到消费者的个人需求。现在我们假设消费者的收入水平、相关商品的价格、消费者的偏好、预期等因素都不变,集中考察商品本身的价格与消费者需求量之间的关系。以小赵对蛋糕的需求为例,表 3-3 表示在不同的蛋糕价格下,小赵每周对蛋糕的需求量。

**表 3-3　小赵的蛋糕需求表**

| 蛋糕的价格/元 | 小赵每周的需求量/个 |
| --- | --- |
| 0 | 12 |
| 0.5 | 10 |
| 1 | 8 |
| 1.5 | 6 |
| 2 | 4 |
| 2.5 | 2 |
| 3 | 0 |

不难发现,随着蛋糕价格的上升,小赵每周对蛋糕的需求量在减少,即需求量与价格负相关。商品本身的价格与需求量之间的这种关系在现实生活中是普遍存在的,经济学家称此为需求规律,即:在其他条件都不变的情况下,某商品的需求量与商品本身的价格呈反方向变动。

把 3-3 表中的数字转化为图形,以纵轴代表蛋糕的价格,以横轴代表小赵每周对蛋糕的需求量,就得到一条向右下方倾斜的曲线,这条曲线称为"需求曲线"。

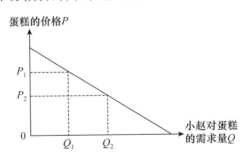

**图 3-1　小赵的需求曲线**

在现实中,很多创业者都可以利用需求规律来经营自己的业务。比如:

- 蛋糕店可以在打烊前 3 个小时,降价出售店内的糕点。一方面,可以起到扩大销量的目的;另一方面可以保证将还没有售完的糕点全部售出。
- 服装店的老板在第一个星期内以 80 元价格卖掉碎花连衣裙 30 件后,在第二个星期可以降价 20 元出售该产品。他会发现降价后的销量明显上升。
- 冷饮店也可以利用需求规律尽可能多地卖出冷饮。比如,第一杯蜂蜜柠檬茶 20 元,第二杯则半价。

当然，创业者在经营中也要意识到，现实中的某类商品并不会老老实实地遵从需求规律的。即使降低了价格，也未必看到需求量的增加。比如，在美国次贷危机期间，小汽车的价格降低了20%，但买车的人反而少了。车价的降低，并没有增加人们的购买热情，反而使购买者驻足观望。显然，降价潮带给消费者的是经济不景气的信号，这增加了他们对车价还会走低的预期，因此，即使车价大幅下降，人们仍然不会出手去购买。再比如，食盐的价格如果降低了，其销售量也不会有明显的增加。之所以这样，是由于商品属性所致，人们不会因食盐的价格下降而改变生活习惯，从而增加对食盐的需求量。同样，人们也不会因食盐的价格上涨而减少对这种生活必需品的需求量。因此，对创业者来说，他们除了掌握需求规律的知识以外，还需要了解不同商品的属性、商品的弹性或经济预期等经济学基本概念和常识，这些知识都会帮助创业者更好地认识市场、把握市场，从而在市场中聪明地生存下去。

### 3.2.4 个人需求与市场需求

以上我们讨论的都是个人需求，但对一个创业者来说，了解市场需求更重要，因为你的企业面对的是一个市场，而非某个具体的消费者。假如在了解了小赵每周对蛋糕的需求之后，我们想了解蛋糕市场每周对蛋糕的总需求情况，这就需要确定市场需求。市场需求是所有个人对某种商品或服务需求的总和。

假设每周蛋糕的市场需求是由两个人——小赵和小王的需求构成，则市场需求是这两个人需求的总和，如表3-4所示。

表3-4 个人需求与市场需求表

| 蛋糕的价格/元 | 小赵每周的需求量/个 | 小王每周的需求量/个 | 市场需求/个 |
| --- | --- | --- | --- |
| 0 | 12 | 8 | 20 |
| 0.5 | 10 | 7 | 17 |
| 1 | 8 | 6 | 14 |
| 1.5 | 6 | 5 | 11 |
| 2 | 4 | 4 | 8 |
| 2.5 | 2 | 3 | 5 |
| 3 | 0 | 2 | 2 |

根据以上需求表画出需求曲线（如图3-2所示）。把个人需求曲线水平相加，就得到了市场需求曲线。市场需求曲线是表示一种商品的总需求量与价格之间变动关系的图形，它也是向右下方倾斜的。

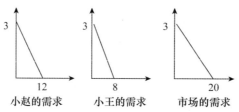

图3-2 个人需求曲线与市场需求曲线

小莉酷爱鲜花,她在自家的院子里和室内养了大量的鲜花。现在,请大家判断一下,小莉对鲜花的需求是如何变化的——是需求数量增加还是需求数量减少?请在相应的框中画"√"。

表 3-5 判断需求数量是增加还是减少

| 情形 | 需求数量增加 | 需求数量减少 |
|---|---|---|
| 鲜花的价格上涨了 | | |
| 小莉的收入增加了 | | |
| 仿真花的价格下降 | | |
| 花的肥料价格上涨 | | |
| 鲜花的价格预期要下降 | | |

## 3.3 供给——市场中卖方行为

### 3.3.1 供给的含义

供给是决定价格的另一个关键因素,它来源于生产者,供给者亦称厂商或企业。在经济分析中,供给是指生产者在某一特定的时期内,在各种可能的价格水平下愿意而且能够提供出售的商品量。供给也是供给欲望与供给能力的统一。例如,你经营一家粥店,当每碗八宝粥的价格分别为 12 元、10 元、8 元、6 元时,你每天愿意制作并能出售的八宝粥分别为 50 碗、40 碗、30 碗、20 碗。

### 3.3.2 影响个人供给的因素

一个创业者就是一个供给者,有哪些因素会影响创业者对其商品或服务的供给呢?概括起来主要有以下几种。

(1) 商品本身的价格。

一般来说,一种商品的价格越高,生产者对该商品的供给量就越大;反之,价格越低,供给量就越小。例如,小燕经营一家面包店,当面包的价格高时,出售面包是有利可图的,小燕就试图多生产面包;而当面包的价格低时,小燕则会减少面包的生产量。

(2) 投入要素的成本。

在其他条件都不变的情况下,生产某种商品的投入要素的成本越高,该商品的供给就会越少;反之,投入要素的成本越低,商品的供给就会越多。例如,为了生产面包,小燕的面包店需投入各种生产要素,如糖、牛奶、面粉、烤面包机、厂房、制作面包的工人等,当这些投入的价格上升时,小燕的企业就会减少面包的生产量;若投入的价格大幅度上升时,小燕很可能会关闭自己的企业不再生产面包了。

(3) 生产的技术水平。

一般情况下,生产某种商品的技术水平提高,可以降低生产该商品的成本,在商品售价不变的前提下,这会增加生产者的利润,生产者会增加该商品的供给。例如,小燕的面包店原来使用人工劳动进行生产,后来在一些主要环节开始使用机械化的生产方式,这种技术进步会减少生产面包的成本,从而增加面包的供给。

(4) 其他相关商品的价格。

在一种商品的价格不变,而其他相关商品的价格发生变化时,该商品的供给会发生变化。例如,小燕的面包店在生产面包的同时,也生产各式蛋糕,当蛋糕的价格上升时,小燕会生产更多的蛋糕,从而减少面包的供给。

(5) 生产者对未来的预期。

若生产者预期某商品的价格未来会上涨,生产者就会减少该种商品现在的供给,而增加该种商品的将来供给。例如,小燕预期未来面包的价格会上升,她就会减少目前市场中的面包供给,而增加未来市场上的面包供给。

### 3.3.3 供给规律与供给曲线

如上所述,有许多因素会影响到生产者的个人供给。现在我们假设生产者的投入要素成本、技术水平、其他相关商品的价格、预期等因素都不变,集中考察商品本身的价格与生产者供给量之间的关系。以小燕对面包的供给为例,表 3-6 表示在不同的面包价格下,小燕每天对面包的供给量。

表 3-6 小燕的面包供给表

| 面包的价格/元 | 小燕每天的面包供给量/个 |
| --- | --- |
| 0 | 0 |
| 0.5 | 0 |
| 1 | 1 |
| 1.5 | 2 |
| 2 | 3 |
| 2.5 | 4 |
| 3 | 5 |

我们不难发现,随着面包价格的上升,小燕每天对面包的供给量在增加,即供给量与价格正相关。商品本身的价格与供给量之间的这种关系在现实生活中是普遍存在的,经济学家称此为供给规律,即在其他条件不变的情况下,某商品的供给量与商品本身的价格成同方向变动。

把 3-6 表中的数字转化为图形,以纵轴代表面包的价格,以横轴代表小燕每天对面包的供给量,就得到一条向右上方倾斜的曲线,这条曲线称为"供给曲线"。如图 3-3 所示。

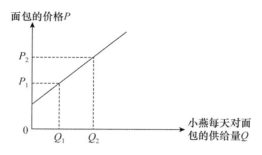

图 3-3 小燕的供给曲线

在现实中,很多创业者可以利用供给规律来预测市场行为,从而做好商业决策。比如:

- 夏天来临之际,制造风扇的经营者应增加对风扇的供给。因为在夏天人们对风扇的需求增大,同时风扇的价格也会相对上升。
- 如果有更多的人开始使用电动汽车,则人们对汽油的需求将会下降。汽油供应商们被迫以较低价格出售汽油来吸引消费者。
- 当市场上糖的价格下降时,生产冰激凌的成本下降,生产者愿意提供更多的冰激凌。
- 去年苹果大丰收,苹果卖得非常便宜,很多种植苹果的果农可能今年就不想种苹果了,那么今年苹果可能就严重供不应求,苹果就会涨价。所以,聪明的经营者今年反而应该增加苹果的产量。

### 3.3.4 个人供给与市场供给

以上我们讨论的都是个人供给,假如在了解了小燕每天对面包的供给之后,我们想了解面包市场每天对面包的总供给情况,这就需要确定市场供给。正如市场需求是所有买者需求的总和一样,市场供给也是所有卖者供给的总和。

假设每天面包的市场供给是由两个人——小燕和小孙的供给构成,则市场供给是这两个人供给的总和,如表 3-7 所示。

表 3-7 个人供给与市场供给表

| 面包的价格/元 | 小燕每天的面包供给量/个 | 小孙每天的面包供给量/个 | 市场的面包供给量/个 |
| --- | --- | --- | --- |
| 0 | 0 | 0 | 0 |
| 0.5 | 0 | 0 | 0 |
| 1 | 1 | 0 | 1 |
| 1.5 | 2 | 2 | 4 |
| 2 | 3 | 4 | 7 |
| 2.5 | 4 | 6 | 10 |
| 3 | 5 | 8 | 13 |

根据以上供给表画出供给曲线（如图 3-4 所示）。把个人供给曲线水平相加，就得到了市场供给曲线。市场供给曲线是表示一种商品的总供给量与价格之间变动关系的图形，它也是向右上方倾斜的。

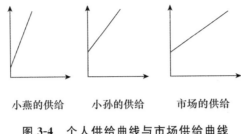

图 3-4　个人供给曲线与市场供给曲线

小王经营着一家牛肉面馆。在以下情形中，小王对牛肉面的供给——是供给数量增加还是供给数量减少？请在相应的框中画"√"。

表 3-8　判断供给数量是增加还是减少

| 情形 | 供给数量增加 | 供给数量减少 |
| --- | --- | --- |
| 牛肉面的价格上涨了 | | |
| 牛肉涨价了 | | |
| 使用新型压面机 | | |
| 鸡肉面的价格上涨 | | |
| 预期牛肉面的价格要上涨 | | |

## 3.4　需求与供给的结合——市场供求均衡分析

需求曲线表示了在各种不同的价格水平下消费者愿意而且能够购买的数量，而供给曲线则表示了在各种不同的价格水平下生产者愿意而且能够提供的产量。将这两条曲线放在一起（如图 3-5 所示），在两条曲线的交点 E 上形成了市场的均衡。均衡点上的价格和相等的供求量分别被称为均衡价格 $P_e$ 和均衡数量 $Q_e$。均衡价格又被称为市场出清价格，在均衡价格上，买方愿意而且能够购买的商品数量正好与卖方愿意而且能够出售的商品数量达到平衡，即不存在过剩或短缺。

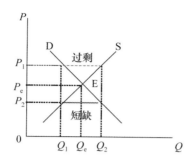

图 3-5　市场的均衡

试想一下你开办的牛肉面店。当牛肉面的市场价格高于均衡价格时,如图 3-7 中 $P_1$ 的位置,此时市场上包括你在内的所有生产者愿意供给更多的数量 $Q_2$,但消费者愿意消费的数量仅为 $Q_1$,即供给数量大于需求数量,生产者不能卖出他想卖的牛肉面,即市场上牛肉面会过剩。但是在一个竞争激烈的市场上,过剩是暂时的。生产者对过剩的反应是降低市场价格。随着牛肉面价格的下降,过剩的数量越来越少,最终市场价格一直要降到供给量等于需求量为止。

同理,当牛肉面的市场价格低于均衡价格时,如图 3-7 中 $P_2$ 的位置,此时市场上牛肉面的生产者愿意供给的数量仅为 $Q_1$,但消费者愿意消费的数量为 $Q_2$,即供给数量小于需求数量,消费者不能买到他们想买的牛肉面,市场上牛肉面出现短缺。但是在一个竞争激烈的市场上,短缺也是暂时的。因为当出现商品短缺时,会出现消费者对商品的抢购,从而使生产者提高商品价格。随着牛肉面价格的上升,短缺的数量越来越少,最终市场价格一直要升到供给量等于需求量为止。

可见,在一个自由市场中,供给、需求、价格信息会在消费者和创业者之间很快地传达。当然,如果某种商品价格的形成有外力的干预(如垄断力量的存在或国家的干预),那么这种价格就不是均衡价格。

某工艺品市场有以下需求与供给表:

表 3-9　某工艺品市场的需求与供给表

| 价格/元 | 需求量/个 | 供给量/个 |
| --- | --- | --- |
| 10 | 130 | 30 |
| 11 | 102 | 55 |
| 12 | 83 | 83 |
| 13 | 65 | 103 |
| 14 | 48 | 125 |
| 15 | 25 | 143 |

画出需求曲线与供给曲线。这个市场上均衡价格和均衡数量是多少？如果这个市场上实际价格高于均衡价格，什么因素会使市场趋向均衡？如果这个市场上实际价格低于均衡价格，什么因素会使市场趋向均衡？

## 3.5 弹性原理与价格决策

在以上的分析中，我们只是从定性的角度分析了商品本身的价格与其需求量或供给量之间的一般关系，即在其他条件不变的情况下，商品的需求量与商品本身的价格呈反方向变动，商品的供给量与商品本身的价格呈同方向变动。但是很多时候，创业者或商家会对这样一类问题感兴趣：

- 假如牛肉面的价格下降1%，那么人们对牛肉面的需求量会上升百分之几？创业者对牛肉面的供给量会下降百分之几？
- 当小慧的收入水平上升1%时，那么她对鲜花的需求量会增加百分之几？
- 大枣丰收对大枣的消费者来说是一个好消息，因为这会使供给增加，大枣的价格下降。但对大枣种植者来说是不是也是一个好消息呢？这会不会使他们的收入增加呢？

要很好地回答这类问题，就不得不提到"弹性"这一概念，它描述的是价格变动与需求量或供给量变动之间的互动关系。弹性原理可以帮助牛肉面老板或枣农们清醒地回答上述这类问题。

在经济学中，弹性是指在经济变量之间存在函数关系时，因变量对自变量变化的反应程度，其大小可以用两个变化的百分比之比例来表示，弹性系数的一般公式为：

$$弹性系数 = \frac{因变量的变动比例}{自变量的变动比例}$$

弹性分为需求弹性与供给弹性。需求方面的弹性主要包括需求价格弹性、需求收入弹性、需求交叉弹性；供给方面的弹性主要是指供给价格弹性。以下主要介绍需求价格弹性和供给价格弹性。

### 3.5.1 需求价格弹性

（1）需求价格弹性的含义及简单计算。

需求价格弹性表示在一定时期内一种商品的需求量对于该商品的价格变动的反应程度。需求函数可以写成：$Q_d = F(P)$，其中价格 $P$ 是自变量，需求量 $Q_d$ 是因变量，则需求价格弹性系数的表达式为：

$$需求价格弹性系数\ e_d = \frac{需求量变化的百分比}{价格变化的百分比}$$

例如，你经营一家干洗店，如果干洗衣物的价格平均上涨了10%，使得人们对干洗衣物的需求量减少了5%，则需求价格弹性就是5%除以10%，即$e_d=0.5$。

由于商品本身的价格与其需求量之间一般是反方向变动，所以按公式计算出的需求价格弹性系数值为负值，但在实际运用中，为了方便起见，一般都取其绝对值。

(2) 需求价格弹性的分类。

各种商品的需求价格弹性大小并不相同。一般可以把需求价格弹性分为以下几类。前三种情况都是需求价格弹性的特例，在现实中很少见。现实中常见的是第四种和第五种。

第一，需求无弹性，即$e_d=0$。在这种情况下，无论价格如何变动，需求量都不变。例如，糖尿病人对胰岛素的需求就是如此，因为胰岛素是糖尿病人维持生命所必需的，所以理论上来说无论其价格如何上涨，病人对胰岛素的需求量都保持不变。

第二，需求有无限弹性，即$e_d=\infty$。在这种情况下，当价格为既定时，需求量是无限的。例如，你经营一家收购废品的公司，公司会以一个固定价格收购废报纸、饮料瓶等，无论有多少废品都按这一价格收购，废品公司对废品的需求是无限的。

第三，单位（或单一）需求弹性，即$e_d=1$。在这种情况下，需求量变动的百分比等于价格变动的百分比。

第四，需求缺乏弹性，即$e_d<1$。在这种情况下，需求量变动的百分比小于价格变动的百分比。例如，你开了一家卖日化用品的商店，商店中的一些商品如牙膏、洗发水、香皂等一般都是缺乏弹性的，因为无论价格上涨或下降，人们对这些商品的需求量都是相对稳定的，不会有人因为牙膏价格上涨就减少刷牙次数，从而减少对牙膏的需求量；也不会因为牙膏价格下降就增加刷牙的次数，从而增加对牙膏的需求量。

第五，需求富有弹性，即$e_d>1$。在这种情况下，需求量变动的百分比大于价格变动的百分比。也就是说，价格的较小变动会带来需求量的较大变动。例如，你经营一家旅行社，你会发现，当出国旅游的价格下降时，人们对它的需求量一般会上升较多。

需求价格弹性与需求曲线的斜率密切相关。一般来讲，通过某一点的需求曲线越平坦，需求价格弹性就越大；通过某一点的需求曲线越陡峭，需求价格弹性就越小。需求完全有弹性时，需求曲线是一条水平线。需求完全无弹性时，需求曲线是一条垂线。

(3) 影响需求价格弹性的因素。

为什么各种商品的需求价格弹性不同呢？一般来说，有以下几种主要的因素影响着需求弹性的大小。

① 商品的必需程度。一般来说，必需品是消费者生活中不可缺少的商品，因此它的需求价格弹性小，即使价格上涨，消费者也要照常去买，而不会减少对生活必需品的需求量。与之相反，奢侈品的需求价格弹性大，因为它对消费者来说是可有可无的，因此，当奢侈品价格上涨时，消费者就会抑制自己的消费行为，从而明显减少对奢侈品的需求量。我们不妨来看看生活中的几个例子。

- 大米、食用油等必需品的需求价格弹性较小，而像高档时装、高级轿车、豪华旅游等奢侈品的需求价格弹性较大。
- 在美容美发店里你会发现，人们对普通烫发、染发、剪发的需求缺乏弹性，但对高档烫发、染发和美容的需求则富有弹性。
- 摄影店的情形也是如此：人们对普通照相的需求一般是缺乏弹性的，但对高档艺术照的需求则是富有弹性的。

② 商品的可替代性。如果一种商品具有满足消费者特殊需求的特定功能,而没有其他商品可以替代它,那么消费者可能不管价格如何也会购买;如果一种商品有其他的商品能替代它的功能,那么该商品一旦提价,消费者就会转而去购买替代品。因此,有替代用品的商品的价格弹性大,无替代用品的商品的价格弹性小。一种商品的替代用品的种类越多,替代用品的替代功能越强,其价格弹性就越大。例如:

- 盐的需求价格弹性就很小,因为盐的替代品几乎没有。
- 洗染店里的熨衣项目和干洗项目的价格弹性是不一样的。熨衣在一般家庭里自己能够进行,因而它的价格弹性就大。而干洗在家里就难以做到,因而它的价格弹性就小。

③ 商品的消费支出占消费者家庭预算中的比重。如果某商品在家庭预算中所占的比重小,消费者往往对其价格变化的反应小,即该商品的需求价格弹性就小,反之则越大。例如:

- 牙膏、香皂等商品的需求价格弹性就比较小;而液晶电视、高档相机、音响等商品的需求价格弹性就比较大。
- 在毛衣专卖店里,普通羊毛毛衣的需求价格弹性较小,而高级羊绒毛衣的需求价格弹性较大。

④ 对商品界定的明确程度。对一种商品的定义越明确越狭窄,该商品的相近替代品就越多,从而需求价格弹性越大;对一种商品的界定越宽泛,其需求价格弹性越小。例如:

- 水是一个宽泛的范畴,水的消费对人类来讲是不可替代的,其需求价格弹性极小;但当我们提到矿泉水市场时,它的范围就相对狭小,生活中我们可以消费很多不同品牌的矿泉水,所以其需求价格弹性就较大。
- 电池的替代品很少,其需求价格弹性极小;但南孚电池的替代品就很多,其需求价格弹性就较大。

⑤ 时间的长短。需求价格弹性会随着消费者为适应价格变化而进行调节的时间长短而有所不同。例如:

- 当汽油价格上升时,在最初的一段时间里,人们对汽油的需求量只是略有减少,需求价格弹性还较小。但是随着时间的推移,人们会慢慢购买更省油的汽车,或转向更省钱的交通工具,因此长期内人们对汽油的需求量会有较大的减少,需求价格弹性较大。
- 小敏在家乡县城创办了英语语言培训公司,开始只有她这一家培训公司,当该公司提高培训价格时,人们的需求量只是略有下降。但随着时间的推移,小敏的企业有了越来越多的竞争者,许多语言培训公司如雨后春笋般冒了出来,人们对小敏公司语言培训的需求量会有较大的减少,需求价格弹性变大了。

需要提醒大家的是,某种商品的需求价格弹性到底有多大,是由多种因素综合决定的,不能只考虑其中的一种因素。而且某种商品的需求价格弹性也因不同时期、不同地区、不同消费者收入水平等而不同。例如,你在大城市创办美容美发店,其需求价格弹性就较小,但在农村开办美容美发店,其需求价格弹性就较大;如果在 20 世纪 80 年代开办美容美发店,其需求价格弹性相当大,而现在开办美容美发店,其需求价格弹性就变小了。

(4)估算需求价格弹性的方法。

目前,专家已经可以用数学模型的方法来对价格弹性进行计算。但是这种方法很复杂,一般企业难以实行。在营销实践中,人们总结出一些简单易行的方法来估算商品的价格弹性。

① 直接购买意向调查法。即对潜在购买者的购买意向进行直接调查来估算出价格变动后的需求,以此得出某种商品的价格弹性。企业先估算出自己的潜在购买者数量,然后在潜在购买者中进行抽样调查,询问他们价格降低后的实际购买意向,最后计算出商品的价格弹性。

② 统计分析法。即对企业历史上的某一商品价格与销售量之间的相关性进行分析,来得出商品的价格弹性。例如,企业可以根据商品历年来的销售统计资料,通过对商品价格变动后的实际销售数量的统计,最终估算出价格弹性。

③ 市场实验法。即通过实验来估算价格弹性,如企业对现在市场上销售的商品进行调价,在一定时间和范围内观察该商品的销售情况,并据此计算出价格弹性。用此法估算出的结果相对比较准确,但是费用与时间的花费较大。

(5)需求价格弹性与企业的销售收入和价格决策。

在现实中,我们常常听到"薄利多销"这种说法。实际上,这是企业降价促销的一种手段。很多企业甚至在销售不佳的情况下,把"薄利多销"看作是拯救企业的重要武器。但是这种"薄利多销"的手法是否适用于所有的商品呢?在学过需求价格弹性后,我们应该懂得一个常识:由于商品的需求价格弹性不同,降价"不一定"必然带来销售收入的增加。认识到这一点后,企业就不会盲目地把降价作为增加销售收入的重要手段。

- 张勇从旅行社辞职开办了自己的旅游公司,开业之初,公司开展了优惠销售活动,结果公司的销售收入大幅度增加。
- 朱海在公园旁边开设了一家小型工艺品店,主要销售当地的旅游纪念品和儿童玩具。为了增加商店的销售收入,他在现有价格的基础上降价了 5%,但是事与愿违,销售收入不但没有增加反而下降了,他非常郁闷。

从上述两个小例子中我们可以发现,在现实经济生活中,有的企业降低自己的产品价格,能使销售收入得到提高,而有的企业降低产品价格,却反而使销售收入减少了。这意味着,以降价促销来增加销售收入的做法对有的产品是适用的,而对其他产品却不一定适用。如何解释这些现象呢?这就涉及需求价格弹性与企业销售收入两者之间的相互关系。

企业的销售收入等于商品的价格乘以商品的销售量。在此,当我们假定企业商品的销售量等于市场上对其商品的需求量,则企业的销售收入就又可以表示为商品的价格乘以商品的需求量。

对于需求富有弹性的商品,企业降低价格会增加该商品的销售收入,相反,提高商品的售价会减少企业的销售收入,即企业的销售收入与商品的价格呈反方向变动。这是因为,当 $e_d>1$ 时,企业降价,人们对其产品的需求量会上升,且需求量上升的比率大于价格下降的比率,这意味着,价格下降所造成的销售收入的减少量必定小于需求量增加所带来的销售收入的增加量,所以降价最终带来销售收入的增加。例如,上例中张勇的旅游公司,若其旅游服务的需求价格弹性 $e_d=1.2$。开始时,云南 7 日游的价格为 5000 元,每月客户量(即需求量)平均为 100 人,则公司一个月的销售收入为 500 000 元。但开展优惠销售时,云南 7 日游的价格下降 10%,即为 4500 元时,由于 $e_d=1.2$,则需求量会上升 12%,即需求量会上升至 112 人,则公司此时的销售收入为 4500×112=504 000 元。可见,对于需求富有弹性的商品,才适于采用薄利多销的政策。

对于需求缺乏弹性的商品,企业降低价格会减少企业的销售收入,相反,提高产品价格会提高企业的销售收入,即企业的销售收入与商品的价格呈同方向变动。这是因为,当 $e_d<1$ 时,企业降价,人们对其产品的需求量会上升,但需求量上升的比率会小于价格下降的比率,这意味着,价格下降所造成的销售收入的减少量必定大于需求量增加所带来的销售收入的增加量,所以降价最终带来销售收入的减少。例如,上例中朱海开的小型工艺品店,若其商品的需求价格弹性 $e_d=0.5$。开始时,工艺品的价格为 10 元,需求量是 100,则商店的销售收入为 1000 元。若商品的价格下降 5%,即为 9.5 元时,由于 $e_d=0.5$,则需求量会上升 2.5%,即需求量会上升至 102.5,则商店此时的销售收入为 9.5×102.5=973.75 元。可见,对于需求缺乏弹性的商品,不适于采用薄利多销的政策,即不适合打价格战。

对于单位需求弹性的商品,降低价格或提高价格对企业的销售收入没有影响。这是因为,当 $e_d=1$ 时,企业价格变动所带来的价格的变动率与需求量的变动率是相等的。

### 3.5.2 供给价格弹性

(1) 供给价格弹性的含义及简单计算。

供给价格弹性表示在一定时期内一种商品的供给量对于该商品的价格变动的反应程度。供给函数可以写成:$Q_s=F(P)$,其中价格 $P$ 是自变量,供给量 $Q_s$ 是因变量,则供给价格弹性系数的表达式为:

$$供给价格弹性系数\ e_s = \frac{供给量变化的百分比}{价格变化的百分比}$$

我们可以通过鲜花店的例子来理解供给价格弹性。当鲜花的价格上涨了 5% 时,店主因更加有利可图而愿意出售更多的鲜花,假设他的鲜花供给量增加了 7.5%,在这种情况下,鲜花的供给价格弹性就是 7.5% 除以 5%,即 $e_s=1.5$。由于商品本身的价格与其供给量之间一般是同方向变动,所以供给价格弹性系数值为正值。

(2) 供给价格弹性的分类。

各种商品的供给价格弹性大小并不相同。一般可以把供给价格弹性分为以下几类。前三种情况都是供给价格弹性的特例,在现实中很少见。现实中常见的是第四种和第五种。

第一,供给无弹性,即 $e_s=0$。在这种情况下,无论价格如何变动,供给量都不变。例如,毕加索的油画供给弹性就是零,因为无论价格如何变动,毕加索油画的供给量都不会变,他的油画是独一无二的,每幅画都只有一张。

第二,供给具有无限弹性,$e_s=\infty$。在这种情况下,价格既定而供给量无限。例如,在某些地区可以以不变的成本无限量地获得沙子,那么沙子的供给弹性为无限大。

第三,单位(或单一)供给弹性,即$e_s=1$。在这种情况下,供给量变动的百分比等于价格变动的百分比。

第四,供给缺乏弹性,即$e_s<1$。在这种情况下,供给量变动的百分比小于价格变动的百分比。例如,你家附近有一家童鞋销售商店,当童鞋的进货价格不变、而市场出售价格上升了10%时,该店店主肯定很乐意增加童鞋的供给量,因为当成本不变而售价上升时,童鞋的销量越大,鞋店的利润越多。但问题是,他每两个月才能有足够的周转资金进一次货,所以在店主未能进货之前,虽然童鞋的市场销售价格上涨了,但该店对童鞋的实际供给量不能马上增加多少,这时童鞋的供给是缺乏弹性的。

第五,供给富有弹性,即$e_s>1$。在这种情况下,供给量变动的百分比大于价格变动的百分比。我们仍以上述这家童鞋销售店为例,假设当童鞋的进货价格不变、而市场出售价格上升了10%时,店主刚好到了每两个月进一次货的日子,于是他抓住机会及时增加了童鞋的进货量,从而使鞋店童鞋的实际供给量增加了15%,这时童鞋供给量变动的百分比显然大于价格变动的百分比,童鞋的供给是富有弹性的。

供给价格弹性与供给曲线的斜率密切相关。一般来讲,通过某一点的供给曲线越平坦,供给价格弹性就越大;通过某一点的供给曲线越陡峭,供给价格弹性就越小。供给完全有弹性时,供给曲线是一条水平线。供给完全无弹性时,供给曲线是一条垂线。

(3)影响供给价格弹性的因素。

影响供给弹性大小的主要因素有以下几个方面:

① 时间因素。这是影响供给价格弹性大小的最重要的因素。例如,你开了一家小型儿童玩具制造厂,当玩具的市场价格上涨时,你应该增加玩具的产量。当玩具的市场价格下降时,你应该减少玩具的产量。但是在很短的时间内,你增加产量,或缩减产量,都存在很大的困难,因为你想增加或减少玩具产量,必须增加或减少工人的数量,同时还必须增加或减少生产设备的数量,甚至需要扩大或缩减厂房的面积等,而这些都不能在很短时期内实现。其结果就是,玩具的供应量不可能在短时间内跟随价格的变动而得到及时地调整,因此玩具的供给价格弹性在短期是比较小的。但是,在长期内,生产规模的扩大与缩小,甚至转产,都是可以逐步实现的。也就是说,从长期来看,产品的供给量会随着价格的变动而发生明显的变化,因而供给价格弹性也就比较大。

② 生产的难易程度与产品生产周期的长短。一般说来,容易生产且生产周期短的产品对价格变动的反应快,其供给弹性就较大;反之,不易生产且生产周期长的产品对价格变动的反应慢,其供给弹性也就较小。例如,机织毛衣与手织毛衣相比,生产相对容易且周期短,所以机织毛衣的供给弹性较大,而手织毛衣的供给弹性就较小。再例如,农产品的生产周期较长,所以其供给弹性较小。

③ 生产所采用的技术类型。有些产品采用资本密集型技术,这些产品的生产规模一旦固定,变动就较困难,从而其供给弹性也较小;还有些产品采用劳动密集型技术,这些产品的生产规模的变动较容易,从而其供给弹性也就较大。例如,飞机、机械设备、汽车等产品的生

产一般采用资本密集型技术,所以供给弹性较小;而像食品、服装等产品的生产一般采用劳动密集型技术,所以供给弹性较大。

④ 生产要素的供给弹性。产品的供给依赖于所投入的生产要素的供给,因此当生产要素的供给弹性较大时,该产品的供给弹性也就较大;反之,生产要素的供给弹性较小,该产品的供给弹性也就较小。例如,面包的供给弹性大小要受到面粉、糖、酵母、生产工人、生产设备、厂房等投入要素的供给弹性大小的影响。因此,当我们分析某种产品的供给弹性时,还要考察该产品所投入的要素的供给弹性程度,二者之间是有关联的。

## 案例讨论

**案例一:黄飞红——小花生的大商机**

小小的花生几年时间做到一亿多的销售收入,"黄飞红花生"是怎么做到的?

"大家以为我们很有故事,其实不是这样。"欣和企业黄飞红事业部总监姜文博在成都糖酒会期间接受《第一财经日报》记者采访时说。

欣和企业由一位叫作孙德善的烟台人创办于1992年,是一家调味品生产企业,主营业务是酱油和豆瓣酱。从1998年开始,公司总经理孙德善开始考虑扩张产品线,想先增加辣味相关的产品。黄飞红的名字就诞生在那时。欣和从事调味品业,谷物是主要原料,如黄豆、小麦、脱皮花生等,它们外观都是黄色的,所以叫"黄"。而辣椒是红色,"黄飞红"寓意是给传统产品带来一抹红色而显得神采飞扬。

这个品牌当时推出了辣酱和花生两类产品,初期市场开拓并不顺利,后来花生产品比辣酱卖得更好,"黄飞红"慢慢成了花生产品专用品牌。2005年,欣和将新产品部升级成了花生业务事业部——"黄飞红事业部"。两年后,欣和开始扩大花生生产线,丰富花生产品品类。

姜文博和同事们做了一番市场调查,看到这个市场上的产品大多品质一般,如果做高端的花生休闲食品,应该会有前景。2008年春节过后,黄飞红的第一批麻辣口味的花生产品下线。事业部找到公司内部做调味品口味测试的测试员和一些外部消费者进行了品尝。姜文博称,最初产品的口味不是现在这样,后来在花椒的多少,花生的酥脆度和脱油量等各方面都做了调整,使之符合更多人的口味。由于定位高端,黄飞红按照每盎司28颗到32颗的规格来选择花生,保证颗粒饱满,大小均匀。同时,选用的四川花椒和麻椒也是市场上很难买到的品种。

而在产品的包装上,黄飞红采取了充氮包装。与其他类似产品的真空包装相比,这会增加一些成本,但可以延长保质期。至于后来很多人津津乐道的文字包装说明,也是黄飞红事业部的集体作品。"吃前摇一摇。活力晒一晒。花椒要珍藏。"黄飞红的定位是年轻人,所以从文字表述到外观LOGO设计都尽量做得活泼。

另外,在一开始的销售渠道上,黄飞红花生无意中找到了一个最好的渠道——淘宝。众多经营方式灵活的淘宝卖家和热衷于网购的年轻人引发了第一波黄飞红的流行。后来,黄飞红花生因为产品本身好,而且市场定位准确,又在大超市如家乐福、沃尔玛等引发了第二次热销。现在,黄飞红花生的渠道中多了一些B2C网站和团购网站,这促成了黄飞红花生的第三次热销。

据姜文博提供的数据,2009年这款产品销售额达四五千万,2010年超过一亿。姜文博承认,黄飞红花生成功的秘诀,就是把调研工作做到最扎实,发现消费者的潜在需求。

尽管2010年黄飞红的销售收入有一亿多元,但姜文博对越来越多的低层次的"山寨产品"感到担心,刚刚结束的成都糖酒会就出现了不少模仿的产品。这无疑也是欣和企业下一步在这一单品上面临的最大挑战。

(资料来源:http://business.sohu.com/20101206/n278123452.shtml)

**小组讨论:**

(1) 黄飞红花生所在的市场是一个什么类型的市场?

(2) 黄飞红花生成功的秘诀是什么?

(3) "面向市场和客户需求开发产品和服务"是创业成功的关键,你身边还有类似这样的案例吗?与同学一起分享、讨论。

### 案例二:日本地震:中国企业的机遇和挑战

2011年3月11日,日本遭遇9.0超强地震、海啸和核泄漏等一系列灾难,给当地人民的生命财产带来了巨大的损失。由于该区域聚集了大量半导体、电子元件、数码相机、汽车电子类企业,是日本制造工业"重镇",大批工厂在这场灾难中未能幸免,给日本乃至全球经济带来不小的打击,对世界经济增长、消费品市场和全球供应链等方面的冲击已引起了世人广泛关切与忧虑。

中国是日本最大的出口国,但同时日本也是中国最大的进口来源地。日本地震在给中国企业带来机遇的同时,也带来了挑战。

日本地震对中国企业的机遇主要有两个方面:订单增长的机遇和承接日本有关产业转移的机遇。

订单增长的机遇主要指日本地震会带动中国有关行业的出口。首先,日本地震对日本一些行业形成了冲击,日本相关产品的出口会短期受阻,这给中国相关企业的出口带来了机遇。另外,日本灾后重建需要大量的物资,会增大对中国相关物资的需求。再有,核泄漏使日本遭遇食品安全的问题,日本需要从中国进口更多的农副产品。这些因素都会增长中国相关企业的订单数量,如家电产品、农副产品、钢材产品、电子产品等。

承接产业转移主要指日本出于种种原因的考虑,会把国内的部门产业转移出来,中国相关行业会从中受益。专家预测,频繁的地震,将促使日本产业加速向海外转移和扩张,如家电行业、电子行业、汽车行业等。亚太区域及中国作为日本企业的主要投资目的国,将在此轮产业转移中获得新的机遇,特别是上游的原材料和设备环节,承接产业转移的机会更大,这对中国具备技术优势和产业链优势的企业而言,将是巨大的潜在机遇。

挑战和机遇是并存的,最大的挑战就是制造供应链的断裂,使得中国很多的企业无法正常生产。另外,缺乏核心技术是中国企业长期以来一直存在的问题,而这次日本地震使这一问题更加凸显,严重威胁到企业的正常运作。制造供应链的断裂和缺乏核心技术使得中国企业在这次地震中受到很大影响,解决好这两个因素的问题对中国企业的未来发展至关重要。

（资料来源：孙闯飞，李延凤.日本地震：中国企业的机遇和挑战[J],中国市场,2011(16),第66—69页）

**案例三：价格的故事——市场中第一个竞争者**

我有一次到上海出差,下火车后向一位老者打听到密云路怎么走。这位老者说他愿意带我去。正当我心中升起一片感激之情时,这位老者又说,"不过,适当地给点小费就行了"。我问多少钱,他告诉我要5元钱。听了以后我扭身就走,那老者还在后面还价,"要不便宜一点,4元行不行?"这时我已走到一个书亭旁边,花了8毛钱买了一张上海地图。这张图绘制得十分精巧。在上面仿照经纬线的方式,将整个上海置于用纵、横坐标线构成的网络之下。要想找任何一条街道,只要找到相应的坐标就行了,用起来十分方便。很容易,我就到了密云路。

我不想非议那个想要小费的老者。如果他把他的行为看作是提供一种服务,他有权收取报酬。不过他要注意收费的上限。即使他垄断了全部上海站的业务,他的"垄断价格"也不能高于他的服务对象自己提供这种服务所需的费用。比如买一张地图花8毛钱,然后再花2分钟找到我要去的地方,一共也不会高于1元钱。如果考虑到地图以后还可以用,这次寻路的成本就更低。相比之下,5元的开价是太"黑"了。我想大多数路人都不会接受这个价格。不知道这位老者按照这个价格做成过多少次"生意",我想他不会是完全失败的,也许会有一两次成功。但我断定这项"业务"总的来讲是得不偿失的。因为在非常专业化的今天,我们还没有听说有专门给人带路的职业。这是由于大多数人自己寻路的成本是非常低的。

在很早的时候,人与人之间无所谓"生产者""消费者""供给者""需求者",或"买者""卖者"。人总是自己生产,自己消费;自己需求,自己供给,集生产者和消费者于一身。如果有一天,一个人想卖掉他的产品,他的价格必须低于别人生产该产品的成本。反过来,如果有一个人愿意买他人的产品,是因为自己生产同样产品的成本高于别人的开价。当这样的条件满足时,世界上第一个生产者就出现了,第一个消费者也出现了。他们之间既是买卖关系,又是竞争关系。因为如果"生产者"的开价高于"消费者"生产同一产品的成本时,"消费者"就会自己生产,这时他就变成了"生产者"的竞争者。所以我们说,生产者的第一个竞争者就是他的第一个消费者。在现代社会中,生产者和消费者之间壁垒分明,人们往往淡忘了两者之间相通的地方。但是消费者与生产者之间的竞争关系依然存在。所以,即使在独家垄断的市场中,垄断者也不可能实现绝对的垄断,它的第一个竞争者就是它的客户。因在信息经济学和产业组织理论方面有所贡献,而获得诺贝尔经济学奖的斯蒂格勒教授,曾经揭示过这种现象。他说,如果一个专业化的垄断者将价格定得太高,以至于超过了客户自己生产这种产品的成本,客户就会自己生产。

（资料来源：盛洪.经济学精神[M].上海：上海三联书店,2003）

**小组讨论：**

(1) 为什么说生产者的第一个竞争者就是他的第一个消费者？
(2) 如果"生产者"的定价高于"消费者"可接受的价格,市场上会出现什么现象？
(3) 如果"生产者"的定价低于"消费者"可接受的价格,市场上又会出现什么现象？

**课堂活动**

活动一：你的橘子能卖出去吗？

1. 活动目的

本课堂活动是为帮助学生了解市场中的供求概念而设计的。学生通过模拟的橘子买卖交易，了解供给规律和需求规律在现实中的应用；知晓价格是由供给和需求共同决定的。学生通过扮演供给商和消费者来了解：商人最终的目标是获取最大利润，而消费者最终的目标是得到最大好处。

2. 活动学时

1学时。

3. 活动环境

(1) 教室中央有足够的活动空间。

(2) 教室备有白板、白板笔。

4. 活动准备

教师已经讲解了市场、供给与需求、产品、均衡价格、均衡数量等经济学基本概念。

5. 活动道具

(1) 买方、卖方身份卡（根据人数制作）。

(2) 橘子买卖交易卡片（卡片数量应多于交易人数）。

请根据步骤(3)和步骤(4)完成橘子买卖交易卡片的制作。

| 买方（黄色卡） | 卖方（绿色卡） |
| --- | --- |
| 你到市场上购买1箱橘子，你的单位购买价格越低越好。当你的购买价格高于1箱￥××时，你将出现亏损。 | 你到市场上出售1箱橘子，你的单位销售价格越高越好。当你的销售价格低于1箱￥××时，你将出现亏损。 |

(3) 橘子买卖交易卡片中买卖双方价格参照表。

教师可以按照表中所显示的卖方和买方的价格以及卡片制作的数量，提前将橘子买卖交易卡片制作好。（如表3-10所示）

表3-10 橘子买卖双方的价格表

| 买方价格（黄色卡） | | 卖方价格（绿色卡） | |
| --- | --- | --- | --- |
| 价格（元） | 卡片数量（个） | 价格（元） | 数量（个） |
| 3.3 | 2 | 3.3 | 4 |
| 3.6 | 2 | 3.6 | 6 |
| 3.9 | 2 | 3.9 | 6 |
| 4.5 | 2 | 4.5 | 4 |
| 4.8 | 4 | 4.8 | 4 |
| 5.1 | 4 | 5.1 | 2 |
| 5.4 | 6 | 5.4 | 2 |
| 5.7 | 6 | 5.7 | 2 |
| 6.0 | 4 | 6.0 | 2 |

(4) 橘子买卖交易卡片模板。

根据表格内的信息,在买方卡片中填上 3.3 元的价格,共制作 2 张。在卖方卡片中填上 3.3 元的价格,共制作 4 张。接下来继续:在买方卡片中填上 3.6 元的价格,共制作 2 张;在卖方卡片中填上 3.6 元的价格,共制作 6 张;以此类推。注意:买卖方卡片的制作数量最好多于学生数量的 50%。

| 买方(黄色卡) 你到市场上购买 1 箱橘子,你的单位购买价格越低越好。当你的购买价格高于 1 箱 3.3 元时,你将出现亏损。 | 卖方(绿色卡) 你到市场上出售 1 箱橘子,你的单位销售价格越高越好。当你的销售价格低于 1 箱 3.3 元时,你将出现亏损。 |
|---|---|
| 买方(黄色卡) 你到市场上购买 1 箱橘子,你的单位购买价格越低越好。当你的购买价格高于 1 箱 3.6 元时,你将出现亏损。 | 卖方(绿色卡) 你到市场上出售 1 箱橘子,你的单位销售价格越高越好。当你的销售价格低于 1 箱 3.6 元时,你将出现亏损。 |

(5) 学生个人交易盈亏记录表。

表 3-11　学生交易利润记录表

姓名_____　班级_____

| 交易 | | 成本价格(元) | 成交价格(元) | 盈(元)+(元) | 亏(元)-(元) | 单位利润(元) |
|---|---|---|---|---|---|---|
| 第一轮 | 1 | | | | | |
| | 2 | | | | | |
| | 3 | | | | | |
| | 4 | | | | | |
| | 5 | | | | | |
| 合计 | | | | | | |
| 第二轮 | 1 | | | | | |
| | 2 | | | | | |
| | 3 | | | | | |
| | 4 | | | | | |
| | 5 | | | | | |
| 合计 | | | | | | |
| 第三轮 | 1 | | | | | |
| | 2 | | | | | |
| | 3 | | | | | |
| | 4 | | | | | |
| | 5 | | | | | |
| 合计 | | | | | | |

(6) 市场交易汇总表。

表 3-12　市场交易汇总表

| 成交价格(元) | 第一轮的成交价格(元) | 第二轮的成交价格(元) | 第三轮的成交价格(元) |
| --- | --- | --- | --- |
| 6.00 | | | |
| 5.90 | | | |
| 5.80 | | | |
| 5.70 | | | |
| 5.60 | | | |
| 5.50 | | | |
| 5.40 | | | |
| 5.30 | | | |
| 5.20 | | | |
| 5.10 | | | |
| 5.00 | | | |
| 4.90 | | | |
| 4.80 | | | |
| 4.70 | | | |
| 4.60 | | | |
| 4.50 | | | |
| 4.40 | | | |
| 4.30 | | | |
| 4.20 | | | |
| 4.10 | | | |
| 4.00 | | | |
| 3.90 | | | |
| 3.80 | | | |
| 3.70 | | | |
| 3.60 | | | |
| 3.50 | | | |
| 3.40 | | | |
| 3.30 | | | |

6. 活动步骤

(1) 教师将学生分成2组,分别代表橘子的销售者和购买者。把买卖双方的身份卡发给每个学生,贴在胸前(用双面胶)。

(2) 教师把制作好的橘子买卖交易卡片发给两组学生。其中将黄色买方卡片发给具有买方身份的学生,将绿色卡片发给具有卖方身份的学生。当每个学生都拥有一张卡片后,教师将多余的橘子买卖交易卡片放在讲台的桌面上(将黄色和绿色卡片分开放置),以备第一回合交易完成后学生前来换取新的卡片。

(3) 教师介绍买者和卖者所要从事的交易:双方共同交易的产品是一箱橘子。买者来到集贸市场希望在较低的价格下买到一箱橘子。卖者也来到市场希望在较高的价格下出售一箱橘子。在这个市场上，由于进货渠道和橘子成本的不同，卖者的价格也不同，因此，买者必须积极寻找低价格的卖者。作为卖者，他们也要积极寻找合适的买者以便尽快将橘子出售。如果橘子不能在规定时间内出售，则整箱橘子会烂掉，这对卖者来说将造成严重亏损。

（4）教师对橘子买卖交易卡片进行说明：现在每个学生手里都应该有一张橘子买卖交易卡片。买者只能拿印有买方信息的黄色卡片，而卖者只能拿印有卖方信息的绿色卡片。买者卡上注明以下文字：你到市场上购买1箱橘子，你的单位购买价格越低越好。当你的购买价格高于1箱￥××时（不同卡片显示不同的价格），你将出现亏损。当交易开始时，买者应该以尽可能低的价格购买橘子。同样，每个卖者卡上注明以下文字：你到市场上出售1箱橘子，你的单位销售价格越高越好。当你的销售价格低于1箱￥××时，你将出现亏损。当交易开始时，卖者应该以尽可能高的价格销售橘子。每个买者和卖者都到讲台桌面上任意拿1张卡片。当每个卖者和买者都拿到一张卡片后，盒子里还应该留有相当一部分多余的买者卡片和卖者卡片，以便双方成交后来此换取新的买者和卖者卡片。

（5）教师向学生宣布交易规则。

● 本课堂模拟交易共进行1~2轮，每轮交易中包括5次交易。

● 买者或卖者每完成一次交易后，要到讲台桌子上重新换取另一张新的价格卡片。买者只能换取买方黄色卡片，卖者也只能换取卖方绿色卡片。每个人的身份不能中途置换。在5次交易结束后，买卖双方停止交易，不能再换取交易卡片。

● 学生每完成一次交易，都要将交易情况记录在"学生交易利润记录表"上。然后计算收益总额。

● 在交易过程中，无论是买者还是卖者都要遵从自由买卖原则，不能强买强卖。

● 每一轮的交易时间由教师控制，如果教师宣布市场打烊、停止交易后，学生应该立即停止买卖。在一轮交易时间内可能会有学生没有完成5次交易，这说明他们没有实现自己的交易任务。对买者意味着他们没有买到足够多的原料产品。对卖者意味着他们的橘子没有全部卖出，未卖出的橘子都将烂掉，亏损出现。

（6）教师宣布交易开始，买者和卖者便开始自由交易，任何一个买者都可以与任何一个卖者进行交易。教室就是模拟的集市，买卖双方都要积极地寻找自己的交易对象，以便使自己的利益最大化。

（7）教师提醒学生注意，在这个市场上没有人来指挥买者和卖者的行为，大家要注意观察"无形的手"是如何发挥作用的。

（8）当一个卖者与一个买者同时愿意接受某个价格时，表明双方第一回合交易成功，这时的交易价格就是实际成交价格。交易成功后，买卖双方各自将卡片上的成本价格和实际成交价格记录在《学生交易利润记录表》中。然后，买卖双方同时走到讲台处将实际成交价格告诉市场管理员（即教师），教师将双方实际成交价格记录在《市场交易汇总表》中（画"正"字进行统计）。其目的是在活动结束时，教师将向学生展示市场中成交最密集的价格区间。

（9）教师提醒学生注意：当卖者发现在某个价格下成交很困难时，也可以低于卡片所示的成本价格售出，目的是尽快换取另外一张卡片，获得较好的价格。其利润亏损应该争取在下一回合交易中补回。实际上在现实中也是这样，商人们常常在价格上做出小牺牲，以便将手中销路不好的产品尽快出手，这样就不至于烂在手里，导致更大的亏损。

(10) 每一轮交易中,学生可以有5次交易。教师可根据时间,组织1～2轮交易。

(11) 在一轮交易结束后,教师统计盈亏人数,看看哪个卖者的利润最高或买者的消费者剩余最大。

(12) 交易结束后,教师给学生展示《市场交易汇总表》,让学生看到密集价格成交区域在哪里。并讨论以下问题。
- 在这个竞争市场中谁与谁在竞争?
- 谁来决定市场的价格?
- 在什么情况下买者和卖者更容易实现自己的交易目标?

**活动二：服装的异地买卖**

1. 活动目的

本课堂活动是为帮助学生更好地了解价格在市场中的作用而设计的。假如在同一时间,北京市场和上海市场同一品牌服装的价格差距较大,如果政府不进行任何市场干预,由价格自发调节,最后会出现什么结果?

学生在本课堂活动中通过模拟交易,考察价格在市场中的变化,了解价格在市场中的自发调节作用,知晓市场通常是组织经济活动的好方法,明白在市场经济中价格是配置稀缺资源的机制。

2. 活动学时

1学时。

3. 活动环境

(1) 教室中央有足够的活动空间。

(2) 教室备有白板、白板笔。

4. 活动准备

教师已经讲解了需求、供给、供求均衡、价格决定等基本概念。

5. 活动道具

(1) X品牌服装批发商牌(假定北京、上海面对同一个批发商)、批发价格牌。

(2) X品牌服装零售商牌(根据各地服装零售商人数制作)。

（3）服装零售价格牌（根据各地服装零售商人数制作）。

```
┌─────────────────────────┐    ┌─────────────────────────┐
│  X品牌服装在北京的零售价格：│    │  X品牌服装在上海的零售价格：│
│      每件___元          │    │      每件___元          │
└─────────────────────────┘    └─────────────────────────┘
```

（4）火车票（根据服装零售商人数制作）。

```
┌──────────────┐    ┌──────────────┐
│  北京—上海   │    │  上海—北京   │
│    200元     │    │    200元     │
└──────────────┘    └──────────────┘
```

（5）服装零售商异地买卖服装的成本和收益表（根据各地零售商数量制作）。

表 3-13　上海零售商异地买卖服装的成本和收益表

| 上海零售商买卖服装的成本 | 在上海按批发价格买进 X 品牌服装的支出 | |
|---|---|---|
| | 往返火车票费 | |
| | 其他 | |
| 异地买卖服装的收益 | 在北京卖出 X 品牌服装的收入 | |
| 异地买卖服装的利润 | 异地买卖服装的收益减去成本 | |

表 3-14　北京零售商异地买卖服装的成本和收益表

| 北京零售商买卖服装的成本 | 在北京按批发价格买进 X 品牌服装的支出 | |
|---|---|---|
| | 往返火车票费 | |
| | 其他 | |
| 异地买卖服装的收益 | 在上海卖出 X 品牌服装的收入 | |
| 异地买卖服装的利润 | 异地买卖服装的收益减去成本 | |

（6）X 品牌服装的消费者。

```
┌──────────────┐    ┌──────────────┐
│  北京的消费者 │    │  上海的消费者 │
└──────────────┘    └──────────────┘
```

6．活动步骤

（1）指定 1 名同学为 X 品牌服装总批发商，佩戴胸卡，并手中持有 X 品牌服装批发价格牌。

（2）指定 1 名同学为火车售票员，其手中持有火车票。

（3）指定 20 名同学扮演 X 品牌服装零售商，由教师将他们分成 2 组，每组 10 人。1 组为北京的服装零售商，1 组为上海的服装零售商。

(4) 指定剩余同学为两地的消费者,由教师将他们分成 2 组,1 组为北京的消费者,1 组为上海的消费者。

(5) X 品牌服装在北京的零售市场价格平均为 1000 元,每个北京的服装零售商围绕该市场价进行报价;X 品牌服装在上海的零售市场价格平均为 500 元,每个上海的服装零售商围绕该市场价进行报价。

(6) 教师向大家提问:同种品牌的服装在北京零售市场价格高(平均为 1000 元),而在上海的零售市场价格低(平均为 500 元),这会出现什么现象?

(7) 上海的每名零售商从上海按批发价格买进 10 件 X 品牌服装,然后坐火车到北京出售给北京的消费者以赚取利润。每名上海零售商只能"异地买卖 1 次服装",异地买卖服装后填写成本和收益表。教师提醒学生:为了顺利地出售服装,零售商的价格可随时进行调整。

(8) 教师提示大家思考:在以上从上海到北京倒腾买卖服装的过程中,X 品牌服装在北京的零售市场价格会如何变动?在上海的零售市场价格会如何变动?请扮演批发商和火车售票员的 2 名同学记录两地 X 品牌服装零售价格的变动情况,并注意观察,什么时候这种活动才会停止?

(9) 教师向大家提问:若同种品牌的服装在北京零售市场价格低(平均为 500 元),而在上海的零售市场价格高(平均为 1000 元),这又会出现什么现象?此时,每个北京的服装零售商围绕 500 元的市场价进行报价,每个上海的服装零售商围绕 1000 元的市场价进行报价。

(10) 北京的每名零售商从北京按批发价格买进 10 件 X 品牌服装,然后坐火车到上海出售以赚取利润。每名北京零售商只能"异地买卖 1 次服装",异地买卖服装后填写成本和收益表。

(11) 教师提示大家思考:在以上从北京到上海倒腾买卖服装的过程中,X 品牌服装在北京的零售市场价格会如何变动?在上海的零售市场价格会如何变动?请扮演批发商和火车售票员的 2 名同学记录两地 X 品牌服装零售价格的变动情况,并注意观察,什么时候这种活动会停止?

(12) 异地买卖服装的活动停止时,教师和学生讨论以下问题。

● 异地买卖服装的过程中两地同一品牌服装的零售市场价格会发生什么变化?为什么是如此变化?

● 异地买卖服装的过程应持续到什么时候为止?

● 价格在异地买卖服装的过程中起了什么作用?

**活动三:冰淇淋店应该提价还是降价?**

1. 活动目的

本课堂活动是为了帮助学生更好地了解需求价格弹性概念而设计的。在该活动中假设你是一家冰淇淋店的老板。你的财务经理告诉你目前公司缺乏资金,并建议你考虑通过改变冰淇淋价格的方式来增加销售收入。你自己心里很清楚:提价可能使单位毛利润增加,但同时会导致销售量减少;而降价可能会使销售量增加,但是单位毛利空间则被压缩了。所以,无论是提价还是降价都有可能面临销售收入减少的风险。你将怎么办呢?你打算提高价格还是降低价格?

本活动的目的是使学生通过该模拟交易,了解弹性原理在现实中的应用。知晓企业在改变价格以增加销售收入时要考虑产品的需求价格弹性,懂得不是任何企业都可以采取薄利多销的价格策略。

2. 活动学时

2学时。

3. 活动环境

(1) 教室中央有足够的活动空间。

(2) 教室备有白板、白板笔。

4. 活动准备

教师已经讲解了需求价格弹性、供给价格弹性等基本概念。

5. 活动道具

(1) 员工胸卡。

(2) 市场需求变动调查表——消费者填写(根据消费者人数制作)。

表3-15 市场需求变动调查表

| 冰淇淋价格 | 冰淇淋价格变动率 | 每周对该店冰淇淋的需求数量(单位:只) |
| --- | --- | --- |
| 2.5元/只 | 降价50% | |
| 3.0元/只 | 降价40% | |
| 3.5元/只 | 降价30% | |
| 4.0元/只 | 降价20% | |
| 4.5元/只 | 降价10% | |
| 5.0元/只(目前价) | 保持价格不变 | |
| 5.5元/只 | 提价10% | |
| 6.0元/只 | 提价20% | |
| 6.5元/只 | 提价30% | |
| 7.0元/只 | 提价40% | |
| 7.5元/只 | 提价50% | |

(3) 市场需求变动调查分组汇总表——市场调查员填写(3张,每个市场调查员1张)。

表 3-16　市场需求变动调查分组汇总表

| 冰淇淋价格 | A 组/B 组/C 组<br>每周消费者对该店冰淇淋的需求总数量(单位:只) |
|---|---|
| 2.5元/只 | |
| 3.0元/只 | |
| 3.5元/只 | |
| 4.0元/只 | |
| 4.5元/只 | |
| 5.0元/只 | |
| 5.5元/只 | |
| 6.0元/只 | |
| 6.5元/只 | |
| 7.0元/只 | |
| 7.5元/只 | |

(4) 市场需求变动调查汇总和公司销售收入变动预测表——财务经理填写。

表 3-17　市场需求变动调查汇总和公司销售收入变动预测表

| 冰淇淋价格 | 每周消费者对该店冰淇淋的需求总数量(单位:只) | 该店每周冰淇淋的销售收入 |
|---|---|---|
| 2.5元/只 | | |
| 3.0元/只 | | |
| 3.5元/只 | | |
| 4.0元/只 | | |
| 4.5元/只 | | |
| 5.0元/只 | | |
| 5.5元/只 | | |
| 6.0元/只 | | |
| 6.5元/只 | | |
| 7.0元/只 | | |
| 7.5元/只 | | |

6. 活动步骤

(1) 指定冰淇淋店财务经理1人,市场调查员3人,并戴上各自的胸卡。

(2) 其余同学扮演冰淇淋店的消费者,由教师将他们分成A、B、C组,每组10人左右。

(3) 由财务经理总负责,组织3名调查员进行市场调查。每名调查员调查1组消费者。每个消费者要填好《市场需求变动调查表》。然后,每个调查员把消费者提供的需求信息再填入《市场需求变动调查分组汇总表》。

(4) 财务经理负责汇总三个组的数据,填写《市场需求变动调查汇总和公司销售收入变动预测表》。

(5) 财务经理与调查员根据《市场需求变动调查汇总和公司销售收入变动预测表》,来判断本公司冰淇淋的需求价格弹性是富有弹性还是缺乏弹性。

（6）教师与学生一起讨论以下问题。
● 若富有弹性，冰淇淋店应该宣布降价还是提价来增加销售收入？
● 若缺乏弹性，冰淇淋店应该宣布降价还是提价来增加销售收入？
● 冰淇淋店是否可以采取薄利多销的价格策略？

### 思考与实践

1. 关于一碗牛肉面的价格

2007年6月16日开始，兰州西固区部分牛肉面馆"不约而同"地涨价。每碗面从2.5元攀升至3元，涨价幅度创下牛肉面涨价历史新高，刷新了近10年来最短的市场调价纪录。牛肉面涨价10天后，兰州市物价局联合四部门，一纸限价令直指正在热涨的兰州牛肉面价格："普通级大碗牛肉面不得超过2.5元，小碗和大碗的差价为每碗0.2元。"限价令一出，舆论哗然，有支持的，有反对的。请问你对这个事情有何看法？

2. 餐馆调研

以小组的形式去5个餐馆做一个调研，了解食材价格、厨师工资的变动如何影响餐馆的利润。

3. 供给与需求调研

请选择一个竞争激烈的行业，如美容美发、快递、幼儿学前教育、家政服务、照相摄影馆等，对该行业在当地的供给与需求进行调研，并对其产品或服务的价格走势进行分析。完成一篇3000字左右的调研分析报告。

# 模块四

## 你能成为创业者吗?

### 教学内容
创业意愿
自我认识
培养高自我效能感
创新能力
领导力
风险承受
抗挫折力

### 案例讨论
创新源于挫折?
什么是领导力?(李开复)
大学生创业的必修课

### 课堂活动
创业家的"动物园"
价值拍卖
我们一起体验风险

### 思考与实践
组织一次工业园区参观
企业家精神自测
创业者访谈

# 教学内容

## 4.1 创业意愿

创业意愿是创业行为的起始点,它是一种愿意将创业作为自己的工作和生活方式,并通过创业实现自我价值的个人愿望或心愿。创业意愿包括创业需要和创业动机。

### 4.1.1 创业需要

创业需要是指个体在内外环境的刺激下感到某种缺憾而力求通过创业来获得满足的心理倾向,它是个体自身和外部生活条件的要求在头脑中的反映。

对不同的创业者来说,牵引他们走上创业之路的创业需要也是各不相同的。我们来看看下面的几个例子。

- 张强原来在一家电池厂上班。2008年的金融危机后工厂倒闭了,下岗在家的张强无所事事。为了支撑家庭的开销,张强必须找一些零活去做。他运过木头,送过快餐,清扫过垃圾,也当过几天社区的搬水工……巨大的生活压力让他喘不过气来。终于有一天,在朋友的支持下,张强注册了自己的小型快递公司,成为一名小老板。让他没想到的是,近些年快递业务随着网购经济的发展变得红火起来,公司的规模越来越大。张强以前从没想过自己创业,但现在,他已成为创业大军中的一员。目前,他的公司共有6名员工,预计公司的规模还会扩大。
- 姚红在一家电子公司当会计。她生性开朗,好结交朋友。周末经常约上几个朋友在家小聚,做些拿手菜。有朋友开玩笑说,你干脆开餐馆吧,一定很火。不经意中的这句话为她日后的创业埋下了伏笔。由于工作需要,姚红总要去远郊的技术开发区办事。有时中午想请朋友吃饭,但居然找不到一家像样的餐馆。开发区的好多员工都在路边的小餐车边吃盒饭。姚红强烈地意识到,这是一个很好的机会。在经过深思熟虑后,她终于辞去会计工作,在开发区创办了自己的第一家很有格调的餐馆。让她没想到的是,餐馆火得不得了。姚红的创业生涯就这样开始了,在市场需求面前,她选择了与机会握手。
- 张扬是从美国留学回国的海归博士。回国后,他并没有像许多朋友建议的那样去大学教书或去研究所继续研究他感兴趣的纳米技术,而是东拼西凑筹集了一大笔钱创办了自己的纳米产品研发公司。他始终认为:人类所有的科学研究成果只有真正转化为生产力时,这些研究才有意义。他想做的事情太多了,比如生产耐洗刷的纳米油漆、防辐射的纳米服装或是具有可塑性的纳米陶瓷。他希望把自己所学转化为造福于人类的产品,在创业中实现人生的价值。
- 音乐学院毕业的王志,在一所中学当音乐老师。但他的理想是做一个音乐制作人。

虽然《放牛班的春天》电影中的那位老师用音乐感染孩子心灵的故事不断在他耳边回荡，但他还是辞去了教师的工作，选择了自我创业。他和几个志同道合的朋友一起成立了音乐工作室，成为一名以音乐制作为生的创业者。

我们看到，人们对创业的需要并不是天生就有的。随着生活境遇和环境的变化，人们的创业需要才变得清晰而真实。创业需要归纳起来有以下三种典型类型。

(1) 生存的需要。对很多创业者来说，他们选择创业的理由很简单，也很沉重，那就是为了生存的需要而创业。他们中的很多人因缺乏就业机会或就业技能而徘徊在就业市场的大门外。当家庭开支和生活压力越来越大时，为生存而创业的需要就越来越强烈。最后，他们只能选择自谋出路，自己创业。

(2) 机会的需要。很多的创业行为都出自对机会的青睐。为了一个新出现的商业机会，有的人不惜放弃眼前的利益而选择与机会同行。无论是微软的比尔·盖茨还是亚马逊的杰夫·贝佐斯(Jeff Bezos)，他们在机会面前宁愿放弃名校的学位或华尔街优厚的薪酬，而选择做一个创业者。他们的创业生涯也因对机会的及时把握而变得精彩纷呈。

(3) 成长的需要。根据美国耶鲁大学克雷顿·奥尔德弗(Clayton Alderfer)的需求理论，人们存在着三种核心需要，即生存的需要、相互关系的需要和成长的需要。尤其对年轻人来说，随着年龄的增长，他们对成长的需要会逐渐强烈。心理学研究表明：25～29岁是创造力最为活跃的时期，这个年龄段的青年正处于创造能力的觉醒时期，对创新和成就充满了渴望和憧憬。因此，这个时期的年轻人会寻求更丰富的人生经历，为证明个人的能力和价值而走上创业的道路。

## 4.1.2 创业动机

创业动机是指引起和维持个体从事创业活动，并使活动朝向某个目标发展的内在动力。创业动机是在创业需要的基础上产生的。从动机的角度看，创业被划分为推动型创业和拉动型创业①。推动型创业是指创业者对当前的现状不满，并受到了一些非创业者特征因素的推动而从事创业的行为。拉动型创业是指创业者在"新创一个企业"的想法以及"开始一个初创企业活动"的吸引下，由于创业者自身的个人特质和商业机会本身的吸引而产生的创业行为。在此研究基础上，2001年全球创业观察(GEM)报告最先提出了生存型创业和机会型创业的概念。生存型创业是指那些由于没有其他就业选择或对其他就业选择不满意而从事创业的创业活动。机会型创业是指那些为了追求一个商业机会而从事创业的创业活动。

由创业需要和创业动机构成的创业意愿是所有创业行为的起点。创业意愿越清晰、越强烈，创业行为就越理性、越执着。创业意愿是创业者走向成功的重要保证。

阅读下面的例子，并指出每个创业者的创业需要和创业动机是什么。

---

① 曾照英，王重鸣. 关于我国创业者创业动机的调查分析[J]. 科学管理研究，2009.

- 李娜大学毕业后在一家化工企业上班,业余时间喜欢做十字绣或为家人朋友设计服装。她对色彩很敏感,很愿意从事与服装相关的工作。而现在的工作的确与她的志趣相差甚远。思考再三后,她辞掉了化工厂的工作,租了个门面,办起了自己的服装加工店,专卖自己设计制作的衣服。用李娜的话说:"这样实现了自己对服装设计的爱好。"每次有客人光临,她都根据客人的具体情况,对其进行色彩和服饰的搭配,多数客人很满意,时间长了回头客也多了。李娜很享受这样的工作和生活状态。

- 张芳在大学时学的是市场营销专业,大学毕业后在一家公司从事销售。自从有了自己的孩子后,她就辞职在家做专职妈妈。当孩子3岁时,她萌生了开外语学习资料网店的念头。她觉得自己的孩子要学外语,那其他孩子也是一样的,家长们肯定对选择合适的教材很有需要。如果把那些不错的纸质教材、音像制品或者绘本书籍收集起来在网上出售,肯定能吸引不少孩子家长,这既满足了自己孩子的需求,也为他人寻找教材提供了方便。在准备了两个月后,张芳的外语学习资料网店开张了。她利用自己的营销知识,对大量的图书进行了细分,从年龄到科目,从内容到层次,她分门别类地对书籍和适用对象进行了介绍,为家长们购书提供了指导和便利。张芳的创业很成功,她的网店生意越来越好。

- 刘威是学地理的,但他天生对地理缺乏兴趣,而对个人的职业生涯发展问题津津乐道。于是,在大学期间他选修了心理学、社会学、人力资源管理等相关课程,课余时间还读了大量的心理学书籍。毕业时,他选择了人力资源工作。工作期间,发现本单位的员工以及亲朋好友在职业选择上有很多的困惑,于是他开始充当大家的免费顾问。这个角色使他很有成就感,渐渐地,他萌生了做职业咨询顾问的想法。终于,在积累了几年的经验后,他决定自己创业,注册了一家职业咨询公司。刘威说目前的运营状况不是很好,很多人不愿意花钱而是愿意找朋友解决自己的困惑。但他表示,他会继续往前走下去。

- 王平毕业于美术学院,受过良好的美学和创意训练。这样的学习经历也影响了他的生活方式。他喜欢自由的、有创意的、不循规蹈矩的生活。用王平的话说,如果规则太多,工作和生活都将因失去自由而变得毫无意义。为了追求工作和生活的自由,他和几个同学一起创办了一家视觉设计工作室。主要的业务是为有需求的企业提供标志设计、商标设计、企业形象设计、包装设计、海报设计以及电子画册设计。王平和他的伙伴们很享受这份由独立创业带来的自由感,创业不仅带给他们生活的保障,还使他们获得了掌控个人命运的自信。

## 4.2 自 我 认 识

老子在《道德经》中谈到"知人者智,自知者明"。李开复在《做最好的自己》一书中谈到:我们多数人都是在竭尽全力模仿他人的成功,忽视了自己的特点、潜质和兴趣,一次又一次地重复着"东施效颦"的闹剧。如果一个人迫于家长或社会的压力,将考试成绩、财富、名利当作自己终生奋斗的方向,那么,他所从事的多半不是自己真正喜欢的事情,他把这件事做好并因此而获得成绩、财富、名利的可能性也几乎为零。相反,那些追逐自己的兴趣、爱好,善于发现并发掘自身潜力的人更容易得到财富和名利的眷顾,因为他们所从事的是自己真正喜欢的事情,所以他们更加有动力、有激情将事情做到完美的状态。

对成功的创业者来说何尝不是这样呢?创业者在决定创业之前需要做很多的准备,其中一项重要的准备就是认识自己和发现自己。实际上,在"我想创业"与"我能创业"之间存在着很难跨越的鸿沟。只有当创业者对自己的性格、兴趣、能力和价值取向有一个全面的了解,并做好迎接挑战的准备后,他才有可能慢慢地跨越这道无形的鸿沟,去实现自己的创业梦想。

## 4.2.1 自我理论

历史上有不少学者探讨过自我(self)的概念。美国心理学之父威廉·詹姆斯(William James)最早在1890年提出,自我由主体自我和客体自我组成。他后来将客体自我继续分析,又将其分为物质自我(material self)、社会自我(social self)和精神自我(mental self)(Jonathon Brown,2004)。

很多年以后,美国著名心理学家罗杰斯(C. Rogers)重新唤起了人们对"自我"概念的兴趣。他把自我定义为人格的连续性、稳定性所赖以产生的最小单元。罗杰斯把自我概念划分为两个部分:实际自我(actual self)和理想自我(ideal self)。

美国心理学家约翰·拉夫特(John Luft)和哈里·因海姆(Harry Ingham)认为:人对自己的认识是一个不断探索的过程,因为每个人的自我都有四部分:公开的自我,盲目的自我,秘密的自我和未知的自我。美国社会学家查尔斯·霍顿·库利(Charles Horton Cooley)则提出了"镜中自我"(looking-glass self)的概念。

(1) 主体自我和客体自我。

主体自我,代表自我中积极地知觉、思考的部分,能感知、思维、感受和控制行为的自我,是对自己活动的觉察者。

客体自我,代表自我中被注意、思考或知觉的客体,作为感知、思维、感受和控制的对象的自我,实际代表了人们对于他们是谁以及他们是什么样的看法。例如"我认为我是个愿意付出努力做开创性工作的人",前一个"我"就是主体我,后一个"我"是客体我。

(2) 物质自我、社会自我和精神自我。

物质自我是由躯体自我和躯体外(超越躯体的)自我构成。躯体自我即生理自我,如身高、体重、外表等;躯体外自我,即我的所有物(possession),如我的孩子、财产、劳动成果、家乡等实体,为延伸自我,因为我们对其投入了关注、注入了情感,付出了努力,自然就成为自我心理的一部分。

社会自我,是我们被他人如何看待和承认,是个人对自己社会属性的意识,如社会地位、角色等。

精神自我,即心理自我,是个人对自己心理属性的意识,如能力、兴趣、需要、动机等。

(3) 现实自我、理想自我和镜中自我。

现实自我指个人在现实生活中获得的真实感觉,代表自己的目前状态,回答"我是一个什么样的人"。

理想自我则是个人对"应当是"或"必须是"的理想状态,回答"我想成为怎样的人""应该具备什么品格"等问题。当理想自我与现实自我一致时就会达到自我实现(self-actualization),两者差距过大并呈非调节性关系时就会出现心理问题。

库利认为,人们之间互为对方的镜子,可以通过他人对自己的认识和评价来了解自己。镜中自我,即个人认为的他人眼中的我,如"大家认为我是一个可靠的人"。它包含三个方面内容:关于他人如何认识自己的想象,关于他人如何评价自己的想象,自己对他人的这些认识和评价的情感。

(4) 公开我、秘密我、盲目我和未知我。

约翰·拉夫特和哈里·因海姆对自我概念的解释后来被简称为乔韩窗口(Johari Window)理论(如图4-1所示)。

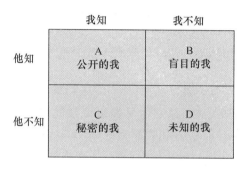

图4-1 乔韩窗口理论

A:公开的我,代表自我中我了解,他人也了解的部分,是透明真实的自我。例如个人基本信息。

B:盲目的我,代表了自我中我不了解,但他人了解的部分。例如:无意识动作、语言等。

C:秘密的我,代表了自我中我了解,但他人不了解的部分。例如惭愧的往事、内心的痛楚等。

D:未知的我,代表了自我中我不了解,他人亦不了解的部分。属于无意识部分,个人尚未开发的潜能、未知的欲望、动机等。

乔韩窗口理论认为:每个人这四部分的比例是不同的,而且会随着个人的成长及生活经历变迁而发生变化。当一个人自我的公开领域扩大,其生活会变得更真实,无论与人交往还是自处都会显得轻松愉快。当一个人盲目领域变小,对自我的认识会更清楚,在生活中也能更好地扬长避短,发挥自己的潜力。

大量研究表明,自我觉察能力越强、对自己了解越多,现实自我与理想自我越接近,自我开放度越大的个体,越能够根据自己的现实情况对事物做出正确的判断和理性的决策,进而创业成功的可能性也越大。

## 4.2.2 我与我的家庭

一个人的成长环境往往深刻地影响着一个人的性格以及行为方式。著名作家余华曾经说过:"任何一个人童年的经历都决定了他一生的方向,因为世界最初的图像就是在童年时来到一个人的印象中,街道什么样、天空什么样、河流什么样、农田什么样、房屋什么样,人的说话交往都是童年最初的世界的基本图像,就像复印机一样将图案复制到人的脑子里。即使他长大后远离故乡,从事别的工作,他对世界的基本图像也是不可能改变的。"这其中,家庭环境对人的影响是不容忽视的。一个人在原生家庭中经历到的各种关系,以及各种应付方式,对个人一生的影响最为重大。在这些家庭关系中,影响最为深远的又属童年至青少年时期(0~16岁)在家庭中所经历的关系。而这个时期的经历、思考、行为和感受都会一直影响着长大成人后的生活、工作和人际关际。

曾经一首诗是这样描写一个人与家庭环境的关系(Dorothy Law Nolte,1954):
批评中长大的孩子,责难他人。
敌意中长大的孩子,喜欢吵架。
恐惧中长大的孩子,常常忧虑。
嘲笑中长大的孩子,个性羞怯。
猜忌中长大的孩子,容易妒忌。
羞耻中长大的孩子,自觉有罪。
鼓励中长大的孩子,深具自信。
宽容中长大的孩子,能够忍耐。
称赞中长大的孩子,懂得感恩。
认可中长大的孩子,喜欢自己。
分享中长大的孩子,慷慨大方。
诚信中长大的孩子,理解真理。
公正中长大的孩子,极富正义。
尊重中长大的孩子,懂得尊敬。
信赖中长大的孩子,不但信任他人也信任自己。
友善中长大的孩子,不但爱他人也爱自己。

每个创业者都是带着从原生家庭习得的思维模式开始实现自己梦想的。他们从家庭里学来的尝试新事物、做理性决定、开放性思考方式以及忍耐、坚持、自信等积极的品格,都会在创业过程中起着重要作用。

### 4.2.3 职业价值观

职业心理学家埃德加·施恩(Edgar H. Schein)1978年开始在"职业动力论"研究中使用职业锚的概念,来帮助个体确立职业定位。职业锚是指个体反映出来用以指导、制约、整合其职业决策的价值观。它是个体对自己在成长过程中慢慢形成的态度、价值观与天赋的自我认知。它体现了个体"真实的自我"。职业锚决定个体会选择什么样的职业与什么类型的工作单位;决定个体是否会喜欢所从事的工作,是否会跳槽;决定个体在工作中是否有成就感。

埃德加·施恩根据多年的研究,提出了以下8种职业锚。

(1) 技术/职能型。技术/职能型的人追求在技术/职能领域的成长和技能的不断提高,以及应用这种技术/职能的机会。他们对自己的认可来自于他们的专业水平,他们喜欢面对专业领域的挑战。他们通常不喜欢从事一般的管理工作,因为这意味着他们不得不放弃在技术/职能领域的成就。

(2) 管理型。管理型的人追求并致力于工作晋升,倾心于全面管理,独立负责一个部分,可以跨部门整合其他人的努力成果。他们想去承担整体的责任,并将组织的成功与否看成自己的工作。具体的技术/职能工作仅仅被看作是通向更高、更全面管理层的必经之路。

(3) 自主/独立型。自主/独立型的人希望随心所欲安排自己的工作方式、工作习惯和生活方式。追求能施展个人能力的工作环境,最大限度地摆脱组织的限制和制约。他们宁愿放弃提升或工作发展机会,也不愿意放弃自由与独立。

(4) 安全/稳定型。安全/稳定型的人追求工作中的安全与稳定感。他们因为能够预测到稳定的将来而感到放松。他们关心财务安全,例如:退休金和退休计划。有时他们可以达到一个较高的职位,但他们并不关心具体的职位和具体的工作内容。

(5) 创业型。创业型的人希望用自己的能力去创建属于自己的公司或创建完全属于自己的产品(或服务),而且愿意去冒风险,并克服面临的障碍。他们想向世界证明公司是他们靠自己的努力创建的。他们可能正在别人的公司工作,但同时他们在学习并寻找机会。一旦时机成熟,他们便会走出去创立自己的事业。

(6) 服务型。服务型的人一直追求他们认可的核心价值,例如:帮助他人,改善人们的现状,通过新的产品消除疾病等。他们一直追寻这种机会。

(7) 挑战型。挑战型的人喜欢解决看上去无法解决的问题,战胜强硬的对手,克服无法克服的困难障碍等。对他们而言,参加工作或职业的原因是工作允许他们去战胜各种不可能。他们需要新奇、变化和困难。

(8) 生活型。生活型的人希望将生活的各个主要方面整合为一个整体,喜欢平衡个人的、家庭的和职业的需要。因此,生活型的人需要一个能够提供"足够弹性"的工作环境来实现这一目标。生活型的人甚至可以牺牲职业的一些方面,例如放弃职位的提升,来换取三者的平衡。他们在界定成功的含义时,远比职业成功更广泛。相对于具体的工作环境、工作内容,生活型的人更关注自己如何生活、在哪里居住、如何处理家庭事情及怎样自我提升等。

一般来说,创业型价值观的人最适合创业。这类人能够在创业过程感受快乐,他会把自己全部的精力倾注在自己创办的企业上。

请对自己的优势、劣势、机会和威胁进行综合的 SWOT 分析,并在此基础上判断自己属于哪种职业锚类型。如果你判断自己是创业型的人,那么你最突出的特点是什么?如果你判断自己不是创业型的人,请说一说你缺乏哪些关键的创业型特点?

表 4-1　自我的 SWOT 分析

| 自我 SWOT 分析 ||
| --- | --- |
| 优势(strengths) | 劣势(weaknesses) |
| 机会(opportunities) | 威胁(threats) |

## 4.3 培养高自我效能感

自我效能感是心理学家班杜拉(Albert Bandura)提出的一个概念,是指一个人对能成功地执行任何特定行动任务的期待。换句话说,自我效能感指个体能成功地执行特定情境要求的行为的信念。哈佛大学管理学教授研究了20年的哈佛大学MBA的毕业生,发现少数学生极其成功,有很大的影响力,无论在组织里还是社会上,都做得极其好。其原因是他们真的相信自己能够做好,有目的、有动力。他们总是认为,我会做到,我能成功。开办小企业,肯定有很多挫败的经历,作为创办者就要很好地看待挫折的经历。具有高自我效能感的创业者能够理性地分析问题的原因,并从经验中不断学习。而低自我效能感的创业者则会认为是自己没有能力创业,并会在多次挫败后放弃,甚至认为自己无能。其实,关键是自己如何看待自己。如果你把自己想象成可以成功的人,就会在头脑中勾勒出一幅成功的景象,并能够想象出成功的过程和结果,于是就会做出努力,成功的可能性就会大大提高。自我效能感对人的影响主要表现在以下几方面。

(1) 自我效能感影响人的行为取向与任务难度的选择。

在社会生活中,人们做什么或不做什么,往往受制于个体的效能判断,往往选择自己觉得能够胜任和有信心完成的任务,而避开那些他们认为超出自己能力的任务。人们在某一方面的自我效能感越强,就越倾向于选择这方面的任务去完成,其行为成功的可能性也就越大,反之人们则会避开这些任务。与此同时,自我效能感也制约着对任务难度的选择。自我效能感高的个体,有较强的自信,倾向于选择既适合自己能力水平,又具有较大挑战性和难度的活动任务,而自我效能感低的个体,则倾向于选择容易完成的活动任务。

杉杉集团董事长郑永刚曾这样评价自己:"我的成功很大程度上得益于自信,我从来没有认为同一件事别人能做到我不能做,除非是科研,这需要专业技术人才,其他事我都是从不服输的。"他称自己对服装不是内行,但对当一家服装企业的老总则是内行。

某大学生村干部,大学时学的是制药专业,利用自己的专业优势,结合当地的气候条件,带领全村人通过种植中草药走上致富的道路,这也是基于自己的长项和自我肯定做出的选择。

(2) 自我效能感影响人们行为的努力程度与坚持性。

自我效能感高的个体,在任务完成中更加投入,花费更多的时间,付出更大的努力,而且面对挑战与挫折,具有坚强的意志力,坚持不懈,努力完成任务。

(3) 自我效能感影响个体思维方式和情绪反应。

自我效能感低的个体,在任务完成中过多地考虑个人的缺陷与能力不足,这种信念会削弱他们对自己所拥有能力的发挥力度,从而影响任务的完成质量。相反,自我效能感强的人,在任务完成中,精力充沛、思维活跃,能够充分认识和估价任务的性质和所遇到的困难,对信息进行深层加工,积极寻求解决问题的办法,很少受紧张、焦虑等消极情绪的困扰。

在创业过程中,高自我效能有助于克服挫败感,促使创业者积极地寻找解决问题的办法,也有助于鼓舞团队的士气,形成积极向上的企业文化。高自我效能与具体从事的领域有关,可以通过有意识的训练或他人积极的反馈得以提高,而且总有提升的空间。作为创业者来说,他们在选择创业生涯之际也应该客观地估计自己作为一个创业者需要在哪些方面提升自我效能。

请评估自己在以下方面的信心水平,并思考可提高的办法和途径(五级评分标准,1分代表不自信,2分代表有些自信,3分代表自信,4分代表非常自信,5分代表完全自信)。

表 4-2 评估自己的信心水平

| | 1 | 2 | 3 | 4 | 5 | 目前的信心水平 | 提高的办法和途径 |
|---|---|---|---|---|---|---|---|
| 创新能力 | | | | | | | |
| 沟通能力 | | | | | | | |
| 组织水平 | | | | | | | |
| 执行力 | | | | | | | |
| 抗压能力 | | | | | | | |

## 4.4 创新能力

创新的英文单词是"innovation",起源于拉丁语,它有三层意思:更新,创造新的东西,改变。创新能力是一个人(或群体)通过创新活动、创新行为而获得创新成果的能力,是一个人(或群体)在创新活动中所具有的提出问题、分析问题和解决问题这三种能力的总和。创新能力主要是以"个性品质"为动力,以"创新思维"为核心体现于社会实践中的综合能力。创新思维是不受现成的、常规思路的约束,寻求全新而独特的解答问题的方法和思维过程。创新思维是创新能力的核心因素。

### 4.4.1 创新个性品质

个性品质是指人的心理素质,它是在一个人生理素质的基础上,在一定的社会历史条件下,通过社会实践活动发展起来的。所谓创新个性品质,是创新者在进行创新活动中,在情感、意志等非智力因素方面表现出来的素质。一个成功的创新者需要具备以下个性品质。

(1) 保持热情、不言放弃。

一位哲学家曾说过：任何人都会有热情，所不同的是，有的人热情只能保持 30 分钟，有的人热情能保持 30 天，但一个成功的人能让热情保持 30 年。由此可见，坚忍的意志和毅力是创新者从事创新活动必备的个性心理素质，是维系创新活动成功的心理保证。

(2) 充满好奇。

好奇心是个体遇到新奇事物或处在新的外界条件下所产生的注意、操作、提问的心理倾向。好奇心是个体学习的内在动机之一，个体寻求知识的动力，是创造性人才的重要特征。

(3) 敢于挑战权威。

大多数人比较崇尚权威，认为权威代表可靠、可信、科学。但权威仅仅代表在某个时期的可靠性。对于创新者来说，他们在尊重权威的同时也会理性地克制对权威的盲目崇拜，敢于向权威质疑，展现创新的勇气。

## 4.4.2 创新力的来源

以熟悉的眼光看陌生的事物，再以陌生的眼光看熟悉的事物，会产生意想不到的效果。那么到底是什么导致了不同，导致了创新，创新力来源于哪里？应该说，观察、想象、动手设计、趋势判断——这些都是重要的创新来源。

(1) 观察。

意外事件是世界上很多著名创新发现的来源。举例来说，万豪国际饭店公司（Marriott International，Ltd.）起源于 20 世纪 20 年代。最初的万豪还只是一家餐饮连锁公司。当时，万豪的管理者注意到，他们在华盛顿特区的一家餐馆生意特别好。经过调查他们发现，这家餐馆对面是一座机场，当时航班不提供餐饮，很多乘客会到餐馆买些快餐带到飞机上。这个意外的发现促使万豪开始尝试与航空公司合作，于是航空餐饮由此诞生。

近年来，当人们提到特斯拉这个名字时都会立刻想到埃隆·马斯克（Elon Musk）。但是，人们不应该忘记，马丁·艾伯哈德（Martin Eberhard）这位资深车迷和环境保护论者才是特斯拉的最初创始人。早在 21 世纪初，马丁·艾伯哈德在寻找创业项目时发现，在美国社区的私家车道上会同时停放着丰田混合动力汽车普锐斯（Toyota Prius）以及某些品牌的超级跑车。他意识到，这些人不是为了省油才买普锐斯，而是在表达一种环保的生活理念。这个意外的发现使他有了将跑车和新能源结合在一起的想法，而潜在顾客就是这群有环保意识的高收入人士和社会名流。于是极具创新概念的特斯拉诞生了。

意外事件往往因为改变了周围的变量因素，而让某种新的理论新的事物展现出来，如果能够抓住它就可以走上创新之路。

(2) 想象。

爱因斯坦曾有过这样的想象："如果我能以光速追寻一条光线运动，那么我就应看到，这样一条光线就好像是在空间里振荡而停止不前的电磁场。"爱因斯坦正是凭着这种超人的想象力创立了他的"相对论"。

很多科学发现与发明都是"想象"的功劳，蒸汽机的发明就是缘于瓦特通过思考"蒸汽为什么能把壶盖顶起来"的问题,开创了蒸汽机时代;由于莱特兄弟的幻想人能否长上翅膀,像鸟一样在天空中飞翔,从而使得人类飞上了蓝天。

(3) 动手设计。

创造性的想象最终要通过设计和动手来验证和实现。要学会将创新构思方案通过文字、图纸等形式表现出来。任何创新成果都必须以实物、模型的形式展示出来,无论构思如何新颖、独特、奇巧,也只能是一种设想,因为创新设计方案及图纸最终要通过做出的实物在实际中去检验才能被证实是否可行。

(4) 趋势判断。

趋势代表着事物发展的动向。捕捉趋势变化的信号是获得创新想法的关键。在现实中我们会发现很多由趋势变化带来的机会。比如近年来金融技术创新主要集中在移动支付上,但替代性借贷方案,尤其是 P2P 借贷平台已经成为领先的金融创新趋势之一。与传统方式相比,P2P 的灵活快速、低成本、方便客户等优势必将驱动 P2P 继续向各类垂直市场拓展,互联网金融领域正呈现出新机会。再比如,2016 年 3 月令全球瞩目的"人机大战",使人们从智能机器阿尔法狗(Alpha Go)与韩国围棋高手李世石的较量中看到了人工智能技术的巨大能量以及智能时代即将来临的大趋势。在比赛开始之前,大多数人坚信人会战胜机器,但最终阿尔法狗胜出,这给未来的人工智能领域带来无限的遐想和机会。人们想到了无人驾驶的智能汽车;会收拾房间的智能保姆;远程为病人开处方的智能医生以基于神经网络的智能翻译……这些机会都来自对趋势的判断,趋势中蕴含着无数多创新想法和市场机会。

请查阅资料,了解这些产品是如何创造出来的。

表 4-3　这些产品的创造方法

| 婴儿纸尿裤 | |
| --- | --- |
| 电苍蝇拍 | |
| 便利贴 | |
| 移动硬盘 | |
| 胶带 | |

## 4.5　领　导　力

很多年前,著名的领导力大师沃伦·本尼斯(Warren Bennis)曾说过:"绝大多数组织都被管理过度却领导不足。"后来,通用电气公司前董事长兼 CEO 杰克·韦尔奇(Jack Welch)

也曾大声疾呼:"别沉溺于管理了,快领导吧。"他们的声音,唤醒了企业界沉睡的领导意识,"少管理,多领导"的理念开始在企业间传播。我们看到,今天的企业正从关注管理能力向关注领导力转变。那么,什么是领导力呢?

## 4.5.1 什么是领导力

领导力就是通过一系列的行为,激励团队成员去完成既定任务的能力。或者我们可以这样去理解:领导力就是领导者的个体素质、思维方式、实践经验以及领导方法的综合体现,是影响别人的能力。一个有领导力的人,他可以将不同身份、背景和技能的人整合在一起,并通过这些人来完成极具挑战的任务。很多成功人士身上都具备这种重要的领导力。

在史玉柱二次创业初期的很长一段时间里,身边的人连工资都没得领。但是有4个人始终不离不弃,他们就是史玉柱大学时期的"兄弟"陈国、费拥军、刘伟和程晨。后来他们被称为4个火枪手。马云创业的时候,初期的50万元是18名员工一起凑出来的,9年过去后,这18个人中没有一个人从阿里巴巴流失。从创业的第一天起,马云就宣称,阿里巴巴会成为最伟大的电子商务公司,他也让部将们相信,公司上市时,会得到更多。

史玉柱和马云能让他们的核心成员在企业遭遇巨大困境时都不离不弃,始终追随,靠的就是卓越的领导力。提出大家都认同的愿景,并使用有效的激励手段,这就是他们领导力发挥作用的重要杠杆。北京大学中国战略研究中心研究员刘澜在《管理十律》一书中将领导力概括为八项修炼:密切联系群众、讲故事、当老师、从失败中学习、反思、深思、认识自己、成为自己。领导力不是天生的品质,不是生下来就有的胎记,领导力主要是后天的修炼,是许多看似平常却难以坚持的日常行为。

## 4.5.2 具有领导力的领导者

创业者自创建企业的第一天开始就注定成为企业的管理者,但是他们不一定是一个具有领导力的领导者。在管理者与领导者之间是存在着一定的差别的。管理者通常都是被任命的,他们拥有权力进行奖励和惩罚。其影响力来自于他们所在的职位,即不同的职位赋予管理者不同的权力。但当职位消失时,权力也不复存在。而领导者则不同,他们不一定是管理者,他们可以是一个群体中自然产生出来的具有感召力的个体。领导者对他人的影响力不是来自于职位所赋予的权力,而是来自于自身的人格魅力和特殊的才华。因此,领导者不一定是管理者,但管理者应该努力成为领导者。一般来说,具有领导力的领导者会具有以下的特征。

(1) 拥有愿景。

愿景是人们所向往的前景,是在使命的感召下绘制的一幅未来蓝图。领导者的行为是以实现使命为导向而不是以获取权力为导向的。因此,他们会为长远的愿景而不是眼前的官职去努力。他们会向组织的成员描绘其愿景,并努力获得成员的认同,一起为实现愿景去拼搏。

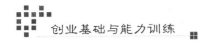

(2) 富有激情。

激情是一种强烈的情感,它表现为领导者对未来愿景执着的向往和积极的追求。这种情感具有传染性和感染力,当领导者向团队成员描述愿景蓝图时,领导者所富有的激情也会深深地感染这些成员,从而促使他们成为坚定的跟随者。激情是伟大的领导者所必备的素质,对形成领导者的感召力有着重要的影响作用。

(3) 具有影响力。

影响力是促使他人在想法和行动上发生改变的能力。领导者的影响力不同于管理者的影响力。对管理者来说,他们的影响力可能来自于职位所赋予的权力,具有强制性或不可抗性。而领导者的影响力则来源于其自身的人格魅力和特殊才华,属于非权力性的影响力。构成非权力性影响力的要素主要包括:品格因素、才能因素、知识因素和情感因素。具有强大感召性的影响力一定是建立在领导者与被领导者互信基础之上的,是产生领导力的先决条件。在群体中,一个没有影响力的人,也不可能具备领导力。

(4) 积极沟通。

沟通是人与人之间思想和信息的交换,是把团队成员联系在一起以实现共同目标的手段。领导者与成员之间的沟通有助于传播积极的态度,建立信任的关系,并促成团队士气的提升。沟通之所以非常重要是因为在企业的经营中问题最大的环节不是资金,也不是技术而是人,人是最难管理的环节。人不是简单的螺丝钉,把它安在机器上就能保证机器的运转。人是有思想、有意志的,在工作中,人心可以支配每个个体去说"Yes"和"No"。因此,工作的结果和成就的大小最终不取决于计划、程序或命令本身,而取决于人心的选择。只有有效的沟通才能促成人心做出积极的选择。因此,一个具有领导力的领导者会通过积极的沟通与他人和谐相处,去创建融洽的工作环境,这是愿景目标得以实现的保证。

(5) 相信团队力量。

具有领导力的领导者一定是对团队有着充分认识的人。他们相信,团队的力量是个人力量的凝聚。如果团队是一根结实的粗绳,那么团队中的每个成员就是拧成粗绳的细纱。粗绳的承重能力完全取决于每根细纱的贡献。随着经济环境的日益复杂,在商业竞争中个体展现个人英雄主义并取得成功的可能性越来越小,而团队合作才是保证企业成功的重要力量。对企业而言,其目标的实现完全基于团队成员的承诺以及他们为承诺所做的努力。因此,出色的领导者会尊重和善待每一个个体,信任他们,给他们以富有挑战性的任务,并帮助他们拓展个人发展空间。领导者知道,只有个人的成长才能带来团队力量的壮大,这是成功的重要法则。

### 4.5.3 领导方式与领导力

领导力在很大程度上是一种影响力,它可以通过创业者不同的领导方式展现出来。领导方式是带有较强个性化色彩的领导者行为模式。领导者在对别人施加影响时,会采用不同的行为模式来达到目的。不同的领导方式凝练不同的工作氛围或组织文化,并因此对团队成员和组织的工作效率产生深远的影响。

心理学家费德勒(F. Fiedler)将领导方式分为两类,即"员工导向型"和"工作导向型"领导方式。前者以维持良好的人际关系为其主要需要,而以完成任务之需要为辅。后者则以完成任务为其主要需求,而以维护良好的人际关系之需求为辅。费德勒认为,一个领导者无论他采取何种领导方式,其最终目的都是为了获取最大的领导效能。要想取得理想的领导效能,必须使一定的领导方式和与之相适应的领导情势相配合。领导情势就是发生领导行为所处的人际环境。

在现实的商业活动中,领导者主要承担两方面的责任:其一是任务责任,目的是保证工作的顺利完成。其二是人员责任,目的是维系员工的工作士气。优秀的领导者会在这两种责任之间寻找平衡。了解领导方式的内容有助于创业者积极地施展其领导力,成为更有效的领导者。

**做老板简单 做领袖难**

2008年11月,《全球商业》对长江实业集团主席李嘉诚先生进行了一次专访。下面这段文字是对李嘉诚先生访谈的摘录。请你思考一下企业老板和商业领袖之间有哪些不同,并在下面的表格中列出这些不同点。

"我常常问我自己,你是想当团队的老板,还是一个团队的领袖?一般而言,做老板简单得多,你的权力主要来自你的地位,这可能是上天的缘分或凭着你的努力和专业知识。做领袖就比较复杂,你的力量源自人性的魅力和号召力。做一个成功的管理者,态度与能力一样重要。领袖领导众人,促动别人自觉甘心卖力;老板只懂支配众人,让别人感到渺小。"

表4-4 企业老板与商业领袖的区别

|  | 企业老板 | 商业领袖 |
| --- | --- | --- |
| 1 |  |  |
| 2 |  |  |
| 3 |  |  |
| 4 |  |  |
| 5 |  |  |
| 6 |  |  |
| 7 |  |  |
| 8 |  |  |
| 9 |  |  |
| 10 |  |  |

## 4.6 风险承受

创业风险是指在创业过程中,发生损失的可能性和不确定性。风险是创业者必须面对的问题。创业者既要有降低风险的智慧,又要有敢于承担风险的勇气。如果缺乏冒险精神,势必错失良机。反之,若能科学预测,做好充分准备,防范风险,并敢于承担风险,是有可能获得巨大成功的。

### 4.6.1 创业初期可能遇到的风险

(1) 项目选择失误的风险。

对创业者来说,创业的第一个环节就是选择自己的创业领域和创业项目。创业项目的选择不仅基于个人的兴趣和技能,还要依赖对市场需求的分析和行业趋势的判断。因此,创业者一定要有前期周密的市场调查,在了解市场行情的前提下做出决策。但很多创业新手常常凭借个人的热情,单纯从自己的想象出发去选择项目,这势必加大失败的风险概率。

(2) 因技能和资源的缺乏而引发的风险。

创业初期,创业者可能会面临一系列的风险考验。一方面,由于缺乏必要的专业技能和实践经验,当创业计划进入实际操作阶段时,创业者才发现自己不具备应对挑战的能力。另一方面,企业的创建、产品的推广、市场的开拓都需要大量的资金、技术、设备以及社会资源的支持,而实力薄弱的创业者可能会因缺乏这些必要的资源而使刚刚起步的事业遭受重创。

(3) 管理风险。

企业的初创者可能在技术研发方面具有很强的能力和自信,但是在把技术产品化和市场化的过程中,他们因缺乏财务管理、市场营销和企业管理的知识,而在企业经营方面遇到问题和困扰。比如行业信息不畅、市场定位不清晰、经营模式缺乏创新、人力资源制度不健全、组织结构不合理、利益短期化,等等。这些管理上的问题和缺憾往往为企业后来的失败埋下伏笔,从而成为企业无法回避的风险。

(4) 核心竞争力缺乏带来的风险。

竞争是企业最基本的生存状态。而核心竞争力是保证企业长期生存和持续发展的重要力量。企业在创业初期,其核心竞争力可能不是最重要的问题。但是企业若追求长远发展而又没有核心竞争力的话,它终究会被市场淘汰。苹果公司之所以成为全球智能电子产品的先行者,就在于不断创新,始终保持技术和产品的核心竞争力。因此,对初创企业来说,它们很难规避因缺乏核心竞争力而带来的风险,这也是大部分初创企业在3—5年内逐渐消失的原因。

(5) 核心成员流失风险。

创业团队是企业诞生和成长过程中的核心人力资本。一支优秀的创业团队是初创企业迅速成长的保证。然而在企业发展过程中,创业团队的核心成员在关键问题上可能无法达成一致意见,这就可能对企业的稳定发展构成威胁。其结果是,由于个体价值观的不同、对问题的看法不同或利益分配不均等问题而导致核心成员分道扬镳,离开企业。这种关键人物的流失风险常常引发企业败局的开始。

### 4.6.2 风险承担者类型

无论在金融投资市场还是在实体经济领域,投资人都会面临一个问题:我能承受多大的风险?收益永远伴随着风险,而高收益一般只属于充满智慧且愿意承担较大风险的投资人。换个角度去理解,高收益就是市场对投资人承担风险的勇敢行为的奖赏。然而,市场并不会随意地青睐那些盲目勇敢的风险承担者,在市场面前,这些人被称作无谓的牺牲者。市场中的投资人形形色色,按照他们对待投资风险的态度差异,大体可分为三个类型:

(1) 主动的风险承担者。

主动的风险承担者对市场风险具有较高的预测和判别能力。他们会利用专业知识或行业信息对市场中存在的投资风险进行分类,并愿意主动地承担其中某类风险。

(2) 被动的风险承担者。

被动的风险承担者通常只了解自身准备承担的风险程度,但他们缺乏投资理财的知识和经验,对投资工具了解不充分,没有能力对市场中存在的不同投资风险进行分类。不愿意主动地承担投资风险。

(3) 盲目的风险承担者。

盲目的风险承担者通常对投资风险缺乏明确认识,既不了解其中的类别,也没有能力对其进行定量分析。他们只着眼于追逐投资收益,而割裂了风险与收益之间的关系。他们的投资行为充斥着盲目性和投机性。

对创业者来说,当他们做出创业的选择时,他们已经有意识地去准备承担风险了。但是,准备去承担风险与已经做好了承担风险的准备还是不一样的。后者的行为会多一些理性的成分和专业的保障,这会使创业者的投资行为更从容,从而更可能走向成功。创业者要做的是成为一个积极的风险承担者。

### 4.6.3 如何提高风险承受力

创业者不是生来就有足够的勇气成为一个勇敢的风险承担者。从普通人到创业者,其勇气和能力是通过后天的训练获得的。同样,一个人的风险承受力也是在不断的经历和尝试中得到提升的。创业者的风险承受力可通过下列的尝试得以提高。

(1) 走出"舒适区"。

舒适区(Comfort Zone)是指一个人所表现的心理状态和习惯性的行为模式,人会在这种状态或模式中感到舒适,并且没有危机感。人们都喜欢工作和生活中的这种平衡状态,这是人的天性使然。但是,所有的舒适区都是暂时的静态平衡,它要受外界环境变化的影响。当环境发生改变时,舒适区所带来的安全感就会消失。对于创业者来说,尝试着走出舒适区可以帮助他们提高承受风险的能力。走出舒适区会增加人的焦虑程度,从而产生应激反应,其结果反而会使个人在环境的变化中找到动态的平衡。

(2) 客观地评估风险。

对创业者来说,风险意味着不确定性,而不确定性的根源在于变化。因此,创业者对市场、需求、产品、资金、技术和商业模式所做的一切评估,都是为了正确地分析变化,从而最大限度地把握风险的尺度。这是他们对风险做出的理性反应。客观地评估风险可以帮助创业者更清楚地认识风险,熟悉风险,从而不惧怕风险,甚至接受风险,创业者对风险的承受力也由此而逐渐得到提升。

(3) 积极尝试适度的风险。

积极尝试适度的风险对创业者有两个好处:其一,适度风险可能带来适度利润,这会增加创业者对风险的偏好程度,从而减少对风险的恐惧感。其二,适度的风险有助于创业者提高风险评估能力,从而增强他们应对风险的信心。因此,尝试适度风险会帮助创业者获得成功的自信,进而提高他们对风险的承受力。

(4) 快速适应变化。

当创业者能够快速地适应环境的变化,并对创业行为做出积极的调整时,他们生存的安全系数就会增加,风险系数就会减小。在大鱼吃小鱼的传统环境下,小鱼必须防范来自大鱼的吞吃风险。而现在的商业环境发生了巨大的变化,快鱼吃慢鱼已经成为市场的主要特征。因此,在速度主宰输赢的环境下,无论是大鱼还是小鱼,只有快速地适应变化才能不畏风险,成为市场中的强者。

(5) 积极地看待风险。

与一般行政决策不同的是,风险决策可能因冒险行为的成功而使决策人获得丰厚的利润回报。因此,承担风险不一定意味着失败,很可能会收获惊喜。积极地看待风险,这有助于创业者提高风险的承受能力。

## 4.7 抗挫折力

在创业过程中,面对复杂多变的不确定因素,创业者常常遭受重创。可以说,一个人只要有追求,有欲望,有需求,就会有失败,有失望,有失落,就会有挫折。如何积极地面对挫折并提高抗挫折力,这是每一个准备迎接挑战的创业者所需要思考的问题。

### 4.7.1 挫折的产生

挫折是指人们在有目的的活动中,遇到无法克服或自以为无法克服的障碍或干扰,使其需要或动机不能得到满足而产生的失落感。

美国心理学家卡尔·兰塞姆桑·罗杰斯(Carl Ransom Rogers)认为,个体有现实需要也有获得积极关注的需要。积极关注的需要是需要别人对自己的肯定、看重、认可和喜爱等。此外,个体本身也有一种自我关注的需要,就是个体有认定自己是有价值、有能力,值得看重、值得自爱的需要,即认可自己的需要。如果个体不能满足自己的现实需要,也得不到别人的关注时,其希望获得他人积极关注的需要就得不到满足,这往往导致不认可自己,从而导致自我关注的需要也得不到满足,于是挫折感自然产生。

例如王珂自己经营一家网络公司,他手下很多骨干员工的学历背景都很厉害。有的是获得国外大学文凭的海归,有的是国内名校的毕业生。虽然王珂的背景也不逊色,但手下的这些精英傲气十足,经常不把他这个领导放在眼里。员工的做法使得王珂很没面子,他特别想辞掉那些有着耀眼光环却不懂得尊重别人的员工。可是,现实不允许他这样做,因为他一时间无法找到高水平人才作为替代。因此,王珂内心很不舒服,这种现状让他很有挫折感。

换一种情形来看,个体的现实需要虽然无法得到满足,但如果能得到别人的关注,会使个体在他人积极关注方面的需要得到满足,进而使得个体认可自己,从而自我关注的需要得到满足,积极的情绪产生。

### 4.7.2 挫折导致的结果

在复杂的现实生活中,每个人都会遇到这样或那样的困难,因此,挫折应该是生活的常态。当挫折出现时,它可能带来三种结果。

(1) 挫折—攻击

1939年,耶鲁大学心理学家多拉德(John Dollard)、米勒(Neal E. Miller)等五人在《挫折与攻击》一书中首次提出了"挫折—攻击"假说。其主要观点是:"攻击行为的发生总是以挫折的存在为先决条件。反之,挫折的存在也总是导致某种形式的攻击。"也就是说,他们把挫折和攻击看成是一一对应的关系。

(2) 挫折—倒退

"挫折—倒退"理论最先由巴克(Roger Garlock Barker)等人提出。他们认为,挫折会引起行为的倒退,出现与其年龄不相称的幼稚举动。挫折反应也会干扰正在进行的行为,或导致动机的变化,从而使个体有目的的行为受到妨碍,无法进行下去。

(3) 挫折—奋进

"挫折—奋进"理论也称挫折效应理论,是由美国心理学家阿姆塞尔(A. Amsel)提出的。根据阿姆塞尔对挫折的界定,挫折是当有机体在先体验到奖赏后又体验到无奖赏时所出现的情况。"挫折—奋进"理论认为挫折有可能会引起活动效率的提高。这一理论与以往理论不同的是,它看到了挫折有可能产生积极效应的一面。

不同的人在同一情境中遭遇相同的挫折时会有不同的态度反应和行为结果。这不仅因为每个人在性格特征和生活经历方面有所不同,还因为每个人认识挫折的程度和看待挫折的角度有着很大的差异。只有正面地看待挫折,并以积极的态度对待挫折的人才能从挫折中走出来,成为抵抗住挫折的人,而不是挫折的俘虏。

### 4.7.3 增强挫折的承受力

增强挫折的承受能力可以有很多的方法,对于不愿被挫折打垮的创业者,他们可以尝试下列做法来提高自己的抗挫能力。

(1) 建立积极的认识。

个体对挫折的反应和承受能力不仅取决于挫折情境本身,更重要的是取决于其对挫折的认识。挫折具有两面性的特点。一方面对人有消极的影响,如挫折会影响个体实现目标的积极性,降低个体的创造性思维水平,损害个体的身心健康。另一方面也有积极的作用,如挫折能增强个体情绪反应的力量,增强个体的容忍力,提高个体对挫折的认识水平。因此,辩证地看待挫折的两面性,对挫折做出积极的解释,并从中获得积极的意义,变不利因素为有利因素,化消极因素为积极因素,促使挫折向积极方面转化。

(2) 挖掘自身优质资源。

积极心理学的积极预防理念认为:对挫折的有效预防来自于个体内部的各项塑造能力,而不是依靠外在的力量进行修补。人类自身存在着可以抵御各类心理压力或精神疾病的力量,如勇气、关注未来、乐观主义、诚实、毅力等,而预防的主要任务就是在自己身上发现并提升这些品质。由此可见,在培养抗挫折能力时,还应把关注点放在对个体自身的积极品质的挖掘上。个体一旦能够善于关注自身的优秀品质,而忽视或渐渐忘却自身的不利时,他就会有效地预防挫折的发生。

(3) 主动寻求社会支持。

社会支持(Social Support)是人们获得社会资源的过程,用来增强个人资源以满足需要、达成目标。社会支持可以通过增加个体的适应性应对行为来缓冲压力事件的消极影响,对个体起到保护作用。这种缓解作用通常是通过人的内部认知系统来达成的。心理学家科恩(S. Cohen)认为,当个体体验到一定的社会支持,他就会低估压力事件的严重性。社会支持可以通过提供问题的解决措施来缓解压力事件造成的不良影响。对创业者而言,面对创业中的挫折,单凭个人或几个人的力量可能很难开创新局面,他们不妨尝试着去寻求外界的支持来攻克难关。

(4) 培养积极的归因风格。

归因(Attribution)即归结行为的原因,指根据相关的外部信息或线索对引发人的内心状态或外部行为的原因进行推测的过程。美国心理学家马丁·塞利格曼(Martin E. P. Seligman)是积极心理学(Positive psychology)之先驱。他倡导一种"弹性乐观"(Flexible optimism)的态度去面对事物而让自己受惠。这种态度有助于人们分辨所有情况的正面效应,以及抉择所产生的负面后果。他认为,当个体在面临失败和挫折时,不是将其归咎于外部力量就是归咎于自己。他将归因风格分为"悲观型归因风格"和"乐观型归因风格"。"悲观型归因风格"的人会把失败和挫折归咎于长期的或永久的因素,归咎于自己,并认为这种失败和挫折会影响到自己所做的其他事情;而"乐观型归因风格"的人则认为失败和挫折是暂时的,是特定性的情景事件,是由外部原因引起的,而且这种失败和挫折只限于此时此地。

根据塞利格曼的积极心理学理论,只有那些具有积极观念的人才能有更佳的社会适应能力。他们能更轻松地面对压力、逆境和损失,即使面临最不利的社会环境,他们也能应付自如。从这个角度来看,积极的态度是帮助受挫者快速走出挫折阴影的正能量。

## 课堂思考 ⑥

请看下面一则故事,结合应对挫折的方法,想想故事中的驴子用了什么办法救了自己。

一天,一个农民的驴子掉到了枯井里。那可怜的驴子在井里凄惨地叫了好几个钟头,农民在井口急得团团转,就是没办法把它救起来。最后,他断然认定:驴子已经老了,这口枯井也该填起来了,不值得花这么大的精力去救驴子。

农民把所有的邻居都请来帮他填井。大家抓起铁锹,开始往井里填土。驴子很快就意识到发生了什么事。起初,它只是在井里恐慌地大声哭叫,不一会儿,令大家都很不解的是,它居然安静下来。几锹土过后,农民终于忍不住朝井下看,眼前的情景让他惊呆了。对每一铲砸到它背上的土,驴子都做了出人意料的处理:迅速地抖落下来,然后狠狠地用脚踩紧。就这样,没过多久,驴子竟把自己升到了井口。它纵身跳了出来,快步跑开了。在场的每一个人都惊诧不已。

在创业的道路上,各种各样的困难和挫折会像土块一般落到创业者的头上。要想从枯井的桎梏中脱身而出,办法只有一个,那就是:将困难踩在脚下。对那些勇敢者来说,他们遇到的每一个困难,每一次失败,其实都是一块垫脚石,越踩越坚实。

## 案例讨论

### 案例一:创新源于挫折?

创新的灵感究竟源自何处?这无疑是一个让每个企业都挠头不已的问题。或许你已经听惯了各式各样的成功者将创新的关键归于对消费者需求的满足,但它们并不那么显而易见,即使是消费者,往往也不能给出直接清晰的描绘。那么应该如何去寻找和发现这些"不可名状"的消费者需求呢?

在 2009 年 5 月举行的麻省理工学院(MIT)创业大赛颁奖礼上,冠军得主是美国 Ksplice 科技公司的首席运营官瓦辛·达哈。实际上,Ksplice 的成功竟然是源自创始人杰夫·阿诺德一次悲惨的个人经历。

2006 年,还在 MIT 攻读硕士学位的阿诺德,同时也是学校网络服务器的维护员。他本打算在某个周六的深夜重启服务器以完成系统安全更新。但还没来得及等到那一天,服务器就因安全漏洞受到攻击而全面瘫痪。阿诺德不得不重装系统和所有软件,这花费了他大量的时间,也给服务器的用户们造成了极大的不便。此后,阿诺德便以如何能够在不重启的情况下完成系统安全更新为题完成了自己的硕士学位论文。

毕业后,他与瓦辛·达哈等人共同创立了 Ksplice 公司,继续开发基于 Linux 操作系统的免重启更新软件。自 2008 年 2 月以来,阿诺德的这一技术已成功帮助母校完成了两项重要的服务器安全升级,其中一项的月点击量超过 3700 万。下一步,他们将研究如何使这一技术应用于微软、苹果的操作系统以及其他应用软件升级中。这样,Ksplice 就有望将这一技术直接授权给软件提供商,以帮助他们改善用户体验。

阿诺德从那次系统瘫痪的悲惨经历中所得到的最大收获便是那些与他有着同样需求的用户的真实焦虑。甚至直到 Ksplice 成功之后,人们才发现,早在 2002 年微软就注册了与之类似的技术专利，但却一直未加重视，结果反被 Ksplice 这样的小公司捷足先登。

其实，像阿诺德这样，从使用产品或服务所带来的挫折感中体悟到创新灵感的发明者并不在少数。美国雅培公司的机械工程师戴蒙·德哈特在为自家草坪除草时发现，每年秋天落叶时节，割草机的集草袋总是不太够用，他每割不到十平方米就要清空一次集草袋。尽管当时市面上也有装配更大容量集草袋的割草机，但仅为了每年秋天的那几个星期去新买一台大容量且价格昂贵的割草机，对于大多数消费者来说，都不是一笔划算的买卖。于是，在经过两年的研究后，他发明了一种能够扩容的集草袋，只要将它安装在割草机上就能随意调节集草袋的大小。

而另一位美国妇女玛丽·希恩在成功荣升为两个孩子的母亲后发现，自己原先购买的婴儿车无法同时容纳两个孩子，再买一辆双人婴儿车又显得有些"鸡肋"。于是她设计出一款可收缩的婴儿车，既可作单人婴儿车使用，必要时又可展开成双人车。希恩的这一设计立即引起当地童车及婴儿用品制造商的浓厚兴趣。她说："我并不指望它为我赚大钱，我只是希望能够快些在市场上看到自己设计的产品，这正是很多人所需要的。"

这些例子说明，对于久居实验室的研发人员来说，亲身经历一下产品在使用过程中所造成的不便，或许是激发下一步创新灵感的好办法。

(资料来源：丁家乐．创新源于挫折？[J].21世纪商业评论.2009(07))

**小组讨论：**

(1) 案例中的主人公分别遇到了哪些问题或挫折？一般的人遇到这些问题时会有怎样的反应？

(2) 案例中的主人公把挫折转化为新机会都需要哪些条件？

(3) 试着想一想：在生活中、校园中、社区中或公共场合，是否存在你很想改变的事情？想一想如何使他们出现积极的变化。

## 案例二：什么是领导力？（李开复）

21世纪，当社会变革、国际交流、信息技术、个性发展等诸多挑战与机遇降临到社会分工的每一位参与者面前时，无论我们是否身处领导者的职位，都应该或多或少地具备某些领导能力。

这是因为，领导力意味着我们总能从宏观和大局出发分析问题，在从事具体工作时保持自己的既定目标和使命不变；领导力也意味着我们可以更容易地跳出一人、一事的层面，用一种整体化的、均衡的思路应对更加复杂、多变的世界。领导力还意味着我们可以在关心自我需求的同时，也对自己与他人的关系给予更多的重视，并总是试图在不断的沟通中寻求一种更加平等、更加坦诚也更加有效率的解决方案……

如果非要给领导力下一个定义的话，我更愿意用比较简明的语句把领导能力描述成：一种有关前瞻与规划、沟通与协调、真诚与均衡的艺术。新的世纪需要新的领导力，新的世纪需要我们使用一种更加平等、均衡，更加富有创造力的心态来认识、理解和实践领导力。

作为一名管理者，我个人曾先后在苹果、SGI、微软和谷歌等四家富有激情和创造力的IT企业任职。在我从事领导工作的时候，我很少会按照彼得·德鲁克1954年的思路，用一种自上而下的方式为我所领导的每一名员工安排工作。反之，我更习惯于将自己与员工放在一个平等的位置上，把自己视作激励者、协调人或沟通桥梁，而非传统意义上的领导者、督促者或命令中心。

以我自己的经验,领导力这门艺术大致包含了宏观决策、管理行为和个人品质这三个范畴的内容(如下图所示):

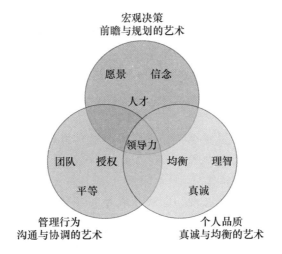

上述三个范畴又各自包含了三种最为重要的领导力:
- 宏观决策:前瞻与规划的艺术。其中,愿景比管控更重要;信念比指标更重要;人才比战略更重要。
- 管理行为:沟通与协调的艺术。其中,团队比个人更重要;授权比命令更重要;平等比权威更重要。
- 个人品质:真诚与均衡的艺术。其中,均衡比魄力更重要;理智比激情更重要;真诚比体面更重要。

(资料来源:价值中国网 http://www.chinavalue.net/Management/Article/2011-11-3/197739.html)

**小组讨论:**

(1) 为什么说,无论我们是否身处领导者的职位,都应该或多或少地具备某些领导能力?你也这样认为吗?

(2) 试着想一想,假如你将来选择了创业,你未来的企业是否会采用本文作者的领导方式?为什么?

(3) 我们身边的领导者大多是传统意义上的领导者、督促者或命令中心,这种领导方式和本文作者的领导方式,你更愿意接受哪种?为什么?

## 案例三:大学生创业的必修课

许多人认为,企业家是天生的,无法后天养成。我也赞同,成功企业的缔造者通常有一种企业家的天性;但良好的教育有助于发展这种天性。有许多人天生就是音乐家,但是这并不意味着他们不需要学习音乐。

法律并没有规定只有上了大学才能创业,我们可以举出很多例子。很多人从大学辍学,成为成功的企业家,对世界产生着重大影响。现在的年轻人听着马克·扎克伯格的故事长大,他被视为成功的典范。但是,考夫曼基金会(Kauffman Foundation)研究和政策副总裁罗伯特·利坦认为,这些没有接受高等教育却成功创业的神童是"特例"。

最成功的企业家拥有丰富的现实生活经历,他们亲历了机遇开放的市场洗礼。学术研究显示,这些人的人生经历弥足珍贵。研究还表明,如果企业所有者至少是四年制本科学历,那么企业的生存前景会更好。对于企业家来说,更重大的问题并非是否上过大学,而是进入大学后应该做些什么。

● 学习创业精神,但同时要做到术业有专攻。许多高校开设了创业课程,帮助学生像企业家一样思考。但是,对某一学科——如计算机科学或工程学——的深入学习,能够让人理解某个特定行业,同时具备这个行业实际的经营能力。

● MBA学位有用,但并不是必需品。更重要的是优秀的商业、金融和经济学课程。如果就读的高校同时也提供商业实践技巧课程,如"批判性思维""商务写作",甚至"成功着装",别忘了同样要去修习这些课程。

● 课余进行实践活动。在感兴趣的领域寻求暑期实习机会,或者选择整个学年都做兼职工作。因为缺乏实践经验从而导致失败的创业企业太多了。

● 充分利用校内外的顾问资源。一些高校的教职员工有重要的实践经验。找到那些有经验并愿意分享的人,获得免费指导。

● 尽早制订商业计划。挑出一个想法,任何想法都行。撰写、推销商业计划能让人意识到自己的不足。大多数院校都会举办商业计划竞赛,甚至会向优胜者发放种子资金。等到毕业了就再也没有机会补课了,甚至连顾问也找不到了。

● 商业人脉是关键。现在,每个学生都有自己的同龄人交际圈。但是,在寻找投资人、聘请重要管理人员以及回避现实世界陷阱方面,这个圈子起不了多大作用。融入新的商务人士圈子,接触经验丰富的企业家,聆听他们的教诲,通过这种方式能够学到的东西会让你自己都觉得吃惊。

● 大胆放手去做。亲自创办公司,努力经营。这个过程能让人学到很多东西,比以上各条加起来都多。可能的话,与拥有创业经验并愿意提供一些指导的人组建团队。别把"所有的家底"都押在自己创办的第一家企业上。关键是在创业的过程中学习。

一旦离开校园,进入现实世界,开始经营初创企业后,学历的确就不那么重要了,实践经验才是无价之宝。但是别忘了,往往在你跨入企业大门时,文凭资格还是非常必要的,它是很多企业对人才给予认同的基本条件。

(资料来源:Martin Zwilling. 大学生创业的必修课[J]. 财富. 2011(12))

**小组讨论:**
(1) 为什么很多成功的人在最初会选择辍学去创业?你会这样做吗?
(2) 本文作者建议年轻人储备哪些创业知识和技能?
(3) 上四年大学与辍学创业是两种不同的人生选择,这两种情形的机会成本是什么?

## 课堂活动

**活动一:创业家的"动物园"**

**1. 活动目的**

促进小组成员自我了解,并了解他人。

2. 活动学时

0.5 学时。

3. 活动环境

(1) 活动桌椅拼成 6 个独立空间。

(2) 教室备有白板、白板笔。

4. 活动准备

(1) 将班级同学分成小组,每组 6~8 人。

(2) A4 纸每人一张、彩笔若干。

(3) 上百张不同的常见动物卡片。

5. 活动步骤

(1) 教师将上百张动物卡片分为 6 份,随机发给 6 个小组,每个小组组成象征性的动物园。组长向大家展示卡片,请每个成员看一看在这个小小动物园里都有哪些动物。

(2) 小组组长将纸和笔发给每一个成员,然后将动物卡片展示给组员,要求组员想一想,作为创业者,如果用一种动物代表自己,会从卡片中选择哪种动物(如果卡片上没有,请自己画出)?

(3) 思考一会儿,组员们在纸上标出或画出这种动物。等所有成员写完后,每个组员说一说你在这个动物园的感受如何(可能有的动物会缺乏安全感,产生焦虑不安的情绪)。然后,每个成员轮流介绍自己为什么选出这个动物代表自己作为创业者的形象。有的成员选择的动物是因为像自己的特质,如老黄牛勤勤恳恳;有的成员选择的动物是自己期望成为的,如像狮子一样强壮不受人欺负。当成员介绍自己时,其他人可以有不同的回应,以促进当事人进一步思考。

**活动二:价值拍卖**

1. 活动目的

激发学生思考自己的价值观,帮助学生澄清自己的人生态度。

2. 活动时间

0.5 学时。

3. 活动环境

(1) 将活动桌椅拼成 6 个独立空间。

(2) 教室备有白板、白板笔。

4. 活动准备

(1) 足够的道具钱。

(2) 为每个小组准备价值清单。

5. 活动步骤

(1) 教师为大家展示拍卖清单。

(2) 游戏规则宣布:每个学生有 5000 元的道具钱,它代表一个人一生的时间和精力,每个人可以根据自己对人生的理解随意竞买拍卖清单上的东西,每样东西都有底价,每次出价都以 500 元为单位,价高者得到东西,有出价 5000 元的,立即成交。

表 4-5 价值清单

| 爱情 | 500 | 金钱 | 1000 | 友情 | 500 | 欢乐 | 500 |
|---|---|---|---|---|---|---|---|
| 健康 | 1000 | 长寿 | 500 | 美貌 | 500 | 豪宅名车 | 500 |
| 礼貌 | 1000 | 每天吃美食 | 500 | 名望 | 500 | 良心 | 1000 |
| 自由 | 500 | 孝心 | 1000 | 爱心 | 500 | 诚信 | 1000 |
| 权力 | 1000 | 智慧 | 1000 | 拥有自己的图书馆 | 1000 | 世界500强的录用通知单 | 500 |
| 聪明 | 1000 | 冒险精神 | 1000 | | | | |

(3) 举行拍卖会

由教师主持拍卖,按游戏方式进行,直到所有东西都拍完为止。

(4) 教师组织同学们思考:
- 你是否对你买到的东西感到后悔?为什么?
- 拍卖过程中,你的心情如何?
- 有没有同学什么都没有买到?为什么不买或没买到?
- 争取过来的东西是否是你最想要的?
- 有没有什么东西你认为最重要,但是没有买到?

注意事项:拍卖过程不要太乱。

(资料来源:樊富珉.团体心理咨询[M].北京:高等教育出版社,2007)

**活动三:我们一起体验风险**

1. 活动目的

通过投掷这个过程,体验自己所能接受的风险程度以及自己控制风险的能力。

2. 活动学时

1学时。

3. 活动环境

教室里的空地一块。

4. 活动准备

一个投球的篮子,三个弹力球。

5. 活动步骤

游戏第一部分:

(1) 在教室里放个篮子并准备三个弹力球作投掷物;或在地上立个柱子,并准备三个可作掷环用的塑料环。

(2) 确定篮子(柱子)所对应的投掷位。最远投掷位和篮子之间的距离约为三米。在最远投掷位和篮子之间10个等距,每个等距为一个投掷位(共10个投掷位),用粉笔在地面上用横线来画出每个投掷位,并标出分数(从离篮子或柱子最近的投掷位开始依次从1到10)。

(3) 游戏开始前教师宣布游戏规则和奖品。

(4) 游戏开始,每个学生可以投掷三次,可以自行选择离目标物不同距离的投掷位。请两个学生助手作记录员,记下投掷者成功投掷的次数及相应的投掷位分数。失败投掷不计。

(5) 记录员把每个学生成功投掷的分数相加,即为该学生的得分。把所有学生的得分按由高到低的顺序写在黑板上,给分数最高的学生颁发奖品。

**小组讨论:**

(1) 那些得分最高的学生是怎样确定他们的投掷位的?在三次投掷中,他们的投掷距离有几次改变?

(2) 那些得分较低的学生的问题出在什么地方?他们在游戏的时候做过什么调整或改变?

(3) 那些得分居中的学生对于游戏中的风险采用了什么方法应对?

(4) 如果再次进行这个游戏,学生们会做出怎样的调整和改变来提高得分呢?

游戏第二部分:

把全班学生分组,每组五或六人。告诉学生,每组有三分钟的准备时间,然后每个组的每个学生都有三个投掷机会,每组所有组员的成绩相加为小组成绩。仔细观察学生们在三分钟的准备时间里所做的事情。有些组可能会在练习投掷,有些组则可能是坐在那里讨论。游戏结束后让学生解释一下他们这样做的原因。

给每个人三次投掷的机会,然后计算小组成绩。

**小组讨论:**

(1) 在这部分活动中学生们使用了哪些其他资源?

(2) 第二次游戏和第一次游戏有哪些不同?

(3) 在商业情境下哪个游戏更真实?

(4) 第二部分互动中小组的成绩总和是否高于第一部分活动所有学生的成绩总和?如何解释这种差异?

(资料来源:共青团中央、中华全国青年联合会、国际劳工组织.大学生 KAB 创业基础[M].北京:高等教育出版社,2007)

### 思考与实践

1. 组织一次工业园区参观

领导力是创业者必须具备的一个重要能力。在接下来的环节中,学生们需要通过策划和组织一个真实的活动,来训练和发现自身的领导潜力。本次活动的任务是组织全班进行一次工业园区参观活动。本次活动的组织者通过全班 6 个小组的竞标来选出。竞标成功的小组,组织本次的工业园参观活动。

在竞标之前,每个小组要完成以下任务:

(1) 制订一个活动计划和时间表。

(2) 在小组中确定每个组员的角色。

(3) 写出当天活动流程。

请大家一起讨论角色分配以及各自要完成的任务,具体角色包括(如表 4-6 所示):

表 4-6　角色与工作职责

| 角色 | 工作职责 |
| --- | --- |
| 总负责 | |
| 外联主管 | |
| 探路者 | |
| 活动计划撰写者 | |
| 流程设计者 | |
| 财务主管 | |
| 录像 | |
| 安全员 | |

在各小组完成上述内容后，依次向全班同学介绍本次活动的策划方案。由全班投票选出活动组织者，并负责计划的整体实施。在活动结束后，教师组织全体同学进行活动总结，评价本次活动的组织情况。

2．企业家精神自测

完成下面的练习，看看你是否真的具备成为企业家的素质，请选择"是"或"否"：

(1) 对感兴趣的事情你是否会努力去做？

(2) 你是有主动精神，做事情不需要别人推动的人吗？

(3) 你是经常有新想法的人吗？

(4) 这些想法通常能够实现吗？

(5) 你愿意额外花时间把工作做好吗？

(6) 你的家庭鼓励你去尝试新东西吗？

(7) 你通常做自己的事情而不随波逐流吗？

(8) 你会因实现了自己的目标而感到满意吗？

(9) 当你正在做的事情出了差错，不管你认为这件事情是否有价值，你都会努力做好吗？

(10) 你的情绪相当稳定，还是经常波动？

(11) 你能激励其他人和你一起合作吗？

(12) 你愿意承担适当的风险吗？

(13) 你能忍受未来的不确定性吗？

(14) 你是否乐于尝试做很多不曾做过的事情？

(15) 别人认为你是一个相当出色的多面手吗？

如果所有的问题都回答"是"，那么，你基本上具备了成功企业家的素质。但是前提是诚实地回答了这些问题。

3．创业者访谈

以小组的形式对 3 位创业者进行访谈，听他们讲自己创业的故事。小组成员根据创业者的经历叙述，总结出该创业者的性格特点，并对照自己的性格，想一想自己是否具备了创业者的性格特征。

# 模块五

## 创建你的企业

### 教学内容

创业想法的产生
识别商业机会
拥有企业的四种方式
Timmons 创业模型
选择商业模式
组建创业团队
为你的公司注册

### 案例讨论

45 岁英国辣妈创业做潮包
85℃：喝咖啡的最佳温度
选择盈利模式

### 课堂活动

五分钟完成任务
在大自然中寻找创意
头脑风暴——为它们找到新用途

### 思考与实践

了解企业注册程序
实体书店还有生存空间吗
发现新机会

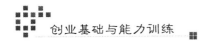

## 教学内容

# 5.1 创业想法的产生

## 5.1.1 什么是创业想法

创业想法就是创业者构思的商业想法,是对未来初创企业所经营的业务内容的设想。但是请记住,不是所有的创业想法都是有价值的。有价值的创业想法是在发现市场需求和确认市场机会中产生的。有价值的创业想法应该具有以下特点:

(1) 能够满足消费者需求。
(2) 能够填补市场中产品或服务的空缺。
(3) 具有实施的可行性。
(4) 符合或引领市场发展趋势。
(5) 能够转化为有价值的商业机会。

在现实中,当我们环顾四周去观察每一个企业时,我们发现所有企业的创建都是从一个想法开始的。一个好的创业想法是创办企业的基本要素。虽然它并不必然带来企业的成功,但是,成功的企业一定是从一个好的创业想法开始的。我们看看下面这些创业者是怎样从一个想法起步,开始他们的创业生涯的。

● 为了给日益污染的城市带来无污染的蔬菜和水果,有人在城市郊外办起了有机私人农场。在那里,你可以采摘新鲜的有机草莓,或是在田里挖几颗绿色蔬菜。你也可以去鸡窝里捡几只余温还未散尽的有机鸡蛋,或是在池塘中钓上几条有机饲料喂养的鲤鱼。再或者你什么都不做,只是躺在静静的田野中甜美地打个盹,闻一闻来自青草的芳香。

创业想法的核心:创办有机农场,满足人们对有机食物的需要。

● 随着网络时代的来临,网上购物已成为一种时尚和潮流。但是,敏锐的人会发现,在网购大军中很少有老年人的身影。由于网络知识的缺乏,很多老年人在网购的大门外徘徊。于是有人聪明地利用了这个机会,办起了网络代购店,帮助那些不会使用电脑的老人们在网上买到物美价廉的商品。

创业想法的核心:为老年人和不熟悉网络的人们提供网络购物需要。

● 进入 21 世纪后,"原生态"这个概念成为人们热切追逐和向往的目标。于是有精明的创业者把"原生态食品""原生态牧场""原生态餐吧""原生态度假园"和"原生态别墅"引入了消费市场。这个概念已经实实在在地走入了人们的生活。在国际服装市场,人们也发现了"原生态"的商机。那些时尚的幻想者和创业家开始把竹子、亚麻、椰子甚至是莲花的纤维织成原生态混合织物,在商业的运作中渗入了回归自然的理念。这个具有浓郁的大自然味道的原生态概念也开始悄悄地在服装行业发酵。

创业想法的核心:为人们提供由自然植物编织的衣物,满足人们接近大自然的需要。

这些就是真实的创业想法。正是这些想法促成了初创企业的诞生,企业家的创业过程就是把创业想法付诸实现的过程。在这个过程中,既满足了消费者的需要,又为创业者自身带来了利润回报。

世界上每天都有初创企业诞生,这些初创企业或者提供新产品,或者提供新服务。请思考十个有创意的创业想法,并完成以下任务(填写表5-1):
- 在每个创业想法的基础上给企业起一个好名字。
- 说明产品或服务的内容。
- 说明该产品或服务满足哪些顾客的需要。

表5-1 思考十个有创意的创业想法

| | 企业名称 | 产品或服务内容 | 满足哪些需要 |
|---|---|---|---|
| 1 | | | |
| 2 | | | |
| 3 | | | |
| 4 | | | |
| 5 | | | |
| 6 | | | |
| 7 | | | |
| 8 | | | |
| 9 | | | |
| 10 | | | |

## 5.1.2 创业想法的构成要素

初创企业的成功需要满足两个基本条件,那就是既要提供市场所需要的产品或服务,又要保证企业有持续的利润。因此,创业者在构思时一定要了解创业想法的三个构成要素。

(1)企业提供什么产品或服务?

创业者在产生创业想法时,首先要考虑的是向市场提供什么样的产品或服务。比如,有机食品、全麦面包、快餐食物、卡通手表、家居饰品、电子产品、旅游服务、育婴服务、快递服务等。这些都是新创公司打算从事的业务内容,是创业者根据顾客需要以及自身资源和能力设计出来的。创业者希望通过出售这些产品或服务,在满足顾客需要的同时,获得利润回报。

(2)企业的目标顾客是谁?

目标顾客就是企业所提供产品或服务的对象。每个企业因提供的产品和服务不同,其目标顾客群也不同。顾客不是被拉来的,而是被吸引来的。如果企业的产品不能满足顾客的需要,顾客就会分流到竞争对手那里。在现实中,顾客对产品的选择有很大的空间,新产品的替代性会削弱顾客的忠诚度。因此,初创企业在设计企业时,就要界定自己的顾客、界定客户需求和偏好,只有确立了合适而稳定的目标顾客,企业才能获得持续的盈利。

(3) 企业的盈利模式是怎样的?

所谓盈利模式就是企业利润的产出方式。更通俗地讲,盈利模式就是企业获取利润的途径。经营一个企业的最终目的是盈利,只有持续不断地保持盈利状态,企业才能成长,才能长远地发展。因此,盈利模式是创业者和企业家最为关心的问题。每个企业的盈利模式不尽相同。

以小组为单位,讨论以下小微企业的盈利模式,并完成表 5-2 中的任务。

表 5-2 小微企业的盈利模式

| 序号 | 小微企业产品或服务 | 盈利模式描述 | 满足顾客的哪些需要 | 企业成功关键 |
|---|---|---|---|---|
| 1 | 居室有害气体的检测及处理 | | | |
| 2 | 大型鱼缸造景设计及清理 | | | |
| 3 | 家庭花园园艺设计及栽培 | | | |
| 4 | 家庭影视资料设计及制作 | | | |
| 5 | 绿色蔬菜产品网购服务 | | | |
| 6 | 婴儿手印和脚印烫金服务 | | | |
| 7 | 特色巧克力 DIY | | | |
| 8 | 家居布艺产品 | | | |
| 9 | 温室植物养护服务 | | | |
| 10 | 宠物服务 | | | |

## 5.1.3 创业想法的主要来源

创业想法来源于哪里?创业想法不是空气,但它像空气一样藏匿在我们身边。它可能来源于市场趋势,或消费者需求,也可能来源于创业者早年的经历或自身的技能。有的时候,深思熟虑的分析不一定产生好的创业想法,而一个突然的闪念却可能成就一个初创企业的诞生。下面我们来探讨几个创业想法的来源。

(1) 顾客的需要。

商业是如何被创造出来的?这个问题的答案其实很简单,商业是由顾客的需要创造出来的。顾客的需要带来了商业机会,进而引发了一系列的商业行为。创业想法的商业价值的大小最终是由顾客的购买行动来评判的。因此,了解顾客并考察他们的需要是创业者在构思创业想法的关键环节。你要努力做到使顾客需要你。

如果你因找不到创业想法而辗转难眠时,就睁大眼睛去生活中搜寻一下顾客的需要吧。比如:

● "我们需要专业育婴员帮我们带孩子"——提供专业育婴护理服务的公司开始出现。

- "我们需要专业公司帮我们检测并排除室内的装修污染"——居室环保公司开始出现。
- "我们需要有人帮我们接送孩子上下学"——社区学生班车公司开始出现。
- "我们希望足不出户就能品尝美食佳肴"——送餐公司开始出现。
- "我们希望有一块自己的田地,种些绿色蔬菜,为它锄草、施肥"——私人假日农庄开始出现。

顾客的需要就是创业想法的第一来源。企业的利润是在不断满足顾客需要过程中积累起来的。没有顾客,就没有市场,继而也没有初创企业诞生的理由。

(2) 兴趣爱好。

爱好和兴趣就是人们在闲暇时愿意付出时间、精力甚至是资金去从事的事情。这些爱好和兴趣常常成为创办一个初创企业的理由。

- 有人喜好收集古旧相机,于是,在多年兴趣的基础上,这些爱好者创办了自己的二手相机店,专门满足旧相机爱好者的收集需要。
- 有人喜好摄影、拍照,于是,这些摄影爱好者创办了自己的摄影棚、摄影作品艺术廊,为不同需求的顾客提供特色的摄影服务或摄影作品销售。
- 有人喜好编织和刺绣,于是,这些爱好者创办了自己的个性刺绣坊,专门为个人、家庭、饭店等提供家居布艺刺绣、床上用品刺绣、壁挂刺绣等,为顾客提供个性化的刺绣定制服务。
- 有人喜欢积攒动漫卡通玩具,于是,这些爱好者创办了自己的动漫玩具公司。

从个人兴趣爱好到初创企业形成的过程,就是个人爱好升级的过程。在爱好和兴趣的驱动下,创业者会以更高的热情去迎接创业中的挑战,这也大大提升了初创企业成功的可能性。

(3) 个人技能与经历。

个人的技能与经历是创业者获得创业想法的重要来源,也是支撑他们从事创业活动的信心来源。技能和经历意味着创业者在某个领域、对某项业务比较熟悉,有一定的专业技能或人脉网络,这些技能或经历可以帮助创业者在独立创业时很快适应创业的环境和生活,减少创业探索期容易出现的失误。

- 80后女孩小李曾在一家外企做美工设计工作。这些专业技能为她日后的创业奠定了基础。后来,小李辞职,创办了自己的企业形象设计公司,主要从事品牌形象和企业形象识别系统的设计工作。最终,个人的技能和经历转化为成熟的创业想法和获得财富的路径。

(4) 抱怨。

消费者的抱怨就是对产品、服务、环境的不满情绪的发泄。谁说抱怨仅仅是消极情绪的表达?实际上,抱怨常常催生许多新产品、新服务、初创企业的出现。

- 大学毕业后的王姣在一家电脑销售公司任职。她经常听到用户抱怨由于键盘积满污垢以及静电和灰尘等缘故,电脑在使用一段时间后会速度变慢,甚至经常出现死机等问题。这个抱怨引发了王姣的创业冲动——她想做一个电脑保洁师。于是,由抱怨引发的一家专为电脑洗澡的公司诞生了。月收入超过2万元,这就是从抱怨引发的创业想法。
- 在某公司当司机的小王经常能听到社区里人们的抱怨:送孩子上学实在是件很苦恼

的事情,路上交通拥堵是常态,上班迟到扣钱更让人心烦。于是,有心的小王在多个社区进行了市场调查后,辞职创办了一家学生服务公司,专门为社区的学生提供上学、郊游、购物、聚会的接送服务,满足了这些家长们的需求,创造了公司的利润。

对于有着敏锐洞察力的创业者来说,他们常把抱怨转化为有积极意义的创业想法,为了解决抱怨背后的问题,一个新的公司可能从此诞生,它提供的是市场中不存在的产品或服务,找到了市场中的机会。

(5) 加盟特许经营店。

我们这里提到的特许经营主要是商业特许经营,代表着非政府性质的企业特许经营行为。从商业角度来看,特许经营是指拥有特许经营权的企业将自己所拥有的企业名称、商标、产品、专利和专有技术、经营模式等通过合同的形式授权给另一个企业使用。被特许企业将按合同规定,在特许企业统一的业务模式下从事经营活动,完全复制统一的工作流程和产品规格,以保证达到产品和服务的质量标准,并向特许企业支付相应的费用。因此,创业者以加盟特许经营店的方式创办自己的企业,可以直接经营特许企业的产品或服务。这为创业者提供了获得创业想法的快捷途径。

对于有创业想法的人,他们会从种类纷繁的特许经营项目中获取创业想法和创业灵感,这种方式比起白手起家的单干创业者来说能够更快地、风险更小地实现个人事业目标。有关特许经营的具体内容,我们还会在本模块的后续内容中进行介绍。

(6) 头脑风暴法。

头脑风暴法又称智力激励法。当一群人围绕一个特定的兴趣领域产生新观点的时候,这种情境就叫作头脑风暴。这是一种创造性地解决问题和产生想法的技术方法,其目的是产生尽可能多的想法。在进行头脑风暴时,大家各抒己见,自由的气氛会激发参加者提出各种新奇的想法。在大量的异想天开的想法中,很可能就会出现有价值的灵感,而这些灵感有可能转化为真正可行的创业想法。

## 5.2 识别商业机会

### 5.2.1 商业机会

什么是商业机会?从广义来说,商业机会就是指市场上存在的、尚未被满足的、有购买力的消费需求。商业机会来自于对创业想法的分析和判断。一个听上去很不错的创业想法一定能转化为真实的商业机会吗?答案是未必。因此,当创业者有了创业灵感和好的想法时,他们首先要做的事情就是判断创业想法是否能转变为有效的商业机会。

在探讨商业机会的特征之前,我们先琢磨一下以下想法是否能转化为商业机会。说明

"能"或者"不能"的理由。

表 5-3 创业想法能否转化为商业机会

| 序号 | 创业想法 | 评价 |
| --- | --- | --- |
| 1 | 出售由鲜草皮制成的地毯 | |
| 2 | 创办一所专门接收智障儿童的幼儿园 | |
| 3 | 高三毕业生复习资料二手专卖店 | |
| 4 | 白领 DIY 裁缝店 | |
| 5 | 田园风光摄影农场 | |
| 6 | 宠物日托园 | |
| 7 | 山地车出租店 | |
| 8 | 会员制老人聊天中心 | |
| 9 | 卡通迷酒吧 | |
| 10 | 绿色蔬菜 DIY 休闲种植园 | |

### 5.2.2 商业机会的特征

表 5-3 中提到的这些想法能转化为真正的商业机会吗？商业机会是否就是有吸引力的创业想法？实际上，一个现实可行的商业机会应该具备以下四个特征。

(1) 稳定的市场需求。市场需求是由既有购买欲望，又有购买能力的消费者群体带来的。稳定的市场需求意味着在需求数量上具备一定的规模，在需求时间上具有足够长的延续性。短期的、小规模的市场需求不能称其为良好的商业机会。在现实中，很多貌似不错的新产品、新设计在投放市场后，经不起市场需求的考验，最终都是以退出市场而告终。

(2) 有效的资源和技能。创业者产生创业想法之时，就是发现新商机之际。但是，把创业想法转变为可实现的商业机会，还需要资源和技能的支持。有效的资源和技能是将创业想法转化为商业机会的必要条件，比如资金、技术、人才、法律保障、人脉关系等。没有资源和技能支持的创业想法就好比水中月、镜中花，那只能是一个美好的空想。

(3) 持续的利润回报。追逐利润是企业存在的理由。一个好的商业机会，它应该是获利的、能收回投资成本的，且具有较大潜在获利空间的。对盈利程度的判断应该是识别商业机会的重要标准。

(4) 产品和服务具有竞争力。一般来说，大量初创企业无法长期存活的关键原因就是他们所提供的产品和服务不具有竞争力，其结果是被新竞争者模仿或复制，利润空间被严重挤压。产品和服务的竞争力水平是衡量商业机会大小的重要标准。一般的产品和服务只能带来短期的商业机会，而具有竞争力的产品和服务则意味着长久的大商机。

### 5.2.3 商业机会的评析

所有的商业行为最初都来自于人们的想法，但并不是所有想法都能成功地转换为有效的商业机会。因此，创业者在创业行动开始之前要对眼前的想法和机会进行评估，把那些可能带来利润和成功的想法挑选出来。一般来说，在评价商业机会时，创业者会思考以下问题。

(1) 产品是否能满足需求？

你的产品和服务能满足消费者的哪些需求？为顾客创造哪些价值？这些价值是否无可替代？

(2) 市场有多大？

有多少愿意并且具备购买能力的消费者会购买你的产品和服务？未来的市场在扩大还是在萎缩？

(3) 利润从哪里来？

你的盈利模式是怎样的？你是否具备与众不同的盈利模式？

(4) 产品的独特性如何？

你的商业想法是否独特？你所提供的产品或服务与其他企业的产品或服务有什么区别？

(5) 盈利的稳定性如何？

你所从事的商业活动是否能获得足够多的利润？你的企业是否能保持长期稳定的盈利状态？

(6) 是否存在进入障碍？

在进入某个行业时是否存在障碍？或者当你在该行业时是否有条件或有实力阻止新竞争者进入该行业？

(7) 竞争对手状况如何？

你面临多少竞争对手？他们的实力如何？在与竞争对手的较量中你有多大的把握赢得胜利？

(8) 创业团队状况如何？

你是否找到了具有足够能力且志同道合的创业伙伴？

(9) 是否已经掌握技能与资源？

你是否已经具备创业技能并拥有可供使用的资源？

(10) 是否拥有创业资金？

你是否已经拥有足够的创业启动资金？是否还需要寻找合适的投资人？

上述这些问题是创业者在评价商业机会时需要慎重考虑的问题。一个好的商业机会应该是可行的、能满足顾客需求的、可长期获利的、能使公司稳定成长的机会。在思考上述问题的基础上，我们对商业机会的评析内容做出如下的概括：

- 创意及其竞争力分析。
- 市场和需求分析。
- 创业者团队分析。
- 资金与资源分析。

当然，随着环境的变化，很多所谓的商业机会也会逐步失去其价值，被新出现的商业机会取代。因此，创业者要具备敏锐的洞察力，利用市场中的细微变化判断未来的商业趋势，捕捉新的发展机会。

## 5.3 拥有企业的四种方式

企业从来都不是幻想出来的,而是亲手打造出来的。当你准备拥有一个属于自己的企业时,你的热情会推动着你全力打造一个自己设计并用心血锻造出来的企业。然而你是否知道,在这个世界上,就像人们有各自不同的活法一样,你也可以通过别的方式,而不是仅仅通过创办初创企业的方式去拥有一个属于自己的企业?这种想法听起来似乎充满幻想的色彩,但在现实中,这是的的确确存在的。除了创办一家初创企业外,你还可以通过购买现有企业、特许经营、继承企业等方式成为一家企业的老板。在下面的内容中,我们将对这四种方式进行介绍。

### 5.3.1 创办初创企业

对大多数创业者来说,创办初创企业应该是最常见的一种选择。但是,初创企业能否幸运地存活下来,这对所有创业者来说都是一个未知数。根据美国小企业管理局(SBA)1994—2015年的平均数据显示,67.3%的初创企业能够存活两年或两年以上,53.4%的初创企业可以存活至少四年,44.2%初创企业生存六年以上。这些数据告诉我们,初创企业要想长久地存活下来是件不太容易的事情。尽管如此,还是有很多创业者选择了坚持,因为这是实现他们个人想法的最直接的方式。作为初创企业,既有优势,也有劣势,创业者所要做的就是努力转变劣势,并将优势保持下去。

(1)创办初创企业的优势与劣势比较。

如果选择创办初创企业,创业者就应该认真地权衡初创企业的优势和劣势(如表5-4所示)。

表5-4 创办初创企业的优势与劣势

| 优势 | 劣势 |
| --- | --- |
| ● 初创企业是从零开始的,因此,与现存企业相比,在雇员、债务、法律纠纷、合同方面不存在历史遗留问题或麻烦<br>● 初创企业可采用最新的技术和设备,无须花费精力去处理旧厂房、旧机器、旧软件等<br>● 初创企业能够提供独特的新产品或新服务,也可以选择新的商业模式,比起现存企业,初创企业与新市场、新趋势靠得更近<br>● 初创企业虽然比现存企业规模要小,但却有着快速反应的优势,没有船大难掉头的顾虑,也不存在旧企业转型的苦恼<br>● 创业者为实现初创企业理想,在一个刚萌芽的新市场中从事创新,创新可以为初创企业带来竞争优势,当然,不确定性风险也比较高 | ● 初创企业面临的最大挑战就是维系资金链问题。由于初创企业既没有长期建立起来的商业信誉,也没有可用于抵押的雄厚资产。一旦出现资金缺口,其筹资的能力较差<br>● 初创企业缺乏品牌认知度,比起成熟的老企业来说,初创企业在拓展市场方面存在较大障碍<br>● 初创企业没有稳定的客户来源,现金流通道比较狭窄而脆弱,需要相当长的时间才能出现稳定的正现金流<br>● 初创企业缺乏业务熟练的员工,而且招贤纳士的能力不足,在企业没有创出品牌之前,很难找到众多优秀人才,马太效应明显 |

（2）了解初创企业的类型。

创办初创企业的目的就是要创造新价值。但在现实中，每个初创企业所创造的新价值显然是不一样的。大多数的初创企业都属于复制型企业，也就是对一个现存企业进行简单的重现。比如创办一个美容店、餐馆、瑜伽训练馆、鲜花速递公司、咖啡吧、眼镜店、蛋糕房、牌匾设计公司或家电维修公司等。这些初创企业有可能在短时间内就能创办起来，但同样也可能在短时间内倒闭停业。因为，仅仅靠单纯的复制，企业无法获得自身的竞争力，它们的利润也会很快地被别的复制者稀释，无法创造巨大的价值。正如Christian Bruyat 和 Pierre-Andre' Julien 的研究所示，大多数创业者所创造的新价值是很少的。因此，创业者在做出创业决定时，还要考虑到初创企业在未来到底能创造多大的新价值。

Christian Bruyat 和 Pierre-Andre' Julien 根据创造新价值的不同程度以及个人发展的变化程度，将企业分为四种类型：复制型企业、模仿型企业、稳健型企业和冒险型企业（如图5-1所示）。

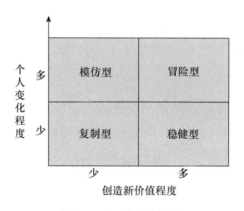

图5-1　初创企业类型

① 复制型企业（Entrepreneurial reproduction）。即创业者来自于某个自己很熟悉的行业，并简单地照搬该行业中某个企业的模式，创办一家属于自己的初创企业。其创业过程不涉及创新，也没有新价值的创造。创业者个体在知识和技能方面没有什么新的变化。比如一位有着多年经验的厨师决定另起炉灶单干，他凭借个人纯熟的厨艺，创办了一家属于自己的小型餐馆。或者一位发型设计师在为老板工作了五年后，决定自己当老板，开办了一家属于自己的美发店。

② 模仿型企业（Entrepreneurial imitation）。即创业者进入某个自己不太熟悉的行业，并模仿该行业中某个企业的模式，创办一家属于自己的初创企业。这类企业虽然没有创造重大的新价值，但是创业者个人在知识、技能以及各种关系的建立方面都有了新的变化。与复制型企业相比，模仿型创业者的创业经历更是一个冒险过程，面临相当的不确定性。创业者需要漫长的时间去学习，并为自己的错误支付学费。比如，一家大型农产品加工企业的高级主管为寻求一种崭新的生活方式而选择创办一家小型干洗店。

③ 稳健型企业(Entrepreneurial valorization)。即拥有较强技术实力的创业者离开原企业后创办自己的初创企业，继续在其熟悉的领域内开发出很有前途的创新项目。这些创业者既懂技术，又掌握着独有的客户资源和供应商资源。他们凭借个人技能和企业家才华创造出明显的新价值。但对创业者个人而言，其自身并没有遭遇太大的改变，所从事的都是比较熟悉的工作。

④ 冒险型企业(Entrepreneurial venture)。致力于开拓新产品、新技术、新领域的、具有冒险精神和创新精神的创业行为。这种类型的创业并不常见，比如苹果、微软的创立。他们的成功，常伴随着重大的新价值的创造，带来突破性的创新或经济领域的崭新变化。对创业者个人而言，他们的命运也会发生重大转折。当然，其结果是变化越大，不确定性也越大。

## 5.3.2 收购现存企业

当创业者打算创办企业时，他除了创建一个初创企业外，还可以选择收购一家现存企业。这类企业有现成的资产，现成的技术，现成的员工，方方面面已经准备到位。创业者无须花大量的精力和时间去招聘和培训员工，也不必为寻找供应商或建立顾客群而焦虑。现成的资源可能会为创业者带来很大的方便。与初创企业相比，收购现存企业有其明显的优势。当然，这种形式的创业活动也会伴随特殊的风险。

(1) 收购现存企业的优势与劣势比较(如表5-5所示)。

表5-5 收购现存企业的优势与劣势

| 优势 | 劣势 |
| --- | --- |
| ● 现存企业已经成功地运营，有自己客户源，可直接为企业带来销售收入和现金流<br>● 在一个现存的、运转着的企业中，企业已经具备完整的流程体系、供应链体系以及员工队伍，因此在购买现存企业后，创业者不必去寻找新雇员、寻找供应商、设立会计体系和建立生产流程和销售网络<br>● 收购企业通常比创办初创企业需要较少的现金支出，被收购方可能会提供一些融资方案使创业者更有可能收购目标企业 | ● 寻找合适的目标企业比较困难。需要花费较多的时间和精力<br>● 为目标企业定价也是件比较困难的事情。收购的谈判过程会比较麻烦<br>● 现存企业的高层人员和员工可能会抵制被收购。因此，很难说服员工去适应新管理、新方法和新流程<br>● 被收购企业可能存在较多难以解决的管理问题或是债务问题，这对收购者而言将是一个负担<br>● 被收购企业可能在技术、设备、员工技能等方面都已陈旧过时或不能适应环境变化的要求，因此，收购后在技术、设备更新以及员工技能培训方面会有较大的成本支出 |

(2) 避免收购中的三个错误。

购买现存企业固然是个不错的选择,但是在现实中有不少企业却犯了决策上的大错误。他们收购来的并不是有潜在价值的企业,而是表面光鲜实则鸡肋的企业。这样的错误决策注定给企业带来的是陷阱而不是馅饼。但是怎样才能避免收购中的错误行为呢?更具体地说,如何才能避免收购一家没有太大价值的企业?在这个问题上,美国投资大师沃伦·巴菲特指出了以下三种企业最容易犯的错误。

① 因价格便宜而购买。按照巴菲特的观点,在复杂的交易中,人们看到的只是表面显现出来的问题,此外一定存在着其他看不见的问题,就像厨房里不可能只有一只蟑螂一样。另外,在低价收购企业后,最初的价格低廉的优势可能会被收购后的低回报率所侵蚀。因此,价格便宜的交易不一定是一笔好交易。

② 购买有问题的企业。购买一家有问题的企业是个错误的决策,即使购买者知道如何解决这些问题。巴菲特曾经说过,好的赛马骑师只有骑在良种马身上而不是劣种马身上,才能取得好成绩。因此,无论创业者认为自己多么的优秀,他们都应该避免去收购一家问题企业,然后尝试着解决这些问题。

③ 与不喜欢的人进行交易。巴菲特认为,不管被收购的目标企业有多么大的吸引力,只要与不喜欢的人进行合作,这笔交易迟早都不会成功。他指出,如果一个收购交易迫使你不得不与你不喜欢的人一起工作,那么,就趁早放弃这笔交易。

收购现存企业为创业者提供了拥有自己企业的快速通道。但是创业者应该意识到,快速通道不是安全通道,在做出购买决策之前,要充分考虑所购买的目标企业的升值空间,以免落入交易的陷阱。

### 5.3.3 购买特许经营权

除了创建初创企业和收购现存企业这两种途径外,创业者还可以通过购买特许经营权的方式获得自己的企业,成为特许经营加盟企业。

(1) 特许经营及其常见的形式。

在前面的内容里,我们介绍过什么是特许经营。特许经营是在特许企业和被特许企业这两个经济实体之间达成一种法律协议,它允许一个企业使用另一个企业的名称、技术、产品规格或经营模式。其中,被特许企业要向特许企业交纳特许权费用,并同意遵守特许人所规定的条件和标准。一般来说,特许企业应当拥有成熟的经营模式,并具备为被特许人持续提供经营指导、技术支持和业务培训等服务的能力。

麦当劳就是一个典型的特许经营例子,截止到 2015 年,它作为特许企业在 100 多个国家有超过 3.6 万个餐厅。大约 15% 的麦当劳餐厅是由麦当劳公司拥有并直接经营,其余的餐厅则是以特许经营或合资的方式在运营。在现实中,出让特许经营权的大多是大公司或大企业,而接受特许经营权的企业大多是一些规模有限的小企业。当一个创业者很想拥有自己的企业但又苦于找不到可开发的合适产品或服务时,购买某家企业的特许经营权不失为一个好的方式。拿着这张特许的船票,就可以登上属于自己的企业之船。特许经营有以下两种常见的形式。

① 产品—商标特许经营权（product and trade name franchising）：是指特许企业向被特许企业提供特定品牌的产品或商标的使用权，并由被特许企业在一定地区内销售。被特许企业需向特许企业支付合同中所规定的费用。

② 经营模式特许经营权（business format franchising）：在法律合同的基础上，被特许企业有权使用特许企业的商标、商号、企业标志以及广告宣传，并完全按照特许企业设计的单店经营模式来经营；被特许企业在公众中完全以特许企业的形象出现；特许企业对被特许企业的内部运营、市场营销等方面实行统一管理，具有很强的控制性。

(2) 特许经营的发源地。

特许经营的发源地是美国，是20世纪50年代发展起来的一种商业模式。1851年"歌手"（Singer）缝纫机公司为了拓展其缝纫机业务，开始将缝纫机的经销权授予其他公司，在美国各地设置加盟店，开辟了特许经营的先河。特许经营模式的出现带动了美国企业的商业扩张和快速成长。根据国际特许经营协会（IFA）2016年的最新数据显示，美国平均每天诞生一家新的特许经营企业。这种商业模式应用于很多不同类型的行业，比如：服装、快餐、便利店、洗衣店、西饼屋、印刷公司、书店、健身房、专业公司、家政服务、汽车旅馆、酒店、租赁公司等。这些特许经营企业渗透于人们的生活中，满足消费者的不同需要。在全球很多国家和地区，我们都能看到特许经营的成功例子。

在经历了一百多年的发展后，特许经营这种商业模式仍然长盛不衰，它已经成为创业者实现创业理想的乐园。

(3) 特许经营的特点。

特许经营是特许企业将自有的品牌、技术以及经营模式等与被特许企业的资本相结合来扩大经营规模的一种商业模式。这种模式有以下几个基本特征：

① 特许经营是特许企业与被特许企业之间的一种契约关系，合作双方在合同的基础上相互支撑，共同发展。

② 对特许企业来说，特许经营是其技术和品牌价值的扩张以及经营模式的复制，但不是资本的扩张。

③ 被特许企业拥有加盟店的所有权和交易执行权，但不拥有经营的决策权。经营决策权归特许企业所有。

④ 特许经营是一种特殊交易。其交易内容包括品牌名称、品牌产品、专利、经营模式等有形或无形产品。其交易关系不是短期的或一次性的，而是基于特许经营合同期限的长期交易关系。

(4) 加盟特许经营企业的优势与劣势。

根据投资数额以及所选择的特许经营项目，创业者会从特许企业那里获得使用其名称、商标、专有技术以及经营流程的权利。甚至创业者还会从特许企业那里获得现成的客户信息，以帮助自己开展业务。下面我们对加盟特许经营企业的优势和劣势进行一个比较（如表5-6所示）。

表 5-6 加盟特许经营企业的优势与劣势

| 优势 | 劣势 |
| --- | --- |
| ● 被特许企业直接采用特许企业已被证明是成功的商业模式,能够在短时间内获得收益<br>● 被特许企业能直接获得特许企业在技术及管理方面的培训和指导<br>● 被特许企业从特许企业那里获得现成的产品质量控制标准,有助于提高生存概率<br>● 被特许企业直接使用特许企业的名称和商标,这样就避免了初创企业在创业初期没有品牌效应的不利局面<br>● 简化了创业启动阶段的烦琐过程,并降低了创业初期失败的风险 | ● 特许企业会在合同方面有严格的要求,因此,会对加盟特许经营的创业者有较大的限制和约束力<br>● 购买特许经营权的成本可能比较高<br>● 被特许企业的成功常常取决于特许企业的成功模式。一旦特许企业的经营出现危机,这将影响被特许企业的经营<br>● 被特许企业一般被要求在指定的供应商那里采购原料,因此,在挑选供货商方面没有太多的自由<br>● 被特许企业会担心特许企业在合同到期后终止协议,不愿意续签 |

### 5.3.4 企业继承

一般来说,继承一个企业常常是针对家族企业而言的。根据美国学者艾尔弗雷德·D.钱德勒(Alfred D. Chandler, Jr.)的观点,家族企业是指企业创始人和其家族拥有企业一半以上股权,同时与经理人员保持密切关系的企业。家族成员保留了企业的主要决策权,尤其是高层人员的选拔、财务决策、资源分配的权力。当家族企业的创办者因年龄问题或健康问题将企业传承给下一代继承人时,企业继承问题就成为整个家族的关键问题。企业继承是指企业的所有权、经营权乃至企业文化由上一代人传递给继承人,从而使继承人拥有企业并继续经营企业的过程。以继承的方式拥有企业虽说是一件幸事,但是使企业继续兴旺下去也不是件容易的事情。

一般来说,当继承人从上一代手中继承企业时,他们会继承三个层面的内容。

(1) 企业所有权继承。

当家族企业面临传承问题时,上一代企业主会根据家族成员对家族企业成长的贡献程度、教育程度、从商经验、个人素质等因素选定继承人,并在家族成员间进行所有权的分割。继承人在继承了家族企业所有权的同时也继承了家族的巨大财富。一般情况下,家族的后代大多是通过继承的方式成为家族企业的拥有者。

(2) 企业经营权继承。

对于多数家族企业来说,老一代企业主在将家族企业所有权转移给下一代继承人时、也将企业的经营权转移给了继承人。继承人会秉承老一辈的风格,将企业继续经营下去,并试图将企业做大做强。但是,随着现代企业制度的日趋完善,企业的所有权与经营权逐渐发生分离。在这种背景下,企业的所有权可能由家族内部成员继承,而企业的经营权则可能传承给外部人员,比如职业经理人,从而使企业所有权和经营权有效分离。

(3) 企业文化继承。

对于家族企业继承人来说,他们在继承家族企业的所有权或经营权的同时,也在无形中继承了家族企业的文化。家族企业文化是一种渗透到家族企业成员血液中的价值理念。不同的家族文化有不同的价值理念,这导致了每个企业对责任、风险、学习、创新、变化、人才等方面有着不同的诠释和不同的行为。而这些理念也将对家族企业未来的发展产生重大的影响。

总体而言,家族企业在经历了创业阶段以后,面临的主要问题就是如何从创业结构向发展结构转换。如何依照现代公司的制度框架设计和建立现代产权制度体系,将是家族企业面临的重大发展课题。

## 5.4　Timmons 创业模型

创业活动是一个复杂的过程,为了探究这个复杂的过程,众多学者进行了大量的分析和研究。也有学者提出了具有独到见解的创业模型,对创业活动的内涵作了直观的解释。比如,William Gartner 于 1985 年在其著作《一个描述初创企业创建现象的概念框架》(Gartner: *A conceptual framework for describing the phenomenon of new venture creation*)中提出解释初创企业创建过程的 Gartner 模型;Jeffry A. Timmons 于 1999 年在他的著作《初创企业的创建:21 世纪的创业》(*New Venture Creation: New Venture Creation: Entrepreneurship for the 21st Century*)中提出的基于关键要素的 Timmons 创业模型;William A. Sahlman 于 1999 年在其著作《关于商业计划——创业风险事业的若干思考》(*Some Thoughts on Business Plan: The Entrepreneurial Venture*)中提出的强调要素之间协调性的 Sahlman 模型;以及 Philip A Wickham 在其论文《战略型创业》(*Strategic Entrepreneurship*)中提出的基于学习过程的 Wickham 创业模型。

在众多的创业模型中,不少学者认为 Timmons 模型最具解释力。该模型有三个关键的创业要素:机会、资源和创业团队(如图 5-2 所示)。

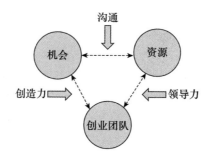

图 5-2　Timmons 创业模型

### 5.4.1 创业机会

Timmons强调商业机会在创业过程中的重要作用。他认为商机是创业成功的首要元素,因此,创业者应该投入大量的时间和精力去寻找商机。

机会之窗往往只开启一次。例如,当年盒式磁带录像机首次进入美国家庭时,为了方便人们在下班回家的路上买到电影录像带,需要在便利地段开设录像带商店。因此,大量录像带零售点开设在了主要街道和购物中心,它们通常都是独营店。随后,录像带销售渠道发生了变化,美国的录像带连锁店逐渐兴起,超市与杂货连锁店也进入了这个市场。当各个便利地段已有许多大型竞争对手时,开设一家独立录像带零售店的机会之窗已经关闭。

有的时候,机会的确就在眼前,但是机会之窗开启的时间十分短暂。这种情况下所有的创意就可能只是一种短暂的消费时尚,很快就会烟消云散。只有技巧高超的创业家才能从消费时尚中获益。比如,一个叫露西(Lucy)的美国女性,在波士顿的一家商场中出售画有心型图案的各式鞋带时,货架上的商品很快就被抢购一空,孩子们成为这种产品的狂热支持者。于是商店开始大量进货。但是,不久之后需求量突然直线下降,商店和厂商的存货大量积压。对于大多数创业者来说,他们无法准确地把握开启时间十分短暂的机会之窗,其结果是错过了商机。

### 5.4.2 创业资源

Timmons认为资源是创业过程不可或缺的支撑要素。成功的创业者应该追求对资源的有效利用和控制,而不是对资源的贪婪拥有。为了合理利用和控制资源,创业者往往要制定设计精巧、用资谨慎的创业战略,这种战略对创业具有极其重要的意义。

### 5.4.3 创业团队

Timmons认为在创业初期,创业者的重点应该放在组建创业团队方面。创业团队必须具备善于学习、从容应对逆境的品格,以及创造能力、沟通能力和适应市场环境变化的能力。

总体来看,商业机会的发掘和选择是创业活动的首要要素;创业资源是创业活动不可缺少的支撑要素;而创业团队则是实现创业目标的核心要素。一流的创意加上二流的团队是不可能成功的,同样,无论创意与团队多么完美,如果缺乏恰当的资源,创业活动也注定失败。成功的创业活动必须对机会、团队和资源三者进行最适当的整合,并且还要根据创业活动重心的变化及时做出调整,以达到创业过程重新恢复平衡,保持三要素间的动态性、连续性和互动性。

## 5.5 选择商业模式

### 5.5.1 什么是商业模式

对于创业者来说，了解什么是商业模式应该是件非常重要的事情。商业模式的概念早在20世纪50年代就已经出现了，但只是在20世纪90年代才开始被广为关注。管理大师彼得·德鲁克曾经说过：当今企业之间的竞争，不是产品之间的竞争，而是商业模式之间的竞争。这句经典的概括突显了商业模式在企业创建过程中的重要程度。无论是即将进入某个领域的创业者，还是资本市场叱咤风云的风险投资家，他们都会对商业模式给予最高等级的关注，因为商业模式与企业的成功或失败息息相关。

实际上，理解什么是商业模式并非难事，但是，构建一个成功的商业模式却非易事。在解释什么是商业模式时，我们套用硅谷风险投资人的一段经典描述：1美元途经一家公司后变为1.1美元，商业模式就是解释这个0.1美元是从哪里来的。世界上有大大小小的万千企业，每家企业都有自己的商业模式。在解释什么是商业模式之前，我们不妨先看看这些企业是通过什么途径获得商业的成功。

- 可口可乐——出售有独特配方的饮料。
- 苹果公司——出售时尚、高端电子产品以及配套应用软件。
- 耐克——出售具有时尚设计风格的运动服装。
- 全聚德——卖好吃的北京烤鸭。
- 亚马逊——打破传统模式，在网上书店卖书。
- 戴尔——靠直销模式出售电脑。
- 淘宝网——建立了网上零售王国。
- 携程网——提供在线旅游服务。
- 星巴克——出售现场研磨咖啡和时尚文化。
- 雀巢——出售方便的速溶咖啡。
- 分众传媒——出售写字楼电梯广告。
- 7-days酒店——提供经济型客房。
- 迪士尼——出售快乐体验。

上述这些企业的经营为我们了解商业模式提供了一个简单的思路：你提供的是什么产品或服务？你的顾客是谁？你如何将价值传递给顾客？你的利润如何被创造出来？实际上，它展示的是一家企业创造价值的结构设计图，描述的是企业通过什么途径或方式来获取利润。概括地说，商业模式就是为了实现客户价值最大化，将企业的内外要素整合起来，形成一个完整、高效、具有独特核心竞争力的运行系统，并通过提供产品和服务使系统持续达成赢利目标的整体解决方案。它描述的是企业创造价值、传递价值和获取价值的一整套路径。更通俗地讲，商业模式就是在描述企业如何做生意。

美国迪士尼公司的盈利模式可以帮助我们很好地理解利润是如何创造出来的。迪士尼的经营宗旨是向顾客传递欢乐,并通过这个过程创造公司的价值。迪士尼获得利润的渠道不仅仅是制造几部想象力丰富的卡通电影,它的巨大成功还在于将影片中的不同形象以不同的方式包装起来,使米老鼠、白雪公主和美人鱼不仅出现在电影中,还在银幕以外的书刊、服装、食品包装、背包、手表、香水瓶、午餐盒或巧克力造型上出现,其主题公园和专卖店也在很大程度上强化了影片中的卡通形象并成为公司获取利润的重要渠道。我们看到,当孩子或大人们购买这些传递欢乐的产品的同时,他们也欣然地将自己口袋里大把的钞票扔进迪士尼的利润池中。这种将利润渠道无限延伸的商业模式就是迪士尼取得成功的关键,同时这种模式也成为把竞争对手挡在商业卡通帝国之外的难以逾越的壁垒。这就是商业模式的力量。

总之,不管是服务型企业还是制造型企业,或是新型的网络企业,只要有利润产生的地方,就有商业模式的存在。随着商业模式的不断演变,今天的很多企业已经远离了传统的店铺经营,技术的进步大大拓宽了企业商业模式的创新空间。商业模式的创新使企业以更低的成本、更快的速度、更优的质量服务于数量更多的顾客,这是企业未来发展的必然趋势。

### 5.5.2 商业模式要素

对商业模式有着深度研究的瑞士学者 Alexander Osterwalder 在描述什么是商业模式时指出,商业模式就是商业逻辑的简单化呈现。它描述的是一家企业向顾客提供什么产品,如何找到顾客并与之建立关系,通过哪些资源、活动以及合作伙伴来达成这一切,以及企业是如何赚得收入的。他提出了以下构架商业模式的九个重要元素(如图5-3所示)。

(1) 价值主张(Value Proposition)。

价值主张是企业为满足特定客户需要而提供的产品和服务。价值主张是决定客户选择某家企业而放弃其他企业的关键原因。价值主张可以通过新颖、设计、性能、品牌、较低价格、成本削减、便利性等来实现。企业通过其价值主张去迎合特定客户群的需求,并借此创造价值。

(2) 客户细分(Customer Segment)。

客户细分就是企业打算去接触和服务的、有着明显特征的客户群。

客户是商业模式的核心。在设计商业模式的过程中,客户是企业首要考虑的要素。为了更好地将现有资源服务于目标客户,企业需要做出判断和选择:即在有着不同需求的客户群中,该服务于哪些客户?以此锁定自己的细分客户群。细分客户是企业最重要的目标客户,企业为这些客户提供价值,同时也在满足这些细分客户需求的过程中为自身创造价值。

(3) 分销渠道(Channels)。

分销渠道是企业将产品和服务推介或转移给终端消费者时所历经的各种途径。分销渠道是企业向细分客户提供价值主张的重要路径。畅通而有效的渠道可以帮助企业向客户传递价值主张,提升企业产品和服务在客户中的认知度,并帮助客户找到购买企业产品或服务的渠道,为客户提供有效的售后支持。分销渠道的贡献在于为客户创造令人满意的产品体验,同时为企业带来最大化收益。

(4) 客户关系(Customer Relationships)。

客户关系是企业同特定客户群建立的各种联系。

企业的客户关系具有多样性。这种关系可以是简单的通信关系、交易关系,也可以是进一步的优先关注关系,甚至是合作关系或战略联盟关系。当企业的客户关系向纵深发展时,其客户关系的实质内涵就从早期的价值分配转变为后期的新价值创造。当然,所有关系的建立都需要资源和成本,企业在构建客户关系的同时也要去评估每种关系的构建成本以及它所带来的价值程度。

(5) 关键业务(Key Activities)。

关键业务是指企业为确保其商业模式的成功而必须从事的重要业务活动。

任何商业模式的实施都需要多种关键业务活动的支撑。这些关键业务活动是企业提供价值主张、接触市场、建立客户关系以及获取收入的重要基础。不同企业在实施不同的商业模式时,其关键业务活动也是各不相同的。比如,麦当劳的关键业务是制作汉堡;微软公司的关键业务是开发软件;而迪斯尼的关键业务是提供快乐体验。关键业务活动是企业成功实施商业模式的重要保证。

(6) 核心资源(Key Resource)。

核心资源是企业维持其商业模式运转所必需的关键资源。

企业的核心资源是相对于企业的基础资源而言的。企业的基础资源一般由土地、厂房、机器设备等有形资源构成。它们是企业发展的基础,是企业创造价值的必备资源。企业的基础资源虽然十分重要,但是它们是通过核心资源发挥作用的。企业的核心资源一般由人才、品牌、知识产权等无形资源构成,它们决定着企业的竞争能力和持续创造价值的能力。对企业来说,商业模式的维持是靠基础资源的支撑,而商业模式的成功则是靠核心资源的贡献。

(7) 重要伙伴(Key Partnerships)。

重要伙伴是指企业为使商业模式有效运作所需的供应商及合作伙伴关系。

为了抵御来自市场的竞争压力,越来越多的企业开始精心打造自己的合作网络。合作关系正日益成为许多商业模式的基石。企业的合作关系可以是非竞争性的战略联盟关系,也可以是与竞争者建立的竞合关系,或是为拓展新业务而建立的合资关系以及为保障原料供应而建立的供应商合作关系。这些重要关系的建立帮助企业优化商业模式、降低市场风险和竞争成本,并最大限度地获取关键性资源。

(8) 成本结构(Cost Structure)。

成本结构是指企业在运作商业模式过程中对其所投入成本的全盘描述。

在实施商业模式过程中,企业对成本的强调程度是不同的。由此我们在现实中可以发现两类具有代表性的商业模式:一类是成本驱动型的商业模式,这种模式追求流程中每个环节都尽可能降低成本,向客户提供低成本、低价格的价值主张,并通过标准化、自动化以及业务外包来实现,比如经济型酒店所实施的商业模式;另一类是价值驱动型的商业模式,这种模式不太关注成本的影响,而是专注于创造价值。企业向客户提供高端的、独特的和增值的价值主张,并通过高度个性化服务或差异化服务来实现,比如豪华型酒店所沿用的商业模式。

（9）收入来源（Revenue Streams）。

收入来源是指企业获得收入的途径。

对于任何一种商业模式，如果客户是心脏的话，那么，收入来源则代表着性命攸关的动脉血管。一般来说，企业的商业模式不同，其获得收入的途径也会不同。一种商业模式可以通过一次性支付获得交易收入，也可以通过为客户提供经常性或持续性服务而获得经常性或持续性收入。比如，快餐企业通过出售一次性快餐获得收入；电讯企业通过为客户提供阶段性的电讯服务而获得持续的收入。健身俱乐部通过会员制获得阶段性收入；租车行则是通过单日或多日的租车服务获得收入。收入来源是保证商业模式成功的关键元素。当然，创业者在考虑收入来源时也应该意识到，收入来源固然重要，但它仍然是建立在优质产品或服务的基础上的。当企业不能为客户提供积极的价值主张时，其收入管道也将逐渐萎缩，最终导致企业生命的终结。

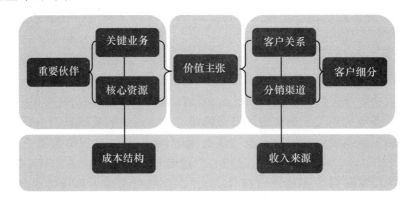

图 5-3　商业模式中的重要元素

## 5.5.3　成功商业模式的特征

对于一个初创企业，它对商业模式的选择决定了企业未来盈利的路径、盈利的程度以及盈利的持久性。好的商业模式，可以使企业在满足客户需求的同时也能最大限度地获得高额的商业利润。因此，创业者在启动创业项目时，除了考虑创业想法、启动资金、创业伙伴等问题外，还要严肃地去思考应该选择怎样的商业模式。成功的商业模式具有以下三个特征。

（1）能够提供独特价值。

这个独特价值更多时候可能是独特的产品和服务。但是除此之外，也可能是新思想、新渠道、新流程，或是独特价值的组合。不管这个独特价值以何种形式出现，其结果都是向客户输送特别的利益和价值，使客户得到其他企业所不能给予的好处。

（2）商业模式是难以模仿的。

企业通过确立自己与众不同的风格，来提高行业的进入门槛，从而保证利润来源不受侵犯。比如，直销模式。但是仅凭"直销"一点，还不能称其为一个商业模式，人人都知道其如何运作，也都知道戴尔公司是直销的标杆，但很难复制戴尔的模式，原因在于"直销"的背后，是一整套完整的、极难复制的资源和生产流程。

(3) 成功的商业模式是可持续的。

通过某种商业模式使企业获利,这个并不难做到。但是考验一个商业模式是否成功,还要看这种模式是否具有持久的盈利能力。当人们提到可持续性时,只联想到企业生态环境的可持续性,这是片面的理解,实际上商业领域中的企业都应强调可持续性这个理念。

## 5.6　组建创业团队

### 5.6.1　群体/团队

什么是群体(Group)？什么是团队(Team)？在中文的语义里似乎很难分清二者的区别。看看下面的描述,你认为他们是群体还是团队？
- 傍晚时分,一队蚂蚁有序地走在觅食的路上。
- 《西游记》中排除重重困难去西天取经的师徒四人。
- 几个好友相约组团去马尔代夫一起看海。
- 汨罗江上准备出发的龙舟队。
- 大学的登山协会成员。
- 著名的NBA球队——洛杉矶湖人队(L. A. Lakers)。

在现实中,人们可能会认为群体与团队这两个概念可以交替使用。但实际上,群体不等于团队,他们是有区别的。通常情况下,群体的形成要比团队的形成容易得多。

群体可定义为：为了实现某个特定目标而由三个以上有着相互关联的个体组成的集合体。团队是指一种为了实现某一目标而由相互协作的个体所组成的正式群体。

团队与群体有着一定的联系,团队本身出自于群体,但是团队又不等于群体。团队与群体最重要的区别就是：在团队中,个人所做的贡献是互补的,而在群体中,成员之间的工作在很大程度上是可以互换的。我们从表5-7中可以看出群体与团队的不同特点。

表 5-7　群体与团队的特点区别

| 群体 | 团队 |
| --- | --- |
| 是基于某个目的的自然的组合 | 是基于某个目标的精神的聚合 |
| 个体更关注个人目标 | 成员更关注团队目标 |
| 个体间相互依赖性弱 | 成员间相互依赖、协作性强 |
| 个体对目标缺乏执着的认同和追求 | 成员对目标有执着的认同和追求 |
| 个体间缺乏信任,不同意见的表达被视为不和或分歧 | 成员间彼此信任,鼓励表达不同见解和个人观点 |
| 个体说话时谨小慎微,怕得罪他人 | 成员间坦诚相待,努力相互理解 |
| 认为置身于矛盾和争论中,无法解决 | 视争论为人类的正常沟通,把争论看作是产生新思想和新创意的机会 |

## 5.6.2 创业团队

在人们传统的意识中常常认为,创业是一种个体行为,是一场孤独勇士的商业战斗。但是当我们回看历史时发现,很多伟大公司都是由志同道合的创业伙伴共同打造而成的。1939年,比尔·休利(Bill Hewlett)与戴维·帕卡(Dave Packard)在车库里创办了他们的合伙企业——惠普公司,谁能想到,这个以他们名字命名的小公司会成为今天的行业巨人。1947年,维尔纳·冯·西门子(Werner von Siemens)和乔治·哈尔斯克(George Halske)创建了西门子公司,后来这间名不见经传的小公司成长为世界上最大的电气工程和电子公司之一。此外,苹果、谷歌、英特尔等著名公司的诞生都是合作伙伴共同携手的结果。由2人组合的伙伴是创业启动时规模最小的创业团队。

创业团队就是在创业初期(包括企业成立前和成立早期),由一群才能互补、责任共担、愿为共同的创业目标而奋斗的人所组成的特殊群体。越来越多的研究表明,在把商业机会转变为盈利实体的过程中,创业团队比个体创业者成功的可能性更大。托马斯·埃斯布罗(Thomas Astebro)和卡洛斯·希拉诺(Carlos J. Serrano)2011年的研究显示,从项目的商业化程度来看,团队创业是个体创业的5倍;从项目的收益来看,团队创业是个体创业收益的5倍[1]。对于风险投资人来说,他们也有两种投资倾向:一是愿意选择成长性高的团队创业型企业而不是成长性缓慢的个人创业型企业作为投资目标;二是宁可选择一流的团队、二流的项目作为投资对象,也不愿把资金投向一流的项目、二流的团队。

对于一个初创企业来说,团队建设应该是创业者思考的重心或焦点。没有团队的创业不一定会失败,但要创建一个没有团队而又具有高成长性的企业却是不大可能的事情。尤其是在21世纪的今天,个人英雄主义已经不是这个时代的典型特征了,孤独的创业者在复杂多变的市场环境中生存下来的希望非常渺茫。而只有卓有成效的创业团队以及充满智慧和能量的团队精神才最能代表这个时代的特征,才最有可能引领企业走向成功。

## 5.6.3 团队中的几个重要管理角色

当人们问起有经验的企业家或风险投资人"是什么造就了成功的企业"时,他们通常会说"一支卓越的团队"。所以,当你怀揣很好的创业想法,并打算投身创业时,你最先思考的事情恐怕就是和谁一起创业。在创业初期,创业者可能都会以单打独斗的方式去应付各项业务琐事,因为这是最符合成本效益的做法。但随着业务的进展,创业者会发现无论是精力还是知识技能,都不足以支撑自己继续走下去,必须组建团队来协助自己完成会计、营销、销售、运营等一系列关键业务,只有这样才有希望把企业带到一个新的水平。在组建创业团队

---

[1] BUSINESS PARTNERS, FINANCING, AND THE COMMERCIALIZATION OF INVENTIONS Thomas Astebro, Carlos J. Serrano. Working Paper 17181. http://www.nber.org/papers/w17181

的时候,创业者需要考虑由谁来担当以下重要角色。

(1) 首席执行官(CEO——Chief Executive Officer)。

实际上,执行官这个头衔就是团队成员的领军人物,全面负责企业的经营及管理,对公司的一切重大经营事项进行决策。CEO必须具备战略思维能力,能够预测市场的发展趋势并在关键时刻对企业的战略方向做出最佳选择。当然,CEO还应该具备另一种关键技能,那就是雇用能人、组建高水平管理团队的能力。一般来说,创业者本人在创建初创企业时常常以CEO的身份成为企业的掌门人。例如,Microsoft的比尔·盖茨、Facebook的扎克伯格以及Apple的乔布斯,他们既是最伟大的创业者,也是最优秀的CEO。他们以独特的视野、敏锐的洞察力和永远的创新精神引领自己的企业成为行业的领导者,他们自身也因卓越的才华成为企业的灵魂人物。当然,不是所有的创业者都是天生的CEO,他们需要在不断的锤炼中才能成为优秀的掌舵人。

(2) 首席运营官(COO——Chief Operating Officer)。

首席运营官主要负责企业的日常运营活动,对CEO负责,辅助CEO的工作。他们需要具备很强的系统性指挥能力,以便应对复杂的操作细节或棘手的突发事件。比如作为全球第一大快递公司的美国UPS公司每天要面对全球790万客户,将1500万件包裹和文件运往全球200多个国家和地区。公司还要管理88 000辆包裹运输车、有篷货车、拖拉机、摩托车以及200多架自有运输喷气飞机、300多架租赁飞机以及700多个国内国际机场。尤其在圣诞节前两个星期,他们要将30亿件包裹送达顾客手中,很难想象,如此庞大的业务量如果缺少了运营官的全盘操控,公司会是什么样?包裹会送到哪里?顾客的表情又会是什么样?首席运营官必须精确地把控业务流程中的每个环节,以确保业务日复一日顺利地继续下去,使整个组织高效率地运转。

(3) 首席财务总监(CFO——Chief Financial Officer)。

财务总监是企业的财务大管家,全面负责公司的财务管理,包括成本管理、预算管理、会计核算、会计监督、存货控制等方面工作。他们协助CEO制定企业的融资策略,并且对每笔投资的方向进行严格的把控。他们会协助CEO做出租赁或还是购买的决策。他们也会敏锐地找出哪些客户、哪些业务或者哪些产品线是盈利的。资金是企业的血液,在创业中,现金流量就是一切。初创企业一定要找一位能很好地管理现金流的人,那个人就是CFO。

(4) 首席营销总监(CMO——Chief Marketing Officer)。

首席营销总监是企业营销部门的最高统帅。他们全面负责企业的所有营销工作,比如寻找市场机会、确定市场营销战略并贯彻战略的行动计划。营销总监在企业中的地位非同一般。他们的决策往往决定了企业的输赢,因为现今的许多商战就是营销之战。因此,初创企业必须要找一个得力的营销总监以确保企业准确定位产品、争取经销商以及激发客户对企业产品的热情。

(5) 首席技术执行官(CTO——Chief Technology Officer)。

首席技术执行官是企业中的高级主管职位之一,全面负责技术、研发等工作。尤其对高科技行业而言,其在很大程度上依赖于技术的开发和应用。CTO的主要职责是带着前瞻性

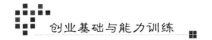

的眼光,组织技术人员为企业设计新一代产品,或通过对技术趋势的判断,组织人员进行新技术的研发,负责把所有相关的资源都管理起来,按时完成项目,并对公司下一步的技术发展方向进行研究、探讨,做出判断并帮助 CEO 做出决策。

### 5.6.4 优秀创业团队的特征

俗话说,罗马不是一天建成的。同样,罗马也不是一个人建成的。每一个创业者都不是仅凭个人的力量就能完成新公司的创建。他们需要一批志同道合的伙伴组成团队,并靠团队的力量去打造一个初创企业。优秀的团队会表现出以下几个特征:

（1）承诺。

承诺常常是在困难环境或不充分条件下对未来目标的一种憧憬和许诺。优秀团队意味着每个团队成员都会承诺坚守团队的目标,并且愿意付出艰辛和努力去实现这个目标。

（2）技能。

优秀团队中的每个成员都具有所需的技能,以支撑团队完成各项任务,并达成最终的目标。

（3）沟通。

优秀团队的成员具备良好的沟通能力,他们不但能清楚地表达自己的想法,而且会积极地倾听别人的意见。沟通能帮助成员之间获取信息、交换想法、化解矛盾、降低管理成本,最终促使合作的效率最大化。

（4）合作。

优秀团队成员之间会默契地配合,很好地完成工作。他们会在自我利益和团队利益之间做出正确的选择,愿意接受有利于团队利益的决策。优秀团队成员会通过积极地达成团队目标来实现个体目标。

（5）创造力。

优秀的团队不仅仅是任务型团队——以完成任务为导向,他们还是创造型团队。他们会从不同的视角思考问题,并积极尝试做事情的新方法。

## 5.7 为你的公司注册

对于创业者来说,当创业想法思考成熟后,他们要做的最重要的事情就是为自己未来的企业注册。注册日就像婴儿出生日一样,它标志着一个初创企业的诞生。下面我们来看看一个初创企业在注册时需要完成哪些步骤(如表 5-8 所示)。

表 5-8　注册企业的步骤

| 步骤 | 注册准备 |
|---|---|
| 1 | **确定初创企业的法律属性**<br>一般来说,初创企业的法律属性会有几种选择:个人独资企业、合伙企业或有限责任公司、股份有限公司。这些具有不同法律属性的企业在注册资金、注册程序、纳税要求、法律责任以及人员组成等方面都有不同的规定。因此,在企业注册时首先要把企业的法律属性确定下来 |
| 2 | **做好注册准备**<br>在注册准备中,创业者需要做以下几件事情:<br>——租房:在合适的地点租借店铺或办公用房<br>——编写公司章程:在工商部门网站上下载公司章程模版,并根据新公司情况,编写公司章程,并由所有股东签字通过<br>——刻章:前往专业刻章机构刻一套章:公章、私人章、财务章、法人章、合同章,以备日后之用 |
| 3 | **核准企业名称**<br>在这个步骤中,创业者要为企业命名并由工商部门对企业的名称进行审核,以保证该命名不会与其他企业重名 |
| 4 | **领取银行询征函**<br>前往某家会计师事务所领取银行询征函。其目的是用以验证该初创企业的银行存款与借款、投资人(股东)出资情况以及担保、承诺、信用证等其他事项是否真实、合法和完整 |
| 5 | **开立公司验资户**<br>企业在申请开业前,要委托注册会计师对其注册资本的实收情况进行审验。在验资前,业主要带上公司章程、工商部门的核名通知、私人印章、身份证、用于验资的钱以及询征函表格,到银行去开立公司账户。开户后,各股东按自己的出资额向公司账户存入相应的资金。银行会发给每个股东缴款单,并在询征函上盖银行的章 |
| 6 | **办理验资报告**<br>业主携带银行出具的股东缴款单、银行盖章后的询征函,以及公司章程、核名通知、房租合同、房产证复印件等到会计师事务所办理验资报告 |
| 7 | **领取执照**<br>业主到工商局领取开业登记的各种表格,连同办理验资报告时的文件和手续费用一起交给工商部门。几个工作日后可领取执照 |
| 8 | **注册后要做的事情**<br>——到公安局指定的刻章社,去刻公章、财务章<br>——凭营业执照到技术监督局办理组织机构代码证<br>——凭营业执照、组织机构代码证,去银行开立基本账号<br>——办理税务登记<br>——申领发票 |

## 案例讨论

### 案例一：45岁英国辣妈创业做潮包

养孩子的压力令单亲妈妈罗琳因《哈利波特》一夜成名；而哈利波特中霍格沃茨魔法学校又激发了另一位立志送女儿读昂贵私校的英国妈妈制作"剑桥包"的灵感。

2008年，一位生活在英国剑桥的45岁的妈妈和她的母亲在厨房里聊家常，聊到传统的剑桥学生包（Cambridge Satchel）时，母女俩都认为这或许可以成为创业的好点子。就这样，这位剑桥母亲利用600英镑的有限预算建起了自己的小公司，专门生产她"想象中"哈利波特中霍格沃茨魔法学校的学生大概都会背的双搭扣挎包。

在迪恩看来，"剑桥包"就是一款哈利波特中霍格沃茨魔法学校的学生大概会用的书包，亮点就是浓浓的英伦风情。为了寻找生产商，她在eBay上搜索，在一些老旧的校服制工作坊里寻觅，最终，有个已经退休的手工艺人承诺给她做个样本出来。

在英国这个金融大都市，从事制造和经营手工作坊的人已经越来越少。在投资银行的金融泡沫冲击之下，任何的实体经济都显得弱小而不堪一击，而从制造业着手来创业更是令人不屑。恰恰与社会主流相反，迪恩没有采用任何外部融资渠道，启动资金也仅有可怜的600英镑。她先花掉了70英镑用于印制彩页，分发在小商店、诊所和学校来获取订单。迪恩的心态很好：如果实验失败，我就去找份工作。

她学着自己来建一个网站，设计商标。她认为"就是因为预算有限，你才会更加具有创新性，所谓创新，其实就意味着你不是通过拷贝别人已经尝试的生意去赚钱"。

这个学生气十足的挎包主要是受到了一群20岁上下的年轻博主的青睐，他们开始成为这一"妈妈创意"的免费市场推广者，而网络上的火爆又引发了时尚界的重视。不知不觉中，这款产品还走出英国，走向世界，其中包括中国。这个包的设计一开始是针对中小学生的，却没想到歪打正着进了时尚圈。

6个月之后，这个以厨房为办公室的"家庭作坊"已经销售了价值3万英镑的剑桥包，甚至引来媒体的广泛关注。在第一年年末，公司的销售额已经达到20万英镑。迪恩的商业逻辑很清晰："我们依然十分小心，并没有和任何大商场合作，因为那就意味着你永远都要等着这些商场付账。对我来说，及时拿到回款非常重要，每个人都在等着用钱。"

4年后,剑桥包的生意扩容到每月营业额都能达到100万英镑,其中一半的销售来自于海外,甚至像好莱坞巨星安吉丽娜·朱莉,流行巨星Lady Gaga和Justin Bieber也成了剑桥包的爱好者。

至今为止,剑桥包依然坚持"英国制造"。其中,建于英国莱斯特的工厂可以生产一半销量的剑桥包。坚持本土生产是因为迪恩无法想象她的包在一个她没去过的国家,由一群没见过的工人生产。这位45岁的母亲正在突破对现代社会的挑战。例如,她认为那些仅因为成本因素而将生产基地移师海外的公司根本没意识到他们失去了最宝贵的"社区精神";她认为生意本身在于团队合作,而不仅是一纸合同。

眼下,迪恩认为她最大的难题就是如何留住老员工,并找一间更大的工厂,以招收学徒。她认为招有激情的新人不是问题,哪怕这些人并没有完美的背景,只要态度正确,就会成功。

(资料来源: http://finance.sina.com.cn/world/ozjj/20121101/174713553080.shtml)

**小组讨论:**
(1) 哪些因素促使迪恩创办自己的小公司?
(2) 请对迪恩的"剑桥包"的商业机会进行分析。
(3) 迪恩是否还有其他途径来组建自己的小公司?

## 案例二:85℃:喝咖啡的最佳温度

85度C是一家来自台湾的连锁咖啡店。老板的名字叫吴政学。他开过发廊、鞋底工厂和装修公司,而85度C是他创办最成功的一家企业。

85度C连锁咖啡店创建于2004年。起初,85度C只在台北市郊有一家门面,而如今,该品牌已经在全台湾拥有300多家店面,并已扩张至大陆,甚至在澳大利亚和美国也开了几家分店。2010年,85度C以美食达人(Gourmet Master)为名,在台湾证交所上市。

创立85度C的念头,是吴政学与一些同事在台北君悦大饭店(Grand Hyatt)喝下午茶的时候萌发的。他说:"东西非常美味,但价钱对于大多数人来说确实难以承受。"于是,他开始思索,是否有可能提供和五星级酒店一样水准的糕点和咖啡,价格却只有其一半。吴政学从"买得起的奢侈品"中看到了商机,由此创建了85度C。店名源自吴政学的一个理念:即85摄氏度是饮用咖啡的最佳温度。

吴政学从台湾顶级酒店雇来糕点师和面包师,制作85度C特有的、与众不同的面包和蛋糕,例如墨鱼汁面包,以及用葡萄酵母制作的面包。他的宗旨是保证价格合理的同时,通过标准化大规模生产,确保食品不失新鲜。所有生面团都在中央厨房内备好并冷冻,再运至各个店面烘烤。

吴政学对85度C最大的投资也是最大的挑战就是员工招聘和管理。"餐饮公司最大的难题在于人员管理……你该如何培训他们?这不像是在工厂,每个人都干着同样的事情。"在大陆,这个挑战尤其突出。在那里,由于各家店面的地理位置相隔甚远,85度C一直奉行直营策略,而不是通过特许经营。

由于不懂如何为咖啡连锁店培训没有经验的员工,吴政学决定模仿肯德基和麦当劳,制定非常具体的操作指南,应用于所有店面。他还从肯德基和麦当劳挖人。他表示,肯德基和麦当劳刚进入大陆时,那里还没多少训练有素的餐饮员工。正是麦当劳和肯德基培训了大量的懂餐饮业务的员工。把这些员工挖过来成为自己的资深员工,这无疑是从大陆直接捡了大便宜。现在85度C已经拥有一万多名员工。

吴政学表示,虽然零售很重要,但这只是整个运作的因素之一。他正越来越关注工序和物流,例如在不断加大糕点生产规模方面的创新。

吴政学选择上市的部分原因是为了融资,以便将大陆店面数量从目前的150家左右增至计划中的1000家。与其他首次上市的企业家一样,这一步意味着一个重大改变。他说:"现在每一个人都会监督你。你必须对监管部门负责,对股东和社会负责。但为了公司的可持续经营,这是必须迈出的一步。""正因为有这么多人盯着你的公司,但凡你做错点什么,自己立刻就能知道,这样的话,你就能改进,让公司变得更好。"

(资料来源:邝彦晖.85度C:喝咖啡的最佳温度,英国《金融时报》2011年9月15日)

**小组讨论:**
(1) 85度C被称为连锁店还是特许经营店?二者有什么区别?
(2) 想一想为什么85度C一直奉行直营策略?
(3) 试分析85度C成功的原因有哪些。

### 案例三:选择盈利模式

一个企业要生存和发展就要选择一个适合自己的盈利模式,没有一个单一的特定盈利模式能够保证在各种条件下都产生优异的财务结果。美国埃森哲咨询公司对70家企业的盈利模式所做的研究分析中,没有发现一个始终正确的盈利模式,但却发现成功的盈利模式至少具有独特价值、难以模仿、脚踏实地等共同的特点。可以说,成功的盈利模式必须能够突出一个企业不同于其他企业的独特性。我们分析那些成功的企业,他们从小到大无不是创造出一种全新的适合自己的盈利模式。

- e袋洗O2O模式

O2O即Online To Offline,这种模式就是将线下市场机会与互联网相结合,让互联网成为线下交易的前台。这样线下服务就可以借助线上资源来完成。消费者在网上进行产品和服务的筛选以及在线支付,然后在线下完成对产品或服务的消费体验。e袋洗是老牌洗衣服务品牌荣昌公司推出的一项基于移动互联网的O2O洗衣服务。在传统洗衣模式下,顾客需将待洗衣物送交实体店,几天后再自行取回。而e袋洗模式下,顾客只需将待洗衣物装进指定洗衣袋里,并通过网络预约,由专人上门取件、送件,人们不出家门便完成了洗衣过程。虽然e袋洗的洗衣流程并没发生改变,它仍是基于本地实体洗衣店提供洗衣服务,但是e袋洗以线上、线下相结合的O2O模式为消费者提供方便快捷的服务,这种便捷是传统洗衣业无法提供的。

- 星巴克盈利模式的变化

星巴克咖啡在成立之初并不是现在我们耳熟能详的连锁咖啡店,而是一家专门贩卖烘焙咖啡豆的迷你连锁店。自从舒尔茨借钱买下了星巴克后,其只卖咖啡豆、而不卖咖啡饮品的传统模式发生了很大的变化。就是这样一种盈利模式的小小变化使得星巴克在全球形成了快速扩张的势头,截止到2015年,星巴克在全球已设有23 450家店铺。成为世界品牌价值成长最快速的企业,也成为典型的美国文化的象征。

- Uber盈利模式

"Uber"这家美国硅谷科技公司以其聪明的打车app而成为时下很火的公司。Uber的出现,搅乱了传统出租车行业的平静,其盈利模式是其他公司不曾有过的。按照传统的做法,乘客乘坐出租车后都会在到达目的地时支付给司机车费,一般来说,乘客支付的车费就是出租车公司唯一的收入来源。但 Uber 则不同于传统的出租车公司,它有一个与众不同的盈利模式。首先,任何私家车都有可能成为 Uber 出租车,任何人都可以成为 Uber 司机。乘客根据 Uber 车型的等级分类,支付不同金额的车费。其次,按需定价是 Uber 盈利模式中的一个重要特点。当用车需求在早高峰激增时,其每公里的车价也会自动增加。打车价格是根据市场中的供需行情来决定。另外,Uber 的盈利空间已经不再局限于传统出租车行业了,他们还提供船舶、直升机等其他交通服务。

企业经营的核心问题是盈利,盈利的核心问题是盈利模式。没有一个好的盈利模式,再好的战略和执行力都很难发挥作用。

**小组讨论:**

(1) 盈利模式与商业模式有区别吗?

(2) 在星巴克盈利模式转换中,为什么卖咖啡饮品比卖咖啡豆更赚钱?

(3) 有人说:"没有好的商业模式,产品、技术和品牌再好也没有前途。"你是否认同这种说法?

### 课堂活动

**活动一:五分钟完成任务**

1. 活动目的

通过团队合作,帮助学生思考个人与团队的关系,并认识团队的重要性。培养学生的合作意识和团队竞争意识。

2. 活动学时

5 分钟。

3. 活动环境

(1) 由活动桌椅拼成 6 个独立空间。

(2) 教室备有白板、白板笔、多媒体电脑。

4. 活动道具

教师须提前为每个小组准备好"团队任务执行表格",如表 5-9 所示。

表 5-9 团队任务执行表格

| | |
|---|---|
| 任务说明 | 这是一个团队合作的活动。将全班学生分成若干小组,每个小组 5—6 人。每个小组的任务就是互相配合,并按照 3 个要求去破译一组单词。活动的目标是让大家明白,团队合作会比单独的个体行动更能有效而快速地解决问题 |
| 目标任务 | (1) FRAMIPUPSLET<br>(2) BIARNSUAFNATS<br>(3) RCTHUESRFRIY<br>(4) IDURAFTTES<br>(5) TGRRFAIPUES |

续表

| 活动规则 | ● 所有被破译的单词都是水果的名字<br>● 这些水果名字是依次按照英文字母顺序排列的<br>● 每组乱码中都有规律 |
|---|---|
| 破译结果 | (1)<br>(2)<br>(3)<br>(4)<br>(5) |

5. 活动步骤

(1) 上课开始后,教师向学生宣布:本次课程为创业能力训练课。

(2) 教师向全班说明本次活动的目的:训练团队分工合作的能力。

(3) 将全班学生分成若干小组,每组5～6人。

(4) 教师将《团队任务执行表格》发给每个小组,并对《团队任务执行表格》的内容进行介绍。

(5) 每个小组在教师介绍活动规则后开始行动,以最快的速度破译表格中的几组单词。

(6) 将破译后的单词填入表格。

(7) 最先完成任务的小组举手明示。

(8) 教师计算活动时间,按照完成任务的时间和质量排列小组成绩。并对任务的执行情况进行总结。

(资料来源:Thomas E. Harris,John C. Sherblom. Small Group and Team Communication,3/E. Allyn & Bacon,2004)

答案:

FRAMIPUPSLET　APPLE
BIARNSUAFNATS　BANANAS
RCTHUESRFRIY　CHERRY
IDURAFTTES　DATES
TGRRFAIPUES　GRAPES

### 活动二:在大自然中寻找创意

1. 活动目的

这是一次自然界的发现之旅。学生以小组为单位,在自然界中寻找可以利用的材料,并将这些材料制作成能够被市场接受的产品。该活动在培养学生对自然界的亲和力的同时,也训练他们的想象力和把想法变成现实的设计能力和执行能力。

2. 活动学时

2小时(分成两次课完成,每次课占用1小时)。

3. 活动环境

(1) 由活动桌椅拼成6个独立空间。

(2) 教室备有白板、白板笔、多媒体电脑。

4. 活动道具

教师须要提前将野花、鹅卵石、树叶、树枝的图片(见下图)准备好,在上课开始后展示给学生。另外,教师还要提前将《创意列表》打印出若干份备用(如表5-10所示)。

道具一:自然材料图片

1 野花图片

2 鹅卵石图片

3 树枝图片

4 树叶图片

道具二:创意列表

表 5-10　创意列表

| 序号 | 材料/用途 | 野花 | 鹅卵石 | 树叶 | 树枝 |
|---|---|---|---|---|---|
| 1 | | | | | |
| 2 | | | | | |
| 3 | | | | | |
| 4 | | | | | |
| 5 | | | | | |
| 6 | | | | | |
| 7 | | | | | |
| 8 | | | | | |
| 9 | | | | | |
| 10 | | | | | |

任务:将各种自然材料的用途尽可能多地列出来。

5. 活动步骤

(1) 上课开始后,教师向学生宣布:本次课程为创业能力训练课。

(2) 教师向学生展示野花、鹅卵石、树叶及树枝的图片并介绍本次活动的目的:训练想象力。利用给定的材料,寻找最佳产品创意。

(3) 教师向学生介绍本次活动的任务:各小组根据给定的自然界中的材料,讨论一下这些材料有哪些用途?它们可以用来制作什么产品?尽可能多地想出材料的可能用途。最后确定一种最佳方案,利用该材料,制造一种产品,并对该创意过程进行描述。该小组成员需要利用课余时间完成该产品样本的制作。在下次课"产品发布会"上,派代表展示本小组的创意作品,并对该产品进行宣传。最后由老师扮演购买商的角色,对各组的产品进行评价,并决定购买哪个小组的产品。

(4) 教师在介绍完课程目的和任务后,将全班学生分成若干小组,每组约4~5人。

(5) 教师将《创意列表》发给每个小组。

(6) 各小组开始进行讨论,尽可能多地写出野花、鹅卵石、树叶及树枝的用途,并将想法列在《创意列表》上。

(7) 各小组根据列表中的用途,选择一种最具独特性、新颖性、可行性的创意想法,讨论如何将这个想法转变为市场需要的产品。

(8) 每个小组为自己的产品设计一个名称。

(9) 每个小组根据所确定的产品属性和特点设计该产品样本的制作程序。

(10) 各小组在产品样本制作程序的基础上进行分工并确定完成各工序的时间表。

(11) 教师宣布:每个小组利用课余时间,寻找自然材料,制作一个产品样本,完成从创意到产品的转化过程。特别强调,各小组要为自己设计的产品保密。

(12) 在第二次课上,以抽签的形式决定"产品发布会"的小组顺序。按照顺序,各小组代表到讲台前为大家展示本小组的产品样本,介绍产品的名称、用途、特点、目标客户等。各小组也可以利用PPT进行演示。

(13) 各小组互相评价其他小组的创意,提出自己产品的改进方案。

(14) 教师对每个小组的产品样本进行评价,并以购买商的身份最终决定向哪个小组的产品发出订单。

(15) 大家自由发言,谈谈自己参加此次创业能力训练的想法。

**活动三:头脑风暴——为它们找到新用途**

1. 活动目的

运用头脑风暴法激发学生的想象力和创造力,革新思想,突破群体思维的局限性。

2. 活动学时

0.5小时。

3. 活动环境

由活动桌椅拼成6个独立空间。教室备有白板、白板笔、多媒体电脑。

4. 活动道具

如表5-11所示。

表5-11 头脑风暴——为它们找到新用途

| 序号 | 物品 | 新用途 |
| --- | --- | --- |
| 1 | 玻璃杯 | |
| 2 | 回形针 | |
| 3 | 旧报纸 | |
| 4 | 竹子 | |
| 5 | 木屑 | |

5. 活动步骤

(1) 上课开始后,教师向学生宣布:本次课程为创业能力训练课。

(2) 将全班分成6个小组,每个组约5~6人。

(3) 教师向学生展示表5-11《头脑风暴——为它们找到新用途》。

(4) 教师向学生分派任务:以小组的形式为玻璃杯、回形针、旧报纸、竹子、木屑找到新的用途。

(5) 教师向学生提出要求:在头脑风暴过程中不论想法多么怪异,都不能批评对方,大家的新想法越多越好。

(6) 训练结束后,每个小组派代表向全班公布本小组头脑风暴的结果,说出每个物品最新颖的三个用途。

(7) 教师对活动进行总结。

### 思考与实践

1. 了解企业注册程序

以小组的形式访问本地区一家企业的业主,比如餐馆、花店、便利店等,了解业主注册企业的完整过程。并提出问题:注册中哪些环节最重要?哪些环节手续最烦琐?

2. 实体书店还有生存空间吗

以小组的形式对本地区的一家实体书店进行调研。向店主了解书店的运营状况,并思考问题:在网络书店的冲击下,实体书店是否还有继续生存的空间?

3. 发现新机会

以小组的形式对大学周边住宅小区的居民进行调查,了解他们日常生活中不方便的地方或困难,然后小组成员一起分析一下这些不便或困难背后是否能发现创业机会。请列出5个新点子。

# 模块六
## 管理你的企业

### 教学内容
员工的招聘与管理
创业者的时间管理
初创企业风险管理
供应商的管理

### 案例讨论
李杨的时间管理出什么问题啦?
失去大客户该怎么办?
爵士乐演出中的机会与风险

### 课堂活动
委派责任
王嘉的时间日程设计
挑战性的任务

### 思考与实践
供应商调查
为初创企业设计招聘广告
小组讨论:经营电影院有风险吗?

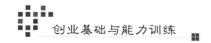

# 6.1 员工的招聘与管理

## 6.1.1 你需要的是帮手还是资源

每一个新创公司诞生时,创业者都会面临很多的困扰。除了销售额、成本、市场宣传、竞争对手、现金流、资金短缺等问题外,他们遇到的另一个更大的挑战就是新员工的招聘问题。企业为什么需要招聘员工?其理由可能很简单,因为企业需要很多帮手去完成多得数不清的事情。作为老板的创业者,雇用员工的主要理由大致如下:

- 人手不够,忙不过来
- 工作量太大,你自己无法承担
- 有一些事情是你自己不想做但非做不可的事情
- 你需要一些精通某些技术的人帮助你
- 你需要有人帮你进行营销策划
- 企业的账目必须有人打理
- 企业的产品需要有人去卖
- 存放产品的仓库需要有人去管理
- 你需要有人帮你去采买原料
- 你还需要送货的司机
- 甚至你需要有人每天打扫环境卫生

仔细地想一想,这些真的是企业需要员工的理由吗?当第一个员工被招聘进企业时,创业者就应该清楚地思考一个问题:企业需要的仅仅是一些帮手吗?

实际上,回答这个问题并非简单。对创业者来说,员工不是亲密的家人,也不是熟识的朋友,但你非常需要他们。你需要和这些员工一起将企业做大做强。如果员工真的有这个能力协助创业者实现这个目标,那么他们就不是普通的帮手。因为,

- 帮手只会服从,而不会思考
- 帮手只会维持,而不能创造
- 帮手只关注个人的利益,而不必关心企业的未来
- 帮手只会选择安全,而不会选择风险
- 帮手只想完成任务,而不会追求创新
- 帮手只能帮助维系企业的生存,而不能促进企业的成长

那么,员工到底是谁?想清楚这个问题后你会懂得,员工是创业过程中不可或缺的资源,这是企业真正需要的、能够带来价值增值的、能促成企业快速成长的资源。所以,招聘员

工不是寻找帮手的过程,而是寻找资源的过程。招聘员工也不是成本消耗的过程,而是资源投入的过程。每一个员工都是有价值的个体,伴随着企业的成长,员工不仅为企业创造价值,而且其自身的价值也应该逐渐增值。企业的发展空间取决于员工的成长空间。所以,吸引、开发、留住优秀的员工是创业者的首要任务。

### 6.1.2 初创企业招聘中的不利因素和吸引力

虽然每个初创企业都想吸引优秀的人才,但是现实是马太效应给大多数新创小企业都带来不小的困难。马太效应是指强者更强、弱者更弱的现象。与大公司、大企业相比,新创小企业在吸引优秀人才方面的确处于弱势地位。创业者希望招聘到有实力的人才,而有实力的人才常常更愿意在著名的大企业就职。于是,对很多初创企业来说,招聘员工便成为一件很棘手的事情。为了更好地解决这个矛盾,创业者在招聘员工之前要谨慎地考虑两个问题:第一,小企业对人才真的没有吸引力吗?第二,小企业在招聘方面的不利因素是什么?想清楚这两个问题,创业者就能从招聘第一个员工开始,积极地保持自身的吸引力,同时努力地克服不利因素,吸引并留住那些值得留住的人才。

(1) 初创企业招聘中的不利因素。
- 创业初期工作条件较差
- 工资福利水平较低
- 新员工的培训不足
- 较高的员工流动率会降低士气
- 激励手段不足
- 企业面临生存风险和竞争压力
- 企业未来的不确定性
- 员工的成长空间模糊

以上这些不利因素可能成为初创企业吸引人才的障碍,这些不利因素带来的结果就是新员工的流动率较高,生产率较低,忠诚度不高,企业用于不断招聘的费用较高。因此,创业者应该努力地改变自身在招聘时的弱势地位,把企业逐渐做强做大,这样才能吸引更多的有才之人。

尽管新创小企业在吸引人才方面有着诸多不利的因素,但是与大企业相比,其独特的吸引力也是大企业无法企及的。

(2) 初创企业可能存在的吸引力。
- 人际关系简单、易沟通
- 没有太多的条规约束
- 官僚化程度较低
- 个人见解易被接受
- 更容易进行创新尝试
- 有更多机会承担责任和挑战
- 升迁的机会比大企业多

● 自由的氛围有助于实现个人理想

对于许多前往小企业的应聘者来说,他们很清楚地知道,大企业的诱惑可能来自体面的工作、稳定的收入以及对权力的追求。但是与小企业的自由发展、灵活变通和独立支配命运的独特魅力相比,这些应聘者还是无法否定小企业可能带来的工作快乐和宽松的成长氛围,这些都是高度制度化和形式化的大企业所无法做到的。

### 6.1.3 哈佛人力资源管理模型

创业者在创建初创企业后在员工管理方面遇到的最大问题就是不知道如何管理员工队伍。比如招聘什么样的员工?给员工多少薪酬?管理哪些方面?控制哪些环节?如何留住员工?作为单干的创业者来说,他们只需要勇气、毅力和正确的个人决策。但是,当员工队伍随着企业的规模而不断壮大的时候,创业者们需要的就不仅仅是勇气、毅力以及正确的个人决策了,他们还需要有人力资源管理思想、管理模式和管理方法。这不仅仅是一种技能,更是一门艺术。

课堂思考①

在初创企业中,员工可能会出现哪些问题?或者你需要对员工进行哪些方面的管理和控制?请以小组的形式讨论这些问题,并把这些问题以及控制措施写在表 6-1 的空格里。

表 6-1　员工可能出现的问题

| 序号 | 员工可能出现的问题 | 需要哪些控制管理? |
| --- | --- | --- |
| 1 | | |
| 2 | | |
| 3 | | |
| 4 | | |
| 5 | | |
| 6 | | |
| 7 | | |
| 8 | | |
| 9 | | |
| 10 | | |

面对一系列的人力资源管理问题,创业者首先要做的就是了解人力资源管理框架。这个框架告诉他们在人力资源管理方面需要"管什么"以及"怎么管"。

1984 年,随着《管理人力资产》一书的出版,哈佛人力资源管理模型(Harvard model of HRM)被提出来。该模型又被称为人力资源管理软模型、哈佛人力资源管理图或者利益相关者模型。这个模型为企业的管理者提供了很好的人力资源管理框架。提出这个模型的是几位学者：Michael Beer，Richard Walton，Quinn Mills，P. Lawrence，Bert Spector。他们特别强调，人力资源政策的制定是管理员工的关键，而企业内外部环境对企业的人力资源政策的制定产生重要影响。他们指出，人力资源政策的制定需要考虑两大方面的因素（如图6-1所示）。

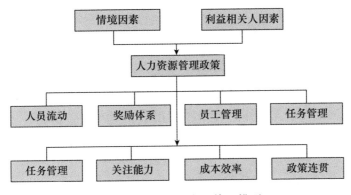

图6-1　哈佛人力资源管理模型

因素一：情境因素。主要指企业内部和外部的环境因素。它们包括：劳动力市场，社会价值观，企业战略，技术，管理哲学以及市场环境。这些外部条件都会对企业人力资源政策的形成产生影响作用。

因素二：利益相关人因素。利益相关人会影响企业的短期的人力资源政策。他们主要是指员工、工会以及政府机构。

在这两大因素作用下，企业应制定自己的人力资源政策。

1. 企业人力资源政策关注四个层面

根据哈佛人力资源模型，企业人力资源政策涵盖四个层面的内容。

（1）人员流动管理。这里是指对员工的招聘、选拔、定岗、培训、员工行为评估或业绩评价、合同终止等方面的管理。

（2）奖励体系管理。这里包括员工薪酬体系以及非物质性奖励方案的设置。

（3）员工管理。这里是指清晰定位责任、权力、等级以及授权范围。

（4）任务管理。指员工任务的界定以及团队管理。

这四个层面的内容告诉管理者，在对员工进行管理时"管什么"。

2. 人力资源管理中的4C原则

在接下来的"怎么管"问题上，哈佛人力资源模型提出了4C原则，指出在将人力资源政策运用到管理实践中时，管理者的工作要围绕以下四个方面展开。

（1）担当意识（Commitment）。企业的人力资源管理政策的制定应该有助于引导员工对企业和组织有担当意识，尽责尽力。员工的担当与尽责一方面会提升其工作业绩和对工作的忠诚度，另一方面，也会增加员工个人的自尊和价值。

（2）关注能力（Competence）。企业人力资源政策的制定应该有助于吸引、开发并留住那些知识与技能高超的人才。

（3）成本效率(Cost Effectiveness)。人力资源政策的效果应该在实践中有所体现，必须通过工资、福利、人员流动、缺勤、罢工等指标来进行评价。

（4）政策连贯(Congruence)。人力资源政策的制定要有政策的连贯性并与企业的经营方向保持一致。

### 6.1.4 员工管理的六个关键环节

在员工的招聘与管理问题上，创业者需要做出一些关键性的决策。比如，需要为哪些岗位招聘员工？谁是作哪项工作的最佳人选？应该选择什么招聘渠道？企业应该怎样关心这些被招进的员工？对于这些关键环节，企业的管理者应该关注以下几个环节。

（1）选择合适的员工。

当初创企业建立之时，企业内的不同岗位需要有不同类型的员工填充。但是，在创业初期资金有限的情况下，创业者必须懂得要优先为最重要的岗位招聘最合适的员工。另外，作为小企业的业主，他们还可以考虑雇用兼职员工还是全职员工。全职员工能更快地了解企业，并且通常愿意承担更多的责任。他们能在熟练的基础上提升企业的生产率，或者带来销售收入的稳步增长。但是，雇用全职员工会比雇用兼职员工投入更多的成本和费用，比如劳动报酬、培训费用、福利待遇等。值得注意的是，很多小型企业犯的最大错误就是在创业早期雇用了太多的员工，其结果是企业的人工成本过高，而盈利程度远不能担负在人员投入上的负担。

（2）寻找合适的招聘渠道。

从传统的招聘渠道来看，大中型企业常常通过地方性报纸和杂志来招聘雇员。对于小企业业主来说，这些方法往往成本较高，而且需要的周期较长。因此，小企业应该考虑使用成本不太高的方法进行招聘，比如网络招聘。借助专业的求职网站或企业自身的网站发布招聘信息，可以达到反馈速度快、成本低廉、候选人数量多的效果。此外，小企业还可以广泛运用朋友推荐、雇员推荐等方法。这些方法的好处就是成本很低，对候选对象有足够的了解，可以减少招聘质量不理想的风险。

目前，国外越来越流行一种员工雇用形式，那就是外包雇员。即当小企业没有做好招聘准备但又面临繁重的工作负荷压力时，企业可以考虑外包助手的方式解决企业人员紧张的局面。这个外包助手应该有能力为企业提供一些管理、创新或技术支持。或者根据企业的要求通过网络在线的形式为企业处理一些信息或数据，以这种方式聘用的雇员也被称为虚拟助手或虚拟雇员。

（3）让员工与工作相匹配。

在小企业聘用第一个员工之前，业主应该想清楚两个问题：你的招聘需求是什么？被招聘的员工适合扮演什么角色？最理想的状态应该是在合适的时间让合适的员工就职于合适的岗位履行合适的职责。为了达到这个理想状态，初创企业的管理者需要对每个岗位进行职位描述并提出相应的工作规范。所谓职位描述就是以书面叙述的方式来说明工作中需要从事的活动，以及工作中所使用的设备和工作条件信息。——即工作的内容是什么？而工作规范是用来说明对承担这项工作的员工所必须具有的特定技能、工作知识、能力和其他身体和个人特征的最低要求。——即雇用什么样的人来从事这项工作。

在小企业的成长过程中,员工管理是一件相当复杂的事情。让员工与工作相匹配的目的就是使企业减少管理成本、提高工作效率、激发员工热情和留住关键人才。

(4) 培训你的员工。

当企业的管理者大谈关注员工的成长,但却没给员工提供足够的培训时间和培训机会时,这个企业就是个有问题的企业。很多企业不愿意对员工进行培训的主要理由就是认为培训会提升成本。这是一个错误的认识。实际上,正确的认识是:把钱花在员工身上,帮助他们更新知识、提高技能或是开阔眼界,这个培训过程是企业的投资过程而不是成本消耗的过程。对初创企业的管理者来说,需要在四个方面进行思考和决策:

- 哪些关键岗位是培训重点?
- 对哪些员工进行培训?
- 员工在培训中需要学习哪些内容?
- 培训是否达到既定目标?

一旦明确了培训方向后,管理者就可以具体设计培训计划。培训对企业而言意味着提高竞争力和劳动生产率,同时也是鼓励创新和留住人才的重要手段。而对员工来说,培训意味着得到重视、开拓成长空间以及努力工作的回报。

(5) 激励你的员工。

所谓员工激励就是指通过有形和无形的奖励,使员工保持工作的热情、对企业的忠诚和不断进取的信心。有形的奖励常常是指奖金、奖品、股票期权等物质形式的奖励。很多企业往往将激励员工的方式单纯地看作物质上的奖赏。但实际上,有形的奖励只是激励手段的一个方面。有的时候,无形的奖励或非物质奖励对员工的激励程度会更大。这里的无形的奖励包括认可、赞美、信任、委以重任、培训、晋升机会和授权。企业的管理者要学会向员工表达欣赏或赞美之意,这可能比有形的奖赏更能带来事半功倍的效果。

(6) 关注员工的福利。

员工福利是企业为改善员工生活而提供的一些方便或利益。这里的福利不仅包括三险一金,还包括带薪休假、加班付酬、子女入托以及优惠的婚假和产假等。其中,三险一金不仅是留住人才的重要手段,也是国家法律的明确要求。这里的三险一金是指:养老保险金、医疗保险金、失业保险金和住房公积金。

# 6.2 创业者的时间管理

## 6.2.1 时间是重要的竞争因素

人们常说,时间就是金钱。但在现实中,人们常会仔细考虑如何使用金钱,而不会把时间当作金钱一样去筹划。实际上,试着想象一下,每天每一个人的时间账户上都会存入

86 400 秒,你会用这些时间做什么?如果你把时间真的看成金钱的话,你会很好地思考如何支配这些时间财富。时间是需要管理的,对创业者来说是时间管理显得尤为重要。所谓的时间管理是对人们从事的具体活动以及活动所需的时间进行有意识的控制的过程。时间管理的目的就是提高人们的工作效率或生产率。

在 21 世纪的今天,商界的游戏规则已经发生了变化。正如人们经常提到的那样:大鱼吃小鱼的时代已经过去,快鱼吃慢鱼的时代已经到来。激烈的市场竞争压力要求生产企业在继续提高产品质量和技术含量的同时,要将新产品的开发周期压缩 40%—60%。在这里,图 6-2 展示了近半个世纪以来制造企业的主要竞争因素和战略目标。从图 6-2 中我们可以得出一个结论,那就是:在今天的企业竞争中,在时间上的快速反应已经成为重要的竞争因素。因此,对每一个创业者而言,他应该做好应对时间所带来的挑战。认识时间的价值并有效地管理时间,这是创业者的重要工作。

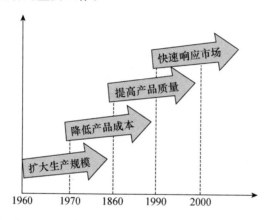

图 6-2　制造企业的主要竞争因素和战略目标

## 6.2.2　企业家对时间的抱怨

许多创业者在设计自己的创业蓝图时会谨慎地考虑到很多环节:企业注册、选址、招聘雇员、寻找供货来源、做广告、购置办公设备和生产设备、设计企业网站、员工薪酬、寻找技术支持,或者资金筹措问题……但是他们中的很少有人会严肃地考虑一件事情:那就是我怎么分配稀缺的时间资源?其结果是混乱的时间表就像杂乱无序的衣橱,找不出可周旋的空间,最终使人步入沮丧的状态。如果你是创业者,面对数不清的事情,你是否能做到有条不紊?

如果你是企业家,你如何分派你的时间?看看下面的这些事情,你认为哪些事情是重要的?哪些是紧急的?哪些事必须亲力亲为的?哪些是可以让别人做的?(如表 6-2 所示。)

表 6-2 企业家一周的事务安排

| | 星期一 | 星期二 | 星期三 | 星期四 | 星期五 | 星期六 | 星期日 |
|---|---|---|---|---|---|---|---|
| 处理每日邮件 | ● | ● | ● | ● | ● | ● | ● |
| 去银行申请贷款 | | ● | | ● | | | |
| 各种会议 | | | ● | | ● | | |
| 与投资家见面 | | | | ● | | | |
| 视察分店 | ● | | | ● | | | |
| 与经销商面谈 | | | | ● | ● | | |
| 设计企业网页 | | | | | ● | ● | ● |
| 选择新店铺地址 | | ● | | ● | | | |
| 与供应商们议价 | ● | | | | ● | | |
| 挑选广告代理商 | ● | | | ● | ● | | |
| 慰问生病员工 | | | | ● | | | |
| 解决顾客投诉 | ● | | | | ● | | ● |
| 订制家具 | | ● | | | | | |
| 给孩子开家长会 | | | | | ● | | |
| 审查账目 | | | | ● | | ● | ● |
| 与律师见面 | | | ● | | | | |
| 参加朋友婚礼 | | | | | | | ● |
| 制订销售计划 | | | | ● | ● | | |
| 请重要客户吃饭 | | | | ● | | ● | |
| 去税务局办事 | | ● | | | | | |

有人曾说过,时间是我们最想要的东西,也是我们最浪费的东西。实际上,时间是稀缺资源。没有人能拥有一种特权使他们比别人享有更多的时间。尤其对企业家来说,时间是他们非常渴望得到,但是绝对不可能买到的东西,他们常常会抱怨因时间带来的烦恼。

- 在时间面前,企业家和懒汉是平等的,每人每天都只有 24 小时。
- 一天有 24 小时,一周有七天,但还是有很多事情做不完。
- 尽管减少了吃饭、睡觉以及与家人相聚的时间,但还是觉得时间少得可怜。
- 时间总是从我们身边悄悄地溜走,而根本不打招呼。
- 虽然费尽苦心去安排时间,但还是发现时间的长度永远不变。
- 当我们仔细去考虑如何节省时间的时候,时间正在流逝。
- 都说时间是资源,但我们看不见、摸不到、无法借贷、无法储存、也无法购买。
- 虽然每天都很忙碌,但最让人沮丧的是忙碌不一定有效率。
- 时间是一个残酷的裁判,如果逾期交货,可能会被罚得很惨。
- 时间可以把种子培育成大树,也可以让声名显赫的大企业从地球上消失。

- 给企业带来残酷竞争的不是别人而是时间这个家伙。

时间不是用来消耗的,而是用来投资的。时间是资源,管理时间就是善待手中的宝贵资源。每一个失败者的厄运都是从怠慢时间开始的。对忙碌的创业者来说,要想成功,就要从时间管理开始。

### 6.2.3 认识时间管理工具

人们常言道,重要的事情很少是紧急的,而紧急的事情很少是重要的。在生活中,无论是普通人还是作为管理者的创业者都会遇到做事情的顺序问题:是先做很重要但不太紧急的事情还先做很紧急但不一定很重要的事情?多数情况下,人们不会去思考事情的重要程度和紧迫性,而是随心所欲先做自己喜欢做的事情。这样,我们做事情的效率和效果就会大打折扣。在工作中,我们不妨采用一些时间管理工具,通过这些工具,使我们的时间管理更有效。

(1)帕累托分析法。

帕累托分析法是由 19 世纪末期意大利经济学家兼社会学家维弗利度·帕累托(Vilfredo Pareto)所提出的。这个建立在"重要的少数"与"琐碎的多数"原理基础之上的理论认为:在任何特定群体中,重要的因子通常只占少数,而不重要的因子则占多数。因此,只要控制了具有重要性的少数因子即能控制全局。更形象的描述是,做 20% 的事情可以产生整个工作 80% 的效果。工作中 80% 的任务只需要 20% 的时间。而其余的 20% 的任务会占用 80% 的时间。根据这个原则,所有的工作任务应该按优先级别被分为两部分。一类是优先级的工作,另一类是较普通的工作。帕累托分析法为管理者提供了很好的时间管理工具。

(2)时间管理矩阵。

时间管理矩阵是一个按照优先顺序将工作任务进行分类的时间管理框架。该框架由两个维度和四个象限组成,根据重要性和紧迫性,工作任务被分为四个类型。如图 6-3 所示。

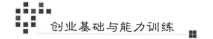

图 6-3 时间管理矩阵

在应用这个矩阵时,首先要对即将从事的任务进行分类,看他们是紧急的还是不紧急的事情。这个分类帮你迅速决定是否有必要立即执行。然后再将任务划分为重要的和不重要

的事情。这个分类帮你决定哪些事情是需要你亲自完成,哪些事情可以找别人代办。完成这四类任务的优先顺序是:

第一:重要并且紧急的事情。

这类事情一般需要自己立即亲自完成。往往这类事情不是事先计划好的,而是临时的或突发性的。需要立即做出反应。比如公司突发伤亡事故或回复生意伙伴的紧急电话。

第二:重要但不紧急的事情。

这类事情需要自己亲自完成,但不必马上去做,可以有时间进行计划安排。人们需要把开始时间和最后期限写在日程表上,并投入重要的精力。比如准备一份重要的报告,或组织员工召开一次重量级会议。

第三:紧急而不重要的事情。

这类事情必须马上去做,但不一定自己亲自完成。如果可能的话,把此类事情交与同事或朋友完成。比如,需要回复某个无关紧要的电话、在大雨之前把小推车移进仓库。

第四:不紧急不重要的事情。

这类事情属于没有什么价值的事情,做这类事情纯属浪费时间。应该尽量避免去做这类事情。比如,与朋友长时间电话闲聊、看无聊小说或是空洞无物的电视。

(3)帕金森定律。

英国著名历史学家西里尔.诺斯古德.帕金森(Cyril Northcote Parkinson)1958年出版了《帕金森定律》一书,对组织机构的无效活动进行了分析,并提出了关于组织机构臃肿低效的原因和定律。他在分析工作量、时间和工作人数三者关系时发现,人们完成一项工作所耗费的时间具有极大的弹性,不同的人做同一件事所占用的时间相差太大。比如有的人在5分钟内看完一份报纸,而其他人可以看半天;有的人用20分钟就可以寄出一叠明信片,但一个悠闲的老奶奶可能会花一整天的时间给远方的外甥女寄张明信片……他认为,尤其在工作中,工作会自动地膨胀,占满一个人所有可用的时间。如果时间充裕,人们就会放慢工作节奏或是增添其他项目以便用掉所有的时间。因此,只要还有时间,工作就会不断扩展,直到用完所有的时间,这就是著名的帕金森定律。这一定律在一定程度上阐明了事情越做越繁,会议越开越多,最终导致组织中人浮于事、效率低下、官僚主义盛行。

帕金森定律虽然主要是针对大企业而言的,但是对于初创的小型企业来说,管理者也应该意识到,不称职的管理者一旦占据领导岗位,那么,庞杂的事情便不可避免,整个行政管理系统就会形成恶性膨胀,陷入难以自拔的泥潭。

## 6.2.4 时间管理技巧

(1)时间管理从制订计划开始。

制订计划是时间管理的关键。无论是一天,还是一周或一个月,清晰的计划会帮助管理者有效地完成事情。在时间计划中要关注的问题是:今天要完成哪些事情?然后把这些事情列出清单以及大致的时间分段。管理者要意识到,计划的内容应该是尽可能"少而精",而不是"多而杂"。对时间进行管理的目的不是为了完成尽可能多的任务,而是为了健康而快乐地工作。

(2) 要对任务区分先后次序。

生活中没有什么事情在其重要程度上是完全相同的。工作中的事情更是如此,它们一定是在主次、轻重、缓急之间排序。平均分配时间和优先分配时间所带来的效率和效果一定是不同的。

作为管理者,在制订时间计划的时候一定要明确:什么是今天要完成的最重要的事情?然后,在一天的琐碎事务中,把1—2件最重要的事情挑出来,集中精力,在第一时间完成它们。在大脑中展现清晰的任务路线图可以帮助管理者最大限度地提高效率、控制时间。

(3) 学会打包完成任务。

把那些可以集中起来一起完成的事情放在一个时间段内完成。比如,给10个供应商打电话、完成一份市场调研报告、财务账目审查等。争取一周或一个月内拿出集中的时间段来完成,而不是分成几个时间段来完成。

(4) 尽快解决你想逃避的事情。

很多情况下,人们想逃避的事情大都是逃避不了的事情。这些事情比较棘手,不但牵扯精力去想,而且总使人感到紧张或沮丧。对于这些事情的态度就是:尽可能早地把这些事情想办法处理掉,或是委派别人帮你处理掉。把棘手的事情放在手里不去处理,只会消磨更多的精力和思考的时间。没有人能真正躲避必须面对的棘手事情。

(5) 确定最后期限。

在完成某项任务之前为自己设置最后期限。这虽然会引起紧张感,但却是有效的控制时间的方法。当然,这个最后期限的设置需要有两个条件配合:其一是期限的设定必须是可行的或可达到的;其二是不能轻易修改或变更的。对于重大任务的最后期限设定还需要有一定的弹性,即比真正的最后时间点要稍早一些。

(6) 学会说"NO"。

生活中常常会有很多不情愿的事情或是愿意做但没有精力去做的事情找上门来。但是为了维系和谐关系或是不失去未来的潜在机会,管理者们常常以牺牲个人时间甚至利益为代价,硬着头皮去做那些不必要的事情。比如让你参加一个不重要的剪彩仪式,或是陪同一些人应付不情愿的饭局,再或者邀请你成为某个你并不想加入的协会会员,或者把你生生拽进某个蹩脚的项目中。这个时候,作为管理者的创业者要学会说"NO",否则,自己将被卷入乱麻般的生活。当然,在表达拒绝的时候要学会使用拒绝的艺术。

还有一点要强调:不要用"可能""也许""我会考虑"等不确定性的术语来替代"NO"字。这样反而会给邀请方带来伤害。

(7) 学会反省。

在时间管理方面,管理者要学会进行反省。反省的内容主要是思考下列问题:

- 哪些事情本不该自己去做,而应该交由他人去做?
- 哪些事情可以放在一起集中完成?
- 哪些事情应该优先完成?哪些事情应该放到后面去完成?
- 哪些事情完全可以放弃?

反省的目的是让大脑中的任务路线图得到重新调整,使之更清晰、更有效。

## 6.3 初创企业风险管理

### 6.3.1 什么是风险

俗话说,利润与风险同行。初创企业只要想获得利润,那么它们所面临的风险就无时不在。无论你创办的是便利店、加油站,还是有着时尚元素的新潮餐馆或咖啡吧,每一天,风险都会躲藏在角落里窥视着你的经营方式、管理方法以及员工们的操作行为。当你稍有疏忽或处理不当时,风险就会跳出来打劫,把你的利润抢走,甚至把企业推向破产边缘。风险很容易出现吗?是的。只要存在着未来的状态比你预期的情况更糟糕的可能性,风险就会出现。

所谓风险是指可能对实现目标产生负面影响的事件发生的不确定性。创业者在经营企业时最担心的事情就是利润的损失,或者利润预期的下降。没有人能确保企业一直处在健康、安全的状态中。比如:

- 李洪是一家小杂货店的老板。由于最近一年来商品价格持续上涨,导致其进货成本越来越高。更糟糕的是,他现金短缺已经持续3个月了,由于拖欠货款,有两家供应商已经停止给他供货。问题是现金窟窿越来越大,进货价格还在攀升,这个小杂货店的生存已经出现风险,该如何化解这个危机,李洪对此一筹莫展。
- 八年前,张伟和他的朋友一起创办了小型儿童玩具制造厂。后来有机会将产品出口到国外。自从涉足玩具出口业务以来,张伟的利润一直在稳步提高。然而,2008年全球金融危机以后,出口订单数量大幅减少,而且,近两年人民币快速升值也使企业产品在国外的竞争力下降。最让他头疼的是近年来国际上针对中国产品的反倾销力量以及玩具环保的呼声越来越强,这些都使出口企业的麻烦越来越多。张伟逐渐意识到,企业的生存正面临巨大的考验。
- 阿凯拥有自己的两家餐馆,但由于地理位置的缘故餐馆不怎么挣钱,每天的进账不足以支付繁杂的账单。阿凯想把其中一间餐馆盘出去,但是由于位置较偏,一直无人接手。眼看手头的现金越来越少,阿凯不知道这两家餐馆能坚持到什么时候。现在是该进行决策的时候了,但是,似乎不管怎样决策,都会带来损失。
- 张华经营自己的小型快递公司已经快三年了。在这三年中,张华和他的伙伴们也挣了一点钱。虽然谈不上很多,但是,维持生计还是不成问题的。不过,这一年来,张华发现好几个能力不错的员工都提出辞职,他们有的跳槽到了新的公司,有的选择回家乡寻找机会。他知道,都是工资惹的祸。张华曾经给雇员提过两次工资,但是现在再提工资已经不太可能了。劳动力市场工资水平的快速增长,使得像张华这样的小公司在工资成本上不堪重负。看来好光景已经不在了。

风险是在不经意间出现的,之所以会有风险,不仅仅是因为经营上或管理方面出现了漏洞,还可能因为企业外部环境或市场因素在一定时期内发生了变化。如果说前者是可以通过防微杜渐加以提防或控制的话,那么后者的情形大多是自身不可控的,这就需要企业家们靠敏锐的洞察力捕捉外部环境的微妙变化并预测可能引发的风险。

### 6.3.2 企业经营面临的风险

在谈到企业面临的风险时,实际上主要有两大类的风险:一类是企业外部环境带来的风险;另一类是企业自身经营所引发的风险。在这里我们把两大类风险合并为七个层面的风险,它们分别为:市场风险、流动性风险、操作风险、项目风险、产品风险、信用风险、外部环境风险。

(1) 市场风险。

市场风险是指由于市场价格的变化而导致亏损的风险。企业需要管理的主要市场风险是利率风险、汇率风险、商品价格风险和股票价格风险。

① 利率风险。利率风险是指因利率提高或降低而产生预期之外损失的风险。对企业来说,利率的提高意味着企业支付的贷款利息会增加,进而加大了生产成本和经营成本。甚至在更糟糕的情形下,企业可能面临不能履行偿债义务的风险。

② 汇率风险。汇率风险是指由于汇率变动而引发损失的可能性。即一种货币对另一种货币的价值发生变动的可能性所导致的风险。比如,2015 年 2 月 17 日,美联储宣布将联邦基金利率提高 0.25 个百分点。当加息这只靴子落地后,新兴市场货币立即做出贬值的反应。美联储宣布加息当日,阿根廷比索自 9.8052 跌至 13.9500 一线,暴跌幅度超过 30%。在不到 24 小时内,阿根廷货币出现如此大的贬值,这给在阿根廷的外国投资者造成巨大的损失。

③ 商品价格风险。主要指商品的价格出人意料地上涨或下跌,可能使业务面临风险。对企业而言,商品价格的风险大多涉及两种情形:一方面是供货商所提供的原料商品价格的上涨而导致企业经营成本的上升;另一方面,企业所推销的商品价格普遍走低而导致的毛利空间被明显压缩。在现实中这样的例子不胜枚举。

比如,国际大宗商品价格的上涨会带动下游企业原料价格的上涨,因而也会引发其他商品价格上涨的多米诺骨牌效应。而大多数中小企业可能因原材料成本的快速提升而导致亏损出现。同时,企业因成本上升而提高商品价格,这又会使市场销量下降,减少企业的交易利润。另一方面,如果因经济不景气或滞胀等因素引起商品价格下降,生产收入也会随之降低,从而减少企业所得。价格风险是影响商品生产者的最大风险,因此应加以管理。

④ 股票价格风险。即股票价格的波动给企业股票或其他资产的投资者带来的不确定性影响。股票价格风险可能影响到企业在资本市场上的融资能力。

(2) 流动性风险。

流动性风险是指企业因流动性不足而造成的风险,也就是企业由于缺乏获取现金及现金等价物的能力或手段而招致损失的风险。人们常说的企业资金链条断裂就是企业流动性风险不断累积的结果。

(3) 操作风险。

操作风险是指出于员工、过程、基础设施、技术或对运作有影响的类似因素的失误而导致亏损的风险。

对企业来说招聘到不合格员工、技术操作不当、生产系统发生故障、与不合适的供应商合作、由于关键业务外包而导致的核心技术泄露、关键员工跳槽等,都属于企业在操作方面面临的风险。

(4) 项目风险。

项目风险是指可能导致项目损失的不确定性。比如,在引进新的业务线、开发新市场过程中,诸如项目进度缓慢、项目质量不达标、项目成本超出预算、项目后续资金链断裂或者项目成果遭顾客拒绝等情形都会给企业带来项目风险。目前,越来越多的经营活动是以项目为基础的,所以企业是否能对项目风险进行管理也变得越来越重要。

(5) 产品风险。

产品风险是指企业在提供产品或服务过程中所面临的风险。

产品风险会随时伴随企业。比如,企业新产品投放市场后没有销路、产品因存在技术设计隐患而导致消费者利益受损、产品因质量问题而被退货等都属于企业面临的产品风险。

(6) 信用风险。

信用风险,又称违约风险,是指交易对手未能履行契约中的义务约定而造成授信人经济损失的风险。比如,企业将其产品提供给买家,并允许买家在一定时间内付款。但买家在应付账款到期时不予支付,这就使提供产品的企业因不能收回应收款而面临风险。此外,交易对手延迟支付货款可能导致卖方企业在资金的流动性方面出现问题或因资金成本的增加而压缩了交易利润。尤其对小企业而言,因信用引发的风险会普遍存在。

(7) 外部环境风险。

外部环境风险是指企业因宏观环境中的政治、法律、经济、社会、文化和技术因素发生明显变化而导致的风险。

任何一个企业的生存都不能孤立于社会大环境之外,一个国家在宏观环境方面的变化会直接或间接对企业的经营产生影响。比如,国家政治形势的危机、国家对纳税、商标、破产等法律法规方面的调整和变化,经济景气度的变化,社会结构、社会文化、生活方式的转变以及新出现的技术趋势等,都会对企业的生存和发展产生重大影响。如果企业不能适应外部环境的新变化,则企业将面临较大的风险。

请大家分析以下情形属于哪一类风险?(如表6-3所示)

表 6-3 风险情景

| 事件情形 | 风险类型 |
|---|---|
| 1. 由于投资决策不当而引起的亏损 | |
| 2. 不能偿还企业潜伏的债务 | |
| 3. 产品和服务不能适应市场需求而过时 | |
| 4. 因企业技术落后而导致的产品质量不过关 | |
| 5. 雇员因公受伤而使企业卷入赔偿官司 | |
| 6. 企业因聘用了不合格的雇员而导致培训成本和解雇成本上升 | |
| 7. 顾客因使用企业的产品或服务而致伤残 | |
| 8. 暴雨、洪水、地震等自然灾害引起的企业资产的损失 | |
| 9. 员工因操作不当引发的火灾致使企业重要资源损失 | |
| 10. 企业因忽视法律、法规而引起的巨额罚款 | |

## 6.3.3 风险的管理

企业在经营过程中随时面临着风险。风险是不可能完全消除的,但是可以通过适当的策略加以防范和管理,从而转移或减少风险带来的损失。常见的应付风险的防范有以下几种方式。

(1) 规避风险。

风险不能完全消除,但是我们可以把它降到最低限度。对新创小公司来说可以通过以下方式来规避风险:设立一个不承担连带责任的小公司;租赁设备,将风险转移给设备所有者;每天将现金存入银行,避免失窃;通过内部员工推荐等方式招聘新员工;尽可能为员工创造一个安全的工作环境。

(2) 预留准备金。

当小企业无法提前规避一些可能的风险时,他们可以通过提前预留一定比例的风险准备金的方式来应对风险。这种方法也就是设立一个额外的基金,在危机时刻拿来救急。这种方式比较有效,成本也比较低。但是对初创企业而言,常常可能因资金短缺而无法预留风险准备金,因此,这也构成了小企业倒闭的重要原因。

(3) 转移风险。

初创企业也可以采取一些积极的方法将风险进行转移。转移风险的方法之一就是购买商业保险。保险是两个企业签订的一种合同,保险公司在收到被保险企业支付的一定保费后承诺对被保险企业可能发生的特定损失做出赔偿。企业可以为风险较大的项目、危险工种以及设备财产等提前购买商业保险。当风险发生时,企业可从保险公司获得相应的损失赔偿,使企业自身的风险得到转移。方法之二就是企业通过套期保值方式,转移未来可能出现的风险。套期保值是指交易者根据现货市场的买卖情形,在期货市场买进或卖出与现货市场交易品种、数量相同,但方向相反的期货合同,以期在未来某一时间通过卖出或买进此期货合同来补偿因现货市场价格变动带来的实际价格风险。

(4) 建立预警系统。

初创企业往往比成熟企业面临更大的风险。因此，初创企业应该有自己的风险预警系统。一方面，监测各种风险信号的出现。比如，产品积压，质量下降，应收账款增大，成本上升，员工离职率上升、外部环境突发变数等。另一方面，监测企业的财务风险，通过现金流量预算、偿债能力、获利能力、经济效率等指标严格监控企业可能出现的财务风险。

## 6.4 供应商的管理

### 6.4.1 谁是供应商

供应商是指直接向企业用户提供商品及相应服务的企业或个人。供应商在企业的微观环境中扮演着重要的角色。在向企业提供产品和服务的过程中，很多供应商会直接参与企业的经营活动。这些供应商在企业用户的供应链条中可能扮演批发商的角色，也可能扮演出口商或分销商的角色，不管他们的角色是什么，他们对企业用户的产品质量、价格、交货期、运输等有着重要的影响作用。供应商可能具有下列身份。

- 他们可能是轮胎制造商，为丰田公司提供轮胎。
- 他们可能是土豆供应商，为麦当劳提供优质的土豆。
- 他们可能是加工商，为苹果公司提供必备的零部件。
- 他们可能是包装商，为蒙牛公司提供鲜奶的包装和储存。
- 他们可能是袖扣制造商，为杉杉公司专门提供西服袖扣。
- 他们可能是进口商，为星巴克公司提供优质的咖啡豆。
- 他们可能是批发商，为下游的零售商沃尔玛公司提供食品。
- 他们可能是特许经营商，为本地区所有的7-11店面提供支持。
- 他们可能是食品加工商，为中国国际航空公司提供航班食品。
- 他们也可能是物流商，为耐克公司提供运输外包服务。

作为创业型小企业，供应商对企业的影响力和控制力是不容忽视的。价值链中的薄弱环节很可能限制企业的发展和扩张的速度。

### 6.4.2 供应商对企业的影响

供应商处于企业价值链条的上游部分，供应商所提供的产品或服务的质量、价格以及可靠性直接关系到企业的产出结果。所以，供应商对企业的影响很大，其影响力和控制力主要来自以下三个方面。

（1）供应商产品的质量。

供应商产品的质量将影响到企业产品的质量。供货的质量包括两个方面。一方面，供应商所提供的商品本身的质量。如果提供的货物质量不高,或有问题,那么,企业所生产出来的产品就不可能是高品质的产品。另一方面,供货的质量还包括各种售前和售后服务水平。有些机器设备需要有优良的维修服务保障才能保证机器设备本身的质量水平。因此,供货商的质量直接影响企业产品的质量。

（2）供应商产品的价格。

供应商产品的价格将直接影响企业的产品成本。如果供应商提供原材料的价格高,企业被迫提高其产品价格,由此可能影响企业的销售量、利润以及市场竞争力。企业应该关注产品价格的变动趋势,特别是对原材料和主要零部件的价格变动状况及趋势,这样才能对供应商产品的价格有清晰的认识。

（3）供应商的可靠性。

供应商的可靠性将直接影响到企业产品的销售量和交货期。供应量不足或供应短缺将影响企业按期完成交货任务。从短期来看,损失了企业的销售额;从长期来看,则损害了企业在顾客中的信誉。因此,企业必须与供货商保持密切的联系,及时了解和掌握供应商的变化和动态,使货源的供应在数量、时间、连续性方面能得到保证。

总之,供应商是影响企业竞争能力和产品销售量的重要因素。创业者必须对供应商的情况有比较清楚的了解,以便进行有效管理。

### 6.4.3 供应商分类

从历史的演变来看,今天的企业与供应商之间的关系,正在从传统的与多个供应商的简单交易,向着与适当数量供应商的战略伙伴交易关系的方向发展。因此,营造一个互信互利、相互依存、共同发展的供应环境已成为当今企业在供应商关系方面的追求目标。随着企业与供应商关系的演变,企业对供应商的选择和管理就变得越来越重要。在对供应商的管理中,企业常常根据与供应商关系的疏密程度、重要程度和影响程度将供应商分为不同的类型,设定优先次序,以便集中精力培育与重要供应商的关系。

一般来说,根据采购业务对企业和供应商的重要程度,可将供应商划分为四个类型:伙伴型供应商、优先型供应商、重点商业型供应商和普通商业型供应商(如图 6-4 所示)。

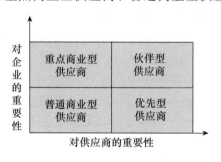

图 6-4 供应商的分类

（1）伙伴型供应商。

在供应商的分类中,如果企业的采购业务对自身很重要,同时供应商也认为该企业用户的采购业务对他们来说非常重要,并且供应商自身又有很强的开发能力时,那么这些采购业务对应的供应商就是"伙伴型供应商"。

(2) 优先型供应商。

当企业的采购业务对供应商非常重要,但对企业自身并不太重要时,企业在与供应商的关系中处于优势,这种情形下的供应商关系被称为"优先型供应商"。

(3) 重点商业型供应商。

当供应商认为某项采购业务对他们来说无关紧要,但此采购业务对企业来说非常重要时,该供应商就被看作需要重点改进和关注的"重点商业性供应商"。

(4) 普通商业型供应商。

当企业的采购业务对企业自身和供应商都不太重要,供应商可以很方便地进退企业的供应环节,企业也能很容易地更换这些供应商时,该项采购业务所对应的供应商就是"普通商业型供应商"。

## 6.4.4 供应商的角色

供应商处于企业的上游,他们为企业提供所需的原料与服务。从总体来看,他们似乎只有一个角色——供应商的角色,但是,如果根据他们所提供的产品与服务的类型划分的话,供应商实际上扮演着以下四种细分的角色。

(1) 制造商角色。

作为制造商的供应商,他们专门为下游企业提供成品或半成品原材料。虽然这些原材料的价格相对比较便宜,但是,作为制造商的供应商,他们生产的原材料产品质量、工艺技术甚至交货时间都会直接影响下游企业的生产质量和生产工期。因此,寻找一个合格的制造业供应商是非常关键的事情。

(2) 分销商角色。

分销商又称批发商或中间商。分销商从制造商那里购买批量较大的成品或半成品原料,然后通过各种渠道,再卖给不同的下游企业。作为分销商的供应商,他们提供的产品价格虽然略高于制造商的出厂价格,但是,它们可以为下游企业提供来自不同制造商的货源或满足下游企业小批量订单的需求(很多制造商不愿接收下游企业的小批量订单)。另外,选择一个附近的经销商还可以使下游企业享受运费便宜、送货快捷的好处,这些都使下游企业从作为分销商的供应商那里获得直接的好处。

(3) 独立手工艺商角色。

还有一类供应商,他们的角色比较特殊。他们是一群有着独特手工艺技能的供应商。他们专为下游企业或下游零售商提供具有独创性的与众不同的产品。作为手工艺商的供应商,他们的交易场所常常是国际性或地方性商品交易会或展销会。

(4) 进口商角色。

有相当一批供应商扮演着进口商的角色。他们专门从海外购置大批国内下游企业所需的产品或零部件,然后,将这些进口原料产品出售给国内的企业。这些作为进口商的供应商大都熟悉海外的市场行情,有着自己的稳定货源。他们的存在对于那些尤其需要国外尖端产品的企业来说至关重要。

### 6.4.5 选择供应商的几个关键环节

对每个企业来说,供应商是必不可少的重要环节。离开了供应商,很多企业几乎寸步难行。供应商的角色不仅仅是为企业提供原材料和服务,他们还可以成为企业重要的信息来源,或帮助企业评估潜在的新产品,或跟踪竞争对手的行动,并确定有前途的市场机会。供应商可以变成企业的合作伙伴,帮助企业降低成本,改进产品的设计,甚至协助企业进军新市场。因此,选择优秀的供应商是企业顺利发展的保证。

(1) 价格。

供应商所提供的产品价格会直接影响买方企业的生产经营成本。因此,在选择供应商时,价格因素当然是重要的参考内容。但是提供低价格的供应商不一定是最优选择,因为,伴随低价格的可能是较低的货品质量和服务。另外还要记住,供应商也是在做生意赚钱,如果一味地要求他们削减一切货品的价格,最终可能导致供应商终止与企业的合作。所以,在挑选供应商时应追求合理价格而不是低价格。

(2) 可靠性。

良好的可靠性意味着供应商会按照承诺的数量、质量和时间,将企业所需货物安全送达指定地。一般来说,大型供应商可能会为买方企业带来较高的可靠性。因为这些大公司有足够多的资源用于为客户提供更多的支持。即便出了问题,他们仍然会承担起应有的责任。但是,也不要忽视小的供应商,往往买方企业会从小供应商那里得到更多的关注、更好的服务。因此,做一个小供应商的大客户还是大供应商的小客户,这要由企业自己来选择。

(3) 稳定性。

稳定性是另一个关键指标。每个企业都希望与已经合作多年的供应商保持长期的合作关系。这会帮助企业避免很多因新变化而带来的不确定性。供应商是否具有稳定性一方面要看供应商企业的高级主管人员更换的频率,频率越高可能意味着稳定性越差。另一方面要看供应商企业在其他买方客户那里是否具有良好声誉。稳定性是要靠时间来检验的。

(4) 供货地点。

企业在选择供应商时还要考虑供应商的供货地点远近问题。如果供应商的供货地点离买方企业的距离很远,那就意味着企业在购买供应商产品时可能会在运输方面产生较高的成本,并且增加运输途中的不确定性和发生意外的概率。挑选距离企业较近的供应商不仅可以帮助企业节省一定的运输成本,而且可以满足企业快速运达和灵活订货的需要。

### 6.4.6 与供应商关系——零和游戏还是双赢关系?

供应商与买方企业之间应该是怎样的关系?到底是供应商依赖于企业,还是企业依赖于供应商?实际上,无论是供应商还是买方企业,他们彼此应该是相互依存的关系。企业是供应商的买家,供应商是企业的卖家。企业靠供应商提供的产品来维系经营的正常运转。同样,供应商靠企业的购买行为来实现自身的收入增长。因此,企业与供应商不应该是零和游戏的关系。所谓零和游戏是指在竞争中,一方的收益必然意味着另一方的损失,竞争双方的收益和损失相加总和永远为"零"。零和游戏的结果是一方吃掉另一方,一方的所得正是另一方的所失,其结果是,整个社会的利益并不会因此而增加一分。由此可见,供应商与企业之间应该是双赢的关系。双赢意味着互利,而互利来自于合作。企业与供应商的良好合作才是企业稳定发展的保障。

## 案例讨论

**案例一:李杨的时间管理出什么问题啦?**

李杨担任销售部主管3年了,由于公司销售目标压力很大,李杨的工作非常繁忙。他经常早晨起来不吃早点,就直奔公司。一天,他刚进办公室,就被告知经理下个月要出差,又一个重要会议让他代为出席发言。听后,李杨非常高兴,因为这是一次在上级面前展示自己的好机会。心想:"还有一个月的时间,一定要好好准备。"

之后,李杨一如既往,非常繁忙。早上没有时间送女儿上学,晚上还经常陪客户吃饭到深夜,出差、应酬不断,朋友聚会也不好推辞。就在会议的前两天,李杨突然想起开会发言的事情,心里有些着急。但是,转念一想,还有两天时间,明天什么事情也不做,全心全意准备会议资料。

第二天一大早,女儿突然发烧,李杨心中非常着急。但是分身无术,只好带着歉意让太太送女儿去医院,自己前往公司上班。刚到公司心情还没平静下来,总经理秘书来找他,说总经理找他谈话。他怀着忐忑不安的心情去见总经理。原来,总经理收到一封顾客投诉信,让他马上调查清楚,下午回复。他不能怠慢,花了整个上午时间终于把事情处理好。当他正想一边吃便当,一边构思发言稿时,他的一位客户,也是他的一位好朋友出现在门口,说是顺便路过,想一起吃饭。李杨无法拒绝对方的美意,于是心不在焉地和好朋友吃完午饭,回到办公室已经快下午2点钟了。看到桌上有几份紧急文件,就想先处理完,认为这并不会花太多时间。他在处理文件过程中有几个电话打进来,又有两个下属找他谈话,处理好这些事情后已经是下午快6点钟了。这时,李杨心中惦记女儿,实在不想再加班了,于是下班回家。路上正好是交通高峰,塞车很厉害,到家已经快7点了。李杨想吃了饭再写发言稿。吃完饭,洗完澡,已经8点钟了。碰巧当时正转播四年一次的世界杯足球赛,李杨最喜欢。虽然有些不安,但还是忍不住坐下来,安慰自己说:"看一会儿,松弛一下,做事会事半功倍。"球赛转播完毕,李杨已经在沙发上睡着了。第二天早上4点钟,李杨设置的闹钟响了。5点钟李杨终于爬起来了,想写发言稿,但是头晕眼花,一点思路都没有。最后好不容易写了个开头,但是由于资料不全,没办法继续写。于是,李杨提前回到办公室,匆匆忙忙写了个大概,就只好去开会了,会上的效果可想而知。

(资料来源:共青团中央中华全国青年联合会,国际劳工组织.大学生KAB创业基础[M].北京:高等教育出版社,2007)

**小组讨论:**

(1) 请根据所学时间矩阵,将李杨一天的活动内容分别归类。

(2) 指出李杨在时间管理方面有哪些不当之处?

(3) 帮助李杨重新规划一下一天的时间表。

### 案例二：失去大客户该怎么办？

鲍勃白手起家创办了自己的财务顾问公司。他的企业客户虽然并不多，但是其中也有几家实力较强的客户。凭借这些大客户的业务，鲍勃的公司能很轻松地生存下来。身为财务顾问，鲍勃与其中的一家实力很强的企业已经合作多年。有一天，鲍勃接到该企业财务部主管约翰打来的电话，并被告知希望面谈，否则双方的合作可能会有麻烦，原因是该企业从其他渠道获知，鲍勃提供的顾问价格在行业内偏高。鲍勃放下电话后心情非常不好，他已经预感到失去大客户的风险正在悄然临近。但很快他意识到，沮丧的情绪不会带来任何成功的结果。于是他恢复了往日的沉着，开始着手为面谈做准备。该防守还是进攻？他必须做出决策。面对突如其来的变数，他应该做什么？

**小组讨论：**

(1) 鲍勃所面临的风险可能给他带来什么样的损失？
(2) 为了化解公司面临的风险，他应该做哪些事情？
(3) 这种风险可以提前预知吗？

### 案例三：爵士乐演出中的机会与风险

吉尔是一名大学一年级的学生。由于家境不富裕，她需要自己打工至少挣到 500 美元才能维持每个月的生活费用。她起初打算找一个全职工作，这样能有更多收入进账。但她意识到全职工作会占满她的学习时间，这个选择会使她断送了学业。在幻想了多个挣钱途径后她最后决定，把她所属的一个爵士乐队打造成一个小型演出公司，通过在校园和社会举办音乐会的形式赚取她的生活费用。随着爵士乐的普及发展，她看到了爵士音乐演出所隐含的机会。虽然她也知道，靠演出赚钱也是会有风险的。但是她并不害怕，为了挣钱生存和完成学业，冒一点风险是值得的。

目前，爵士演出团由三名成员组成。他们的演出启动资金只有 500 美元。为了开音乐会，吉尔预计，他们将有以下的启动费用：印制海报费用，租用音乐厅的租金，印刷门票的成本，杂费，交通费，电话费等。吉尔计算，一场演出的总开支将约为 2000 美元。而一场演出的总收入可能达到 3900 美元。他们将从每场演出中获得 1900 美元的利润！如果能演出多场，那他们的累计收益也会是一个不小的数目。看上去，这的确是一个很好的赚钱方法。但是，吉尔知道，赚钱就会有风险。面对机会和风险，她应该如何决策呢？请大家也替吉尔想一想。

**小组讨论：**

(1) 爵士音乐演出可能会面临哪些风险？
(2) 如何才能减少或避免这些风险？
(3) 帮吉尔想一想，除了爵士乐演出外，还有哪些可能的挣钱途径。

## 课堂活动

### 活动一：委派责任

1. 活动目的

通过模拟训练，使学生了解：在创业过程中人力资源的管理是非常重要的事情。把合适的人放到合适的岗位上可以提高企业的生产率。管理者不是万能的，他应该是企业宏观战略的策划者,而不是事无巨细的操作者。给员工以挑战性的任务也是激励员工的一种方法。

2. 活动学时

2 学时。

3. 活动环境

活动桌椅拼成 6 个独立空间。教室备有白板、白板笔、多媒体电脑。

4. 活动道具

在活动开始前,教师需要提前将以下道具准备齐全。

道具一:委派任务表(如表 6-4 所示)。

表 6-4 委派任务表

| 序号 | 委派责任 | 一组 | 二组 | 三组 | 四组 | 五组 | 六组 | 全班评分 |
|---|---|---|---|---|---|---|---|---|
| 1 | 周报 | | | | | | | |
| 2 | 集体娱乐 | | | | | | | |
| 3 | 库存盘点 | | | | | | | |
| 4 | 给供货商打电话 | | | | | | | |
| 5 | 递送调查材料 | | | | | | | |
| 6 | 特别例会 | | | | | | | |

道具二:背景材料。

10 年前,罗莎独自一人开了一家汽车配件零售店。从那以后,她的生意越做越大。现在,她租了一幢大楼还雇了 23 名员工。虽然她不再是独自单干了,可她既要管理所有的员工,又要负责企业的方方面面。她总是有许多事情要做,可时间总是不够用。

经过深思熟虑,罗莎做出了这样一个决定:把更多工作委托给员工去处理。理由是:第一,长期以来,她每周工作 60 小时,而不是 40 小时,整天疲惫不堪;第二,每项工作都由她亲自决定,给她带来了巨大压力,常常因为压力迁怒于员工;第三,由于工作问题层出不穷,她好长时间没有睡过好觉了。昨天晚上,罗莎苦思冥想一番之后,列出了下面各项工作责任,想让她店里的 4 名员工替她分担。

① 周报。这需要每周花三个小时去准备。这份差事如果交给陆先生去办,轻而易举就能办好。但是,罗莎担心这么做会泄露某些财务数据。这些数据以前都是不向员工透露的。尽管这些数据不算是什么机密,可罗莎觉得如果让每个人都知道企业的财务状况,将来她可能会失去对企业的控制。

② 每周例行的集体娱乐活动。以前,这件事总是由罗莎来张罗的。邱小姐喜欢做(她可能比罗莎做得还要好),可罗莎自己舍不得放手,因为她觉得这项活动有助于拉近她和员工之间的距离,而且可以促进彼此间的沟通和交流。这份每周例行的工作通常需要花两个小时。

③ 每周例行的库存盘点。这需要花一个半小时才能完成。以前罗莎曾经委托员工替她做过,可每次都做不好,最终她还是收回来自己做,因为员工的抱怨让她实在受不了,她觉得还不如自己做省心。而且,员工盘点库存时还时不时记错数,结果还是得她亲自做。

④ 每天下午 4 点钟给供货商打电话要数据。这需要花一个小时。罗莎总是不愿意让别人

替她做这件事,因为万一别人做不好,毕先生(本地区最大的汽车配件供应商)就会对她提出批评。然而,本店的柯先生有能力来做这件事,而且把这件事交给他也不至于使她负担过重。

⑤ 每天给同业协会总部送去一份特别调查资料。这需要花半个小时。罗莎总是把这份差事揽在自己身上,因为这使她有机会去喝上一杯咖啡,而且可以与其他创业者一起讨论一些生意上的事情。

⑥ 每周一次的骨干员工特别例会。这需要花一个小时。在别的企业,也许老板早就委托一名骨干员工来做这件事了。要是让本店的郭先生来安排这件事可能对他是一个很好的锻炼。然而,罗莎一直以来都是自己做,因为她担心会上发生什么事情,而她自己不能对此一无所知。

5. 活动步骤

(1) 教师组织学生阅读背景材料。

(2) 把全班同学按5个人一组分成若干小组,每个小组中分别有人扮演罗莎、陆先生、邱小姐、柯先生和郭先生。让每个小组中的每一位同学选择1—5中的一个数字,然后给每个数字安排一个角色。在模拟游戏进行过程中,各个小组之间尽可能地离得远一点,以免互相干扰。

(3) 每个小组首先对案例中的内容展开充分讨论,然后给每一种代理责任指定一个优先数字,确定哪一个数字排在第一位,哪一个排在最后面。换句话说,每个小组给每一种代理责任指定1—5中的一个数字。扮演罗莎的同学作为小组负责人,要努力使小组里的每一个人对代理责任的排序达成一致意见。完成这个步骤大概需要20分钟。

(4) 向各个小组的同学说明,在指定优先顺序的时候要把下列因素考虑进去:

● 要尽量地节省罗莎的时间,因为她投入到工作的时间实在太多了;
● 在可能的情况下,尽量不要让罗莎去做辅助性的琐碎工作;
● 尽可能地提高员工的工作效率;
● 努力提高罗莎的声望,因为她是企业主。

(5) 在各个小组列出本组的优先顺序之后,扮演罗莎的同学把排序结果填在下面给出的表格中(可以把表格写在黑板上)。在各个小组报上他们的选择结果之后,把每种代理责任的得分加总,填在最后一栏"全班评分"的下面。数字越低,全班评分给出优先权就越高。由此确定"全班评分"的优先顺序。最接近全班排序结果的那一组获胜。

(6) 最后,让学生思考以下几个问题:

● 罗莎应该把6项任务都统统委派出去吗?
● 如果有些任务罗莎要保留,请问是哪些?
● 把工作委托出去之前罗莎还应该考虑哪些因素?
● 把任务委托给员工时,罗莎考虑的主要因素是什么?

(资料来源:共青团中央等组编.大学生KAB创业基础[M].北京:高等教育出版社,2007)

**活动二:王嘉的时间日程设计**

1. 活动目的

通过模拟训练,使学生了解时间管理的重要性并掌握时间管理矩阵的应用方法。

## 2. 活动学时

0.5学时。

## 3. 活动环境

活动桌椅拼成6个独立空间。教室备有白板、白板笔、多媒体电脑。

## 4. 活动道具

(1)《王嘉下周要完成的事情》(如表6-5所示)

(2)《优先等级探讨》(如表6-6所示)

(3)《王嘉一周的时间安排》(如表6-7所示)

表6-5 王嘉下周要完成的事情

| 序号 | 下周内要完成的事情(不分先后主次) |
|---|---|
| 1 | 找时间与3位大客户谈订单 |
| 2 | 一定要去医院看牙(医院周六、日下午不接诊) |
| 3 | 周三或周四上午要参加一个花卉栽种培训 |
| 4 | 这周要购买一批新上市的花种 |
| 5 | 鲜花送货车的轮胎坏了,需要马上去修理 |
| 6 | 一位员工生病在家,必须抽时间去看望她 |
| 7 | 每天为10家饭店、3家医院、1家会议中心送鲜花 |
| 8 | 每天为近40家电话订货的家庭送货 |
| 9 | 马上要到月底了,要做下个月的工资表 |
| 10 | 王嘉的妈妈打电话来说最近把腰给扭伤了,让王嘉帮着买点膏药 |
| 11 | 需要回复5家外省客商的邮件,那可能是未来的大客户 |
| 12 | 与核心团队人员开会,商讨业务拓展事情 |
| 13 | 需要招聘3名新雇员,要花一点时间面试 |
| 14 | 要打16个电话,与不同的供应商协商购买花肥的问题 |
| 15 | 周二下午、周五上午要见两个投诉的客户 |
| 16 | 至少需要4个小时完成一篇工作总结 |
| 17 | 鲜花摄影器材出现问题,需要购买一架新相机 |
| 18 | 周日上午10点,大学同学生日聚会,不知道去还是不去 |
| 19 | 抽时间去一趟区税务所,办理要事 |
| 20 | 每天晚上要有1个小时的时间练习瑜伽 |
| 21 | 一定要花时间阅读花卉栽种的培训材料,大约2小时 |
| 22 | 为期一周的大型国外花卉展周一开幕,一定要抽时间去看看 |
| 23 | 朋友打电话来,想找时间一起吃饭,去还是不去?如何安排? |
| 24 | 为鲜花庄园设计网店 |
| 25 | 周一晚上与一位重要客户一起晚餐 |
| 26 | 开车违规的罚单周二就到期了,怎么办? |
| 27 | 本周放映一部进口大片,好想去看 |
| 28 | 撰写下个月的销售计划 |
| 29 | 要去银行办一张信用卡 |
| 30 | 每天要坚持锻炼 |

表 6-6　优先等级探讨

| 序号 | 讨论内容 |
| --- | --- |
| 1 | 哪件事情有最高的优先级？为什么 |
| 2 | 哪些事情可以放弃不做？为什么 |
| 3 | 哪些事情可以暂缓或交给同事或朋友去做 |

表 6-7　王嘉一周的时间安排

| 时间 | 星期一 | 星期二 | 星期三 | 星期四 | 星期五 | 星期六 | 星期日 |
| --- | --- | --- | --- | --- | --- | --- | --- |
| 08:00 | | | | | | | |
| 08:30 | | | | | | | |
| 09:00 | | | | | | | |
| 09:30 | | | | | | | |
| 10:00 | | | | | | | |
| 10:30 | | | | | | | |
| 11:00 | | | | | | | |
| 11:30 | | | | | | | |
| 12:00 | | | | | | | |
| 12:30 | | | | | | | |
| 13:00 | | | | | | | |
| 13:30 | | | | | | | |
| 14:00 | | | | | | | |
| 14:30 | | | | | | | |
| 15:00 | | | | | | | |
| 15:30 | | | | | | | |
| 16:00 | | | | | | | |
| 16:30 | | | | | | | |
| 17:00 | | | | | | | |
| 17:30 | | | | | | | |
| 18:00 | | | | | | | |
| 18:30 | | | | | | | |
| 19:00 | | | | | | | |
| 19:30 | | | | | | | |
| 20:00 | | | | | | | |
| 20:30 | | | | | | | |
| 21:00 | | | | | | | |
| 21:30 | | | | | | | |
| 22:00 | | | | | | | |
| 22:30 | | | | | | | |
| 23:00 | | | | | | | |

注：王嘉每天的工作时间为 8:00—19:00，其余时间为业余时间。

5. 活动步骤

(1) 将全班分为5~6个小组,每组5~6人。

(2) 教师向学生介绍以下王嘉的背景资料。

王嘉是一个农艺专业毕业的大学生。在大学毕业后,她和3个要好的同学在郊区租了一大片地,一起创办了"鲜花庄园"。在她的庄园里,种着各种各样的鲜花。人们可以自己去采摘鲜花,也可以向她订购鲜花。此外,她还向周边的饭店、医院、会议中心定期送货,以满足这些单位对鲜花的需求。除了出售鲜花业务外,她还在庄园里开辟了一个角落,专门从事鲜花摄影业务。来庄园摄影的人还真不少,尤其是那些即将走入婚姻殿堂的新人们。她的鲜花庄园摄影业务远比城里的影楼火得多。

王嘉的事业蒸蒸日上,现在她已经是拥有15名员工的小老板了。但是随着业务量的增加,她的工作也开始从有序走向无序。因为太多的事情要做,她常常乱作一团,不知道如何规划每天的时间。最近,因忙中出乱,业务上出了好几件令人头疼的事情。事必躬亲的她真不知道如何应付身边这些大大小小的事情。她的确需要一位时间管理顾问,帮她好好地安排一下每天的时间日程。

(3) 教师向学生布置活动任务:每个小组扮演王嘉的时间顾问团的角色,为王嘉安排好一周的时间表。

(4) 小组成员阅读《王嘉下周要完成的事情》。

(5) 根据阅读资料中的信息,给每件事情分派一个具体时间,并完成《王嘉一周的时间安排》表格填写。

(6) 确定每件事情的重要等级。

(7) 对《对优先等级的探讨》中的三个问题进行探讨:
- 哪件事情有最高的优先级?为什么?
- 哪些事情可以放弃不做?为什么?
- 哪些事情可以暂缓或交给同事或朋友去做?

(8) 重新填写《王嘉一周的时间安排》表格,看看节省了多少时间?

(9) 对每个小组最后完成的《王嘉一周的时间安排》表格内容进行比较,看看大家的选择是否存在差异。每个小组派代表说明自己小组的安排理由。

### 活动三:挑战性的任务

1. 活动目的

通过该活动,训练学生制订决策方案和默契合作的能力。学生在接到多项任务的时候应该在最短的时间内进行团队讨论,制订出行动方案,并有计划、有目标、有秩序地完成任务。

2. 活动学时

0.5学时。

3. 活动环境

活动桌椅拼成6个独立空间。

4. 活动道具

每个小组在活动前要准备好以下道具:

(1) 剪刀1把；

(2) 彩色复印纸3张；

(3) 订书机1个；

(4) 彩笔若干支；

(5) 30厘米细线1根；

(6) 绿豆大的小珠子30粒；

(7) 袖珍型的拼图积木1盒；

(8) 6000字的项目报告1份。

5. 活动步骤

(1) 把全班学生分成6个小组，每组约5~6人。大家围绕事先摆好的桌子坐下。

(2) 老师在桌上放八样东西：剪刀1把、彩色复印纸3张、订书机1个、彩笔若干支、30厘米细线1根、绿豆大的小珠子30粒、袖珍型的拼图积木1盒、6000字的项目报告1份。

(3) 老师向学生介绍活动任务：要求每个团队在10分钟内完成以下四件事情：

● 阅读项目报告并写出500字的项目内容梗概；

● 将所有的珠子串在细线上；

● 按照图示完成拼图积木的摆放；

● 用彩色复印纸制作一本1/4复印纸大小的彩色小故事书。故事书规格：要有故事题目、作者、页码、封面、出版社名字，在侧面钉两个钉子。

(4) 老师宣布计时开始，各小组开始进行活动。

(5) 10分钟时老师宣布活动结束。

(6) 老师检查每个小组完成任务的情况。简单计算完成任务的工作量。

(7) 每个小组介绍经验。尤其动作快和动作慢的小组要分享各自的心得。

(8) 老师进行总结。

该活动任务多，难度高，是一个几乎不可能完成的任务。该活动不是训练大家的做事效率，而是通过制造出非常棘手的问题来考核团队成员对问题的评估能力、处事方式以及默契合作能力。团队成员如果能够在接到任务后保持清醒的时间判断能力，就不难分析出这些事情如果在10分钟内完成会极端困难，因此团队成员应该做一个计划和分工，选择相对最容易的事情着手。非常不可取的方法是不管三七二十一就开始折腾，然后没过几分钟遇到阻力或者发现效率不高，就转手换做另一件事，维持不了多久又再次更换目标。

## 思考与实践

1. 供应商调查

在社区附近找一家中小型餐馆，向老板了解餐馆所有食材的供应商情况以及餐馆老板如何控制所提供的食材品质。

2. 为初创企业设计招聘广告

假设你们是一个创业团队，你们打算开办一家专为家庭服务的摄影馆，为家庭提供各种特殊纪念日的摄影、摄像、影集制作、录像制作等特色服务。但是你们现在急需雇员。请以小组为单位，共同设计一个招聘广告以及面试程序。

3. 小组讨论：经营电影院有风险吗？

以小组的形式共同探讨以下问题：经营一家电影院是否有风险？请把可能的风险列出来。然后，小组成员前往本地区的一家电影院观看一场电影，并与工作人员或影院老板进行访谈，了解经营一家电影院可能面临的风险。把自己列出的风险与经营者谈到的风险进行对比，看看是否能够周全地考虑可能出现的危机。

# 模块七
## 创业融资与资本市场

### 教学内容
创业资本的内涵
创业融资的方式
创业融资的主要渠道
创业企业不同阶段的融资路径
投资人的困惑
借助资本市场创业
创业企业在资本市场中扮演的角色

### 案例讨论
"Papi酱"靠什么吸引投资人的关注？
华谊兄弟如何通过资本运作实现公司的扩张
一家估值25亿元人民币的初创公司

### 课堂活动
头脑风暴——从哪里能获取创业资金
创业发行的股票和债券哪里去了？
向投资家讲故事吸引投资

### 思考与实践
你认识这些投资公司吗
查找最受欢迎和最不受欢迎的中国公司
借助融资获得成长

## 7.1 创业资本的内涵

创业资本指的是创业者开始创办企业所需要的资金。"创业资本"概念起源于15世纪。当时手工业发展较早的西欧诸岛国,由于受地域所限,一些富商为了寻求到海外创业,纷纷投资于远洋探险。地理大发现之后相继建立起来的各类海外公司,如英国、荷兰的东印度公司,荷兰、法国的西印度公司直接促成了创业投资事业的萌芽。到19世纪末,美国的油田开发、铁路建设热潮曾吸引大量投资者,他们或通过律师、会计师的介绍,或直接将资金投资于各类创业项目。到20世纪40年代,美国为了适应新兴中小创业企业发展的资本需求,创业资本演进为创业投资基金这种组织制度化的高级形态。经过以上历史演进过程,"创业资本"就具有了以下特定内涵:① 投资对象是创业企业,以区别于对成熟企业的投资;② 不仅仅提供资本支持,而且还通过提供资本经营服务直接参与企业创业,以区别于单纯的投资行为;③ 仅仅在初创企业的创业期进行投资,当所投资企业发育成长为相对成熟的企业后,创业资本则选择退出,进而完成自身资本增值并开启新一轮的创业投资。它有别于长期持有所投资企业股权,以获取股息为主要收益来源的普通资本形态。

## 7.2 创业融资的方式

在了解创业融资方式之前,我们首先要了解融资的概念。融资是指货币资金的持有者和需求者之间直接或间接地进行资金融通的活动。从狭义上讲,融资就是一个企业从一定的渠道向企业的投资者和债权人去筹集资金的行为和过程。无论是初创企业还是现存企业,它们都可能因缺乏资金而进行融资活动。创业融资指的是创业者为了筹措创办企业所需资金的过程。资金都是具有逐利性的,创业资金对于利润的追求是和它承受的风险成正比的,由于初创企业抗风险能力相对成熟企业较差,并且创业者也没具有很高价值的资产抵押,所以投入到初创企业的创业资本要求的回报一般都是投资额的很多倍。此外,创业企业的投资者为了防范流动性风险[①],一般都在合同中附加了在一定条件下可以主动全部或部分退出的条款。创业者在获得创业资金的同时,也必须接受它比较苛刻的条件。

创业融资方式从不同的角度来看有不同的分类。

---

① 流动性风险是指投资者由于金融资产的流动性的不确定性变动而遭受经济损失的可能性。

## 7.2.1 直接融资与间接融资

每家初创企业融资的过程都各有不同,但是按照融资活动是否以金融机构为媒介可以分为直接融资和间接融资。

(1) 直接融资。

直接融资是指没有金融中介机构介入的资金融通方式。也就是说,缺乏资金的企业或个人,不通过金融机构,而是直接和可以提供资金的单位达成协议或在金融市场上获得所需资金的融资活动。直接融资借助的金融工具,包括:企业发行的股票、债券等有价证券,商业票据和企业直接借贷合同等。企业或企业家凭借自身的信用而获得的交易预付定金和赊销商品也都属于直接融资形式。此外,直接融资还包括广泛存在的民间借贷形式,如高利贷或者资金标会等。

直接融资具有以下优点。

第一,直接融资资金供求双方直接联系,资金的使用效率和周转效率都非常高。如果金融机构介入,融资过程会因为对企业资质审核和资金逐层批示调拨等程序延误很长时间,很难迅速提供给初创企业发展壮大所需要的资金,并且在资金使用过程中,金融机构还会进行监督管理,定期过问企业。

第二,直接融资筹措资金所需成本较低,而投资收益较大。一方面,由于直接融资可以免除金融机构介入而带来的各种相关费用,因而其资金成本较低。另一方面,由于资金融通双方直接形成债权债务关系,债权方自然十分关注债务人的经营活动,从而促进资金使用效益的提高。

直接融资具有以下缺点。

第一,直接融资的资金数量、期限和利率等方面都受到限制。由于缺乏金融机构的合理信用评级,直接融资的信用基础完全建立在借贷双方彼此了解的程度上,因而在融资规模、融资期限以及融资利率等方面受到的限制多。

第二,除股票、债券以外,直接融资借助的其他金融工具的流通性较差。由于这些直接融资活动缺乏市场化,运用的金融工具不能被市场合理定价,所以其流通性与间接融资金融工具相比较差。

第三,直接融资的风险较高。由于企业信用有限,且融资活动不能被金融机构合理评级,因此直接融资具有较高的市场风险。

(2) 间接融资。

间接融资是指金融机构,如银行、保险或者信托公司等,通过吸收社会存款或者出售有价证券等方式,募集大量社会闲散资金,然后再以贷款的形式把资金提供给企业的融资活动。间接融资的资金供给方和需求方不直接发生联系,资金周转运作完全依靠金融机构进行。

间接融资的优点在于:

第一,融资金额充裕。由于金融机构的资金从全社会募集,只要借贷企业符合融资标准,单个融资项目基本不会受到资金额度限制。

第二,融资风险较小。间接融资由于企业借贷资金都只和金融机构发生联系,出资债权人不需要承担企业运营风险,而金融机构金融资产和负债多样化,单笔融资的风险可以被分散平摊。

第三,融资成本低。金融机构都设有专门的信用评级机构和市场研发部门,专业化的信息采集和分析可以帮助投资者节省调查每个融资企业基本信息而带来的成本。

间接融资的缺点在于:

由于金融机构的介入,投资人和借贷人不能直接联系,整个融资活动全凭金融机构的信用作为担保,如果发生金融机构的不作为事件,将会造成投资人的损失。2008年美国次贷危机就是最好的例证,金融机构把贷款提供给了最没有偿还能力的借款者。

## 7.2.2 债务融资与股权融资

创业者如果自己无法提供创办企业所需的资金,可以选择利用他人的资金来创业。有两种向他人融资的方法,债务融资和股权融资,它们对于企业的影响有很大不同。

(1) 债务融资。

债务融资是指创业者以发行债券、银行借贷方式向债权人筹集资金的方式。

一般来说,企业可以通过以下三种形式获得债务融资:一是以创业者个人资产或赚钱能力作为债务的担保进行融资,如将自有住房、有价证券或古玩收藏等进行抵押获取贷款。二是**资产抵押融资**,创业者用固定资产设备作为债务担保来进行融资,如汽车、计算机或者公司房屋租约等。三是供应商信贷,由供应商向创业者提供信贷用以购买设备或存货,很多加盟店或者授权经销商都属于此类形式,如果创业者不能偿还本金和利息,则供应商将把所有设备和存货收回。初创企业受企业资质和信用所限,在公司发展的早期一般不容易获得债务融资。

债务融资的优点在于:

第一,融资速度较快。与股权筹资比,债务融资不需要经过复杂的审批手续和证券发行程序,可以迅速地获得资金。

第二,融资弹性大。利用债务融资,可以根据企业的经营情况和财务状况,灵活商定债务条件,控制融资数量,安排取得资金的时间。

第三,资本成本负担较轻。一般来说,债务融资的资本成本要低于股权融资。其一是取得资金的手续费用等融资费用较低。其二是利息、租金等用资费用比股权资本要低。其三是利息等资本成本可以在税前支付。

第四,可以利用财务杠杆。债务融资不改变公司的控制权,因而股东不会出于控制权稀释原因反对负债。债权人从企业那里只能获得固定的利息或租金,不能参加公司剩余收益的分配。当企业的资本报酬率高于债务利率时,会增加普通股股东的每股收益,提高净资产报酬率,提升企业价值。

第五,稳定公司的控制权。债权人无权参加企业的经营管理,利用债务融资不会改变和分散股东对公司的控制权。

债务融资的缺点在于:

第一,不能形成企业稳定的资本基础。债务资本有固定的到期日,到期需要偿还,只能作为企业的补充性资本来源。再加上去的债务往往需要进行信用评级,没有信用基础的企业和初创企业,往往难以取得足够的债务资本。现有债务资本在企业的资本结构中达到一定比例后,往往由于财务风险升高而不容易再取得新的债务资金。

第二,财务风险较大。债务资本有固定的利息负担,抵押、质押等担保方式取得的债务,资本使用上可能会有特别的限制。这些都要求企业必须有一定的偿债能力,要保持资产流动性及其资产报酬水平,作为债务清偿的保障,对企业的财务状况提出了更高的要求,否则会给企业带来财务危机,甚至导致企业破产。

第三,筹资数额有限。债务融资的数额往往受到贷款机构资本实力的制约,不可能像发行债券股票那样一次筹集到大笔资本,无法满足企业大规模筹资的需要。

由于债务融资不会影响或威胁创业者对企业的控制权,很多对企业发展有很大野心并对公司控制权非常在意的创业者都喜欢采用这种融资方式。过分依赖债务融资的企业常被称为"高杠杆公司",即财务链条非常紧张的公司。一旦企业经营不顺利或者国家宏观经济状况出现恶化,债务融资的风险就迅速暴露出来,企业资金链条的吃紧或者断裂会让企业停业甚至破产。2008年全球金融风暴发生,中国银行业开始收紧发放贷款,广东中谷糖业集团由于前期大量扩张业务,企业负债增多,而后续借贷资金无法到位造成企业迅速破产。

(2) 股权融资。

股权融资是指初创企业以发行股票的方式筹集资金,包括配股、增发新股以及股利分配中的送红股(属于内部融资的范畴)。投资人将按所获股权的份额获得相应比例的公司利润和控制权。对投资者来说,股权投资比债券投资有更大的风险。如果公司不能盈利,投资者也就没有利润可分。投资者不能迫使企业破产以追回原始投资,而债务投资者可以要求企业破产从资产变卖中优先获得偿付,在企业偿还所有债务之后的剩余资产可以按比例变现补偿给股权投资人。

初创企业在没有获得现金收入之前,它们无法支付预定的利息,所以初创企业很不容易获得债务融资,而对于股权融资,创业者不需要固定期限偿付贷款。虽然股权投资者担当的风险比债务投资者大,但是他们获得的潜在股本收益率也更高。如果企业快速成长,股权投资者不仅很快通过分红收回投资,还能伴随企业成长股权大幅度升值。债务投资者不愿意承担股权投资者承担的风险,他们收回投资贷款的风险较小,但是获得的回报相对也较低。

当投资者不能及时观察创业者的决策时,具有固定利息率的债务融资使创业者更有采取高风险经营行为的冲动。这是因为如果创业者失败,损失的最大上限就是前期的所有投入。而如果企业发展顺利,则创业者只需支付固定的还贷额,保留剩余所有的利润。这相当于一份期权[①]合约,以固定的损失博取无限大的收益。而在股权融资条件下,创业者的风险和收益都是和投资者等比例分享担当的,他们在企业经营中,决策会更趋于理性。

---

① 期权:期权实质上是在金融领域中将权利和义务分开进行定价,使得权利的受让人在规定时间内对于是否进行交易,行使其权利,而义务方必须履行。合约可以使期权的买方将风险锁定在一定的范围之内。

股权融资的优点在于:

第一,股权融资是企业稳定的资本基础。股权资本没有固定的到期日,无须偿还,是企业的永久性资本,除非企业清算时才有可能予以偿还。这对于保障企业对资本的最低需求,促进企业长期持续稳定经营具有重要意义。

第二,股权融资是企业良好的信誉基础。股权资本作为企业最基本的资本,代表了公司的资本实力,是企业与其他单位组织开展经营业务,进行业务活动的信誉基础。同时,股权资本也是其他方式筹资的基础,尤其可为债务融资,包括银行借款、发行公司债券等提供信用保障。

第三,企业财务风险较小。股权资本不用在企业正常运营期内偿还,不存在还本付息的财务风险。相对于债务资本而言,股权资本融资限制少,资本使用上也无特别限制。另外,企业可以根据其经营状况和业绩的好坏,决定向投资者支付报酬的多少,资本成本负担比较灵活。

股权融资的缺点在于:

第一,资本成本负担较重。尽管股权资本的资本成本负担比较灵活,但一般而言,股权融资的资本成本要高于债务融资。这主要是由于投资者投资于股权特别是投资于股票的风险较高,投资者或股东相应要求得到较高的报酬率。从企业成本开支的角度来看,股利、红利从税后利润中支付,而使用债务资本的资本成本允许税前扣除。此外,普通股的发行、上市等方面的费用也十分庞大。

第二,容易分散企业的控制权。利用股权融资,由于引进了新的投资者,必然会导致初创企业控制权结构的改变,分散了企业的控制权。当创业者为了扩大融资规模过度出让股权后,如果在公司经营过程中创业者和投资者出现了重大分歧并产生矛盾时,创业者可能会因此失去对公司的控制权。例如:新浪网的创始人王志东就因为出让股份太多,最后被投资者在董事会上清出了公司。苹果公司的创始人乔布斯也曾经被投资者赶出了公司,后来因为公司经营不善,时隔多年他再次被请回公司担当首席行政官。

第三,信息沟通与披露成本较大。投资者或股东作为企业的所有者,有了解企业经营业务、财务状况、经营成果等的权利。企业需要通过各种渠道和方式加强与投资者的关系管理,保障投资者的权益,这需要公司花更多的精力,有些还需要设置专门的部分,用于公司的信息披露和投资者关系管理。

(1) 中国自改革开放到今天已经30多年了,早期创业者都愿意通过债务融资,可是在2000年后创业的企业家更乐于进行股权融资,为什么?

(2) 在目前的中国证券市场上,可以发现部分创业板和中小板企业业绩造假行为,也会看到中石油48元上市套牢上百万股民的事件,这说明什么?

(3) 为什么在经济发达地区如东南沿海地区,企业大部分都通过民间借贷行为融资,很少通过银行?

## 7.3 创业融资的主要渠道

创业者筹集创业资本最主要的来源是依靠自己的存款或者亲朋好友的帮助。除了这些自有资源,创业者还可以通过专业投资人或机构进行融资,虽然融资成本较高,但是融资过程非常专业化,资金也非常充裕。

### 7.3.1 自有资金

创业者大部分白手起家,缺乏足够的信用可以从银行等金融机构获得资金,他们只能自筹创业所需资金,如依靠自己过去的积蓄。用自有资金创业可以让创业者完全控制自己的公司,但是也必须完全承担财务上的风险,同时创业企业的规模也完全受制于自有资金的多少。

### 7.3.2 家庭与朋友的投资

创业者除了自筹资金创业,也可以向身边的亲戚或朋友借贷筹资,可以用自己的实物资产抵押,也可以凭借自己和他们多年的交情用个人信用抵押。这样的融资方式使创业者个人的财务风险减小,但是个人的信用风险增大,融资成本越低越容易让创业者在财务支出方面做出不谨慎的决定。俗话说"亲兄弟,明算账",创业毕竟是有较高风险的,因为创业不成而造成家庭不睦、亲朋反目的案例也层出不穷。

### 7.3.3 天使投资

天使投资(Angel Investment),是权益资本投资的一种形式,是指富有的个人出资协助具有专门技术或独特概念的原创项目或小型初创企业进行一次性的前期投资。它是风险投资的一种形式。而"天使投资人(Angels)"通常是指投资于非常年轻的公司以帮助这些公司迅速启动的投资人。

典型的天使投资者都曾经是创业成功者,他们对于单个企业的投资都不大,一般是几十万到一百万元的规模。他们一定对这些企业所属行业以及未来发展比较了解,投资一部分是为了资本回报,一部分也是对这个创业项目非常有兴趣,愿意和创业者一起参与。天使投资的投资者一般要求获得企业的优先股①或可转债②。微软中国的前任 CEO 李开复和携程网的创办者沈南鹏就是中国著名的天使投资人,他们都是在原来企业获得巨大成功后,转变成为职业股权投资人的。目前能获得天使投资资金的一般都是具有高科技、高成长性或具

---

① 优先股:不同于普通股,按照固定比率获得企业利润分红,并在公司破产时在普通股东之前拥有剩余财产分配权。
② 可转债:在一定条件下可以转化为股票的企业债券,兼具股票性和债券性。

有消费升级概念的新兴企业[①],如团购网站、室内环保公司、餐饮服务智能化公司等。新浪网的前身四通利方公司就是四通集团的总裁段永基以天使投资形式投资的。

### 7.3.4 信用担保

信用担保指的是由专业担保机构出面进行信用担保,帮助企业获得银行等金融机构贷款的融资方式。企业如果破产或者发生其他财务问题,担保中介机构将承担全部风险。作为第三方的担保机构因为承担了巨大的风险,所以也会对企业提出非常高的回报要求。初创企业资金链一般都比较紧张,对于信用担保融资应该采取谨慎态度,要知道天下没有免费的午餐,金融市场上尤其如此。

### 7.3.5 风险投资

风险投资也可以称为创业投资,根据美国风险投资协会的定义,风险投资(Venture Capital,VC)是由职业金融家投入到新兴的、迅速发展的、具有巨大竞争潜力的企业中的权益资本。这些投资者和投资机构管理者被称为风险投资家。

风险投资家选择提供融资的对象条件非常苛刻,他们要求这个初创企业要在一个高成长的行业中经营,并具有相当的垄断竞争优势,能提供具有一定市场需求占有率的产品,有一个优秀的管理团队,并有完整的公开上市计划。风险投资家对于初创企业的投资有着高额的回报预期,通常期望在5年左右可以获得投资额6~10倍左右的增值。

为了帮助目标初创企业健康成长,实现投资股权的升值,风险投资家不仅注资到初创企业,还直接介入企业的经营活动,包括改组管理层、员工队伍整合、财务管理等。风险投资家只关注企业上市前的发展,只要能公开上市,他们就可以把前期股权投资成功套现,因此,他们对于创业者所持股份的转让和增发有严格的限制,并设置惩罚条款。在公司盈利没有达标时,要求创业者对他们进行资金或股权方面的补偿。

创业者在引入风险投资的时候,一定要根据自身条件仔细评估这种融资对企业是否合适。风险投资对利润和企业成长性的追求会迫使创业者不断扩大企业规模,向公开上市的要求靠拢,这种冲动如果赶上资本市场出现波动或者整体行业遭遇发展瓶颈的时候,企业可能无法顺利上市,风险投资家会因套现无望而迅速退出,进而导致企业停业或破产。例如:2000年左右,全球网络行业就遇到这样的问题。由于网络行业无法明确盈利方向,投资人对网络行业的预期落空,大量的风险投资快速地撤离网络行业,进而导致80%的网站或网络公司破产和倒闭,引发了大规模的网络泡沫破裂。

### 7.3.6 孵化器融资

孵化器融资指的是在企业创办初期,由政府部门出面对它们采取资金、管理、场地和服

---

① 消费升级概念:伴随居民整体收入水平提高,在新的消费领域产生的企业。

务方面的帮助,使这类具有创新性的企业快速发展。中国各高校都建立了创业园区,在园区中通过企业孵化器来帮助有创意、有激情但缺乏资金的创业者们创建自己的企业。企业孵化器以极低廉的价格向创业者提供包括办公室、各种办公设备和少量创业启动资金等资助,并设有企业经营和融资的顾问团队给创业者提供咨询服务。这些企业孵化器大部分都由政府或者高校提供资金补助而建立的,目的就是帮助学生或有志青年顺利创业。

### 7.3.7 政府资金支持

一般来说,政府的资金使用都是要对全体纳税人负责的,不能投入到高风险的项目,所以政府对创业企业的资金支持都带有公益性质,不以盈利为主要目的,比如共青团中央用数千万资金建立旨在扶植青年创业的基金,地方政府为中年下岗人员创业建立的扶植基金等。需要说明的是,这些资金大部分都是无息或者低息的,是帮助企业创业启动使用的,一旦企业正常运转,这些资金都会逐步退出的。如果企业连续亏损,这些资金也会有预警处理办法,不会伴随企业一直亏损下去的。

### 7.3.8 银行贷款

银行是专门进行贷款业务的金融机构,但是对于初始创业者或企业也是最难以获得资金的融资单位。银行的信用体系不支持向没有任何抵押资质的创业者提供贷款,创业者必须通过有效金融资产的抵押才能获得贷款。此外,银行对于贷款利息和本金的偿还也有严格规定,不会因为借款人周转或经营的暂时困难而允许延期的。最重要的是,中国是人口储蓄率很高的国家,银行依靠存贷差每年可以获得巨大的垄断利润,它们缺乏动力,也没有兴趣去了解一家创业企业的经营管理和发展目标。所以在中国,不仅初创企业,就是中小企业想通过银行体系融资贷款也是非常不容易的。

课堂思考②

请参考刚学过的融资方式,为以下创业者选择最适合他们的融资渠道(可多选)(如表7-1所示)。

表7-1 创业者与融资渠道

| 创业者 | 最合适的融资渠道 |
| --- | --- |
| 拥有两项专利的大学生 | |
| 刚刚退休的银行分行行长 | |
| 准备开办团购网站的原美食专栏的编辑 | |
| 在淘宝网经营网店多年的小孙 | |
| "富二代"小王 | |
| 辞职创业的销售经理 | |
| 商务部辞职开贸易公司的老吴 | |
| 获得国家巨额拆迁补贴的老李 | |

## 7.4 创业企业不同阶段的融资路径

创业者筹得资金使企业开始正常经营,伴随着公司业务的扩张和企业自身的不断发展壮大,初创企业仍然需要不断地有足够的资金注入。在创业企业的成长阶段中,企业的融资模式也会发生很多变化,创业者要做到与时俱进,不断调整自己的融资思路和途径,使企业始终在资金比较充裕的状态下快速发展。

### 7.4.1 创业企业的不同阶段

(1) 种子期。

种子期是指初创企业还没有正式组建,没有建立管理团队和运营架构,创业者仅仅有初步的商业计划,企业完全处于构思阶段。如果是高科技创业企业,这时他们只有专利和实验发明的成果,技术研发还没有全部完成,还没有商业化产品。

(2) 创建期。

创建期是指初创企业已经建立,管理团队已经形成,但是商业产品或服务还没有最后定型,企业仍需研发投入。不同性质和背景的初创企业处于该阶段的时间也各不相同,部分初创企业会在这个阶段被淘汰,这一时期的投资风险依然很高。

(3) 成长期。

成长期是指初创企业的产品或服务已经完善成型,研发投入减少,技术风险降低,企业开始接触市场。这一时期企业支出增大,由于还不具备盈利能力,所以对于资金的需求比较紧张。

(4) 扩张期。

扩张期是指初创企业开始把产品和服务推向市场,企业营销和运营成本增大,开始有销售收入,但是整体投入依然大于产出。

(5) 获利期。

获利期是指初创企业通过销售产品和服务开始获利,且盈利部分已经超过支出部分的阶段。

### 7.4.2 不同阶段的融资路径

在种子期,愿意给企业投资的要么是孵化器类的公益资助类资金,要么是非常认同创业者发明成果和经营理念,且能承受高风险的天使投资基金。在种子期融资,创业者必须具备"画大饼"讲故事的能力,他们手头一没有像样成型的产品和服务,二没有市场认可的确实证据,只有凭借自己的项目去打动投资者,困难可想而知。这个时期的资金大部分来源于创业者的储蓄或者亲朋好友的帮助,外部融资非常有限。

在创建期和成长期,企业的雏形已经具备,管理团队逐渐成熟,发展模式和经营理念也逐步形成。这一阶段初创企业的融资对象主要是专业投行机构,如风险投资基金或私募股权投资基金等。他们对初创企业进行合理估值后才进行投资,因此,他们对初创企业发展的不确定性和风险性都有所准备。这些创投资金会把企业上市作为退出路径,他们通过资本市场的运作把前期注资初创企业的股份在证券二级市场上变现,以此获得巨大收益。

资本市场是指以期限在1年以上的金融工具为媒介进行长期性资金融通交易活动的场所。在资本市场通过首次发行股票即首次公开募股(Initial Public Offerings,IPO)实现上市,是创业企业融资的一个重要途径。股票发行市场即一级市场,是企业发行股票筹资的市场。一级市场是股票的初级市场,并不为公众所熟知,因为将证券销售给最初购买者的过程并不是公开进行的。券商是一级市场上将证券首次售出的重要金融机构。券商的做法是承销证券,即他们确保公司股票和债券能够按照某一价格销售出去,之后再向公众推销这些证券。在这个市场上投资人可以认购公司发行的股票。通过一级市场,发行股票的公司筹措到其所需资金,而投资人则购买了发行股票公司的股票而成为该公司的股东,实现了储蓄转化为资本的过程。在发行过程中,发行者一般不直接同持币购买者进行交易,需要有中间机构办理,即证券经纪人。所以一级市场又是证券经纪人市场。二级市场,也叫流通市场,是对已经发行股票进行交易和转让的市场。在二级市场上股票可以被不断地换手交易,收益则属于卖出股票的投资者,而不属于发行股票的公司。

有一类资金专门投资在创业企业的扩张期,叫夹层资本,即专门为企业上市做扩展的资金,介于企业创业活动和上市过程中间的时间段。此期间初创企业融资比较容易,很多成熟稳重的投行资金都愿意此时介入,通过"承上启下"帮助企业顺利上市,自己的资金也能迅速通过二级市场转让套现。

在企业的获利期,先期投入的各种创投资金都会选择通过企业股票上市而套现退出或者选择企业被并购后转让股权退出。创业企业则通过股票上市募集大量资金,或通过转让部分股份获得资金回报。这时作为上市公司,企业具有很高的信用,他们可以向银行贷款进行融资,这是企业未来发展融资的最主要渠道之一。

## 7.5 投资人的困惑

创业者尽力把企业美好的盈利前景和未来在行业中快速发展的预期描述给投资人,但是在整个融资过程中,由于客观上存在着信息不对称和不确定性问题,投资人对创业者和初创企业如何运用资金,如何在出现风险时规避或者减少资金损失等方面都有很多困惑。怎样帮助融资双方顺利地或者最大程度上解决上述问题便成了融资过程中的关键。

### 7.5.1 信息不对称问题

信息不对称指的是指交易中的各方所拥有的信息是不对等的。在社会政治、经济等活动中，一些成员拥有其他成员无法拥有的信息，由此造成信息的不对称。其结果是，信息缺失方在交易过程中的利益可能受到损失。投资人必须在信息量有限的条件下，对初创企业进行投资价值评估，然后再决定是否投资。信息不对称对投资人决策的影响主要体现在三个方面。

第一，创业者在投资人没有注资前，不愿意向他们透露过多商业信息，要求投资人在有限信息下做出决策。初创企业最大的价值就在于它具有的创新性，如果投资人在了解了初创企业所有商业信息后却选择不投资或者自己去创业，这会导致原创业者的创业计划受到损害。

第二，创业者可能会利用信息不对称欺骗投资人。创业者从投资人手中拿到创业资金后，可能在使用过程中不完全按照融资合同规定内容进行，部分资金会用于满足创业者利益而不是企业的利益，最终导致投资人利益受损，产生了道德风险问题[1]。比如 2008 年美国金融风暴发生后，AIG 公司[2]濒临破产，而当他们游说政府给企业注资 300 亿美元后，高级管理层马上集体包直升机花费数百万美元去加勒比海度假，此事曝光后公众强烈不满，导致美国总统出面道歉。

第三，投资人关于创业者及其创新商业价值的有限信息会导致逆向选择问题[3]。当创业者因为不愿意披露过多商业信息给投资人时，投资人不能从众多融资计划书中明确分辨哪个创业者更具有优秀的品质和强大的实力，相反很多没有潜质也没有能力的创业者更愿意把自己的创业计划说得天花乱坠，而且会在不考虑未来企业发展的实际需要情况下承诺给投资人丰厚的股权或现金回报，最终结果是由于优质创业者不会像劣质创业者那样许诺给投资人丰厚的回报，而逐渐被淘汰出融资市场，导致最终占据市场的都是品质差的创业者。在 20 世纪末全球网络业快速发展时期，很多网站创办者都声称自己的网站未来具有巨大商业价值并许诺给投资人丰厚的融资回报，从而导致投资人良莠不分，投资了大量垃圾网站，最终网络泡沫破灭造成资本市场损失惨重。

## 7.5.2 不确定性问题

初创企业的未来发展充满不确定性，投资人在分析判断的时候也必须面对其中的各种不确定性再做出理性决策。这些不确定性包括：

第一，投资人需要对初创企业的产品市场需求、财务绩效和创业者管理能力等方面进行评估，以判断该企业是否具有投资价值，但是这些因素的好坏都必须在企业开始正式经营运转后才能通过事实作为依据加以判断。如果投资人没有投资，创业者就因缺乏资金无法去证明其企业的商业价值高低。所以，如果创业者没有成功创办企业的历史记录，也没有拿得出手的专利技术证书或者知名金融投资家的推荐（大多数创业者都不具备这些条件），投资人仅凭创业者的融资计划书或者商业计划书进行投资决策，这种不确定性带来的风险非常高。

---

[1] 道德风险问题：指投资者将资金投给企业后，将面对借款企业从事那些从投资者角度来看并不期望进行的活动。
[2] AIG 公司：美国国际集团，旗下友邦保险公司为美国最大人寿保险公司。
[3] 逆向选择问题：指交易双方由于信息不对称，导致劣质产品把优质产品竞争淘汰出市场，进而出现市场交易产品平均质量下降的现象。

第二,投资人和创业者对于初创企业的商业价值评估方面存在分歧。创业者对初创企业抱有很大的热情和期望,在这种情绪下对企业未来业绩和市场占有率的判断也趋于乐观,但初创企业的经营过程会充满不确定性,盈利前景到底怎样很难事先预测。而投资人对于初创企业商业价值的评估更趋于理性,双方在企业估值上的分歧可能会直接引发对于股权比例分配等问题上的讨价还价。

第三,投资人希望在初创企业经营宣告失败被清盘的时候,创业者能偿还尽可能多的所融资金,因此在投资人注资的时候,更希望创业者能以房产、有价证券或其他有价值的物品进行抵押,以便在企业破产后能获得一些补偿。而创业者如果真的可以提供这些抵押物,他们也就不会找投资人接受苛刻的条件进行融资了。

针对以上的困惑,投资人还是要寻找相应的对策,以便使手中的资金有效地流转起来。一般来说,投资人对初创企业的投资,应该是分阶段进行的。在每个阶段,投资人提供部分资金,当一个阶段结束时,投资人可以决定是否在下个阶段进行追加投资。也就是说,在每个阶段,投资人都付出少量资金,买到一个期权,允许自己在下个阶段开始时拥有一个选择权。投资或不投资,这是权利而不是义务。按这种方法投资,可以有效地控制投资风险。在每个阶段,初创企业都必须达到设定目标,比如产品和服务开发的进度,市场占有率,内部管理目标等,只有各个项目都达标后,投资人才能决定继续投资。

分阶段投资可以防止信息不对称问题。投资人在每阶段都可以了解资金运用状况,创业者如果挪用资金谋取私利或者改变原定资金用途去做高风险的投资,投资人在下个阶段就可以终止注入资金。如果初创企业的经营状况远远达不到创业者商业计划书中描述的前景,投资人也可以及时撤出。

分阶段投资可以解决企业不确定性问题。投资人对于初创企业的了解会随着企业发展的不同阶段而加深,在掌握足够的信息后,投资人可以更客观地对企业的商业价值进行评估,继而进行更合理的投资。而企业的不确定性问题也会随着企业的不断发展而减少,创业者和投资人对于企业的发展和估值也可能逐渐达成共识。

# 7.6 借助资本市场创业

香港首富李嘉诚通过创业起家,后来进军房地产行业和金融行业,他通过企业上市使得自己在进行实业经营的同时,也在金融资本市场上开始经营运作,李嘉诚形容他的经营之道为"双手洗牌"。

创业企业家介入金融资本市场的目的主要有以下三种。

## 7.6.1 套期保值

套期保值是指交易者在现货市场上买进或卖出,同时在期货市场上卖出或买进数量相当的同品种商品,目的是通过期货市场的未来交易合约防止现货市场出现价格波动而带来的买卖损失,类似一份保险。套期保值在商品市场、汇率市场、利率市场上使用非常频繁。

比如一家做外贸的公司,大批量的商品进出口需通过海运完成,但是运送周期比较长,如果这期间贸易双方交割的计价货币发生大幅汇率变动,将会造成交易某一方巨额亏损,这时候通过汇率套期保值就可以对冲掉可能出现的因汇率波动造成的交易风险。自从美元进入贬值周期后,中国大量的出口型企业都深刻体会到汇率波动给企业经营带来的风险,而这种风险是企业经营者不愿意接受的,采用套期保值无疑是一种非常好的抵补风险的手段。

对于原料加工型企业[①],原材料价格的大幅上涨将会导致企业成本急剧上升。近10年中,煤、铜、石油、黄金、玉米等大宗商品原材料价格都上涨了数倍,这类企业必须进行套期保值,利用资本市场的各种衍生工具交易锁定未来的成本,保证企业的稳定经营。

### 7.6.2　企业扩张

创业者在市场上要想保证企业的利润稳定增长,必须要有市场定价权,但是要想获得市场定价权就需要与同行竞争,进而获得垄断经营地位。为了获得垄断地位,企业又必须不断降低成本和产品售价来争抢市场份额,而降低成本和产品售价又会影响企业的利润增长。看起来,创业者在企业经营发展中被迫面临一个悖论,企业生存是为了发展,但是企业发展的结果就是维持生存。大多数中小型企业都在残酷的市场竞争中努力生存发展着,要想在竞争中脱颖而出,必须有充裕的资金帮助企业进行扩张,帮助企业获得行业垄断,掌握市场定价权。但是创业者的小型企业利润增长非常有限,依靠自有资金积累去完成企业扩张难度很大,这时借助金融资本市场的力量会是一个非常好的选择。

企业扩张可以分为横向扩张和纵向扩张两类。横向扩张指的是企业通过行业并购把竞争对手直接买下并注入自己的企业中,扩大了市场份额也消除了竞争对手。纵向扩张是指企业通过对产业链上下游的企业(如原料生产或物流销售等公司)进行并购,从而使企业控制成本、增强营利能力。扩张是企业快速发展的必由之路,但是扩张和并购需要的资金量非常巨大,企业需要通过股权融资或者债务融资才可以完成。目前中国证券市场的中小板、创业板和未来推出的国际板可以帮助众多中小型企业获得股权融资资金支持,但由于中小企业信用有限,债务融资比较困难。

### 7.6.3　股份变更

创业者借助金融资本市场可以对自己持有的本公司股份进行增持或者减持。当企业发展到一定阶段,初始创业团队可能对企业发展方向、行业前景、经营理念或者团队合作等方面的看法有分歧时,部分创业者可能会决定减持或转让自己所持有的公司股份。如果是上市公司且符合减持条件,减持者可以通过二级市场公开减持;如果是非上市公司,则可以直

---

① 原料加工型企业:指通过进口原材料,对原材料加工后生产产品进行销售的企业。

接转让完成股份变更。

需要注意的是,身为企业创办者,如果大幅减持或者转让公司股份,将会影响到其他股份持有者对公司经营前景的信心,从而引发这些股东也开始减持或转让公司股份,导致公司在资本市场上的形象受损,最终影响公司未来可能的融资计划。比如在创业板上市的华谊兄弟影业公司,在上市1年之际,作为它的初期创业合伙人,著名导演冯小刚以及阿里巴巴总裁马云等纷纷减持公司股份,引起整个资本市场对公司未来业绩的担心,公司被迫连续公告解释这些创业者股份减持或转让的原因,但是公司的股价仍然连续下挫。

当然,如果在本公司股价被市场低估的时候,身为创业者也可以通过资本市场增持公司股份或者直接受让他人转出的股份。比如,每当香港股市低迷的时候,李嘉诚都会小幅增持自己对长江实业公司的股票;张朝阳也在搜狐股票最低迷的时候进行过增持。创业者本人进行股份增持,不仅提高了其他投资人对公司发展的信心,而且如果时机得当,还会因股价的逐渐回升而获得大笔收益。

除了股份变更外,创业者也可将所持公司的股份用于质押或者担保,以此获得借贷资金。具体质押比例或者信用评估等级需要专业机构介入,创业者需要铭记的是股份价值的多少是和公司业绩直接挂钩的,要想提高股份的价值,一定要提高公司的盈利水平。

## 7.7　创业企业在资本市场中扮演的角色

初创企业不仅是创业者实现自己理想的平台,在金融资本市场中,它们也扮演着非常重要的角色。

### 7.7.1　股权投资的对象

股权投资是指通过购买目标公司(一般为非上市公司)的股份进行投资,以取得目标公司部分控股权,从而介入该公司的管理和经营,帮助该公司完成资产整合和上市的过程。在目标公司上市后,股权投资者会通过减持或转让所持有股份的方式完成退出,从而结束一轮完整的投资过程。股权投资涉及资金量比较大,投资周期比较长,目标公司未来上市充满未知数,所以股权投资属于高风险、高收益的投资行为。

优秀的创业企业一般都属于具有高成长性的中小企业,随着公司的发展其资本市场的价值也会极大提升。目前中国证券市场上的中小板[①]和创业板[②]就是提供给众多中小企业的重要融资平台。比如,业内有着"世界维生素大王"之称的新和成公司自2004登陆中小板市场后,其股价10年间翻了10倍。2004年上市时,新和成的发行价是13.41元,总股本才

---

①　中小板:是指上市流通盘在一亿股以下,中小板申请上市主要标准为股份总额不低于3000万人民币,连续盈利达到三年以上的中小型企业。

②　创业板:创业板申请上市主要标准要求公司净资产不低于2000万人民币,近两年盈利,净利润达到1000万人民币。

为1.14亿股,市值15亿元,但是10年后,新和成总股本已达到10.89亿股,总市值更是猛增近10倍,达到143亿元。此外,值得一提的还有苏宁云商。自2004年7月以16.33元的发行价登陆中小板以来,苏宁云商最新复权股价已高达565.75元,涨幅为3364%。截至2016年2月初,在中国中小板和创业板上市的公司已达到777家和492家,申请并排队等待上市的公司还有数百家。这些企业所属的行业从教育、红酒、电影到绿化环保几乎覆盖各种商业领域。中国早期的股权投资目标都是和网络业相关的企业,比如新浪网、搜狐网、携程网等,当时这些企业还无法在中国的资本市场上市,所以它们都是在海外上市,截止到2014年2月,在美国纳斯达克上市的中国企业就有117家。随着国家经济发展模式的转型,以消费升级为主体的服务性企业在未来将会具有非常高的成长空间,这也是目前股权投资机构的重点投资目标。

股权投资具有高风险性,这主要是因为它的投资周期较长,平均为3年左右。如果遇上资本市场的低潮期,比如2008年全球金融海啸或者2001年的全球网络业的萧条,很多运作成功即将上市的项目可能就会夭折,前期投入的巨大资金将受到很大的损失,一些企业一旦在最好的行业发展时期没机会上市,可能就会从此一蹶不振。比如,中国浙江大自然公司是一家生产磁带的企业,在20世纪90年代发展良好,市场占有率比较高,但是因为多种原因迟迟无法在证券市场主板上市,等到2000年后,随着数码时代的到来,音乐存储基本都采用数码技术,磁带逐渐被淘汰,大自然公司也随之失去了在资本市场运作的机会。股权投资人持有股份介入公司经营管理后,会逐步要求企业整合资源并完善财务数据,为最终上市做准备,这样在一定程度上会影响企业的正常发展,把发展重心都落在企业成功上市上,一旦受各种因素影响,使企业的上市计划受阻,企业的发展和自身资源都将受到重大损失。更有甚者,股权投资人串通创业者为了能成功上市而篡改企业财务数据,虚拟盈利报表,如2007年在中小板上市的绿大地公司,因做假账在2011年被证监会查处,目前公司董事长已经被收审。

## 7.7.2 并购重组载体

并购重组指的是两个或多个企业通过现金和股份交易,实现企业合并或者互相参股。企业进行并购重组的目的就是整合资源,扩大生产能力及市场占有率,突出主业,形成规模经济,实现混业经营,获得先进技术和人才。在金融资本市场上,企业进行并购重组意味着通过资本运作,可以低价收购优良资产,整合后高价出售;通过兼并上市公司,完成本公司的借壳上市。

创业企业不仅要业绩优良,而且要时机得当才能够成功上市。除了少数最终上市成功的创业企业,其他未能上市的创业企业对于资本市场而言,很多都具备并购重组的价值。创业企业大部分都带有创新性的技术或者服务,大企业对它们进行并购重组,用资金兼并这些创业企业获得创新性的资产,而创业企业的创业者可以通过出售企业获得资金,也可以和原企业一起并入收购方企业,并获得收购方企业的股份或者进入领导层。小企业由于资金有限,扩展业务能力不足,在合理时机以合理价格出让公司对于创业者是一种理性选择;大公司通过资金优势,买入创新业务和项目也节省了开发成本,并购重组对双方是双赢结果。

在资本市场上,企业进行并购重组可以被看作利好行为,因为这不仅意味着对现有资源和公司股份结构的整合,也让投资者对企业并购后的经营发展有良好的预期,因而企业并购重组永远是资本市场的热点话题。伴随着并购的进行,大企业越做越强,市值不断扩大,投资者也非常愿意投资这样的企业,长期投资可以获得巨大回报。

### 7.7.3 资本市场发展的助推器

资本市场的壮大和成熟是众多创业企业出现的结果,尤其是创新型企业的出现,引领了资本市场资源配置的新方向,推进了多样化和多层次资本市场服务体系的建立。如果没有这些创业企业的出现,资本市场的发展速度会比较慢,进而整个国家经济发展的速度也会受到制约。资本市场为创业企业提供了很好的融资平台,同时创业企业也大大推动了资本市场变革和创新的步伐。从为传统产业融资,到为新兴服务业融资,资本市场随着新型创业企业的诞生而扩展其服务领域,增加其服务功能。

在网络时代,投资家不会仅仅在公司守株待兔,而是通过各种电子信息媒介在市场中主动搜索有价值投资的对象。借助网络视频工具,过去融资需要的多轮谈判和调研考察等,都可以简化流程,资金往来也可以通过电子银行的转账迅速完成。当今的投资家也不再是印象中的西服革履,并在一尘不染的办公室面对客户侃侃而谈的形象,为了更好地判断不同行业的初创企业未来可能创造的投资价值,投资家会上高山下田地,可以一日转战多个城市,而最终投资只需一个移动电话或一个笔记本即可完成。信息全球化和商业全球化也催生了金融全球化,投资家的视角也不仅限于本国的项目,全球各地的融资平台除了竞争,更多的是寻求合作,如美国的纳斯达克市场在日本等国上市。

为了帮助初创企业融资,资本市场也创造了对应的融资平台,在如今比较发达的资本市场上,对于处于不同发展阶段的各类初创企业,都有与之对应的融资服务,如美国的纳斯达克,中国的中小板、创业板和新三板。政府针对不同类型的初创企业,也有相应的扶持基金,如华夏银行对中关村科技创初创企业的小额贷款基金,北京市对大学毕业生创业的基金等。资本市场不仅向创业者提供资金服务,也提供其他如财务顾问或者股权经营代理等服务。

中国经济正处于转型之际,大量告别传统劳动密集型发展模式的初创企业不断创立发展,而这些采用资本密集型和知识密集型的初创企业正是资本市场上最受青睐的投资对象,而这种发展模式的转型也是受政府大力扶持的。在这种大背景下,在中国初创企业的生存空间和发展机会都是非常巨大的。

(1) 总结一下在目前中国经济条件下哪些行业容易成为股权投资的目标,为什么?
(2) 并购重组对于哪些行业是利好消息,对于哪些行业是利空消息?

## 案例讨论

### 案例一："Papi 酱"靠什么吸引投资人的关注？

2016 年 3 月 19 日，视频自媒体"Papi 酱"拿到了人生第一笔大额投资。投资方真格基金、罗辑思维、光源资本和星图资本联合为其注资 1200 万元人民币。这则消息使正在爆红的网络自媒体新秀"Papi 酱"受到更为广泛的关注。

"Papi 酱"的真实姓名叫姜逸磊，是中央戏剧学院的在读研究生。她自编、自导、自演、自拍了一系列小视频放到网上播放，引来了无数粉丝的追看。只用了半年的时间，"Papi 酱"便成为时下最抢眼的网络红人。

翻读"Papi 酱"的微信公众号可以发现，她是从 2015 年 10 月开始走红的，当时她尝试使用变音器制作视频，结果获得粉丝无数。根据腾讯视频、优酷土豆等各视频网站的最新统计，"Papi 酱"发布的视频累计播放量已经过亿。在国内作为"人气观测器"的新浪微博上，"Papi 酱"的粉丝已经超过 768 万，从时间来看，"Papi 酱"的吸粉速度非常惊人。

作为中戏的研究生，"Papi 酱"一改其他网络红人靠颜值取胜的套路，她凭借对热点题材的解析、接地气的演技、高水准的剪辑技术在网络视频市场中脱颖而出。她的视频作品还有一个特点，那就是将自己拍摄的视频素材进行了加速及变声处理，这恰到好处地产生了戏剧性的效果和快速吸引眼球的功效。以她的视频《一个普通的茶余饭后时间》为例，在视频中她一人分饰四个角色，逼真地还原了一个女性小群体在茶余饭后"八卦"自己不喜欢的新同事的场景，借此调侃女性之间复杂的人际关系。这段不足 3 分钟的短视频在微信发出后不到 5 分钟，阅读量已突破 3 万，1 个小时后已显示为"10 万+"。"Papi 酱"说，这些小视频的灵感都来源于生活里的见闻，比如不靠谱的朋友，矫揉造作的明星，多管闲事的亲戚，或者是类似"双十一"、春节、情人节等时下热点话题。至于那些犀利台词的来源，"Papi 酱"给出的答案是"观察生活"。"Papi 酱"之所以受欢迎是因为她的吐槽犀利又精准。一旦作品接地气、有特色，它便有了广大的群众基础。对一个品牌来说，这些粉丝就是资本和潜在的利润。

截止到 2016 年 3 月为止，"Papi 酱"的微博粉丝数量已经突破了 804 万，据主流视频网站平台统计，其视频总播放量已经超过了 2.9 亿次，平均每段播放量在 750 万次以上。2016 年 4 月，投资方将在北京召开中国新媒体的第一次广告拍卖会，拍卖"Papi 酱"视频贴片广告。届时将设 100 个招标席位，门票高达 8000 元一张。

（资料来源：http://tech.163.com/16/0319/15/BIHH6TU700094P40.html？baike）

**小组讨论：**

(1) 如果你是投资人，你愿意给"Papi 酱"投资吗？为什么？

(2) 在资本市场上，投资人选择投资对象的标准是什么？

(3) 你认为投资 1200 万给"Papi 酱"可能面临的风险是什么？

### 案例二：华谊兄弟如何通过资本运作实现公司的扩张？

1994 年，王中军、王中磊兄弟创了华谊兄弟传媒股份有限公司。2000 年，太和集团出资 2500 万元参与华谊兄弟的重组，并与王氏兄弟各持 50% 的公司股权。2001 年，王氏两兄弟从太和手中回购了 5% 的股份，以 55% 的比例对公司拥有绝对的控股权。在太和集团的投资支持下，华谊兄弟迅速地完成了初始扩张。随着实力的壮大，华谊兄弟开始进入加速扩张阶段,为解决所需资金,公司进行了三轮融资,先后引入了多家传媒集团和金融投资机构。

在三轮融资中,华谊兄弟采用了国际流行的"股权融资+股权回购"的操作手法,公司从其他原股东手中回购股权,再向新投资者出售股权融资,不仅保全了影片版权的完整性和公司的控股权,还强化了外部资金的流动性,便于其获利后安全退出。

华谊兄弟不仅通过持续融资支持公司的扩张,在电影这种属于资金密集型产业上,也采用了多种融资手段。

第一,引进其他影业公司合拍电影。

采用合拍机制,不仅降低了电影的投入比例,也可以帮助影片在合资方所在地的发行。

第二,引入风投(VC)或私募股权投资(PE)。

这样不仅引入资金,更重要的是引入一套精密的制片预算方案,引入审计和财务管理制度,引入资金方对资金的监管,从而保证了成本控制。

第三,使用版权向银行等金融机构贷款。

大牌导演、明星加盟保证了票房:中国信保帮助《夜宴》从深发展银行拿到5000万元的贷款,冯小刚的《集结号》争取到5000万元的无抵押贷款等。

第四,开拓版权预售,加快资金回笼。

片商在影片上映之前,通过向海内外预售发行权、放映权,收取定金以支持影片的制作,同时以预售合同为担保进行融资。

第五,拓展电影衍生品市场。

华谊兄弟作为行业领军公司,也在多方面开发品牌授权及衍生类市场。他们尝试将影片名称、角色形象等可开发对象进行商业结合,除了院线票房、植入广告之外,其新媒体版权及各种商业授权均获得了很大的成功。2014年,华谊兄弟与"好订单"网合作,共同寻找优质服装工厂,开拓电影服装类衍生品。

博商管理科学研究院认为:华谊兄弟的迅速成长得益于对民间资本和外资的开放,同时在引入资本额度时,始终控制在预期之内,既能维持充足的来源,又不至于被资本拖累,丧失退出能力,并且在运用资本的过程中,华谊兄弟保持主导地位。

在电影制作过程中,华谊兄弟充分利用外部资金,减少了自有资金的投入,加快资金周转率,分散了风险;同时引入严格的财务制度管理,降低了成本,提升了资金的使用效率。得益于资本又不受制于资本,华谊兄弟正是靠一系列的资本运作,在近年来的娱乐业的竞争中游刃有余。

(资料来源:http://mt.sohu.com/20150706/n416224182.shtml)

**小组讨论:**

(1)什么是股权融资?
(2)华谊兄弟通过哪些资本运作手段进行扩张?
(3)风投与私募股权投资有什么区别?

### 案例三:一家估值25亿元人民币的初创公司

什么是创业成功的最大关键?

我们在这里要介绍一位印度美女的故事。她因不满健身房繁杂的会员模式,一怒之下做了一款APP,并成立了自己的公司"ClassPass"。现在她已经成为美国最有名的创业者之一,其公司估值4亿美元,约合25亿元人民币,其中甚至有来自谷歌的投资。这位美女的名字叫作帕娅·卡达奇娅(Payal Kadakia),是ClassPass的CEO,她常戏称自己为"创业舞者"。

帕娅3岁开始学习舞蹈,参加过大大小小的比赛。她毕业于麻省理工学院管理科学与运筹学专业,曾在贝恩和华纳音乐工作,父母都是印度移民。

说到ClassPass这个产品,其灵感来源于她想寻找附近的芭蕾舞训练课程。当她在网上搜寻相关信息时,各种杂乱的信息扑面而来,使她无从下手做决定。帕娅发现,在健身市场有这样一个空白:当一个人想去健身或者瘦身时,虽然周围有很多健身场馆,有各种不同类型的课程,但是非专业的人们并不知道哪些更适合自己。其结果就是随意报名去上课,费时、费钱,体验也不好,时间久了,就会消磨人们继续锻炼下去的耐心。

帕娅从这个发现入手,尝试着设计了一款APP,并在其中加入了课程预定功能,她期望用户可以像预定餐厅一样去预定健身课程。但是这种效果并不好,并没有多少人用它来预定课程。这个尝试可以用完败来形容。后来,帕娅与她的团队想到了新点子:直接帮健身场馆打包出售课程——49美元可以上10节各种各样不同类型的健身课。这一次效果非常不错,人们开始利用她设计的APP购买各种课程。帕娅终于看到了希望,后来索性将价格提到99美元,上课次数不限。ClassPass就这样出名了。

后来她决定自己创业,创办起ClassPass公司。很快自己的初创公司受到了投资者的青睐。2014年9月她获得1200万美元A轮融资,2015年1月获得4000万美元的B轮融资,2015年光棍节,谷歌又出资了3000万美元。截至2015年,该公司估值4亿美元,约合人民币25亿元。

现在ClassPass的打包课程价格从79美元到125美元/月。按照美国的消费水平,这样的收费水平很容易让人接受。此外还有一些单独在健身场馆预定的课程费用很高,而在ClassPass上打包预定可以享受到相当大的折扣。用户只需按月而不是按年缴费。

该产品最大亮点是异地也可使用,不必担心健身计划被打乱。在帕娅的努力下,与ClassPass合作的各种健身场馆、工作室已经超过8000家,遍布39个城市,其中有5个美国以外的城市。

从用户体验角度来说,ClassPass是按照用户选择的锻炼项目来推荐场馆,哪怕用户经常出差去外地,只要他在ClassPass上包了月,只要在ClassPass的覆盖城市,它都会给用户推荐最合适的健身场馆。如今ClassPass已经有1500万节课程被预订,预订课程时长已超过1000万小时。

ClassPass还会不定期地为用户推荐营养、健康食谱,用户也可以在APP上进行信息分享,这使这款APP同时具备了社交功能,未来还有可能推出音乐服务。2016年,帕娅会继续扩大合作健身场馆的数量。

(资料来源:http://newseed.pedaily.cn/201603/201603221323981.shtml)

**小组讨论:**

(1) 什么是A轮融资和B轮融资?

(2) 为什么这家初创公司能获得多位投资人的青睐?

(3) 这种健身应用软件适合于在中国推广吗?

## 课堂活动

### 活动一：头脑风暴——从哪里能获取创业资金

1. 活动目的

通过活动,让学生了解创业资金获得的可能途径和要付出的代价,并对各种融资模式和渠道的优劣势有清楚的认识;帮助学生找到最合适自己的融资模式和渠道。

2. 活动学时

1学时。

3. 活动环境

每组6~7人,围成圆形坐。

4. 活动准备

学生需了解所有有关融资背景的知识。

5. 活动步骤

(1) 将学生分成5~6个小组,每组讨论如何能获得创业资金。要求每组就各种融资途径的难度和可能产生的问题进行分析辩论,然后把操作性强的、适用性好的方案记录下来,并写出理由。

(2) 教师在学生陈述观点时,要积极参与,并做一些观点摘要。

(3) 分组讨论后,各组把讨论结果公布出来,全班在教师带领下对各个融资方案进行辩论。

(4) 教师宣布活动结束,并把活动的所有记录资料进行汇总整理,课后发给学生。

### 活动二：创业发行的股票和债券哪里去了？

1. 活动目的

通过活动,使学生了解股票和债券如何在一级和二级市场中流通的。对参与股票发行上市和流通交易的投资银行(上市承销商)、上市公司、战略投资者和普通投资者的行为和决策有所认识。学生通过扮演情景角色,最后认知:股票和债券在一级市场完成发行,在二级市场完成流通;创业者在一级市场发行股票获得资金,投资者在二级市场上买卖股票和债券。

2. 活动学时

3学时。

3. 活动环境

(1) 教室中央有足够的活动空间。

(2) 教室备有两块白板、白板笔。

(3) 准备几把剪子。

4. 活动准备

(1) 教师讲解股票和债券从发行到流通的全过程,介绍参与者,包括上市公司、承销商(投资银行)、战略投资者和普通投资者的基本定义。

(2) 参与角色。

选出5个学生,分别代表创业企业(1个)、投资银行(1个)和战略投资者(3个),并制作和佩戴相应的身份卡。

再选出6个学生代表普通投资者,每人配发1张模拟现金支票、战略投资者每人配发2张、投资银行代表6张。共计18张。

创业企业代表持有1张可以分成6份的模拟股票(活动中1张股票兑换一张现金支票)。

(3) 活动道具。

模拟角色的身份卡(共5张):

| 创业企业代表 | 投资银行代表 |
|---|---|
| 战略投资者 | 战略投资者 |
| 战略投资者 | |

模拟现金支票(18张):

| 现金支票 | 现金支票 |
|---|---|

模拟股票(6张):

| 股票 | 股票 |
|---|---|

## 模块七　创业融资与资本市场

5. 活动步骤

（1）在两面白板上分别写一级市场和二级市场。让创业公司代表、投资银行代表都站到一级市场白板前，把身份卡贴在胸前（用双面胶）。

（2）向学生说明创业公司需要资金修工厂买设备。公司决定通过投资银行（承销商）发行股票。创业公司代表拿出股票交给投资银行代表，换得投资银行代表的现金支票。投资银行获得新发行的创业公司股票（6份），而创业公司则获得所需资金——新注入用于购买厂房设备的资本（6张现金支票）。

（3）教师提醒学生注意，在一级市场上新发行的证券实现首次销售。公司通过发行股票获得购买商品的资金，所以在一级市场上储蓄转化为投资。

（4）让投资银行代表把股票分配成6份，要求代表战略投资者的学生（戴上身份卡）上前通过现金支票购买这些股票。这样投资者完成了在一级市场的股票购买。

（5）教师说明，这时投资银行帮助创业公司完成首次股票公开发售（IPO），都卖给了战略投资者。

（6）教师说明，现在这些战略投资者可以通过二级市场把他们持有的创业公司的股票出售。让他们站到标有二级市场的白板前。告知代表普通投资者的学生上前用现金支票来购买股票。

（7）教师说明，国内主要的二级市场，包括上海证券交易所和深圳证券交易所，由于不直接和上市公司有联系，所以被称为二级市场，股票在IPO完成后都在这些市场里买卖。公司发行股票是为了获得经营需要的资金；而投资者买到股票，也就获得公司的股本和所有权。发行股票就是一次股本融资，所有购买股票的投资者也就拥有了公司所有权的份额。

（8）教师说明，人们也可以用储蓄购买债券。发行债券是债务融资。当投资者购买债券，等同于把钱借给了债券发行人，到期时可获得资金本金和利息，通常情况下利息率是固定的。债券发行人，不论是企业或者政府，都必须按时全额支付本息。公司经常用发债获得资金进行投资，如兴建大楼、扩大生产或购买设备；政府则利用资金投入在修路造桥或其他基础设施建设上。债券发行流通的过程和股票基本相同。

（9）活动结束后，教师带领学生，讨论以下问题：
- 为什么创业公司发行股票或债券？（为了筹集公司运营和扩大生产的资金）
- 谁会在股票首次公开发行时购买股票和债券？（投资银行和战略投资者）
- 投资银行将如何处置股票和债券？（会出售给战略投资者）
- 战略投资者将如何处置股票和债券？（在二级市场择机出售给普通投资者）

**活动三：向投资家讲故事吸引投资**

1. 活动目的

通过活动，使学生了解创业企业的哪些因素影响投资家决定投资与否；如何把自己的创业理念和企业的商业规划描述的更具吸引力；帮助学生锻炼语言表达能力。

2. 活动学时

3学时。

3. 活动环境

（1）用教室桌椅设置一个投资家席，六个座位；

(2) 教室备有白板、白板笔、多媒体电脑；

4. 活动准备

(1) 按照创业企业类型把企业分成三组：高科技企业、消费服务企业、传统制造企业，每名同学按照自己的创业意向加入其中的一组。

(2) 选出五名同学和教师构成投资家评判团。

(3) 每名同学需写出自己要创办企业的商业规划和财务规划，即拟定一份创业计划。

5. 活动步骤

(1) 每组同学经过比较辩论，选出本组最好的两个创业计划，其他组员可以加入这两个创业团队。

(2) 所有选出的创业团队需补充修改创业规划书，并选出向投资家做宣讲的代表。代表选出后，开始准备宣讲内容。

(3) 每个代表向投资家评判团进行宣讲。投资家评判团可以随时提问，如果在宣讲过程中代表的回答不清楚或不完整，其团队成员可以进行补充。

(4) 所有团队的宣讲结束后，投资家评判团比较决定哪一个团队最终可以获得投资，并阐述理由。

(5) 宣布活动结束，并把活动的所有记录资料进行汇总整理，课后发给学生。

### 思考与实践

1. 你认识这些投资公司吗

请通过网络或者其他媒介，了解以下投资公司的成长故事，并将研究资料整理成一份报告。

- IDG 技术创业投资基金
- 君群资本
- 红杉资本中国基金
- 集富创业投资(香港)有限公司
- 软银中国创业投资有限公司

2. 查找最受欢迎和最不受欢迎的中国公司

一般来讲，最受尊敬的上市公司是历年为股东分红最多的公司，反之则是最不受尊敬的上市公司。请同学们调查一下，在中国上市的公司中，哪些是最受股民尊敬的公司，哪些是最让股民愤怒的公司，并以研究报告的形式分析其原因。

3. 借助融资获得成长

请大家通过网络资料或期刊、著作查找 10 个借助融资而获得成长的案例。写出与这些公司相关的信息，比如公司名字、从事的行业、具体的产品或服务、早期融资数额、后期融资规模、为该公司投资的公司名称、上市地点。

# 模块八

## 学会财务管理

**教学内容**

什么是现金流量和时间价值
如何进行成本核算
怎样使用财务报表
怎样评估你的投资
收入增长与利润增长

**案例讨论**

无钱支付账单——戴尔公司快倒闭了
罗伯特·默多克的创业投资与风险
"巨人"的创业与兴衰

**课堂活动**

发型屋的"烫发"成本核算
快餐店值得小熊投资吗？
算算开张后第一个月的利润

**思考与实践**

听创业者介绍财务管理经验
上市公司财务报表分析
预测你的创业项目的成本与费用

## 教学内容

# 8.1 什么是现金流量和时间价值

对创业者来说，无论是鲜花店老板还是宠物商店的经营者，他们在日常的经营中都会格外关注一件事情：每天你的进账有多少。因为，公司的成长是建立在每一天、每小时、每分钟、每一秒所赚的每一分钱的基础上的。

- 鲜花店出售一枝郁金香会有 4 元钱的收入
- 宠物商店卖掉一件宠物宝宝外套会有 45 元的进账
- 松饼屋卖出一块蛋糕会有 3.5 元的收入
- 画廊卖出一幅油画会有 900 元的进账
- 小型酒店为一位顾客提供一天的住宿会有 360 元进账
- 牙医诊所为一个病人镶一颗牙会有 800 元的进账

这就是企业的日常经营。每天，经营者们都希望有现金流入到企业的口袋里，使他们的财富如雪球般越滚越大。当然，除此之外，他们还要关注另一件事情：每天有多少钱从企业流出。企业要保证在短时间内把支出的钱赚回来。这对经营者来说的确是个不小的挑战，因为，现实常常是在没有任何收入进账的情况下，企业也必须发生某些必要的支出。

- 鲜花店月底要交纳税费 890 元
- 宠物商店在月初要支付员工工资 1.2 万元
- 松饼屋每月要交电费 500 元
- 画廊购置一批画框需支出 2000 元
- 小型酒店要花掉 1 万元添置电气设备
- 牙医诊所月底要交房租 2500 元

资金就是这样静悄悄地从企业流出去了。对初创企业来说，他们不敢保证流出去的钱一定会在短时间里赚回来，因为，一般开业之后的几周甚至是几个月里，顾客数量可能会很少。如果企业缺少每天所需的资金，通常的结果就是因资金无法周转而倒闭。

一个伟大的企业就好比一位卓越的厨师，能把低成本购来的食材加工成令人垂涎的美味，再以高价格卖出去，让资金在企业中正向流入。创业者要想成功地管理企业就要懂得很多的财务知识，而认识现金流是他们学习财务管理的开始，因为现金流是企业生命的血液。

### 8.1.1 什么是现金流量

所谓现金流量是指企业在一定时期内，投资项目所产生的现金流入、现金流出及其总量情况的总称。现金流量包括现金流入量、现金流出量和现金净流量三个概念。

（1）现金流入量：一定时间内，因项目而引起的企业现金收入的增加额。

（2）现金流出量：一定时间内，因项目而引起的企业现金收入的减少额。

（3）现金净流量：一定时间内，现金流入量与现金流出量的差额。当流入量大于流出量时，企业的现金净流量为正值；反之，现金净流量为负值。现金净流量反映了企业本期内净增加或净减少的现金数额。

我们可以通过小鱼的创业项目来了解什么是现金流量。

小鱼投资建立了一家图片社。他拿出了自己的多年积蓄投资购买了洗相设备、打印机、电脑、桌椅、办公设备等，总共50万元。图片社每月带来4万元的收入。房租每月5000元，2个员工的工资每月6000元，相纸、药水等材料每月需要4000元。在小鱼的投资项目中，每月现金流入量、流出量，以及现金净流量情况如下：

- 现金流入量：每月4万元的收入。
- 现金流出量：每月房租支出5000元；员工工资支出6000元；相纸、药水等材料支出4000元；期初购买专业器材和办公设备的投资50万元（因是期初一次性投入，所以不计入每月现金净流量）。

现金净流量：每月25 000（40 000－5000－6000－4000＝25 000）元

需要注意的是，这里的"现金"是广义现金，不仅包括各种货币资金，而且还包括项目需要投入的企业现有的非货币资源的市场价值，如小鱼拥有一台旧电脑可以供图片社使用。购买电脑时的价格是5000元，如果现在出售可得2000元。在计算项目现金流量时要将这台电脑的市场价格（2000元）计入。

了解自己的现金流量对企业来说非常重要，只有准确预测现金流量才能精确地计算企业的收入与支出，才能评估某个项目是否值得投资，才能合理地预测企业的利润。对于创业企业来说，要争取在一定时间内实现现金流入大于现金流出，否则就会出现经营困难甚至倒闭。

## 8.1.2 什么是货币的时间价值

货币的时间价值是财务管理中的重要概念，是在投资项目评估中使用的重要工具。对初创企业来说，创业者常常要对投资项目进行审慎的分析，或对不同的投资方案进行认真的比较，以选择投资小、收益大的方案。他们要考虑投资所占用的资金是否值得被占用，或者这些资金可以被占用多长时间。特别是在决定贷款、抵押、租赁、储蓄等问题时，他们会使用货币的时间价值作为决策工具，以帮助他们做出聪明的判断。

创业者要时刻记住：任何一项投资虽然都可能带来一定的收益，但伴随收益的还有投资的代价。如果决策失误，不但不会为企业带来收益，还会加重企业的损失。乱投资，瞎投资，都会引发企业寿命的缩短，甚至是破产。因此，创业者要学会科学地运用评估工具，以帮助企业用好投资的每一分钱。下面，我们就来讨论如何利用货币的时间价值进行投资决策。

我们还是以小鱼的投资项目为例。

小鱼的图片社办得越来越有起色。最近，他需要添置一些洗像设备，以扩大他的业务规模。设备厂商提供了两种付款方式：一是采用现付方式，价款为4万元；二是延期至五年以后付款,价款为 5.2 万元。当时五年期存款的年利率为 10%。小鱼应该选择哪种付款方式呢?

我们在这里可以做一个简单的判断。假设小鱼已经筹集到 4 万元资金。他如果选择暂不付款,而是存入银行。那么,按复利计算,五年后这笔资金的本金与利息总和为 6.444 万元(算法:$4 \times (1+10\%)^5 = 6.444$ 万元)。在支付 5.2 万的设备价款后,小鱼还可以有 1.244 万元的盈余。可见,延期付款比较划算。

从货币的时间价值角度来看,虽然 4 万元比 5.2 万元要少很多,但不能由此就认定花 4 万元购置机器要比花 5.2 万元更划算。由于它们发生在不同的时点,一个是在期初支付,一个是在五年以后支付,因此,不能将不同时点的现金流量的价值直接进行比较,而是需要将它们转换为同一时点的价值,这样才有可比性。至于如何转换,这就要考虑货币的时间价值。

什么是货币的时间价值?在考虑这个问题时我们首先应该承认,资金经过一定时期的投资后是可以增值的。比如,我们将资金存入银行会获得利息;购买债券也会获得利息收入。此外,我们还可以通过投资开店、办厂等方式获得投资收益。因此,当前所持有的一定量货币比未来获得等量货币具有更高价值,这就是货币的时间价值。更形象地说,货币的时间价值就是货币随着时间的推移而发生的增值。当然,这里我们还要强调一点,那就是:货币如果闲置不用是不会产生时间价值的。闲置的资金不但不会增值,反而还可能随着通货膨胀贬值。所以,企业只有充分地利用货币资金,才能达到增值的目的。

如果对小鱼设备的支付方式进行比较,我们需要把现在的 4 万元价值转化为五年后的价值,然后与 5.2 万元进行比较。或者,我们可以把五年后的 5.2 万元价值转化为现在的价值,然后与 4 万元进行比较。这样在同一时点上对两个不同的投资额进行比较才有意义。当然,在具体的比较过程中我们要用到两个概念:现值与终值。下面我们就来介绍一下它们的含义(如图 8-1 所示)。

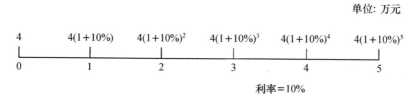

图 8-1 货币的时间价值

(1) 终值。

终值又称将来值或本利和,是指一定数量资金在将来某个时点的价值。

在这里我们考虑复利问题。所谓复利又称"利滚利",复利的计算与单利计算的不同在于复利将投资所得的利息和原来的本金加在一起再生成利息,而单利只有本金生成利息。

终值计算公式:$FV = PV(1+i)^n$

其中:

$FV$ = 终值

$PV$ = 现值

$i$ = 利率

$n$ = 计息期数

根据公式计算 4 万元的设备价款的终值为:$4×(1+10\%)^5=6.444(万元)$

我们发现从终值的角度看,4 万元的价值显然大于五年后支付 5.2 万元的价值。如果小鱼用现付 4 万元的形式来购置设备,显然这个决策不够明智,这意味着他没有高效地利用资金。

(2) 现值。

除了用终值的方法进行比较外,我们还可以通过计算现值的方法来进行比较。与终值刚好相反,现值是指未来一定时点的特定资金按复利贴现后的现在价值。也可以理解为:为了获得未来某个时点的本利和数额所需要的现在的本金数额。

现值公式:$PV=\dfrac{FV}{(1+i)^n}$

根据公式计算 5.2 万元的设备价款的现值为:$\dfrac{5.2}{(1+10\%)^5}=3.23(万元)$

据此,我们可以知道,小鱼五年后需要支付的 5.2 万元设备价款,相当于现在支付 3.23 万元。这个数值显然要比 4 万元更经济、划算一些。

通过复利终值和现值的计算,我们就可以把不同时点的收入和支出折算到同一时点进行比较了。随着投资期的增加,一定数量资金的终值会越大;离现在时间越远的未来的一定数量资金,其现值越小。

正是因为货币具有时间价值,企业在运营中往往希望"早收晚付"。早收使现金提早回笼,企业可以存入银行收取利息或投资获取收益;而晚付可以使企业最大时间限度地利用资金,降低支付的实际价值。

当发生多期现金流时,如何计算这些现金流的终值和现值呢?

下面有 5 笔发生于不同年限、不同金额的现金流,假定年收益率为 10%(见表 8-1)。

表 8-1  多期现金流量

| 时间 | 0 | 1 | 2 | 3 | 4 | 5 |
| --- | --- | --- | --- | --- | --- | --- |
| 现金流量 |  | 3000 | 2000 | 8000 | 5000 | 1000 |

这组现金流量的终值:

$FV_5=3000(1+10\%)^4+2000(1+10\%)^3+8000(1+10\%)^2+5000(1+10\%)^1+1000(1+10\%)^0=23\,234(元)$

这组现金流量的现值:

$PV=\dfrac{3000}{(1+10\%)}+\dfrac{2000}{(1+10\%)^2}+\dfrac{8000}{(1+10\%)^3}+\dfrac{5000}{(1+10\%)^4}+\dfrac{1000}{(1+10\%)^5}=14\,489(元)$

现在,我们已经知道了什么是现金流量,什么是货币的时间价值。这两个概念有助于我们了解企业财务管理的实质,有助于我们后面学习投资项目评估。

### 24 美元买下曼哈顿岛划算吗?

1626 年,荷属美洲新尼德兰省总督 Peter Minuit 花了大约 24 美元从印第安人手中买下了曼哈顿岛。而到2000年1月1日,曼哈顿岛的价值就已经达到了2.5万亿美元。以24美元买下曼哈顿岛,Peter Minuit 无疑占了一个天大的便宜。但是,如果转换一下思路,也许他并没有占到便宜。如果当时印第安人拿着这24美元去投资,按照11%(美国近70年股市的平均投资收益率)的投资收益率计算,到2000年,这24美元将增长成2 380 000亿美元,远远高于曼哈顿岛的价值2.5万亿美元。如此看来,Peter Minuit 是吃了一个大亏。究竟是什么神奇的力量让资产实现如此巨大的增值呢?

## 8.2 如何进行成本核算

企业在日常经营中通过销售产品或服务来获得收入。与此同时,他们也要支付各类成本。如果收入大于所支付的成本,企业就会盈利,否则就会亏损。如果产品能以高于成本的价格销售,企业就会赚钱,否则就会亏本。

这里,我们提到一个对企业经营至关重要的概念——成本。那么,什么是成本?一般说来,成本就是企业用于生产和销售产品或提供服务所产生的所有费用。更通俗地说,成本就是为了达到特定目的所付出的或放弃的资源,是为了获得未来收入而付出的代价。在会计学、管理学和经济学中,成本有其不同的概念解释。下面我们从企业经营的角度来看看成本是如何构成的,以及经营者是如何对成本进行核算的。

### 8.2.1 企业的成本构成

企业会发生各种成本,且不同的企业发生的成本内容各不相同。下面我们就来认识一下成本的构成。

镜头一:小云开了一家面包店,主要制作面包和点心,销售给社区居民和附近大学的学生。在面包的生产和销售过程中,她需要:
- 购买面粉、糖、香精等用来制作面包
- 支付给面点师和销售人员工资
- 支付给自己工资
- 支付房租、水电费
- 定期向小区居民和学校发放广告宣传资料
- 支付一定运输费将面包运到学校

镜头二:大海在大学城开了一家电子产品销售店,专门销售学生所需要的电子产品。为此他需要:
- 从批发商那里采购键盘、鼠标、U盘、电脑配件等商品用于销售
- 支付采购产品的运输费
- 支付房租、水电费
- 支付给店员工资

● 支付给自己工资

从上面两个例子可以看出,无论商家经营什么产品,他们都需要支付必要的成本。然而,虽然不同的企业会发生不同的成本,但是,所有的企业所发生的成本都可以归结为两大类:一是直接成本;二是间接成本(如图 8-2 所示)。

直接成本 ＋ 间接成本 ＝ 总成本

图 8-2　成本的构成

(1) 直接成本。

直接成本是直接计入各品种、类别、批次产品等成本对象的成本。一种成本是否属于直接成本,取决于它与成本对象是否存在直接关系,并且是否便于直接计入。

对于制造企业或服务企业而言(如成衣制造企业),直接成本与以下两方面有直接关系:一是生产销售的产品或提供的服务;二是这些产品或服务的生产过程。

对于零售企业或批发企业(如电子产品零售店),直接成本是为了转销而购买商品的成本。其直接成本还必须要满足两个条件:一是容易计算;二是金额达到足以使总直接成本有明显增加的程度。

举例来说,对于成衣制造企业而言,布料和纽扣是直接成本,因为它们是生产服装的一部分,每件服装的布料和纽扣的数量是很容易计算的。布料和纽扣的成本达到足以使一件服装的总直接成本有明显增加的程度。但缝制衣服的线就难以计为直接成本,虽然线也被直接用来制造服装,但一件服装用多少线难以计算,且线的价值较低,对总成本的影响很小,因而它常常不被计为直接成本,而被看作间接成本。另外,直接生产服装的工人的计件工资也是直接成本。因为,工人的工作直接与服装生产有关,工人花在加工服装上的时间容易计算,工人工资数额大到足以使一件服装的总直接成本有明显增加。

由此,我们发现,对于成衣制造企业来说,他们必须为与加工服装直接相关的两件事来支付成本:一是材料;二是人工(如图 8-3 所示)。

图 8-3　直接成本的构成

① 直接材料成本。

直接材料成本是指直接用于产品生产的材料成本,包括企业花在零部件和材料上的所有费用,而这些零部件和材料属于产品或服务的一部分,或与此有直接关系。

什么成本可以计为直接材料成本呢?

这要满足两个要求:一是材料的数量必须容易计算;二是材料的成本必须达到足以使总直接材料成本有明显增加。比如,发型屋的洗发水、烫发水、染发水和定型剂等都属于直接材料成本。

那么对于书店来说,它们不直接生产图书而是销售图书,它们的直接成本应该怎样计算呢?书店虽然并不直接生产产品,但它们购买图书、文具或其他商品用于转销。因此,对于类似书店这样的零售企业或批发企业来说,为转销而购买商品的成本是直接材料成本。

② 直接人工成本。

直接人工成本是指直接用于产品生产的人工成本,包括企业为生产产品或提供服务的工人或企业主支付的工资、薪金和福利等所有成本。如果企业不生产产品或提供服务,企业就没有直接人工成本。当然,被计为直接人工成本需要满足两个要求:一是用于生产产品的时间必须容易计算;二是直接人工成本必须大到足以使总直接人工成本有明显增加。

例如,张丽的工作是在发型屋为客户设计和制作发型。做一个发型的时间容易计算,她的工资数额也足以对总直接人工成本有明显的影响。因此,张丽的工资应该计入直接人工成本。但是,对于书店、电子产品销售点、超市等零售企业和批发企业来说,它们没有直接生产产品的工人,因此,此类企业没有直接人工成本。

(2) 间接成本。

间接成本是指与所生产的产品和服务难以形成直接量化关系的那部分资源投入成本,如租金、水电费、运输费、维修费、销售人员的工资等。间接成本包括除直接成本以外用于企业经营的所有其他成本。间接成本往往与某个特定的产品或某项特定的服务没有直接关系,而是属于整个企业的成本(如表 8-2 所示)。

表 8-2 间接成本的构成

| 间接成本 | 与建筑物和设备有关的成本,如租金、水电费、维修费、折旧费、服务和保险费等 |
|---|---|
| | 运送所购材料或商品、拜访供应商或客户,以及为客户送货上门所发生的交通运输费等 |
| | 不直接生产产品或提供服务的员工工资,如销售人员、送信员、清洁工和保安人员的工资,以及企业主的薪金都是间接成本。对于零售企业和批发企业来说,所有的薪金和工资都是间接成本,这些成本也称间接人工成本 |
| | 邮费、文具费、电话费、贷款利息、员工培训费,以及杂费,如购买茶叶和清洁用品等的费用 |

因此,一件产品或一项服务的总成本是由以下几类成本构成的:

## 8.2.2 怎样进行成本核算

对企业来说,提供产品或服务需要投入材料、人工、运输等直接成本和间接成本。那么,如何具体确定生产一件产品或提供一项服务到底需要多少总成本呢?这时,我们就需要通过成本核算来得出结论。

成本核算是计算生产或销售一件产品或提供一项服务的总成本的方法。

下面我们以东东成衣制造企业为例,看看生产一件衬衣的总成本到底是多少。

东东成衣制造企业制造一件衬衣需要购买布料、纽扣等原材料,然后经过裁剪、缝纫、锁扣眼、钉纽扣、锁边等工序,最终熨烫而成。布料的价格是15元/米;纽扣价格为10元/罐,每罐100颗;每件衬衣需要10颗纽扣;制造一件衬衣需要2米布料,用时90分钟;企业还雇用了清洁工、销售管理人员、会计人员,企业主小东负责整个企业的运营。现在我们该怎么核算一件衬衣的成本呢?

这需要四个步骤:

(1) 计算直接材料成本。

因为我们知道每件材料的采购价格和单位用量,所以,直接材料成本就很容易计算(如表8-3所示)。

表8-3 东东成衣企业直接材料成本

| 原材料(1) | 采购成本(2) | 单位用量(3) | 单位成本(4)=(2)×(3) |
|---|---|---|---|
| 布料 | 15元/米 | 2米 | 30元 |
| 纽扣 | 10元/罐(0.1元/颗) | 10颗 | 1元 |
| 单位产品直接材料成本 | | | 31元 |

(2) 计算直接人工成本。

东东成衣制造企业有9名员工(包括企业主),其中小李负责裁剪、小张负责缝纫、小杨负责锁扣眼和钉纽扣、小赵负责锁边、小陈负责熨烫和折叠,他们的工资都是1000元,他们每月总共用于生产的时间为900小时。除此以外,小刘负责清洁(工资600元)、小杜负责销售和管理(1200元)、小蒋负责会计事务(1200元)、小东是企业主负责全面经营(工资2000元),他们每月工作的时间总和为500小时。

那么,直接人工成本仅仅包括直接生产产品或提供服务的员工的工资、薪金和福利。小李、小张、小杨、小赵、小陈的工作时间都用在了生产上,因此他们的工资属于直接人工成本,每月总共5000元。

我们可以通过计算得出:

$$小时直接人工成本 = \frac{月总生产工资}{月总生产小时} = \frac{5000}{900} = 5.6 元$$

小时直接人工成本告诉我们企业要为这些直接从事生产的员工每小时投入多少人工成本。我们利用这个信息来计算企业生产一件产品或提供一项服务的直接人工成本。

此外,制造一件衬衣需要裁减(20分钟)、锁边(10分钟)、缝纫(25分钟)、锁扣眼钉纽扣(20分钟)、熨烫折叠加包装(15分钟),总共需要90分钟(1.5小时),这就是单位产品的生产时间。因此:

单位产品的直接人工成本＝小时直接人工成本×单位产品生产时间＝5.6×1.5＝8.4元

小刘、小杜、小蒋、小东不直接从事生产活动，因此他们的工资属于间接人工成本。通过前面的资料我们知道，该企业每月的非生产工资为5000（即600＋1200＋1200＋2000）元，每月非生产小时为500小时。

（3）计算间接成本。

东东成衣制造企业的间接成本包括：租金（500元）、水电费（150元）、设备维修费（400元）、保险费（200元）、运输费（250元）、贷款利息（500元）、广告和促销费（100元）、间接人工成本（5000元），另外还有线、针、剪刀等（200元）、文具费（30元）、折旧（350元）、清洁用品费用（100元），总共7780元。即转成衣制造企业每月的间接成本为7780元。

折旧是间接成本中非常重要的一项。那么什么是折旧呢？简单来说，如果你有设备，且设备价值很高，并可以使用较长的时间，你就要计算折旧了。如成衣制造企业的缝纫设备。

因为设备在报废之前是在生产中长期被使用的，而它的价值却是按照其在生产中的损耗程度一部分一部分逐渐地转移到产品中去的。为了保证未来设备报废时有足够的资金再购买设备，必须在产品销售以后，把那部分已经转移到新产品中去的设备的价值，以货币形式提取并积累起来，以便若干年后，当设备价值全部转移完毕时用于更新固定资产。这种按固定资产的损耗程度进行补偿的方法就称为折旧。东东成衣制造企业的折旧费是350元，是该企业间接成本的一部分。

我们的目的是计算单位产品的间接成本。但是我们首先要计算出小时间接成本。

$$\text{小时间接成本}＝\frac{\text{月总间接成本}}{\text{月总生产小时}}＝\frac{7780}{900}＝8.64(\text{元})$$

单位产品间接成本＝小时间接成本×单位产品总生产时间
　　　　　　　　＝8.64×1.5
　　　　　　　　＝12.96（元）

（4）合计总成本。

现在我们已经完成了前三个步骤，我们把前三个步骤所得的结果相加就得到总成本。

总成本＝直接材料成本＋直接人工成本＋间接成本
　　　＝31＋8.4＋12.96
　　　＝52.36（元）

东东成衣制造企业生产一件衬衣的总成本是52.36元。如果以高于成本的价格出售衬衣，该企业就有望获得利润。

不同类型的企业成本核算内容有所不同，如零售企业的一些成本与制造企业的成本就不相同，因此在进行成本核算时，不要忘记企业所处的行业。

成本核算对我们有什么帮助呢？

通过成本核算，我们就掌握了生产和销售一件产品或提供一项服务的成本。成本核算有助于企业制定价格。如果能按高于成本的价格销售产品，企业就能盈利，否则就会亏损。当企业知道每种产品或服务的成本后，就更容易找到成本控制的诀窍，也能够更好地决定销售哪些产品或服务来获得最高的利润。

**如何为大海电子零售店的成本进行分类？**

大海开了一家电子产品零售店。他雇了3名员工——小强、小云、小军从事销售工作，员工每人月工资1000元，大海自己的月工资2000元。大海每月用于进货的支出为50 000元。为了便于运送产品，大海买了一辆送货用的电动自行车1200元，估计可以使用5年，每年折旧费240元。每月的房租、水电支出3000元，广告支出200元。

请帮大海看看哪些成本是直接成本，哪些产品是间接成本？

## 8.3　怎样使用财务报表

如果你是一位创业者，你的最终目标是要通过提供产品或服务来获得利润。然而，要做到企业盈利并不是一件简单的事情。你除了努力工作外，还需要了解和掌握很多财务知识。比如，你需要知道企业的收入和支出状况，需要了解企业的成本和利润，需要知道企业是否健康，以及企业在哪方面存在问题等等。因此，你必须学会使用财务报表。下面，我们介绍三张基本的财务报表：利润表、现金流量表、资产负债表。

### 8.3.1　利润表

利润表也称损益表，它显示企业在一个月、一个季度或者一年内的各项收入、费用和经营成果。利润表主要反映企业的盈利情况，可以用来分析企业的盈利能力，以及利润增减的原因，为企业未来的经营决策提供有用信息。利润表编制的依据是"利润＝收入－费用"。

这里，我们还是引用小鱼图片社的例子。小鱼的图片社已经经营了一年，其利润表如表8-4所示。

表8-4　2015年度小鱼图片社利润表（简化）

单位：元

| 项目 | 行次 | 本月数（略） | 本年累计数 |
| --- | --- | --- | --- |
| 一、主营业务收入 | 1 | | 480 000 |
| 　减：主营业务成本 | 4 | | 240 000 |
| 　　　主营业务税金及附加 | 5 | | 26 400 |
| 二、主营业务利润 | 10 | | 213 600 |
| 　加：其他业务利润 | 11 | | |
| 　减：营业费用 | 14 | | 60 000 |
| 　　　管理费用 | 15 | | 10 000 |
| 　　　财务费用 | 16 | | |

续表

| 项目 | 行次 | 本月数(略) | 本年累计数 |
|---|---|---|---|
| 三、营业利润 | 18 | | 143 600 |
| 　加：投资收益 | 19 | | |
| 　　　补贴收入 | 22 | | |
| 　　　营业外收入 | 23 | | |
| 　减：营业外支出 | 25 | | 4000 |
| 四、利润总额 | 27 | | 139 600 |
| 　减：所得税 | 28 | | 27 920 |
| 五、净利润 | 30 | | 111 680 |

在这个利润表中反映出很多信息。小鱼图片社的收入主要来自主营业务收入，而费用支出则来自于以下几个部分：主营业务成本、营业税金及附加、营业费用、管理费用、财务费用。

主营业务收入是企业在销售产品、提供劳务及让渡资产使用权等日常活动中所产生的收入。

主营业务成本是核算企业因销售产品、提供劳务或让渡资产使用权等日常活动而发生的实际营业成本，主要包括原材料、人工成本（工资）和固定资产折旧等。

营业税金及附加是企业生产经营过程中发生的、与经营活动相关的应向国家缴纳的各种税金及附加，包括营业税、消费税、城市维护建设税、资源税、土地增值等。

营业费用是指企业销售产品和服务的过程中发生的各种费用，包括保险费、包装费、广告费、商品维修费、运输费、销售人员的薪酬、折旧费等。

管理费用是指企业为组织和管理企业生产经营所发生的费用。

财务费用是指企业为筹集生产经营所需资金等而发生的筹资费用，如利息支出。

总收入减去总费用就是利润总额。根据收入与费用的配比不同，企业的利润可以分为四个层次：营业务利润、营业利润利润总额（税前利润）与净利润。

- 主营业务利润＝主营业务收入－主营业务成本－主营业务税金及附加
- 营业利润＝主营业务利润＋其他业务利润－营业费用－管理费用－财务费用
- 利润总额＝营业利润＋投资收益＋补贴收入＋营业外收入－营业外支出
- 净利润＝利润总额－所得税

营业利润反映了企业的收入扣除各种成本费用后的经营所得；利润总额是计算所得税的基础；净利润是企业完税后可以得到的收益。

利润表上所反映的净利润代表着企业经营的收获。小鱼上期的净利润为111 608元，那么是否意味着小鱼拥有这么多的现金呢？答案是否定的。

利润表是按照会计的权责发生制编制的，即以取得收款权利和付款责任作为记录收入或费用的依据。例如，12月份小鱼与某企业签订了一份价值10 000元的合同，并在月底前结束这个项目，这10 000元将作为营业收入计入，反映在图片社的利润表上。但是，顾客的实际付款却在下一年的2月份。也就是说，当年的净利润并不意味着企业拥有同等数量的现金。

要知道企业现金的具体情况,就需要使用现金流量表。

## 8.3.2 现金流量表

现金流量表能够清楚地回答这样一个问题:企业的钱从哪里来?企业的钱又跑到哪里去了?

现金流量表是以现金为基础编制的财务状况变动表,它将提供企业在一定会计期间现金和现金等价物流入和流出的信息。通过现金流量表,你可以了解企业获取现金的能力,并可以据此预测未来的现金流量。

现金流量表将企业的现金流量划分为经营活动产生的现金流量、投资活动产生的现金流量和筹资活动产生的现金流量三类。现金流量表按收付实现制原则编制。收付实现制又称现金制,是以款项的实际收付为标准来确定本期收入和费用。这样,现金流量表就将权责发生制下的盈利信息调整为收付实现制下的现金流量信息。如顾客付给小鱼图片社的10 000元将在2月份反映在现金流量表上(如表8-5所示)。

表 8-5 现金流量表

| 现金流量表 | | | |
| --- | --- | --- | --- |
| 编制单位:小鱼图片　　　　　　2016年2月　　　　　　单位:元 | | | |
| 项目 | 行次 | 本期金额 | 上期金额(略) |
| 一、经营活动产生的现金流量: | | | |
| 销售商品、提供劳务收到的现金 | 1 | 10 000 | |
| 收到其他与经营活动有关的现金 | 2 | 2000 | |
| 购买原材料、商品、接受劳务支付的现金 | 3 | 3000 | |
| 支付给职工薪酬 | 4 | 4000 | |
| 支付的税费 | 5 | 400 | |
| 支付其他与经营活动有关的现金 | 6 | 100 | |
| 经营活动产生的现金流量净额 | 7 | 4500 | |
| 二、投资活动产生的现金流量: | | | |
| 收回短期投资、长期债券投资和长期股权投资收到的现金 | 8 | | |
| 取得投资收益收到的现金 | 9 | | |
| 处置固定资产、无形资产和其他长期资产收回的现金净额 | 10 | 100 | |
| 短期投资、长期债券投资和长期股权投资支付的现金 | 11 | | |
| 购建固定资产、无形资产和其他长期资产支付的现金 | 12 | | |
| 投资活动产生的现金流量净额 | 13 | 100 | |

续表

| 项目 | 行次 | 本期金额 | 上期金额(略) |
|---|---|---|---|
| 三、筹资活动产生的现金流量： | | | |
| 取得借款收到的现金 | 14 | 5000 | |
| 吸收投资者投资收到的现金 | 15 | | |
| 偿还借款本金支付的现金 | 16 | | |
| 偿还借款利息支付的现金 | 17 | 500 | |
| 分配利润支付的现金 | 18 | | |
| 筹资活动产生的现金流量净额 | 19 | 4500 | |
| 四、现金净增加额 | 20 | 9100 | |
| 加：期初现金余额 | 21 | 500 | |
| 五、期末现金余额 | 22 | 9600 | |

## 8.3.3 资产负债表

资产负债表反映了在某一特定日期企业的资产、负债和所有者权益的基本情况。资产负债表编制的依据是"资产＝负债＋所有者权益"。从资产负债表的结构来看，它主要包括资产、负债与所有者权益三大类项目。

（1）资产。

资产是企业拥有的有价值的项目，包括现金、银行存款、存货、应收账款、设备、家具等。企业资产按流动性高低可以分为流动性资产、固定资产、无形资产和其他资产等。

流动资产是指在一年或超过一年的一个营业周期内变现或运用的资产，包括现金、交易性金融资产、应收账款、存货等。

固定资产是指同时具有下列特征的有形资产：① 为生产商品、提供劳务、出租或经营管理而持有的；② 使用寿命超过一个会计年度。固定资产包括机器、设备、车辆、厂房、土地等。

无形资产是指企业所拥有的专利权、非专利技术、商标权、特许权、著作权、土地使用权等各种不具有实物形态的资产。

（2）负债。

负债是由企业过去的交易或事项形成的、预期会导致企业经济利益流出的现时义务。负债按流动性分类，可分为流动负债和非流动负债。

流动负债也称短期负债，是指需要企业在1年或者超过1年的一个营业周期内偿还的债务。它包括短期借款、应付票据、应付账款、预收款项、应付职工薪酬、应缴税费、应付利息等。

非流动负债则是偿还期在1年以上或者超过1年的一个营业周期以上的负债，包括长期借款、应付债券、长期应付款等。

**表 8-6　小鱼图片社资产负债表（简化）**

2015 年 12 月 31 日　　　　　　　　　　　　　　　　　　　　　　　　　　　　单位：元

| 资产 | 年初余额 | 年末余额 | 负债和股东权益 | 年初余额 | 年末余额 |
|---|---|---|---|---|---|
| 流动资产： | | | 流动负债： | | |
| 　货币资金 | 8000 | 20 000 | 　短期借款 | 20 000 | 10 000 |
| 　应收账款 | 20 000 | 10 000 | 　应付账款 | 600 | 500 |
| 　预付账款 | 2000 | | 　应付职工薪酬 | 6000 | 4000 |
| 　应收利息 | | | 　应缴税费 | 400 | 500 |
| 　应收股利 | | | 　流动负债合计 | 27 000 | 15 000 |
| 　存货 | 2000 | 5000 | 长期负债： | | |
| 　流动资产合计 | 32 000 | 35 000 | 　长期借款 | | |
| 非流动资产： | | | 　长期应付款 | | |
| 　持有至到期投资 | | | 　非流动负债合计 | | |
| 　长期应收款 | | | 负债合计 | 27 000 | 15 000 |
| 　长期股权投资 | | | 股东权益： | | |
| 　固定资产 | | | 　股本 | 350 000 | 350 000 |
| 　其中：设备 | 382 000 | 400 000 | 　资本公积 | 20 000 | 20 000 |
| 　非流动资产合计 | 382 000 | 400 000 | 　盈余公积 | 10 000 | 30 000 |
| | | | 　未分配利润 | 7000 | 20 000 |
| | | | 　股东权益合计 | 387 000 | 420 000 |
| 资产总计 | 414 000 | 435 000 | 负债与股东权益合计 | 414 000 | 435 000 |

（3）股东权益。

股东权益又称净资产，是指公司总资产中扣除负债所余下的部分，是指股本、资本公积、盈余公积、未分配利润之和，代表了股东对企业的所有权，反映了股东在企业资产中享有的经济利益。股东权益反映了企业的自有资本。

$$股东权益 = 资产 - 负债$$

当企业的总资产小于负债时，企业的股东权益就丧失殆尽，陷入资不抵债的境地。相反，股东权益金额越大，企业的实力越雄厚。

## 8.3.4　财务分析

现在，我们就根据上述的财务报表所提供的信息来分析小鱼图片社的财务状况。企业财务状况的好坏基本上可以通过偿债能力、营运能力和获利能力等三个方面来进行判断，其中，一些关键性的财务指标能帮助企业很好地了解其目前的财务状况。

（1）偿债能力分析。

① 流动比率。

衡量企业偿债能力的财务指标之一就是流动比率，即流动资产对流动负债的比率。

$$流动比率 = \frac{流动资产}{流动负债}$$

2011年年末,小鱼图片社的流动比率=35 000/15 000=2.33

流动比率反映了企业的短期偿债能力。由于流动负债面临较快的偿还,那么用什么来偿还呢?当然是资金了。资金从哪里来呢?主要依靠流动资产的变现(非流动性资产变现较困难),如银行存款、应收账款、存货等。小鱼图片社的流动比率为2.33,意味着每1元的流动负债,就有2.33元的流动资产作保障。这说明小鱼图片社的资金流动性比较好,短期偿债能力也比较强。

② 速动比率。

在分析中我们发现,流动资产中也会有一些在短期内难以变现的项目,如存货。这些无法短期变现的存货可能使流动比率在评价企业短期偿债能力时具有一定的局限性。也就是说,表面上流动比率较高,但实际上流动资产的流动性较差,企业的短期偿债能力仍然不强。那么,为了进一步反映真实的短期偿债能力,我们还需要把难以变现的存货从流动资产中扣除,这时的资产就称为速动资产,它是流动资产中可以立即变现的那部分资产。速动资产与流动负债的比率就是速动比率。

$$速动比率=\frac{流动资产-存货}{流动负债}$$

小鱼图片社的速动比率=(35 000-5000)/15 000=2,说明每1元流动负债有2元的速动资产作保障。流动比率和速动比率越高,意味着企业短期偿债能力越强。但是,过高的比率也意味着企业滞留在流动资产上的资金过多,未能有效利用,这将影响企业整体的获利能力。

③ 资产负债率。

我们现在已经知道如何通过流动比率和速动比率来衡量企业的短期偿债能力,接下来,我们要介绍衡量企业长期偿债能力的财务指标——资产负债率。所谓资产负债率也称举债经营比率,反映企业的资产总额中有多大比例是通过举债获得的。一般来说,资产负债率越高,企业的偿债能力越差。

$$资产负债率=\frac{负债总额}{资产总额}\times100\%$$

小鱼图片社的资产负债率=15 000/435 000=3.45%,说明其负债比重较低。当然,企业的长期偿债能力是动态的,现金流量和获利情况也将影响偿债能力。

(2) 营运能力分析。

营运能力反映了企业的资金周转状况,资金周转越快,说明其经营管理水平高,资金利用的效率高。而资金周转顺利与否与企业的供、产、销各个环节密切相关。在供、产、销环节中,销售的意义非常重大,因为产品只有被顺利地销售出去,才能收回前期投入的资金,有了资金才能继续维持生产、采购。对于初创企业来说,以下几个财务指标尤为重要。

① 应收账款周转率。

这里的应收账款是指企业因销售商品、材料、提供劳务等,应向购货单位收取的款项,以及代垫运杂费和承兑到期而未能收到款的商业承兑汇票。应收账款周转率是企业一定时期赊销收入净额与应收账款平均余额的比率。其中,赊销收入净额是指销售收入中扣除了销货退回、销货折扣和折让后的赊销净额。应收账款平均余额指的期初应收账款余额与期末应收账款余额的平均数。

$$应收账款周转率 = \frac{赊销收入净额}{应收账款平均余额}$$

$$应收账款平均余额 = \frac{期初应收账款 + 期末应收账款}{2}$$

小鱼图片社的营业收入为 480 000，假设其中 50% 为赊销收入，则赊销收入净额为 240 000 元；同时，应收账款平均余额为 15 000$\left(算法：\frac{20\ 000 + 10\ 000}{2}\right)$，则应收账款周转率为 16$\left(算法：\frac{480\ 000 \times 50\%}{15\ 000}\right)$。

企业应收账款周转率之所以重要是因为它反映了企业应收账款在一个会计期间内的周转次数。应收账款周转率越高，说明企业回收应收账款的速度越快，流动性越强，这样可以减少坏账损失，提高资产的流动性，有助于企业偿债能力的提高。应收账款周转率过低，说明企业回收应收账款的效率较低，或者赊销政策过于宽松，为那些信用不好的客户提供了赊销。当然，如果应收账款周转率过高，有可能是因为企业执行了较为苛刻的赊销政策，这样会限制企业销售的增加，甚至使一些客户流失。

② 应收账款平均收账期。

除了上述财务指标外，企业还可以通过应收账款平均收账期来分析企业的营运能力。应收账款平均收账期表示应收账款周转一次需要的天数。

$$应收账款平均收账期 = \frac{360}{应收账款周转率}$$

小鱼图片社的应收账款平均收账期为 22.5 天$\left(算法：\frac{360}{16}\right)$，说明图片社从提供赊销服务到收回应收账款的平均天数为 22.5 天。

③ 存货周转率。

企业存货周转的快慢也影响了企业的营运能力。存货周转率，也称存货利用率，是企业一定时期的销售成本与存货平均余额的比率。

$$存货周转率 = \frac{销售成本}{存货平均余额}$$

$$存货平均余额 = \frac{期初存货余额 + 期末存货余额}{2}$$

小鱼图片社的存货平均余额为 3500 元$\left(算法：\frac{2000 + 5000}{2}\right)$，假设图片社的营业成本全部为销售成本（48 000 元），存货周转率为 13.71 次$\left(算法：\frac{48\ 000}{3500}\right)$。存货周转率的高低与企业性质有关，小鱼图片社的存款周转率较高是因为图片社的经营方式不需要保留较多的存货，但对某些制造企业来说其存货水平会较高。存货周转率高，说明企业的销售能力强，存货周转速度快，占用在存货上的资金数额少。这表示企业的资产流动性较好。相反，存货周转率较低，往往反映库存有问题。由于企业销售状况不佳，造成存货积压，这时企业应当采取积极的销售措施，以减少库存存量。

④ 总资产周转率。

企业总体的资金周转状况由总资产周转率来反映。总资产周转率，又称总资产利用率，是企业销售收入与资产平均总额的比率。

$$总资产周转率 = \frac{销售收入}{资产平均总额}$$

$$资产平均总额 = \frac{期初资产总额 + 期末资产总额}{2}$$

小鱼图片社的资产平均总额为(414 000＋435 000)/2＝424 500元,总资产周转率为1.13次$\left(算法：\frac{480\ 000}{424\ 500}\right)$。图片社的总资产周转率较低,原因是固定资产的投入较高。

总资产周转率反映了企业全部资产的使用效率。如果该比率较低,说明企业利用其资产获得销售收入的能力较低,这又会进一步影响企业的盈利能力。企业应该采取适当措施提高销售收入,或处理多余的资产,以提高资产使用的效率。

(3) 获利能力分析。

获利能力是企业获取利润的能力。企业能否获利,以及获利多少,是创业者非常关心的问题。获利能力是创业者投资项目的最终评价方式,关系着企业的生存和发展。评价获利能力的重要指标有资产净利率、销售净利率和股东权益报酬率。

① 资产净利率。

资产净利率是企业一定时期的净利润与资产平均总额的比率,反映了企业的资产盈利能力。

$$资产净利率 = \frac{净利润}{资产平均总额} \times 100\%$$

小鱼图片社的资产净利率为49.75%$\left(算法：\frac{211\ 200}{424\ 500} \times 100\%\right)$。资产净利率的高低反映了企业的经营效率。创业者可以将本期资产净利率与过去进行比较,这样就可以看出企业经营的变化。但是,财务分析不仅仅是企业今天与过去的对比,还可以将该指标与同行业进行比较,以此判断和估计企业在行业中的情况。

② 销售净利率。

对于创业者来说,销售是至关重要的,只有将产品/服务顺利销售出去,才能维持企业的正常运转。因此,销售所带来的利润高低也是评价企业获利能力的重要指标。

销售净利率是企业净利润与营业收入净额的比率,反映了企业通过销售赚取利润的能力。

$$销售净利率 = \frac{净利润}{营业收入} \times 100\%$$

小鱼图片社的销售净利率为44%$\left(算法：\frac{211\ 200}{480\ 000} \times 100\%\right)$,表明图片社每100元营业收入可以带来44元的净利润。这个结果还是相当不错的,说明图片社通过销售赚取利润的能力是很强的。显然,扩大销售应该是图片社未来经营的目标之一。但是这时候,小鱼一定要注意一个问题,那就是图片社在扩大销售的同时,其销售费用、财务费用和管理费用也会相应增加,但企业净利润并不一定会同比例地增长。因此,盲目扩大生产和销售规模未必会为企业带来正的收益。所以,小鱼在关注企业销售收入增长的同时,还要关注净利润的增减程度,由此来考察企业是否在正常运转。

③ 股东权益报酬率。

股东权益报酬率也称净资产收益率或所有者权益报酬率,是企业一定时期的净利润与股东权益平均总额的比率。

$$股东权益报酬率 = \frac{净利润}{股东权益平均总额} \times 100\%$$

股东权益报酬率是评价企业盈利能力的一个重要财务比率,反映了企业所有者获取投资报酬的高低程度。小鱼图片社的股东权益平均总额为403 500元 $\left(算法：\frac{387\,000+420\,000}{2}\right)$,股东权益报酬率为52.34% $\left(算法：\frac{211\,200}{403\,500}\times 100\%\right)$。股东权益报酬率越高,说明企业的盈利能力越强。

高投资回报是每个创业者追求的目标。但现实是对多数创业者而言,失败的风险也很高。为了监控自己的投资风险,创业者一定要学会正确理解和使用财务报表。财务报表为创业者提供了较为全面的企业信息,创业者可根据财务报表来判断企业的财务状况,发现企业经营中所存在的问题,并采取恰当的措施来解决问题。

课堂思考③

**我国小企业为何如此"短寿"?**

2010年6月底,全国工商登记注册企业数为1089.8万户,其中中小企业达1078.9万户,几乎占总数的99%。但在2010年12月民建中央发布的专题调研报告《后危机时代中小企业转型与创新的调查与建议》显示,中国中小企业目前平均寿命仅3.7年,其中8成以上是家族企业。该项报告指出,与我国中小企业相比,目前欧洲和日本企业平均寿命为12.5年、美国企业8.2年、德国500家优秀中小企业有1/4都存活了100年以上。

企业有生有死,这在市场经济中是很正常的。但是从整体上看,目前我国中小企业的寿命依然偏短。虽然外部原因有很多,但创业者缺乏财务知识是不可忽视的原因。许多企业主认为财务并不是那么的重要,觉得做业务才是王道。这样的错误观念导致相当多的企业不是死于没有生意做,而是死于业务太多导致的现金短缺,应收账款周转不灵。你对此有何看法?

## 8.4 怎样评估你的投资

投资决策对初创企业来说至关重要。当创业者购买新设备、投资新项目、创办新工厂、开设新店铺时,这些行动决策都属于投资决策。对创业者来说,他们最关心的是这些项目能否带来盈利。因此,如何评估这些投资便成为决策的关键。在这里,我们介绍两种评估方法:净现值分析法和投资回收期方法。为了更好地理解这两种方法,我们还是以小鱼图片社为例。在介绍这些方法之前我们首先要学习如何对投资项目的现金流量进行分析。

## 8.4.1 投资项目的现金流量分析

小鱼的图片社经营得不错,小鱼打算添置一种高级制图设备,为此他进行了市场调查。此种设备在市场上有两个主要品牌——熊猫牌和大象牌。如果购买熊猫牌设备,需要投资10 000元,使用寿命为5年,每年折旧2000元,5年后设备报废无残值收入,5年中该设备每年可带来销售收入6000元,每年的维修保养费为2000元。如果购买大象牌设备,购买价款为12000元,使用寿命也为5年,5年后有残值收入2000元,每年计提折旧2000元。5年中,该设备每年能带来销售收入8000元,维修保养费第一年为3000元,以后随着设备陈旧,逐年将增加修理费400元,另需要垫支流动资金3000元。企业所得税率为20%。公司的资本成本率为10%。那么小鱼应该投资购买哪个设备呢?

在进行投资项目的分析之前,我们首先需要预测投资方案的现金流量。然后再以一定的方法对这些现金流量进行处理和分析。按照现金流量的方向,我们可以将投资带来的现金流量分为现金流入量、现金流出量和现金净流量。

一个投资项目的现金流入量是指该项目引起的企业现金收入的增加额;投资项目的现金流出量是指该项目引起的企业现金收入的减少额;现金净流量是指一定时间内现金流入量与现金流出量的差额。如果流入量大于流出量,现金净流量为正值;反之,现金净流量为负值。我们在分析一个投资项目之前首先需要做的就是预测投资项目的现金流量。我们之所以先对企业的现金流量进行分析,其目的就是要评价投资项目获取现金的能力,同时也对项目的获利情况做出初步的判断,进而帮助创业者在项目投资方面做出合理的选择。

按现金流量发生的时间,投资项目的现金流量可分为初始现金流量、营业现金流量和终结现金流量。

(1) 初始现金流量:包括投资前费用、设备购置费和安装费、建筑工程费、垫支的流动资金、原有固定资产的变价收入扣除相关税金后的净收益、不可预见费。

(2) 营业现金流量:营业现金流量一般以年为单位进行计算。现金流入一般指营业现金收入;现金流出是指营业现金支出和缴纳的税金。

每年营业现金净流量(NCF)=年营业收入-年付现成本-所得税=税后净利+折旧

付现成本指的是企业每年以现金形式支付的成本。成本中不需要每年支付现金的部分称为非付现成本,其中主要是折旧费。

为什么计算营业现金净流量需要在税后净利的基础上再加折旧呢?因为折旧虽然计入企业的成本但并不用企业支付现金,所以企业的现金要比净利润多,多的那部分就是不用支付现金的折旧。

(3) 终结现金流量:指投资项目完结时所发生的现金流量。终结现金流量的内容较少,数额也不大,对整个现金流量的分析影响较小,通常只需根据固定资产的净残值以及垫支流动资金的收回部分进行估计即可。

为什么要分析投资方案的现金流量而不是利润呢?

首先,现金流量有利于分析和考虑资金的时间价值。其次,现金流量分析比利润分析更加科学。利润的计算没有统一标准,受存货计价、折旧计提等方法的影响,且利润反映的是某一会计期间"应计"的现金流量,而不是实际的现金流量。比如,你6月份完成一批货物的销售,但顾客直到8月份才付款。你的利润表会显示出销售收入发生在6月份,但现金流量表直到8月份才显示出这笔销售情况。这说明,利润表中反映的只是应到账的现金流入量,但不是实际发生的现金流入量。所以,现金流量分析比利润分析更能反映企业实际的收入情况。基于这个原因,在评估投资的过程中,我们的分析对象是现金流量而不是利润。

我们现在来计算小鱼图片社这两个投资方案的现金流量:

熊猫牌设备每年的付现成本主要是维修保养费(每年2000元);大象牌设备每年付现成本主要也是维修保养费(第一年为3000元,以后随着设备陈旧,将逐年增加修理费400元)。熊猫牌设备每年折旧额2000元;大象牌设备每年折旧额2000元。但我们知道,折旧计入成本费用却不用支付现金。

我们先计算这两个方案的营业现金流量(如表8-7所示),然后结合初始现金流量和终结现金流量汇总出两个方案的全部现金流量(如表8-8所示)。

**表 8-7 小鱼图片社投资项目的营业现金流量**

| 时间(年) | 1 | 2 | 3 | 4 | 5 |
| --- | --- | --- | --- | --- | --- |
| 熊猫牌设备: | | | | | |
| 销售收入(1) | 6000 | 6000 | 6000 | 6000 | 6000 |
| 付现成本(2) | 2000 | 2000 | 2000 | 2000 | 2000 |
| 折旧(3) | 2000 | 2000 | 2000 | 2000 | 2000 |
| 税前利润(4)<br>(4)=(1)-(2)-(3) | 2000 | 2000 | 2000 | 2000 | 2000 |
| 所得税(5)=(4)×20% | 400 | 400 | 400 | 400 | 400 |
| 税后净利(6)=(4)-(5) | 1600 | 1600 | 1600 | 1600 | 1600 |
| 营业现金流量(7)<br>(7)=(1)-(2)-(5) | 3600 | 3600 | 3600 | 3600 | 3600 |
| 大象牌设备: | | | | | |
| 销售收入(1) | 8000 | 8000 | 8000 | 8000 | 8000 |
| 付现成本(2) | 3000 | 3400 | 3800 | 4200 | 4600 |
| 折旧(3) | 2000 | 2000 | 2000 | 2000 | 2000 |
| 税前利润(4)<br>(4)=(1)-(2)-(3) | 3000 | 2600 | 2200 | 1800 | 1400 |
| 所得税(5)=(4)×20% | 600 | 520 | 440 | 360 | 280 |
| 税后净利(6)=(4)-(5) | 2400 | 2080 | 1760 | 1440 | 1120 |
| 营业现金流量(7)<br>(7)=(1)-(2)-(5) | 4400 | 4080 | 3760 | 3440 | 3120 |

如果购买熊猫牌设备的话,每年营业现金流量是相等的3600元,而如果购买大象牌设备的话,因维修保养费逐年增加,每年的营业现金流量分别为4400元、4080元、3760元、3440元、3120元。

表8-8 小鱼图片社投资项目的总现金流量

| 项目 \ 时间 金额 | 0 | 1 | 2 | 3 | 4 | 5 |
|---|---|---|---|---|---|---|
| 熊猫牌设备: | | | | | | |
| 　固定资产投资 | —10 000 | | | | | |
| 　营业现金流量 | | 3600 | 3600 | 3600 | 3600 | 3600 |
| 现金流量合计 | —10 000 | 3600 | 3600 | 3600 | 3600 | 3600 |
| 大象牌设备: | | | | | | |
| 　固定资产投资 | —12 000 | | | | | |
| 　流动资金垫支 | —3000 | | | | | |
| 　营业现金流量 | | 4400 | 4080 | 3760 | 3440 | 3120 |
| 　固定资产残值 | | | | | | 2000 |
| 　流动资金收回 | | | | | | 3000 |
| 现金流量合计 | —15 000 | 4400 | 4080 | 3760 | 3440 | 8120 |

两个方案的现金流量如表8-8所示,我们需要对这两个方案进行评估和选择。如何评估我们的投资方案呢?我们知道投资的基本目的是为了获取更多的利润,只有投资项目的收益率超过资本成本率时,才能给企业带来价值的增加,对创业者来说即是财富的增长。资本成本率的概念解释起来较复杂,我们可以简单地将它理解为一个企业所要求的最低报酬率,如果收益率低于这个报酬率就不值得投资。假如图片制作行业的平均报酬率是10%,那么小鱼所要求的最低报酬率就是10%。这个10%就可以被视作是小鱼企业的资本成本率,并以此来进行投资项目评估。

分析了现金流量后,现在我们就要利用这些现金流量对这两个项目进行评估了。如何使用科学的方法对投资项目进行评估呢?下面我们将介绍两种常用的方法。

## 8.4.2 净现值分析法

前面我们学习过货币的时间价值,知道不同时点发生的同量现金流具有不同价值。我们在这里学习的净现值是指在考虑货币时间价值的基础上,将特定项目未来现金流量按一定贴现率贴现为现值后,超出初始投资额的那部分现值。净现值代表投资项目为企业带来的财富增量。一般情况下,我们使用企业的资本成本率作为贴现率。如果投资项目的收益率超过资本成本率,那么净现值为正数;反之,净现值为负数。

净现值=未来现金流量的总现值—初始投资额

表 8-9　小鱼图片社两个投资方案的净现值计算

| 时间 t | 每年净现金流量 | 现值系数 $\frac{1}{(1+10\%)^t}$ | 现值 |
|---|---|---|---|
| 熊猫牌： | | | |
| 1 | 3600 | 0.909 | 3272 |
| 2 | 3600 | 0.826 | 2974 |
| 3 | 3600 | 0.751 | 2704 |
| 4 | 3600 | 0.683 | 2459 |
| 5 | 3600 | 0.621 | 2236 |
| 未来现金流量的总现值<br>减：初始投资额<br>净现值 | | | 13 645<br>−10 000<br>3645 |
| 大象牌： | | | |
| 1 | 4400 | 0.909 | 4000 |
| 2 | 4080 | 0.826 | 3370 |
| 3 | 3760 | 0.751 | 2824 |
| 4 | 3440 | 0.683 | 2350 |
| 5 | 8120 | 0.621 | 5043 |
| 未来现金流量的总现值<br>减：初始投资额<br>净现值 | | | 17 587<br>−15 000<br>2587 |

这里需要提示的是：熊猫牌设备的初始投资额就是设备的购买价款 10 000 元；大象牌设备的初始投资额包括两部分：一是设备的购买价款 12 000 元，二是需要垫支的营运资金 3000 元。由此，根据净现值的计算公式可得知：熊猫牌设备的净现值是 3645 元，大象牌设备的净现值是 2587 元。

利用净现值进行投资项目评估的规则是，在只有一个备选方案时，净现值为正者可以被采纳，净现值为负者不采纳。在对多个备选方案的互斥项目进行选择决策时，应该选用净现值是正值中的最大者。

评估结论：小鱼图片社在资本成本率为 10% 的条件下，投资熊猫牌设备和大象牌设备带来的净现值都大于 0，说明这两个项目都能为企业带来财富的增加。但是，由于熊猫牌设备的净现值（3645 元）大于大象牌设备的净现值（2587 元），说明熊猫牌设备带来的投资收益净额大于大象牌。因此，应该选择购买熊猫牌设备。

上述分析过程就是我们利用净现值分析法对投资项目进行评估的过程。实际上，除了净现值分析法外，创业者还可以用投资回收期法来对投资项目资金回收的快慢进行评估。

## 8.4.3　投资回收期法

投资回收期代表收回投资所需的年限。回收期越短，对创业者来说项目风险越小，方案越有利。投资回收期不考虑货币的时间价值。

在初始投资一次性支出,且每年的净现金流量相等时,投资回收期可以按下面的公式计算:

$$投资回收期 = \frac{初始投资额}{每年的净现金流量}$$

投资熊猫牌设备的投资回收期 $= \frac{10\,000}{3600} = 2.78$ 年

投资大象牌设备的每年净现金流量不等,需要根据每年尚未回收的投资额来确定回收期。

表 8-10  大象牌设备尚未回收的投资额

| 时间 | 每年净现金流量 | 年末尚未回收的投资额 |
|---|---|---|
| 1 | 4400 | 10 600 |
| 2 | 4080 | 6520 |
| 3 | 3760 | 2760 |
| 4 | 3440 | 0 |
| 5 | 8120 |  |

大象牌设备在使用 3 年后仍然还有 2760 元的投资尚未回收,而大象牌设备第四年的净现金流量是 3440 元,因此:

$$投资大象牌设备的投资回收期 = 3 + \frac{2760}{3440} = 3.8 \text{ 年}$$

投资回收期法很容易理解,计算也比较简单,但缺点是没有考虑货币的时间价值,而且没有考虑回收期满以后现金流量的状况。其实,有些战略性的投资往往早期收益较低,中后期的收益较高。比如下面这种情形:创业者小辉正在考察两个投资项目,一个是开饭馆,另一个是开一家鲜花店,两个项目的预期现金流量如下(如表 8-11 所示)。

表 8-11  两个方案的预计现金流量

| 时间 | 0 | 1 | 2 | 3 | 4 | 5 |
|---|---|---|---|---|---|---|
| 投资花店 | −10 000 | 5000 | 5000 | 6000 | 6000 | 6000 |
| 投资饭馆 | −10 000 | 5000 | 5000 | 8000 | 8000 | 8000 |

我们很容易发现,这两个项目的投资回收期相同,都是 2 年。如果仅仅使用投资回收期来评价,二者的情形是相同的。但事实上,如果考虑回收期满以后现金流量的状况时,我们很容易发现开饭馆的项目要优于开鲜花店。

投资回收期法可能会引导创业者选择那些急功近利的项目。出于这些缺陷,目前投资回收期仅作为辅助方法来使用。

**哪种分析方法占主流？**

投资回收期法在20世纪早期曾经是评价企业投资项目的主要方法,但现在贴现分析方法[①]逐步作为主流。2001年,美国杜克大学的(约翰·格雷汉姆)John Graham 和(坎贝尔·哈维)Campbell Havey教授调查了392家公司的财务主管,其中74.9%的公司在投资决策时使用净现值指标,56.7%的公司同时还使用投资回收期指标。

2004年南开大学国际商学院的李翔、齐寅峰通过调研和实证研究发现,我国企业进行投资决策时经常使用投资回收期法和净现值法的比例分别为70.1%和62.4%。与1999年南京大学的研究相比,我国采用贴现分析方法进行决策的企业比例上升很大,1999年采用净现值法的企业比例仅为16.2%。这说明我国企业家对财务管理的认识逐步加深并付诸实践。其他的调查也表明,很多企业在进行投资决策时会使用两种以上的指标,规模较大的企业更青睐使用贴现分析指标,而规模较小的企业更多依赖非贴现的指标。请大家思考一下：在投资项目评估中,为什么贴现分析方法越来越成为主流分析法？

## 8.5 收入增长与利润增长

销售收入增加对企业来说是一件好事情,将有望带来利润的增加。那么利润的增长与销售收入增长是一致的吗？还有什么因素会导致利润的变化？这些因素对利润的影响程度是一样的吗？销售长期高速增长是一件好事情吗？下面我们通过创业者小陆的例子来了解收入与利润的关系,并从分析中找到上述问题的答案。

小陆与朋友一起投资经营一家创意T恤屋,每件T恤平均售价为50元,每月能卖出1000件,每件T恤成本为30元,固定支出的房租及员工工资为8000元。小陆该如何预测T恤屋的利润呢？这里我们介绍一种简单常用的方法——本量利分析法。

### 8.5.1 怎样预测利润——本量利分析法

(1) 什么是本量利分析法？

本量利分析法也称盈亏平衡分析法或损益平衡分析法,它主要根据成本、销售数量和利润三者之间的变化关系来预测利润,并分析某一因素的变化对其他因素的影响。

在本量利分析法中,我们将总成本分解为变动成本和固定成本。

变动成本是随业务量的变化而变化的成本。如快餐店的食材,发型屋的洗发水和烫发水。

---

[①] 贴现分析法是指在评估投资项目时考虑货币的时间价值,如净现值法。非贴现分析法,即在评估投资项目时不考虑货币时间价值,如投资回收期法。

固定成本是指在一定业务量范围内,不受业务量增减变动影响的成本。如发型屋和快餐店的房租与员工工资在很大程度上就是固定成本。

本、量、利三者的关系可以通过以下公式表示:

利润＝销售收入－总成本
　　＝销售收入－变动成本－固定成本
　　＝单价×销售量－单位变动成本×销售量－固定成本
　　＝(单价－单位变动成本)×销售量－固定成本

此方程式为基本的损益方程式,反映的是成本、销售数量与利润之间的关系。请注意这里的利润是指息税前利润。由此我们可以发现,影响利润的因素是多方面的,产品的销售单价、销售量、变动成本以及投入的固定成本都会直接影响利润的大小。根据这个公式,我们可以计算小陆T恤屋每月的利润:

小陆T恤屋每月的利润＝(单价－单位变动成本)×销售量－固定成本
　　　　　　　　　＝(50－30)×1000－8000
　　　　　　　　　＝12 000(元)

(2) 计算盈亏平衡点。

企业在经营的时候要做好最坏的打算——考虑销售量下降到何种程度时仍不至于亏损。也就是说,企业要找到一个盈亏临界点或盈亏平衡点,并清楚地知道当销售量一旦低于这个点时利润便为负值,只有当销售量高于这个点才会有正的利润。我们也可以理解为:当总销售收入等于总成本时的销售量就是我们要寻找的盈亏平衡点,在这个时点上,企业的利润刚好为零。现在我们就来看看小陆T恤屋在盈亏平衡点时的销售量是多少。

0＝销售收入－固定成本
0＝(单价－单位变动成本)×销售量－固定成本
盈亏平衡点销售量＝固定成本/(单价－单位变动成本)
　　　　　　　　＝8000/(50－30)
　　　　　　　　＝400(件)

这意味着如果小陆这个月能卖出400件T恤,他既不盈利,也不亏损。如果小陆想要获得盈利的话,他每月必须卖出400件以上的T恤,否则就会出现亏损。

(3) 变动成本、固定成本、单价、销售数量变化对利润的影响大小相同吗?

除了销售数量以外,利润还受变动成本、固定成本和单价的影响。那么,这些因素对利润的影响大小相同吗?下面我们就逐一分析上述各因素是如何影响利润的。

① 产品成本的变动对利润的影响。

随着物价上涨,小陆生产T恤的成本也在提高。如果每件T恤的成本提高了10%(单位成本增加3元/件),那么小陆T恤屋每月的利润将发生以下变化:

小陆T恤屋的利润＝(单价－单位变动成本)×销售量－固定成本
　　　　　　　＝(50－33)×1000－8000
　　　　　　　＝9000(元)

由此可见,单位成本上升10%,会直接导致小陆T恤屋的利润由以前的12 000元下降至现在的9000元,利润减少了3000元。利润下降幅度是25%(算法: $\dfrac{9000-12\,000}{12\,000} \times$

100%)。显然,产品单位成本的变动会对利润产生不小的影响。

② 固定成本的变化对利润的影响。

如果其他条件不变,因房租上涨导致固定成本提高了10%(固定成本增加800元),那么,小陆T恤屋每月的利润也将发生变化:

小陆T恤屋的利润＝(单价－单位变动成本)×销售量－固定成本
$$= (50-30) \times 1000 - 8800$$
$$= 11\,200(元)$$

由此可见,由于固定成本上升10%,小陆T恤屋的利润由以前的12 000元下降至现在的11 200元,利润减少了800元。利润下降幅度是6.67%(算法: $\frac{11\,200 - 12\,000}{12\,000} \times 100\%$)。毫无疑问,固定成本的上升也会对利润产生一定的负面影响。

③ 销售单价的变化对利润的影响。

如果其他条件不变,每件T恤的售价提高10%(每件增加5元),这时小陆T恤屋每月的利润也会发生明显变化:

小陆T恤屋的利润＝(单价－单位变动成本)×销售量－固定成本
$$= (55-30) \times 1000 - 8000$$
$$= 17\,000(元)$$

这个数字告诉我们,由于销售单价提高了10%,小陆T恤屋的利润也由以前的12 000元增加至现在的17 000元,利润增加了500元。利润增幅为41.67%(算法: $\frac{17\,000 - 12\,000}{12\,000} \times 100\%$)。

通过以上三种情形的比较得知,变动成本、固定成本和单价的变动虽然都会对利润产生影响,但影响程度是不一样的。在本例中,虽然各因素变动的幅度都是10%,但单价对利润带来的影响幅度最大(41.67%),固定成本对利润带来的影响幅度最小(6.67%)。因此,如果小陆想要提高利润的话,增加单价或减少变动成本的效果要好于压缩固定成本。

## 8.5.2 利润是怎样增长的

我们都知道利润会随着营业收入的增加而增加,但是不是同比例地增加呢?

假设小陆T恤屋8月、9月和10月份营业收入分别为40 000元、44 000元和50 000元,变动成本占营业收入的50%,固定成本8000元。现在我们看看利润与营业收入的关系(如表8-12所示)。

表8-12 息税前利润随营业收入增长而加速增长

| 月份 | 营业收入 | 营业收入增长率 | 变动成本 | 固定成本 | 息税前利润 | 利润增长率 |
|---|---|---|---|---|---|---|
| 8 | 40 000 | | 20 000 | 8000 | 12 000 | |
| 9 | 44 000 | 10% | 22 000 | 8000 | 14 000 | 16.67% |
| 10 | 50 000 | 13.6% | 25 000 | 8000 | 17 000 | 21.43% |

由此可见,随着营业收入的增加,息税前利润并非同比增加,而是加速增长。

那么,营业收入下降了又会对利润产生怎样的影响呢？

假设小陆T恤屋8月、9月和10月份营业收入分别为50 000元、44 000元和40 000元,变动成本占营业收入的50%,固定成本8000元。现在我们看看当营业收入下降时,利润与营业收入的关系(如表8-13所示)。

表8-13　息税前利润随营业收入下降而加速下降

| 月份 | 营业收入 | 营业收入增长率 | 变动成本 | 固定成本 | 息税前利润 | 利润增长率 |
|---|---|---|---|---|---|---|
| 8 | 50 000 |  | 25 000 | 8000 | 17 000 |  |
| 9 | 44 000 | −12% | 22 000 | 8000 | 14 000 | −17.65% |
| 10 | 40 000 | −9.1% | 20 000 | 8000 | 12 000 | −14.29% |

我们看到,当营业收入下降时,息税前利润不但会随之下降,而且其下降幅度还会超过营业收入的下降幅度。为什么会这样呢？这是因为有固定成本的存在。

如果小陆的T恤屋因装修向银行借了一笔资金,债务利息每月要支出4000元,也就是说在每月的息税前利润中,需要先扣除债务利息,再缴纳所得税后,才能获得税后利润。

所得税＝(息税前利润−利息支出)×所得税率

税后利润＝(息税前利润−利息支出)×(1−所得税率)

表8-14　税后利润随息税前利润增长而加速增长

| 月份 | 息税前利润 | 息税前利润增长率 | 债务利息 | 所得税(20%) | 税后利润 | 税后利润增长率 |
|---|---|---|---|---|---|---|
| 8 |  |  | 4000 | 1600 | 6400 |  |
| 9 | 14 000 | 16.67% | 4000 | 2000 | 8000 | 25% |
| 10 | 17 000 | 21.43% | 4000 | 2600 | 10 400 | 30% |

如表8-14所示,我们发现随着息税前利润的增加,税后净利并非同比上涨,而是加速上涨。那么,如果息税前利润下降呢？

表8-15　税后利润随息税前利润下降而加速下降

| 月份 | 息税前利润 | 息税前利润增长率 | 债务利息 | 所得税(20%) | 税后利润 | 税后利润增长率 |
|---|---|---|---|---|---|---|
| 8 | 17 000 |  | 4000 | 2600 | 10 400 |  |
| 9 | 14 000 | −17.65% | 4000 | 2000 | 8000 | −23.08% |
| 10 | 12 000 | −14.29% | 4000 | 1600 | 6400 | −20% |

如表8-15所示,当息税前利润下降时,税后利润也并非同比下降,而是加速下降。

为什么会这样呢？这是因为固定的债务利息存在。

因此,当我们的企业既存在固定成本,也存在固定的债务利息时,税后利润将随着营业收入的增长而加速增长；当然,如果运气不好的话,随着营业收入的下降,税后利润也会加速下降。

这里,我们看到随着销售增长带来营业收入的增加,企业的利润会增加。那么,对企业来说是不是仅仅追求销售快速增长就能保证利润的持续增加呢?这是一个值得思考的问题。

### 8.5.3 销售快速增长——是福是祸

销售增长缓慢、销售滑坡是企业的噩梦。因此,对大多数企业主来说,他们都心存宏伟的销售梦想。扩大销售始终都是他们追求的目标,因为销售的增长会给企业带来利润的增长和市场份额的扩大,有助于企业主获得更多的收益。但是,在促进销售快速增长的同时,企业主也应该意识到:销售的增长同样也会使企业的生产资源和财务资源变得紧张。如果对这些资源缺乏合理的安排和控制,快速的销售增长有可能导致企业出现严重问题甚至破产。

比如小陆的T恤屋正在遭遇销售快速增长所带来的问题。在经过一年的打拼后,T恤屋生意做得风生水起,附近的大学生都很喜欢小陆的T恤。为此,小陆不得不提前进货以备销售增长之需,同时他还另外雇用了一名销售员。T恤屋除了继续进行自己擅长的零售外,还开始兼营批发业务。为了扩大销售,批发业务采用赊销的形式,买家可以一个月以后付款。就这样,业务越来越多了,但是小陆却高兴不起来。因为销售的扩大使T恤屋的资金链绷得很紧,一旦某个环节出现资金链的断裂,可能就会产生多米诺骨牌效应,导致一系列经营问题的发生。这使小陆倍感压力,忧心忡忡。

企业的销售增长需要资产增长来支持(如小陆需要准备更多的存货,批发赊销导致应收账款的占用也会增加),也就是说,销售增长需要企业投入更多的资源,这些资源都是用资金来购买的,因此销售的增加也意味着企业资金需求的增加(如图8-4所示)。

此时,企业就需要寻找资金来源。资金来源无非两种,一是增加借款(负债);二是增加股权投资(所有者权益),也就是企业主的自有投资。显然,在一定的条件下,企业能够筹集到的借款和股权投资是有限的,有限的资金来源也就制约了企业销售增长的幅度。如果企业寻找不到新的资金来源,销售的增长会使资金越来越紧张,以致耗尽企业的财务资源。当企业没有资金支付各种账单时,企业就面临一个尴尬的现实——破产。因销售增长而破产的企业与因销售增长太慢而破产的企业几乎一样多。因此企业在面临销售增长、市场份额扩大时,一定要考虑自己的资金情况,要进行合理的财务预算,提前安排筹资。然后,根据资金情况来控制一个合理的销售增长水平,也就是说考虑"有多少钱办多少事"。超出资金承受能力的增长将是恶性的增长。

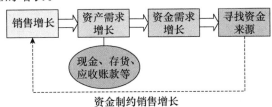

图 8-4 销售增长与资金需求

小陆的销售增长非常快,因而不得不增加存货的投资、增设人员,同时批发业务的增加导致应收账款的资金占用增加,这都是需要资金投入的。看来,小陆需要考虑从哪里去筹借资金了。否则,就放弃一些业务吧。

### 案例讨论

**案例一:无钱支付账单——戴尔公司快倒闭了**

即使拥有180亿美元资产的戴尔计算机公司这样的成功典范也曾经经历过生死攸关的增长阵痛。戴尔公司年轻的创始人米切尔·戴尔(Michael Dell)曾经承认戴尔公司在1993年的增长冲刺确实是通过牺牲良好的财务状况来实现的。戴尔感叹说,公司的现金储备一度仅仅只有2000万美元。"对于我们这种规模的公司来说,这点钱我们一两天就会花光。这种事情太不可思议了。我认识到了我们必须改变优先发展顺序。"

要是戴尔的优先发展顺序还停留在"增长、增长、再增长"上,它可能就不会有今天。

米切尔·戴尔不到20岁就创办了戴尔计算机公司。在经历了数年的惊人增长之后,戴尔的公司身处财务险境,它缺乏懂得管理增长的专门人才。幸运的是,戴尔深谙用人之道,他聘请了临时性的管理者和分析师,最终把戴尔公司引导到稳健发展的方向上去。这批管理者力促戴尔把重点放在盈利和流动性方面,而不是放在销售的增长方面。1994年公司增长放慢了,为此,公司股票在证券市场中也付出了代价,但同时也帮助戴尔公司把一年前的亏损扭转为1.066亿美元的利润。公司同时建立起了规范的计划和预算程序。今天,戴尔公司已经是全球最大的、具有良好的资产负债水平和稳定增长率的计算机制造商之一。

(资料来源:罗伯特.C.希金斯.财务管理分析[M].北京:北京大学出版社,2003)

**小组讨论:**

(1) 一个成功公司最终走向失败的原因可能有哪些?
(2) 戴尔公司身陷如此困境的原因是什么?
(3) 当你面对这样的困境,你会怎么办?

**案例二:罗伯特·默多克的创业投资与风险**

投资风险越高,所要求的投资回报率也就越高!

世界头号传媒大亨罗伯特·默多克(Rupert Murdoch)就是一个喜好风险的创业者。他能很勤奋、执着地工作,更能进行疯狂的并购扩张。根据2004年《福布斯》杂志公布的世界富豪排行榜显示,默多克排行第43位,净资产达78亿美元。

他的父亲也是一个有成就的报人,掌控着包括墨尔本的《先驱报》在内的4家报纸。1952年秋,66岁的父亲死于心脏病,默多克返回澳大利亚后,出乎意料地发现父亲的资产竟面临危机。当默多克开始管理《新闻报》时,他发现父亲生前尽管是个天才的记者,却没有多少企业家的经营才能,报纸几乎处于亏损状态。默多克设法保留住了两份报纸,而将其他报纸出售。

福克斯电视频道是默多克媒体王国的一个部分。当福克斯开通时,行业的观察家们都认为这个频道做不好。但福克斯电视频道怪异的、甚至被人说是毫无品味的节目,包括"与孩子们一起结婚"和"辛普森一家"这样的电视秀,都成为收视率很高的节目。

默多克还拥有世界上最大的出版公司之一——新闻公司。新闻公司的快速发展主要归功于默多克果断而冒险的商业风格。默多克在1969年来到英国并买下了周报《世界新闻报》。在此之前,默多克的公司在澳大利亚拥有多种报纸。但是仅仅在英国拥有一份周报并不能使默多克感到满足,他希望能够再买下一份日报。随后,默多克进行了他人生中最具风险的一项并购——买下伦敦《太阳报》,并且他把《太阳报》办成了《世界新闻报》的每日版,仍以耸人听闻的新闻事件为主,并且加大了促销力度。到20世纪80年代至90年代初期,《太阳报》成为日销量最大的英文报纸。1981年2月默多克又完成了对《泰晤士报》和《星期天泰晤士报》的收购。

此时的默多克在英国早已经成为呼风唤雨的人物,由于控制着国内相当大的一部分舆论,英国政客们对默多克可谓既爱又怕,历任首相都将其奉为座上客。

1973年,默多克的目光又瞄准了美国,先后收购了美国的三家报纸。在经营这些报纸的时候,他沿用老办法,力推爆炸性新闻,加大宣传力度,使得报纸的发行量逐渐提高。三年之后,默多克收购《纽约邮报》,并创办了一份周报《国民之星》,紧随其后又买下了《纽约》杂志和《乡村之声报》《新西部》。凡是默多克买下的报纸,他都将进行一番大刀阔斧的改革,他总是想方设法将其转变为文章短小,标题鲜艳的出版物。1982年,默多克买下《先驱美国人报》,并将其改名为《波士顿先驱报》,第二年又收购了芝加哥的《太阳时报》。

而在默多克多次的收购中,最受瞩目的恐怕就是对道琼斯和《华尔街日报》的收购。这两个媒体单位一向以严肃认真的形象受到业内的尊敬,与默多克的办报风格明显不符。但是他最终仍然力排众议,成功将这两家媒体收入自己的囊中。

从这以后,人们突然发现默多克的媒体帝国在一夜之间变得更加强大。他掌管的新闻集团是世界上规模最大、国际化程度最高的综合性传媒公司之一,拥有20世纪福克斯电影公司、福克斯广播公司、福克斯新闻频道、国际交友网站MySpace以及英国、澳大利亚多家报纸和卫星电视。成了一个名副其实的"传媒大亨"。

默多克的很多并购项目看似冒险,但在大多数情况下,他的投资都有可观收益。默多克背负着一笔数额惊人的债务,因为他不愿意削弱自己在公司46%的股份的作用。他对支出控制十分严格,每次买下一家公司或报纸,他要做的第一件事就是通过遣散多余雇员、装配成本价低的设备来大幅度降低总成本。

(资料来源:根据中国企业家网相关信息整理)

**小组讨论:**
(1) 你从默多克的创业史看到了什么?
(2) 如何看待企业并购的诱惑与风险?
(3) 请查阅相关资料,讨论默多克在并购过程中的财务支持。

## 案例三:"巨人"的创业与兴衰

1989年8月,深圳大学软件科学管理系硕士毕业的史玉柱和三个同伴,用借来的4000元钱承包了天津大学深圳科技工贸发展公司电脑部,并用手头仅有的4000元钱在《计算机世界》上利用先打广告后付款的方式做了8400元的广告,将其开发的M-6401桌面排版印刷系统推向市场,收到了意想不到的效果。随后,史玉柱将收到的款项全部再次投入广告。4个月后,M-6401的销售额一举突破百万大关。

在此基础上,1991年4月,珠海巨人新技术公司注册成立,新开发的M-6401汉卡上市后销售量跃居全国同类产品之首,获纯利达1000万元。1992年9月,巨人公司实行战略转移,升级为珠海巨人高科技集团公司,注册资金1.19亿元,史玉柱任总裁。史玉柱说:"IBM是国际公认的蓝色巨人,我用'巨人'命名公司,就是要成为中国的IBM,东方的巨人!"1993年7月,巨人集团的全资子公司已发展到38个,成为仅次于四通的全国第二大民营高科技企业。

1993年下半年,伴随全球电脑行业进入低谷,巨人集团开始探索多元化的发展道路。在史玉柱的带领下,集团投资300万启动"脑黄金"项目,结果一炮打响。随后,再投资1000万开发系列产品,掀起了创业的第二次浪潮——进军生物保健行业。同时,正值全国房地产热,史玉柱决定抓住这一时机,修建巨人科技大厦,展开创业的第三次浪潮——进军房地产业,但是在修建过程中,大厦的设计方案却一变再变,楼层节节拔高,从最初的18层一直涨到70层,投资也从2亿元涨到12亿元,而此时巨人集团的资产规模却仅有1亿元左右。

1995年年初,巨人集团在全国以集中轰炸的方式,一次性推出电脑、保健品、药品三大系列的30个产品。同时,巨人产品的广告活跃于全国各媒体的黄金时间和黄金版面。一时间,"巨人"之名红遍全国。

但是,危机出现了——70层高的大厦不断吞噬着巨人集团的资金。而令人惊奇的是,大厦从1994年2月破土动工到1996年7月,巨人集团未申请过一分钱的银行贷款,全凭自有资金和卖楼花支撑。大厦造成的资金缺口迫使集团不得不从刚刚启动的生物保健行业抽调资金,由于抽调过量,使这一新兴产业逐渐萎缩,巨人集团的流动资金也因此日趋枯竭,公司内部管理陷于极度混乱。再加上大厦未能如期完工,买了楼的顾客们纷纷上门要求退还定金并按合同赔偿。此时,巨人集团的财务已极度窘困,无法理赔,而债主们终日挥之不去,酿成震惊全国的大风波。

(资料来源:根据公开资料改编)

**小组讨论:**

(1) 你认为巨人集团初始创业成功的因素是什么?
(2) 是多元化投资决策导致了公司的失败吗?
(3) 巨人集团在财务方面有哪些错误决策?

### 课堂活动

**活动一:发型屋的"烫发"成本核算**

1. 活动目的

本课堂活动是为帮助学生掌握成本核算内容而设计的。在该活动中,学生要对丽丽发型屋的成本进行核算。

丽丽发型屋的员工包括:美发师丽丽(企业主,工资2000元)、美发师阿峰(工资1500元)、美发师阿林(工资1500元)、保洁员阿萍(工资1000元)。

发型屋的月总生产小时为480小时,月非生产小时为160小时。需要计提折旧的设备是6个吹风机,其采购成本为720元,预计可以使用3年,每年折旧额为240元。提供的服务为:烫发。

通过模拟训练,使学生了解成本核算的步骤和内容,并尝试对所学内容加以应用。

2．活动学时

0.5学时。

3．活动环境

(1) 教室中央空出足够的活动空间。

(2) 教室备有白板、白板笔、纸、多媒体电脑。

4．活动道具

(1) 在理论上已经掌握成本核算的概念与内容。

(2) 道具准备:笔、空白卡片。

5．活动步骤

(1) 计算直接材料成本。

表8-16 单位产品直接材料成本

| 原材料 | 采购成本 | 单位用量 | 单位成本 |
| --- | --- | --- | --- |
| 烫发剂 | 100元/瓶 | 100毫升(1瓶的1/50) | |
| 定型剂 | 50元/瓶 | 50毫升(1瓶的1/50) | |
| 总计(单位产品直接材料成本) | | | |

(2) 计算直接人工成本。

表8-17 单位产品直接人工成本

| 工序 | 单位产品生产时间(工时) |
| --- | --- |
| 洗发、修剪头发、上烫发剂、卷发、上定型剂、护发、冲洗和吹干 | 完成所有工序需要2小时 |
| | |

(3) 计算间接成本。

表8-18 月间接成本

| 租金 | 1000元 |
| --- | --- |
| 水电费 | 200元 |
| 运输费 | 50元 |
| 广告和其他促销费 | 50元 |
| 间接人工成本 | 1000元 |
| 折旧(吹风机) | 20元 |
| 执照费 | 10元 |
| 洗发水、护发素等 | 100元 |
| 剪刀、梳子、刷子、毛巾、烫发棒、手套等 | 50元 |
| 杂项:购买清洁用品、肥皂、茶叶等费用 | 30元 |
| 月总间接成本 | |

(4) 合计总成本。

表 8-19　总成本

| 直接材料成本 | |
|---|---|
| 直接人工成本 | |
| 间接成本 | |
| 合计总成本 | |

请根据上述资料核算烫发的单位产品总成本。如果丽丽将烫发的价格定在 30 元/次，能有利润吗？

### 活动二：快餐店值得小熊投资吗？

1. 活动目的

通过对小熊快餐店的模拟决策训练，使学生了解利润的计算方法，利润与价格、销售量、变动成本与固定成本之间的关系。

2. 活动学时

1 学时。

3. 活动环境

(1) 教室中央空出足够的活动空间。

(2) 教室备有白板、白板笔、纸、多媒体电脑。

4. 活动准备

(1) 在理论上已经掌握企业利润的计算方法，了解影响利润的因素。

(2) 道具准备：笔、空白卡片。

(3) 提前准备好小熊快餐店案例，以备小组讨论时发给学生。

小熊和哥哥打算在北京开一家快餐店，地点在写字楼附近。如果租下门店，需要签 5 年的租房合同。预计一次性投资的装修费需要 60 000 元，购买桌椅、抽油烟机、灶具、餐具等需要 20 000 元，每月需支出房租 5000 元，雇用 2 个工人的月工资总共为 4000 元，每月还需要支出工商管理费 500 元、水电煤气费 500 元，上述支出都是固定支出。每份盒饭的成本为 6 元。小熊经过调查，预计在快餐店开张后每天可以销售 200 份快餐，每份平均价格 10 元（税后价格）。小熊认为饭店可以盈利，是这样吗？那么，在每份盒饭定价不变的情况下需要销售多少份盒饭，小熊的饭店才能盈利呢？还有别的提高利润的方式吗？

5. 活动步骤

(1) 将全班同学分为 4 组，每组 8 人左右。

(2) 教师组织学生一起回顾利润与单价、销售数量、单位变动成本和固定成本之间的关系。

(3) 四个小组进行讨论：一年中每个季度可能影响快餐店成本与利润的因素有哪些？如猪肉价格、蔬菜价格、劳动力价格等。请第一组同学讨论一季度影响快餐店成本与利润的因素。第二组同学负责第二季度，第三组同学负责第三季度，第四组同学负责第四季度。各小组将影响因素填入下面的表格中。

表 8-20　季节影响因素

| 第×季度 | | | |
|---|---|---|---|
| 有利的因素 | | 不利的因素 | |
| 引起成本下降的因素 | 引起销售增加的因素 | 引起成本上涨的因素 | 引起销售减少的因素 |
|  |  |  |  |
|  |  |  |  |
|  |  |  |  |
|  |  |  |  |

（4）教师向学生提问题：利润的增加主要依靠什么？提高单价、增加销售数量、压缩成本都能提高利润，哪个更有效呢？

（5）讨论完上述问题后，教师组织学生进行模拟决策，帮助小熊想办法提高快餐店的利润。教师将案例发给大家，并介绍小熊快餐店情况：

预计在快餐店开张后每天可以销售 200 份快餐，每份平均价格 10 元（税后价格）。小熊认为快餐店可以盈利，是这样吗？这个快餐店值得小熊投资吗？

在每份盒饭定价不变的情况下需要销售多少份盒饭，小熊的饭店才能盈利呢？还有别的提高利润的方式吗？各小组派代表回答这些问题。

（6）教师接着说：快餐店的盈利状况受到季节的影响、物价水平、消费者偏好的影响。请第一组同学对第一季度小熊快餐店的成本与利润进行预测，并据此提出保利增利的方案。第二组同学负责第二季度，第三组同学负责第三季度，第四组同学负责第四季度。

（7）各组同学对自己负责的内容做汇报。主要介绍各不同季度有哪些因素会影响小熊快餐店的成本和利润。如第一季度：冬天北方蔬菜价格上涨、春节引起的盒饭销量变化、员工加班费等。

（8）教师对各组同学的汇报做点评。

（9）综合各组的成果，教师组织全班讨论：为了获得利润，克服季节变化和外部环境变化带来的影响，你对小熊快餐店的经营和管理有什么建议？

**活动三：算算开张后第一个月的利润**

1. 活动目的

通过该课堂活动，使学生了解创业企业的成本和利润，了解企业有可能发生的财务问题，训练分析问题和处理问题的能力。

2. 活动学时

2 学时。

3. 活动环境

（1）有足够的小组讨论活动空间。

（2）教室备有白板、白板笔、多媒体电脑。

4. 活动道具

（1）创业项目图示：教师提前制作好创业项目图示卡片，以备小组抽签用。

冷饮店　　　　　　　鲜花店

眼镜店　　　面包店　　　粥店

(2) 选出5名同学组成市场观察团,向各组发布市场变动消息。

(3) 每组学生在活动开始之前就要做好相应的企业、行业与市场调查准备。

5. 活动步骤

(1) 将学生分成5个组,每组从事一个创业项目。以抽签的形式决定每个组的项目。

(2) 各小组抽到自己的创业项目任务后首先为自己的小企业起一个名字,然后,小组成员要预估企业一次性投资的金额,比如装修费、购买工具设备费用等,指出该项目的投资金额:￥_____元。

(3) 讨论各自项目在经营中可能会产生哪些固定成本和可变成本?并把这些成本项一一列出来。

(4) 在假设的基础上,设定企业的产品种类和价格,并保守估算企业第一个月的销量、销售收入、成本和利润(假定企业在旺季开张)。

(5) 市场观察团向每组发布市场变动的信息,每组根据这些信息调整经营,并重新计算成本和利润。

(6) 各小组讨论本企业可能存在哪些风险?如何控制这些风险?

(7) 市场观察团可以随时提问,如果小组代表回答不清,其他团队成员可以进行补充。

(8) 教师对活动进行总结,各组整理活动汇总记录。

## 思考与实践

1. 听创业者介绍财务管理经验

真正的创业者对自己企业的财务管理抱着什么态度?请你对3个创业者进行采访,请他们介绍自己企业财务管理方面的经验和教训。

2. 上市公司财务报表分析

请进入一家上市公司的网站查看该公司上一年度的财务报表。结合我们所学的知识对他们的财务报表进行简单的分析,并根据分析向企业主提出建议。

3. 预测你的创业项目的成本与费用

你有创业打算吗?如果有,请设想一下你将从事什么行业或什么项目?预测一下该项目要发生的成本和费用,并对你的项目进行简单的评估。

# 模块九

## 创业中的营销常识

### 教学内容
什么是市场营销
营销管理理念
了解营销组合
营销管理过程
营销创新

### 案例讨论
宝洁公司和一次性尿布
连锁经营的经典：麦当劳
5000亩地养10只鸡的财富之路

### 课堂活动
感悟营销理念
为产品确立市场定位
为旅行社制定营销策略

### 思考与实践
写一份分析报告
对本地某家企业调研
搜集营销创新的典型案例

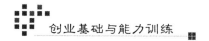

### 教学内容

## 9.1 什么是市场营销

对于创业者来说,衡量他们成功的标准不是看他们有多好的创业想法,设计出多好的产品,准备提供多好的服务,而是看他们最终透过其产品和服务能赢得多少消费者的忠诚,进而使消费者心甘情愿地购买企业的产品和服务,成为企业利润池的贡献者。因此,从企业的经营来说,其终端环节的利润决定了企业经营的成败,而市场营销正是决定企业利润流入的关键环节。实际上,在现实中企业遇到的许多问题都是营销方面的问题。比如:

- 为什么同样是味道不错的中餐馆,隔壁家的总是爆棚,而我们的却冷冷清清?
- 6.99 元一袋的洗衣粉为什么比 7 元一袋的洗衣粉销量大?
- 促销大战真的能给企业带来销售惊喜吗?
- 企业新产品上市了,应该怎样做广告才能让更多的消费者知道我们的产品品牌?
- 在网络书店大行其道的今天,是不是传统的店铺书店肯定不赚钱呢?
- 我想开一个很有情调的咖啡屋,其选址应该在热闹的商业街还是安静的小巷里?
- 苹果公司的饥饿式营销和体验式营销的确带来了令人震撼的营销业绩,其背后的奥秘是什么?
- 画廊是展示和推销绘画作品的唯一场所吗? 微信可以帮我们做什么?

以上这些问题,无不与营销知识、营销手段和营销技巧相关联。对于初创企业的创业者来说,掌握基本的营销理论会对企业的成功有所帮助。

那么,什么是市场营销呢? 我们在解释其概念之前先来看一个形象的比喻。在商务世界的丛林中有一块空地,它叫作市场。在这里,拥有商品和拥有货币的人在互相追逐。拥有货币的人想追上拥有商品的人,买到自己需要的商品;拥有商品的人也想追上拥有货币的人,卖出商品获取货币。他们追呀追,直到他们追上对方。但不幸的是,这种成功的相遇并不多见。更多的时候,拥有商品的人徒劳地寻找着拥有货币的人,而拥有货币的人也在徒劳地寻找着拥有商品的人,需要某种魔法才能让他们相遇,这种魔法就叫市场营销。

市场营销的含义不是固定不变的,它随着企业市场营销实践的发展而发展。美国市场营销协会(AMA)1985 年将其定义为:市场营销是关于构思、货物和服务的设计、定价、促销和分销的规划与实施过程,目的是创造能实现个人和组织目标的交换。在交换过程中,如果一方比另一方更积极、更主动地寻求交换,则前者称为市场营销者,后者称为潜在顾客。现代营销学之父菲利普·科特勒(Philip Kotler)认为,市场营销是指以满足人类各种需要和欲望为目的,通过市场变潜在交换为现实交换的一系列活动和过程。

随着社会经济的发展和人类认识的深化,市场营销的内涵和外延已经极大地丰富和扩展,其过程向前延伸到生产领域和产前的各种活动,向后延伸到流通过程结束后的消费过程;其内容扩大到市场调研、市场细分、产品开发、制定价格、选择分销渠道、广告、促销、售后服务、信息反馈等诸多方面;其目的上升为保证消费者需要得到全部和真正满足,并为社会创造更高的生活标准;其运行表现为在现代市场营销理念指导下有计划、有组织地自觉加以调节和控制的理性活动。因此,根据现代市场营销的发展,我们可以给出如下定义:市场营销就是通过为顾客创造价值和从顾客身上获得价值来建立有价值的客户关系的过程。换句话讲,市场营销就是管理有价值的顾客关系,其目的是为顾客创造价值,并获得顾客回报。

在这里,我们应该强调一点,营销与销售是有区别的。现代企业市场营销活动包括市场营销研究、市场需求预测、新产品开发、定价、分销、物流、广告、公共关系、人员推销、销售促进、售后服务等,而销售仅仅是现代企业市场营销活动的一部分,它不能取代营销的功能和作用。著名管理学权威彼得·德鲁克曾指出:"市场营销的目的就是使销售成为不必要。"

小王经营着一家中餐馆,在日常经营中有很多事务性的工作要做。你认为餐馆经营中的哪些环节属于营销业务?请将这些环节列在表9-1的空格中。

表9-1 中餐馆中的营销业务

| 序号 | 营销业务的描述 |
| --- | --- |
| 1 | |
| 2 | |
| 3 | |
| 4 | |
| 5 | |

# 9.2 营销管理理念

营销首先是一种理念,其次才是一种方法。营销管理理念是企业从事生产和营销活动时所依据的指导思想和行为准则,是企业一切经营活动的出发点,它支配着企业营销实践的各个方面,包括从事营销活动的目的、营销活动的重点,及采取的营销策略、方法和手段等。

显然,营销活动必须在某种哲学(理念)的指导下进行,这种理念将清楚地阐明营销的责任和结果。一般来说,有五种可供选择的观念指导企业进行市场营销活动。

## 9.2.1 生产观念

此观念假设消费者会接受任何他能买到并且买得起的产品,因此管理的主要任务是改善生产和分配的效率。

19世纪末20世纪初,是以生产为中心的阶段,企业大多持生产观念指导经营活动。该阶段的特点是:整个社会产品不太丰富,总需求大于总供给。消费者购买商品的选择余地很小,其需求是一种被动的需求。消费者的注意力只能集中到产品的价格因素上,而对产品的非价格因素(如质量、花色、品种、外观、促销、服务等方面)却很少注意。因此,企业把市场营销活动的重点放在如何有效利用生产资源及提高劳动效率上,谋求最大限度地降低成本。此时,价格因素的竞争成为竞争的唯一手段。如20世纪初,汽车大王亨利·福特就凭借生产观念指导经营活动获得了成功。20世纪初,汽车是由技术工人手工打造而成的,成本较高,因而价格难以下降,汽车成了地位的象征,拥有汽车只是少数人的特权。福特的营销理念就是使T型车的生产成本降低,于是他发明了汽车装配的流水线,利用大规模生产获得规模效应,从而降低成本,降低价格,使得大多数美国人都能买得起汽车。

随着经济的发展和时代的变迁,此观念暴露出其明显的局限性,在当今的市场背景下,这种观念很难行得通,许多廉价物品堆积如山、处置无措就是最好的例证。

### 9.2.2 产品观念

此观念认为,消费者会选择品质、功能和特色最佳的产品,因此企业应致力于对产品不断地进行改进。

在生产观念之后的产品观念时期,营销者又以消费者一定会选择价格相同但质量上乘的产品为前提假设,把企业经营管理的重点放在提高产品质量上。我国许多老字号如同仁堂,就是在产品观念的指导下而获得经营成功的。

但是,此观念也有其局限性,可能会导致"营销近视症"(marketing myopia),即十分关注可感知的产品质量而忽视顾客需求。消费者除了选择单一的"优良"产品外,往往还从其他条件来选择各种代用品。在市场导向的时代,企业应该随时注意市场的变化,而不能只拉车,不看路。

### 9.2.3 推销观念

此观念认为,除非公司采用大规模的推销和促销活动,否则消费者不会踊跃购买公司的产品。20世纪30年代到40年代中期,是以销售为中心的阶段。这个时期的总体情况是,商品的总供应超过总需求,商品的品种、花色大量增加。特别是1929—1933年资本主义经济大危机的影响,造成了以产品销售困难为表现的严重生产过剩。众多企业纷纷设立销售部门,聘用大量推销员进行广泛的推销。他们认为只要企业大力开展推销和宣传推广活动,滞销的产品便能很快地销售出去。于是,片面强调产品性能与效果的虚假广告十分普遍,推销员们的"强硬推销"在街头巷尾随处可见。我国的"秦池""三株"和"爱多"也都曾凭借强力推销风光一时,其目的是将产品销售出去,至于售后是否满意则一概不管。

推销观念有其局限性。以推销观念经营的企业只能是昙花一现,绝对成不了百年老店,但在我国有不少企业将之作为完成原始积累的手段。

### 9.2.4 市场营销理念

此观念认为:要实现公司目标,关键在于探究目标市场的需要和欲望,然后使公司比其竞争者更有效果和更有效率地满足消费者。

20世纪50年代以后,是以消费者需求为中心的阶段。这个阶段总的特征是,由于现代科学技术的飞速发展,特别是以电子工业、自动化控制为基础的朝阳工业的迅速发展,社会生产力大大提高,买方市场得到了根本的确立,消费者开始成为购买活动的主动方面。营销者们逐步认识到要确保获得高额利润,使企业有良好的信誉,提高产品的销售量,不能单纯依靠激烈的推销竞争,而必须以消费者的需求为中心来开展市场营销活动。此观念认为,达到企业目标的关键在于调查和判断目标市场的需求,然后调整企业的整体市场营销策略,使企业的产品能比竞争对手更有效地满足消费者的需求。

此后,企业的竞争不再是单方面的价格竞争和产品竞争,或是单纯的事后推销竞争,而是以消费者需求为中心的整体营销活动的竞争。这种竞争不仅包括销售,同时还包括市场调查、新产品开发、广告宣传以及售后服务等一系列的营销活动。这是谋划在先、定位在先、生产在后、销售在后,讲究在开工前动足脑子,让销售结果尽在掌握中的方式。持此观念的企业非常注重市场调查、消费者需求研究。因此,如何获得准确的调研结果,是其能否成功的一大关键。史玉柱为什么做什么成什么?就是因为他把目标顾客研究透了。如史玉柱运作脑白金时,把江苏的江阴作为东山再起的根据地。启动江阴市场前,史玉柱首先做了一次江阴调查,史玉柱走街串巷,走访了逾百位中老年消费者,他在街上主动跟人打招呼:"如果有一种药,可以改善你的睡眠,可以通便,价格还可以,你愿不愿意使用它?"结果大多答复,有兴趣,但不会买。史玉柱又问,为什么不买呢?答,买不起。其实他们的收入是够的,买不起的原因是什么?史玉柱在和这些老头老太太们聊天时发现,中国的老头老太太对自己是最抠门的。怎么样才能让他买脑白金呢?他们说:除非儿子或女儿要给他买,他就愿意吃。所以根据这种情况,史玉柱认为要卖脑白金,不能从老头老太太口袋里掏钱,而是要在他们的儿女身上下功夫,因为,中国的传统美德是尽孝道。于是,史玉柱将此产品定位为送礼,那个著名的广告语"今年过节不收礼,收礼还收脑白金"也随之诞生了。至此,史玉柱胸有成竹地进军江阴市场,后来,一个个市场大门被他敲开。

## 9.2.5 社会营销理念

社会营销理念是对市场营销理念的修改和补充。此观念认为:企业的任务是确定各个目标市场的需要、欲望和利益,并以保护或提高消费者和社会福利的方式,比竞争者更有效、更有利地向目标市场提供能够满足其需要、欲望和利益的物品或服务。

此观念是五种营销观念中最新的一种观念。它要求公司在决定营销政策时,必须同时兼顾公司利润、消费者欲望和社会利益三者间的平衡。最初,大多数公司营销决策的出发点是公司的短期利润,然后它们逐渐认识到满足消费者欲望就长期来说是很重要的。现在,许多公司在进行营销决策时开始考虑到社会利益。企业的营销活动如果置社会利益于不顾,企业就很难长期立足于市场。

现在越来越多的企业开始提倡社会营销理念,比如事业关联营销就是社会营销理念的体现。事业关联营销是指企业在承担一定社会责任(如为慈善机构捐款、保护环境、建立希望小学、扶贫)的同时,借助新闻舆论影响和广告宣传,来提高企业形象、提升品牌知名度、增加顾客忠诚度,最终增加销售额的营销形式。为履行其社会责任和建立更积极的形象,许多公司现在将自身的经营与有意义的事业联系在一起。比如1981年,美国运通公司向艾丽斯岛基金会进行捐赠,用于翻新自由女神像。但其捐赠款不是直接取自企业的利润,而是顾客每使用一次运通卡,运通公司就捐赠1美分,或每增加一位运通卡客户就捐赠1美元。活动期间共捐赠170万美元。再比如,保洁公司是通过义卖的形式来进行捐赠。2003年8月13日,宝洁公司与上海乐购商业流通集团携手推出了"希望无价"慈善义卖活动。在接下来的1个月时间里,乐购20多家超市中出售的3件指定商品(宝洁汰渍洗衣粉、康师傅方便面和特制的"希望无价"T恤衫)的所有营业额,将全部捐献给中国青少年发展基金会希望工程,用于在贫困山区建立希望小学。此外,还有一些抽奖捐赠型的事业关联营销活动。社会营销活动已成为公司奉献社会的主要方式,它让公司"因为做好事而发展得更好"。

五种营销理念的产生与存在各有其必然性与合理性,都是与一定的生产力水平、一定的商品供求状况及企业现状相联系、相适应的。判断企业经营观念好坏的唯一标准是:观念是否与市场大势、与企业的实际情况相符合。由于市场与行业的多样化及不平衡性,在某些行业或市场,也有继续奉行传统营销观念的做法。请大家列举一下,世界上有哪些企业奉行哪些营销观念,并简要点评。将结果填入表9-2的空格中。

表9-2　不同企业的营销观念

| 企业名称 | 所属国家 | 所属行业 | 奉行的营销观念 |
|---|---|---|---|
|  |  |  |  |
|  |  |  |  |
|  |  |  |  |
|  |  |  |  |
|  |  |  |  |
|  |  |  |  |
|  |  |  |  |
|  |  |  |  |
|  |  |  |  |

# 9.3　了解营销组合

营销组合是指公司可控制的一组营销变量,公司可混合运用这些变量以实现其营销目标。

营销组合中所包含的可控制变量很多,美国营销学教授麦卡锡将其概括为四个基本变量,即产品(product)、价格(price)、地点(place)和促销(promotion),由于这四个名词的英文字头都是 P，所以营销组合又称为 4P 组合。

营销组合中的"产品"代表企业提供给目标市场的物品和服务的组合，包括产品质量、性能、设计、买卖权（即在合同规定期间内按照规定的价格买卖某种物品和服务的权利）、式样、品牌名称、包装、尺码或型号、安装服务、品质保证、售后服务等。

营销组合中的"价格"代表顾客购买商品时的价格，包括价目表所列的价格（list price）、折扣（discount）、折让（allowances）、支付期限、信用条件等。

营销组合中的"地点"代表企业为将其产品送达目标市场所进行的各种活动，包括中间商选择、渠道管理、仓储、运输以及物流配送等。

营销组合中的"促销"代表企业为宣传介绍其产品的优点和为说服目标顾客购买其产品所进行的种种活动，包括广告、销售促进、宣传、人员推销等。

4P 理论体系是市场营销学的主流理论，并为世界范围内的企业普遍接受。有效的营销方案是把所有营销组合的要素整合为一个协调一致的方案，以实现公司营销目标。如美国音响品牌 BOSE 的 4P 要素协调一致，均走高端路线，取得了较好的销售业绩。它拥有卓越的产品品质，在全球开创了独一无二的声学科技及视听体验方式；采用"撇脂定价法"，又称高价法；抢占高端销售终端（高端的商场、购物中心或高端的专卖店）；借助高端媒介（高端时尚生活杂志、高端财经杂志、航机杂志等）、高端活动来提升品牌形象。

爱华仕箱包的产品设计请香港设计师加入，产品外观独特，产品质量也没的说；定价偏高；以 KA<sup>①</sup> 卖场为主通路。但爱华仕箱包为什么反而在那些质量、外观都没有太大竞争力的产品面前败下阵来呢？请大家查询资料研究造成爱华仕产品竞争力不足的根源在哪里。

## 9.4　营销管理过程

市场营销管理过程，是指企业为实现其任务和目标而发现、分析、选择和利用市场机会的管理过程。具体地讲，市场营销管理过程包括以下步骤：分析市场机会，评估市场机会，选择目标市场，进行市场定位，设计营销组合，管理市场营销活动。

### 9.4.1　分析市场机会

有个故事，说美国一个制鞋公司要寻找国外市场，公司派了一个业务员去非洲一个岛国，让他了解一下能否将本公司的鞋销给他们。这个业务员到非洲后，待了一天发回一封电

---

① KA 即 Key Account，意为"重要客户""重点客户"。对于企业来说 KA 卖场就是营业面积、客流量和发展潜力等三方面的大终端、大卖场。

报:"这里的人不穿鞋,没有市场,我即刻返回。"公司又派出了一名业务员,第二个人在非洲待了一个星期,发回一封电报:"这里的人不穿鞋,鞋的市场很大,我准备把我们公司生产的鞋卖给他们。"公司总裁得到两种不同的结果后,为了解到更真实的情况,于是又派去了第三个人,该人到非洲后,待了三个星期,发回一封电报:"这里的人不穿鞋,原因是他们脚上长有脚疾,他们也想穿鞋,但不需要我们公司生产的鞋,因为我们的鞋太窄。我们必须生产宽鞋,才能适合他们对鞋的需求。这里的部落首领不让我们做买卖,除非我们借助于政府的力量和公关活动大搞市场营销。我们打开这个市场需要投入大约1.5万美元。这样,我们每年能卖大约2万双鞋,在这里卖鞋可以赚钱,投资收益率约为15%。"第一个业务员缺乏一种职业敏感性,因而眼中无市场;第二个业务员虽然看见有市场,但没有对消费者的需求及市场的容量进行分析;第三个业务员不仅看见有市场,还分析了消费者需求的特点及市场的容量,并对企业的投资回报率进行了预测。三个业务员身上表现出不同的营销意识与素质,由此分出抓机遇的眼力和水平的高下。机遇稍纵即逝,只为有心人而准备。市场营销人员要培养对环境的敏锐性,善于观察、思考。

寻找、分析市场机会,是市场营销管理人员的主要任务,也是市场营销管理过程的首要步骤。在现代市场经济条件下,由于市场需求不断变化,任何产品都有其生命周期,因此任何企业都不能永远依靠其现有产品过日子,每一个企业都必须经常寻找、发现新的市场机会。市场营销管理人员可采取以下方法来寻找、发现市场机会。

(1) 收集市场信息。

市场营销人员可通过经常上网浏览、阅读报纸、参加展销会、研究竞争者的产品、召开献计献策会、调查研究消费者的需求等来寻找、发现或识别未满足的需要和新市场机会。

(2) 分析产品/市场矩阵。

市场营销管理人员也可利用产品/市场矩阵①来寻找、发现市场机会,见图9-1所示。公司应该考虑:在现有市场上,现有产品能否获得更多的市场份额(市场渗透战略);能否为现有产品开发新的市场(市场开发战略);能否在现有市场上开发出新的产品(产品开发战略);最后,再去考虑是否存在为新市场开发新产品的机会(多元化战略)。例如,某化妆品公司的市场营销管理人员可以考虑是否向现有市场提供发胶,或者改进香波的包装、成分等,以满足市场需要,扩大销售(产品开发);甚至可以考虑是否进入服装、家用电器等行业,跨行业经营多种多样的业务经营(多元化)。经验证明,这是企业寻找、发现市场机会的一种很有用的方法。

(3) 进行市场细分。

将市场分为具有不同需要、特征或行为,因而需要不同产品或营销组合的不同购买者群体的过程,被称为市场细分。市场包括多种类型的顾客、产品和需要,因此营销人员必须确定哪个细分市场能提供实现企业目标的最佳机会。可根据人口、地理、心理和行为因素对消费者进行各种分组并提供不同的服务。市场细分的过程也是发现市场机会的过程。事实上,市场细分策略已经为一个又一个的产品和品牌找到了适合自己的生存发展空间。如牛

---

① 策略管理之父安索夫博士于1975年提出安索夫矩阵。以产品和市场作为两大基本面向,区别出四种产品/市场组合和相对应的营销策略,是应用最广泛的营销分析工具之一。

奶市场,有原味的、各种果味的、低糖的、无糖的、低脂的、脱脂的、高铁高钙的、添加各种微量元素的,等等。

图 9-1　产品/市场矩阵图

## 9.4.2　评估市场机会

假设某大城市的市民和旅客需要快餐,饮食公司、百货公司和旅游公司这三家都想利用这种市场机会生产经营快餐。究竟哪一家公司能享有最大的差别优势呢? 这要看哪一家公司在生产经营快餐上具备最多的有利条件或有最大的优势。我们假设生产经营快餐必须具备四个条件:① 有一定的资金。② 有生产经营快餐所必需的店铺、设备和原材料。③ 有生产和经营管理快餐业务的技术。④ 在广大消费者中有一定的信誉。饮食公司完全具备这四个条件,它在生产经营快餐上有最大的优势;百货公司有①、②、④三个条件;旅游公司有①、②两个条件。可见,饮食公司在生产经营快餐上享有最大的差别利益,因而生产经营快餐这种有吸引力的市场机会能成为饮食公司的企业机会。

市场营销人员不仅要善于寻找、发现有吸引力的市场机会,而且要善于对所发现的各种市场机会加以评价,决定哪些市场机会能成为本企业有利可图的企业机会。这是因为,某种有吸引力的市场机会也许不能成为某些企业的企业机会。在现代市场经济条件下,某种市场机会能否成为某企业的企业机会,不仅要看利用这种市场机会是否与该企业的使命和目标相一致,而且取决于该企业是否具备利用这种市场机会、经营这种业务的条件,取决于该企业是否在利用这种市场机会、经营这种业务上比其潜在的竞争者有更大的优势,因而能享有更大的"差别利益"。具体可从以下几方面进行评估。

(1) 评估市场的规模及增长率。

企业必须收集并分析各类市场的现行销售量、增长率和预期利润量。企业只对有适当规模和增长特征的市场感兴趣。如某产品今年的总销售额为1.4亿,去年为1亿,则市场增长率为40%。如果将近四年或五年的增长率数据加以比较,就可判断市场发展趋势。同时,营销人员还需要了解增长背后的各种因素,如上例市场增长了40%,那么是什么因素影响该市场的增长率,是人口统计的变化、购买行为的改变,还是产品的革新、利率的下调等等。一旦营销人员弄清了这些关键因素,他们就能利用这些信息开发新产品,拟定宣传沟通计划,并调整价格,为他们的产品创造竞争优势。

(2) 评估市场的结构吸引力。

影响市场结构吸引力的因素主要有:

① 目前及潜在竞争者。目前竞争者是指现存的一些直接参与竞争的竞争者;潜在竞争者是指将来可能参与竞争的竞争者。如中国四大商业银行之间的竞争,他们之间是直接竞

争者,而随着金融市场的开放会有更多的外资银行进入中国,这些外资银行就是潜在的竞争者。若市场已有几个实力强大的竞争者,则必会降低其吸引力;如潜在竞争者进入的可能性大,也势必降低市场的吸引力,即使市场具备理想的规模及增长率。

② 替代品。若市场已存在替代品,其吸引力也将大幅降低,因为替代品对价格或可赚利润有所限制。

③ 购买者力量。假设购买者的谈判力量与日俱增,比卖方更能讨价还价,可迫使产品价格降低并要求更高的品质及服务,这会削减卖方利润。如国美、苏宁(购买者)经过多年快速发展,这两大渠道渐渐成为中国家电产品到达消费终端的主要通道,几乎所有的家电制造商都不敢放弃和无视这两条渠道。这两条渠道的力量太强大了,家电制造商为了进入这个渠道,有时不得不接受国美、苏宁作为购买者提出的苛刻条件,这势必会影响家电企业的利润。

④ 供应商力量。如果原料、设备、劳动力等方面的供应商,实力大得可对产品的价格、数量、品质等进行控制,此市场的吸引力也受影响。供应商实力强大来自下列几种情况:市场上无替代品,供应商规模大而且集中,供应的产品是重要的投入。供应商便会变得非常有势力,如能控制价格、降低产品服务的质量等。

(3) 分析公司目标及资源。

即使前两项都不错,公司还得考虑其目标及资源与市场的相关性。有些市场虽具吸引力,但因无法与公司长期目标相配合就得放弃,它们会分散企业的注意力和精力,使企业无法实现主要目标。如果市场符合目标,公司还得考虑是否拥有在此市场成功所需的技术和资源。应具备优于竞争者的技术和资源,才适宜加入此市场。例如,在当前不太景气的经济条件下,汽车市场的经济型细分市场规模比较大,而且持续增长。但是,根据自己的目标和资源,对以豪华和性能著称的汽车制造商宝马而言,进入这一市场的意义不大。

### 9.4.3 选择目标市场

企业在评估市场的基础上,就要进行目标市场选择了。目标市场即指企业决定进入的,具有共同需要或特征的购买者集合。如果一个公司的产品不知道自己的目标受众在哪里,无异于在无边无际的大海里随意撒网,最终一条鱼都捞不到。

### 9.4.4 进行市场定位

(1) 市场定位概念。

市场定位指为使产品在目标消费者心目中相对于竞争产品而言占据清晰、特别和理想的位置而进行的安排。

一旦公司选定了目标市场,接着就必须决定在这些市场内所要占有的位置。市场定位的关键是要选定本企业商品的特色和独立形象。商品的特色和独特形象,可以从商品实体上表现出来,如形状、成分、构造、性能等,也可以从价格水平、服务水平等方面体现。

定位源自竞争需要,其实质就是要创造差异性。市场定位意味着,在目标市场上,在顾客心目中,使自己的产品占据一个明确的、与众不同的和有吸引力的位置,树立一定的"产品形象"或"企业形象"。如果你的消费者记不住你的定位,接下来你只能拼广告和低价促销了,从此走上一条不归路。

定位是营销人员策划出来,放到目标顾客脑子里去的,你放什么就定位什么。千万不要说你的产品没有差异化,营销人员可以策划出差异化,放到目标顾客脑子里。如浙江温岭石塘镇是中国内地目睹21世纪第一缕阳光升起来的地方,当时是人山人海,都去看这第一缕阳光怎么升起来的,大家哆哆嗦嗦站在寒风中,红日跳出东方,大家欢呼一片,掌声一片。回到宾馆就后悔,这第一缕阳光和我过去看的几缕没什么区别啊!区别在哪里呀,在你的脑子里面,你认为它有区别就有了区别。

(2)市场定位规律。

① 定位就是使企业的产品、形象、品牌在消费群头脑中占据有利的位置如婷美内衣打黑龙江市场时,其定位是保健内衣,200万元广告打出去,市场无动于衷。企业的营销顾问认为必须转换思路,重新定位。婷美的目标顾客群是中老年妇女,她们最需要什么?她们特别希望找回年轻时的感觉,什么感觉?挺!像小树一样亭亭玉立!于是对婷美内衣重新设计,加入科技含量,新的定位是:"美体修形,一穿就变",定位为"修形内衣",穿上带给女人自信。

所以定位的关键在于掌握消费者的心理规律,发现消费者需求的敏感点,从而在预期消费群的头脑中占据有利的位置。

② 定位要能被外部顾客的心智接受。2001年,麦肯锡根据巴黎香榭丽舍大道等标杆区域特性,建议上海南京路要打造成"世界一流"的商业街区。它随后投入了很大力量改造,却并没有吸引到方案预期中更年轻、更国际化、更富有的顾客层来购物。为什么?因为南京路在人们的心智中一向是"吸引外地游客的中档商业区"。后来上海市经委表示,南京路原有的中档定位继续保留,上海新一轮的商业调整会更尊重"市场意愿"。

在今天的市场营销中,企业所做的最白费力气的事就是企图改变人的心理。心理一旦形成,几乎无法改变。定位只有被外部顾客心智接受,企业提供的产品和服务才能被顾客接受而转化为业绩。

③ 定位是与消费者沟通的成果。农夫山泉曾推出一个叫"农夫C打"的产品——金黄色的,含丰富的泡沫,苹果味的汽水。广告虽然拍得挺好,可是卖了3个月就撤架了,其原因就是定位错了。它的定位是:"农夫C打,不含酒精的酒。"能听懂吗?不含酒精的酒那不就是假酒吗!谁愿意喝假酒啊,结果喝酒的不买,不喝酒的更不买。

所以,定位不能仅是一种主观愿望,而必须要有客观根据,必须要在竞争前沿和销售终端获得深刻体会的前提下提出定位。主观上确定某种定位往往以失败告终。有些广告不知所云,使人莫名其妙,问题就在于没有与消费者沟通,认为自己明白的消费者也一定不成问题。这是营销活动中经常发生的问题。

④ 定位是针对竞争者提出来的。当代营销的基本思想:营销是一场特殊的战争,它所制定的一切策略都是针对竞争者的,定位就是要造成与竞争者的明显差异,而消费者正是从这种差别中体会到某种对自己有意义的价值。在里斯和特劳特所提出的定位理论中,甚至认为,定位应是刺向竞争者的刀子,应是一个使你的一个或多个竞争对手不悦的策略,这样

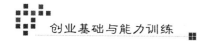

的策略就是成功的策略。

必须寻找竞争对手的弱点选择定位切入点,才能产生对消费者的吸引力。如雕牌洗衣粉的广告,"只买对的,不买贵的",言外之意不就是讲买贵的是大傻瓜吗?对于这样的提法,那些以高价高档自居的厂家能高兴吗?

这是一种竞争导向的市场定位,分四步进行:第一步,准确界定竞争对手;第二步,分析对手的强势;第三步,重新定位对手强势,并由此确立自己的定位;第四步,围绕差异化定位系统整合企业资源,配置各项活动,形成战略配称。

每个企业必须找到办法来使自己独树一帜,两个或更多的企业采用同一种市场定位是不可取的。模仿与复制不但得不到好处,反而会因此将先行企业推向更大成功。一方面,追随创造了更大的市场而领导者自然获益最大;另一方面,因众多追随者的跟进,使得领导者建立的标准更加重要,从而使其领导地位也更为牢固。如宝洁公司的佳洁士用了好几倍预算试图夺取高露洁牙膏的"防蛀"定位。但几年争夺下来,高露洁的市场份额反而上升,领导地位也愈发牢固。因为高露洁已通过先行战略成功创建了"防蛀"的定位。先入为主之后,当佳洁士大规模复制与跟进时,只会教育顾客买牙膏最重要的标准在于"防蛀",而不是其他。那谁防蛀最好呢?是率先建立了定位认知的高露洁。最后佳洁士只好无功而返,转而寻求其他的定位机会。

⑤ 定位就是要使自己成为某个领域的第一。定位的目的和结果,是实现在某个领域的主导权,从而在市场中成为顾客心智的首选。在某个领域成为首选的公司,由于集中了某种顾客,往往比那些虽然身处多领域却不能成为首选的供应商生意要大得多。而且因为成为首选,它能产生溢价,利润率是行业最高的,抗降价能力也最强。如可口可乐只不过销售很容易仿制的糖水,如果不是在大众心智的可乐阶梯上占据首位并因此代表美国价值,它怎么可能创造出如此高的市值?

企业要想胜出,有两个方向可选择:一是比竞争对手做得更好;二是和竞争对手不一样。"比竞争对手做得更好"比较难,这由消费者来判断;"和竞争对手不一样"相对容易些,找到市场空白,成为这个领域的第一,与竞争对手差异化,效果会更好,如凉茶细分市场的王老吉。

⑥ 定位应与公司形象、竞争力等匹配。如家乐福在人们的认知中是一家跨国大型零售商,如它想涉足软件开发或服装设计,会变得很艰难。任何成长起来的企业,不论自己是否意识到,往往蕴含有自身的战略定位,这既树立了企业在核心业务领域的声誉,也限制了新领域顾客对自己的接受,使得企业必须做出取舍。

## 9.4.5 设计市场营销组合

市场营销组合是企业市场营销战略的一个重要组成部分。麦卡锡(E. J. McCarthy)曾指出,企业的市场营销战略包括两个不同的而又互相关联的部分:一是目标市场,即一家企业拟投其所好、为之服务而且其需求偏好颇为相似的顾客群;二是市场营销组合,即企业为了满足目标顾客群的需要而加以组合搭配、灵活运用的可控制变量。

市场营销组合是以企业的目标市场为中心的。企业的一切市场营销手段都必须以目标市场为中心,千方百计满足目标市场的需要,为目标市场服务。为此,企业市场营销管理的任务是:善于适当安排市场营销组合,使企业的市场营销管理决策与外部不可控的环境因素相适应。这是企业能否成功、能否生存和发展的关键。

### 9.4.6 管理市场营销活动

管理市场营销活动,是指执行和控制市场营销计划。这是整个市场营销管理过程的一个关键性的、极其重要的步骤。因为企业制订市场营销计划不是纸上谈兵,而是为了指导企业的市场营销活动,实现企业的战略任务和目标。彼得·德鲁克说得好:"计划等于零,除非它变成工作。"因此,制订企业市场营销计划仅是市场营销管理工作的开始。企业制订市场营销计划之后,还要花很大力气执行和控制市场计划。

## 9.5 营销创新

在市场竞争日趋激烈、产品生命周期愈来愈短、技术不断进步的今天,企业要赢得发展,营销创新具有至关重要的作用。随着营销理论和营销实践的发展,绿色营销、文化营销、网络营销、关系营销等一些新型的营销方法应运而生,并逐步成为21世纪的主要营销手段。

### 9.5.1 绿色营销

绿色营销是适应21世纪的消费需求而产生的一种新型的营销理念,是在人们追求健康、安全、环保的意识中发展起来的新的营销方式和方法。绿色营销是指,企业在整个营销过程中充分体现环保意识和社会责任,促进经济和生态平衡,为实现自身利益、消费者利益、社会利益以及社会生态环境利益的统一,而制定的产品、定价、分销、促销策略和实施过程。

世界范围内兴起的"绿色消费"浪潮日渐高涨,绿色、安全、环保等问题引起人们的极大关注。以服装为例,据随机抽样调查显示,有四成左右的人表示认同并愿意购买绿色服装,可见绿色服装代表着当代服装的发展趋势和主导潮流,具有广阔的市场前景。可以说,绿色营销是社会可持续发展的时代诉求,也是企业可持续发展的战略要求。企业的可持续发展,要求企业在满足消费需求,追逐利润最大化的同时,还要注重人类生存质量,减少环境污染,保护和节约自然资源。

### 9.5.2 文化营销

文化营销简单地说就是利用文化力进行营销的活动,是指企业通过激发产品的文化属性,通过与消费者及社会的价值共振,实现文化沟通,去实现企业经营目标的营销策略和实施过程。文化营销是企业与消费者双方寻求一定共同价值和诉求的过程,同时也是企业发掘消费者更深层次诉求的过程。

企业卖的是什么？难道仅仅是卖产品吗？答案是否定的。如可口可乐只是一种特制饮料，和其他汽水饮料也没有太大的差别，但它之所以能够成为全球知名品牌，并有一百多年历史，是因为它与美国的文化有紧密的联系。可口可乐的每一次营销活动无不体现着美国文化，其品牌已成为美国文化的象征，因此，喝可口可乐常常会有一种享受美国文化的感觉。同样，麦当劳卖的是快捷时尚个性化的饮食文化（QSCV 形象，详见案例二）；喝百事可乐喝的是它所蕴涵的阳光、活力、青春与健康；喝康师傅冰红茶喝的是它的激情、酷劲与时尚。

总之，通过以上例子我们看到，在产品的深处包含着一种隐性的东西——文化。企业向消费者推销的不仅仅是单一的产品，产品在满足消费者物质需求的同时还满足消费者精神上的需求，给消费者以文化上的享受，满足他们高品位的消费。这就要求企业转变营销方式进行文化营销。物质资源是会枯竭的，唯有文化才能生生不息。

### 9.5.3 网络营销

网络营销是以国际互联网为基础，利用数字化的信息和网络媒体的交互性来辅助营销目标实现的一种新型的市场营销方式。网络营销不应同电子商务相混淆，电子商务强调的是交易方式和交易过程的各个环节；而网络营销注重的是以互联网为主要手段的营销活动。网络营销对于企业来说，具有拓展信息源、丰富营销策略、促进与受众良性循环、节约成本等多方面的作用。

在信息网络时代，网络技术的应用改变了信息的分配和接收方式，改变了人们的生活、工作和学习、合作和交流的环境。目前，网络营销常用的方法有：搜索引擎营销、交换链接、网络广告、信息发布、博客营销、个性化营销、会员制营销、网上商店、病毒性营销、网络视频营销、论坛营销、WIKI 营销、网络营销联盟、竞价推广、电子书营销、事件营销、视频营销、品牌营销、IM 工具营销、微博营销，等等。企业利用网络这一科技制高点为消费者提供各种类型的服务，是取得未来竞争优势的重要途径。

截至 2015 年 12 月底，中国网民数量达到 6.88 亿，全年新增网民 5580 万。互联网普及率较上年底提升 4 个百分点，达到 50.3%。企业如何在如此潜力巨大的市场上开展网络营销、占领新兴市场，既有机遇又有挑战。实际上，网络营销已成为网络环境下企业持续性发展不可或缺的营销模式，众多企业都争相发掘网络这一新领域来维持和巩固已有顾客资源、增加市场份额。

### 9.5.4 关系营销

所谓关系营销，是把营销活动看成企业与消费者、供应商、分销商、政府机构及其他公众发生互动作用的过程，其核心是建立和发展与这些公众的良好关系。关系营销的实质是在买卖关系的基础上建立非交易关系，以保证交易关系能不断地确立和发展。关系营销是以沟通为基础，以坦诚相待为特征，在不断的沟通当中，深化关系，达成商机。关系营销的作用就在于，通过沟通和个性化服务培养忠实顾客、保持更多客户和扩大顾客范围，从而提高企业收益,扩大市场效应。良好的关系营销还要通过建立顾客关系管理机构、个人联系、频繁营销规划、俱乐部营销规划、顾客化营销规划、数据库营销等策略予以实施。

企业应创新营销理念,根据自己的市场细分、品牌特色、文化差异特色、设计风格、服务特色,借助专柜、专卖店、网络等,筛选出值得和必须建立关系的顾客,建立数据库,制定和实施各种关系营销策略,以赢得更多的客户,获取更多的销售业绩。

## 案例讨论

### 案例一:宝洁公司和一次性尿布

宝洁(P&G)公司长期以来以其寻求和明确表达顾客潜在需求的优良传统,被誉为在面向市场方面做得最好的美国公司之一。其婴儿尿布的开发就是一个例子。

1956年,该公司开发部主任维克·米尔斯在照看其出生不久的孙子时,深切感受到一篮篮脏尿布对家庭主妇的烦恼。洗尿布的责任给了他灵感。于是,米尔斯就让手下几个最有才华的人研究开发一次性尿布。

一次性尿布的想法并不新鲜。事实上,当时美国市场上已经有好几种牌子了。但市场调研显示:多年来这种尿布只占美国市场的1‰。原因首先是价格太高;其次是父母们认为这种尿布不好用,只适合在旅行或不便于正常换尿布时使用。调研结果还表明,一次性尿布的市场潜力巨大。美国和世界许多国家正处于战后婴儿出生高峰期,将婴儿数量乘以每日平均需换尿布次数,可以得出一个大得惊人的潜在销量。

宝洁公司产品开发人员用了一年的时间,力图研制出一种既好用又对父母有吸引力的产品。产品的最初样品是在塑料裤衩里装上一块打了褶的吸水垫子。但1958年夏天现场试验结果,除了父母们的否定意见和婴儿身上的痱子以外,一无所获。于是又回到图纸阶段。

1959年3月,宝洁公司重新设计了它的一次性尿布,并在实验室生产了37 000个,样子相似于现在的产品,拿到纽约州去做现场试验。这一次,有2/3的试用者认为该产品胜过布尿布。行了! 然而,接踵而来的问题是如何降低成本和提高新产品质量。为此,要进行的工序革新,比产品本身的开发难度更大。一位工程师说"它"是公司遇到的最复杂的工作,生产方法和设备必须从头搞起。不过到1961年12月,这个项目进入了能通过验收的生产工序和产品试销阶段。

公司选择在美国最中部的城市——皮奥里亚试销这个后来被定名为"娇娃"(Pampers)的产品。发现皮奥里亚的妈妈们喜欢用"娇娃",但不喜欢10美分一片尿布的价格。因此,价格必须降下来。降多少呢? 在6个地方进行的试销进一步表明。定价为6美分一片,就能使这类新产品畅销,使其销售量达到零售商的要求。宝洁公司的几位制造工程师找到了解决办法,进一步降低成本,并把生产能力提高到使公司能以该价格在全国销售娇娃尿布的水平。

娇娃尿布终于成功推出,直至今天仍然是宝洁公司的拳头产品之一。它表明,企业对市场真正需求的是,把握需要并通过直接的市场调研来论证。通过潜在用户的反映来指导和改进新产品的开发工作。企业各职能部门必须通力合作,不断进行产品试用和调整定价。最后,公司做成了一桩全赢的生意:开发了一种减轻每个做父母的最头疼的一件家务的产品,又得到了一个为宝洁公司带来收入和利润的重要新财源。

(资料来源:根据网络资料编辑整理而成)

**小组讨论:**
（1）宝洁公司在开发一次性尿布的过程中,采用了什么样的企业营销理念？
（2）宝洁公司在营销工作中是如何贯彻市场营销理念的？
（3）宝洁公司如何为一次性尿布制定价格？

**案例二：连锁经营的经典：麦当劳**

　　1955年,52岁的克劳克以270万美元买下了理查兄弟经营的7家麦当劳快餐连锁店及其店名,开始了他的麦当劳汉堡包的经营生涯。经过多年的努力,麦当劳快餐店取得了惊人的成就:目前,它已成为世界上最大的食品公司,麦当劳快餐店已遍布世界大多数地区。如果你访问日本,你可走进麦当劳快餐店,来上一个大大的"麦当劳"汉堡包,喝上一杯牛奶冰淇淋饮料。你也可以在墨西哥、瑞士和泰国订上一份麦当劳。总之,麦当劳现已成为一种全球商品,几乎无所不在。麦当劳金色的拱形"M"标志,在世界市场上已成为不用翻译即懂的大众文化。其企业形象在消费者心目中扎根到如此地步,正如美国密执安大学的一位教授说的:"有人哪一天看不到麦当劳餐厅的金色拱顶,会感到这一天真难以打发,因为它还象征着安全。"

　　麦当劳公司是怎样取得如此瞩目的成就的呢？这归功于公司的市场营销理念。公司知道一个好的企业国际形象将给企业市场营销带来的巨大作用。所以其创始人克劳克在努力树立起企业产品形象的同时,更着重于树立起良好的企业形象,树立起"M"标志的金色形象。当时市场上可买到的汉堡包比较多,但是绝大多数汉堡包质量较差、供应顾客的速度很慢、服务态度不好、卫生条件差、餐厅的气氛嘈杂,消费者很是不满。针对这种情况,麦当劳公司提出了著名的"QSCV"经管理念。Q代表产品质量"Quality",S代表服务"Service",C代表清洁"Cleanness",V代表价值"Value"。他们知道向顾客提供适当的产品和服务,并不断满足变化的顾客需要,是树立企业良好形象的重要途径。

　　麦当劳公司为了保证其产品的质量,对生产汉堡包的每一具体细节都有着详细具体的规定和说明。从管理经营到具体产品的选料、加工等,甚至包括多长时间必须清洗一次厕所、煎土豆片的油应有多热等细节,可谓应有尽有。对经营麦当劳分店的人员,必须先到伊利诺伊州的麦当劳汉堡包大学培训10天,取得"汉堡包"学位,方可营业。因此,所有麦当劳快餐店出售的汉堡包都严格执行规定的质量和配料。就拿与汉堡包一起销售的炸薯条为例,用作原料的马铃薯是专门培植并精心挑选的,再通过适当的贮存时间调整一下淀粉和糖的含量,放入可以调温的炸锅中油炸立即供应给顾客,薯条炸后7分钟内如果尚未售出,就将报废不再供应顾客,这就保证了炸薯条的质量。同时由于到麦当劳快餐店就餐的顾客来自不同的阶层,具有不同的年龄、性别和爱好,因此,汉堡包的口味及快餐的菜谱、佐料也迎合不同的口味和要求。这些措施使得公司的产品博得了人们的赞叹并经久不衰,树立了良好的企业产品形象,而良好的企业产品形象又为树立良好的企业国际形象打下了坚实的基础。

　　麦当劳快餐的服务也是一流的。在这里没有公用电话和投币式自动电唱机,因此没有喧闹和闲逛,最适于全家聚餐。它的座位舒适、宽敞,有早点,也有新品种项目,随顾客挑选。

这里的服务效率非常高,碰到人多时,顾客要的所有食品都事先放在纸盒或纸杯当中,排队一次就能满足顾客所有的要求。麦当劳快餐店总是在人们需要就餐的地方出现,特别是在高速公路两旁,上面写着:"10米远就有麦当劳快餐服务",并标明醒目的食品名称和价格;有的地方还装有通话器,顾客只要在通话器里报上食品的名称和数量,待车开到分店时,就能一手交货,一手付钱,马上驱车赶路。由顾客带走在车上吃的食品,不但事先包装妥当,不至于在车上溢出,而且还备有塑料刀、叉、匙、吸管和餐巾纸等,饮料杯盖则预先代为画十字口,以便顾客插入吸管。如此周详的服务,更为公司光彩的形象加了多彩的一笔。

麦当劳公司在公众中树起优质产品、优质服务形象的同时,也意识到清洁卫生对于一个食品公司的重要性,假如没有一个清洁卫生的形象,麦当劳公司是无法一直保持其良好形象的,当然也就无法保证其良好的营销效果。所以麦当劳快餐店制定了严格的卫生标准,如工作人员不准留长发,妇女必须带发网,顾客一走就必须擦净桌面,落在地上的纸片,必须马上捡起来,使快餐店始终保持窗明几净的清洁环境。顾客无论什么时候走进麦当劳快餐店,均可立刻感受到清洁和舒适,从而对该公司产生信赖。

由于麦当劳快餐店在服务、质量、清洁三方面的杰出表现,使顾客感到麦当劳快餐是一种真正的享受,钱花得值。这种感受会促使他再次走进麦当劳店,走进那金色拱顶的餐厅。

麦当劳公司就是这样通过QSCV的营销管理模式,为企业赢得了良好的形象。今天,麦当劳公司正以一个安全、可靠的形象高高立在国际市场。良好的国际形象对企业的市场营销带来了巨大的效益。同时,良好的销售又进一步提升和巩固了企业的国际形象。

(资料来源:根据网络资料编辑整理而成)

**小组讨论:**
(1)从营销策略角度分析,为什么麦当劳——一种速食品牌能成为大众文化的象征。
(2)麦当劳在经营中贯彻什么样的营销理念?
(3)麦当劳公司的优质服务具体体现在哪些方面?

### 案例三:5000亩地养10只鸡的财富之路

广东惠州某男士,18岁就出外打工,人到中年积攒下400多万元。用积攒的钱回到家乡承包了5000亩地,在这5000亩地上却只养10只鸡,雇用十几名工人。这位男士疯了吗?

没疯,这位男士想把这10只鸡培育成优良的种鸡,绝对非饲料喂养,用粮食、蚯蚓、白蚁等喂养,加上5000亩有树、有草的地,你说这种环境下喂养的鸡质量好不好?鸡的羽毛油亮油亮的,肉质也好,然后这些种鸡下蛋,孵小鸡,由于"父母"基因好,这些小鸡当然品质也好。这样喂养周期至少9个月。而饲料喂养的鸡周期不到1个月,就长得肥肥胖胖,就是我们常说的洋鸡。洋鸡的品质当然无法与土鸡比。这位男士怎么收回成本?

刚开始做的前几年,是做亏本生意,不断贴钱。慢慢地,经过不断繁殖,鸡的数量达到一千只,开始走向市场了。男士为每只鸡定价为每斤168元!这么高的价格卖给谁?男士找到惠州某超市,这家超市的高档商品占有10%~15%的比例,便进入这家超市的高档商品专柜。经过一段时间的售卖,这种"土鸡"很受欢迎。现在这位男士喂养的鸡已达1万只,规模效应的显现使得喂养成本下降,价格也适当下调,这无疑提高了土鸡喂养的进入门槛。现在这位男士已成为当地的土鸡王,财富是源源不断地流来。

这位男士怎么想到养土鸡呢？有次他小孩生病,他跑遍了惠州菜市场、超市,想买一只土鸡为小孩补补身体,但买不到,全是洋鸡。由此他认为这是个巨大的商机,且这个市场是空白的,做得好就能成为这个细分市场的第一。于是开始了我们前面讲的故事。

(资料来源:根据中央电视台7频道《致富经》节目内容整理改编)

**小组讨论:**

(1) 从定位的角度分析,案例中的这位男士创业成功的主要原因是什么。

(2) 产品质量是品牌的基础,案例中的这位男士是如何保证土鸡质量的?

(3) 随着公司规模的扩大,思考一下该男士未来可以开拓哪些领域。

## 课堂活动

### 活动一:感悟营销理念

1. 活动目的

通过分组讨论,使学生充分认识到,营销管理理念是企业从事生产和营销活动时所依据的指导思想和行为准则,是企业一切经营活动的出发点,它支配着企业营销实践的各个方面。营销活动必须在某种哲学(理念)的指导下进行,不同的理念将阐明不同的营销责任和结果。

2. 活动学时

1学时。

3. 活动环境

(1) 可供学生进行讨论的开放性空间,活动桌椅可摆放成5~6组。

(2) 白板、白板笔。

4. 活动准备

(1) 要求每名学生深入理解五种营销理念的精髓。

(2) 每组选定某一行业的2~3家企业,分析其目前奉行的营销理念。

(3) 每组从市场环境、企业现状等方面分析企业所采用的营销理念是否合适,是否需要转变营销理念。

5. 活动步骤

(1) 将学生分成5~6个小组,每组5~6人,围成圆形而坐。

(2) 要求各组就选定的2~3家企业阐述其实施的营销理念,并分析其合理性。要保证每组都有5—8分钟时间直接陈述自己观点,并设定5分钟互相提问和自由辩论的时间。

(3) 教师在每组学生陈述观点时,做一些观点摘要,并加以点评。

(4) 宣布讨论结束,并把所有讨论记录资料进行汇总整理后发给学生。

### 活动二:为产品确立市场定位

1. 活动目的

通过为某款产品确立市场定位,使学生理解市场定位的内涵,掌握市场定位的规律,初步具备为某款产品(或品牌)进行市场定位的能力。

2. 活动学时

1学时。

3. 活动环境
(1) 可供学生进行讨论的开放性空间。
(2) 白板、白板笔。

4. 活动准备
(1) 要求每名学生深入理解市场定位概念及规律。
(2) 每组选定一款产品(日用品),了解其主要竞争产品的特点及市场地位。

5. 活动步骤
(1) 将学生分成5～6个小组,每组5～6人,围成圆形而坐。
(2) 教师为学生提供6个产品,要求学生对该产品进行市场定位。
- 如家酒店
- 苹果味低度啤酒
- 绿色保健品
- 私人定制旅游项目
- 防水手表

(3) 每个小组以抽签的形式选定一个产品,各组就选定的某款产品进行市场定位分析,并设计定位语。
(4) 要求每组派一个代表陈述其观点,每组不得超过8分钟,包括互相提问和自由辩论的时间。
(5) 教师在每组学生陈述观点时,做一些观点摘要,并加以点评。
(6) 宣布讨论结束,并把所有讨论记录资料进行汇总整理后发给学生。

### 活动三:为旅行社制定营销策略

1. 活动目的

通过为旅行社制定营销策略,使学生初步掌握为企业制定营销策略的方法、步骤,启发学生积极思考如何才能满足以及超越客户的希望。

2. 活动学时

2学时。

3. 活动环境
(1) 可供学生进行讨论的开放性空间。
(2) 白板、白板笔。

4. 活动准备
(1) 设定两名负责记录的同学。
(2) 笔、纸。

5. 活动步骤
(1) 将全班分成5～6个小组,每组6人左右。其中一组扮演"苏女士一家",其他组均扮演旅行社,每组应取一个"旅行社"名称。
(2) 教师向学生介绍背景:"十一"黄金周,苏女士一家想利用假期出门旅游,苏女士家出门旅游的人数有8人,苏女士一家三口,其中苏女士女儿4岁;苏女士姐姐一家三口,其中姐姐的儿子只有6岁,苏女士父亲母亲,均68岁高龄,其中母亲患有高血压,父亲心脏不太好。

（3）各小组开始分开进行策划（4P），教师应启发人人参与，积极献策。在此过程中，"苏女士一家"需研究他们的"期望"是什么，提出有一定难度的期望标准，来检验哪家旅行社设计的方案更能满足以致"超越"他们的期望，并可随机回答旅行社提出的问题。

（4）要求各"旅行社"产生一个代表，代表该组向"苏女士一家"介绍他们的"最佳旅游方案"。每组不得超过5分钟，包括回答"苏女士一家"的问题。

（5）"苏女士一家"公布他们的"期望"标准。然后谈他们认为哪家旅行社的方案"超越"了他们的期望，为什么？该过程为5分钟。

（6）最后全班展开讨论——从这个游戏中得到了什么启示？（5分钟）

（7）教师对活动进行点评。

（8）宣布活动结束，并把所有记录汇总，课后整理发给学生。

### 思考与实践

1. 写一份分析报告

2012年随着国内成人体育用品行业逐渐进入调整期，正处于高速发展期的儿童服装市场则成为行业内各大企业关注的焦点。李宁公司在失去国内老大地位之后四处出击，试图挽回败局，这一次他们把希望放在了童装领域。以3—5人的小组为单位开展讨论：李宁公司进入童装领域"谋变"寻"增长"，其能抓住市场机会吗？每组写出一份分析报告。

2. 对本地某家企业调研

市场营销是一个系统工程，市场营销管理过程包括市场机会分析、目标市场选择、市场营销组合等内容。认真阅读教材中关于市场营销管理过程的内容，以小组为单位，选择本地区某家企业进行实地调研，了解其营销管理过程的具体内容，并撰写一份调查报告。

3. 搜集营销创新的典型案例

随着营销理论和营销实践的发展，绿色营销、文化营销、网络营销、关系营销等一些新型的营销方法应运而生，并逐步成为21世纪的主要营销手段。企业要在激烈的市场竞争中赢得发展，营销创新具有至关重要的作用。以小组为单位，选择本地区若干企业开展实地调查或网络调查，搜集整理企业营销创新方法与手段的典型案例，集体讨论并撰写一篇调研报告。

# 模块十

## 企业的商业计划

### 教学内容

商业计划——创业魔术师的设想
谁需要撰写商业计划
谁是商业计划书的读者
投资人想从商业计划书中看到什么
商业计划书的内容
撰写商业计划书常见的问题

### 案例讨论

宠物托养店经营方案
DIY 服装设计网站揭秘
余额宝 PK 传统银行

### 课堂活动

设计你的创业计划书
创业计划书的问题在哪里？
设计我们企业的 LOGO

### 思考与实践

拜访一位投资人
拜访一家中小型科技公司
比萨店的商业计划

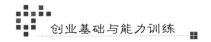

## 10.1 商业计划——创业魔术师的设想

什么是商业计划？这个词听起来很抽象，但是如果用一个比喻来描述它的话，你就很快能了解它的含义。商业计划就好比魔术师的设想，它描述的是把想象变成现实的过程。舞台上的魔术师能把一段黄色绸布变成一只黄鹂鸟；或把一条摆尾的小鱼，变成绣品中的一幅画。他们靠光学作用和人们的视觉错觉创造惊喜和变化。而现实版的魔术师正是那些勇敢的创业者，他们靠不懈的努力把灵感变成现实。商业计划正是创业者对自己内心憧憬和设想的描述。在商业计划中创业者讲述的是一个关于企业机会的故事。讲故事的人要让听故事的人知道，在企业构建过程中蕴藏着一个值得开发的机会，听故事的人可能是商业项目的投资者，也可能是准备参与企业创建的合作者。当他们通过商业计划看到一个难得的机会就在眼前时，就会拿出资金或行动与创业者一起合作，共同开发新项目。

很多初创企业或现存企业都会通过撰写商业计划书的形式，找到对项目感兴趣的投资人，从而实现企业的设想。我们曾看到过以下这些值得期待的商业计划。

- 《DIY 生态农庄商业计划书》
- 《创意巧克力吧商业计划书》
- 《DIY 布艺设计缝纫店商业计划书》
- 《宠物 Party 乐园商业计划书》
- 《家庭 DV 设计公司商业计划书》
- 《网球训练营商业计划书》
- 《绿色家居设计工作室商业计划书》
- 《原木 DIY 家具作坊商业计划书》
- 《DIY 农畜公社商业计划书》
- 《养老俱乐部商业计划书》

这些就是有着不同设想的商业计划。从广义上来说，商业计划就是创业者对初创企业未来发展潜能的描述。从狭义上来说，商业计划也被称为创业计划，是对即将从事的商业活动进行完整描述的书面文件。商业计划包含了企业概述、产品或服务、盈利模式、市场前景、管理团队、营销策略以及财务分析等重要内容，它具体勾勒出对企业的未来设想以及实现这些设想的途径。商业计划的目的是通过介绍企业商业活动的价值，去吸引投资、信贷、员工、战略合作伙伴及其他利益相关者。创业者将计划书递交给风险投资人，以方便投资人对企业即将从事的商业项目做出评判，从而决定是否为企业提供融资支持。

## 10.2 谁需要撰写商业计划

对所有规模的企业来说,计划不一定必然导致企业成功,但大多数成功的结果都与缜密的计划相关。Timmons(1999)在研究中发现,成长最快的公司大多数在一开始就有商业计划。Woo(1989)等学者也发现,那些肯花时间作计划的公司大都发展迅速。Kinsella(1993)等人认为,在所研究的快速成长的企业中有93%的企业有商业计划,而成长较慢的企业中,只有70%的企业有商业计划。越来越多的企业已经意识到商业计划在企业的构建、经营与成长中具有重要作用。

有一种观点认为,商业计划主要是用于初创企业的融资之需,只有那些初创企业才需要撰写商业计划书。其实不然,尽管好的商业计划有助于筹资,但是撰写商业计划的主要目的不仅是帮助初创企业进行融资,而且还帮助企业家更深入地理解他们所设想的机会。很多失败的经历告诉我们,由于缺乏对商业模式的深入理解和对商业机会的细致分析,许多企业家可能会固守那些不可能盈利的创意,并把大量的资金投放在追求鸡肋的机会上。而商业计划的构思过程可以帮助企业家对企业的现状进行审慎的思考,并对未来的新项目进行客观的评价,以避免开发一个有缺陷的商业概念,使企业滑入困境的沼泽。所以,不管是什么类型的企业,只要涉足风险项目,或涉及消耗大量的资源和投资的决策,企业都要花时间起草一份能够帮助企业做出决策的商业计划。总体来说,需要撰写商业计划的企业包括两大类。

第一类是初创企业。商业计划对初创企业来说一方面意味着说服投资人为即将实施的新设想进行必要的投资,另一方面还意味着在创业的不同阶段去指导企业的各项投资业务。对大多数初创企业来说,他们需要一份好的商业计划,以帮助他们获得融资、理清思路或做出商业方面的重大选择。

第二类是现存企业。不是所有的商业计划都是被那些带着幻想的创业新人完成的。那些已经创业很久,正经历着企业成长期或成熟期的企业依然需要一份有价值的商业计划。比如,一家大型百货公司准备开设第三家分店时,他们需要撰写商业计划书以便获得地方商业银行的贷款;或者一家老牌家具企业打算进军国外市场时,他们需要撰写商业计划书以便吸引更多的国外原材料供应商与之合作;再比如,一家有着十年历史的造纸企业打算建造一个环保型造纸厂时,他们也需要撰写商业计划书以便地方政府进行厂址审批和环保管理。

**企业在什么时候需要撰写一份商业计划书?**

请学生以小组的形式共同讨论企业在什么情况下需要撰写一份商业计划书。请举出十个例子。

| 企业在什么时候需要撰写一份商业计划书？ |
|---|
| 1. |
| 2. |
| 3. |
| 4. |
| 5. |
| 6. |
| 7. |
| 8. |
| 9. |
| 10. |

## 10.3　谁是商业计划书的读者

在撰写商业计划书时，企业要清楚地了解谁是商业计划书的读者？你的计划书是写给谁看的？企业需要知道这份商业计划书的目的是什么，或指向哪些受众？用一句话来概括，企业想极力打动、吸引或说服的目标对象就是该商业计划书的最终读者。既然我们已经知道，撰写商业计划书的目的不仅仅是为了给企业融资，因此，计划书的读者也不会仅仅是风险投资人或者地方商业银行。根据计划书的用途和目的的不同，计划书的读者也是随时变换的。他们可能是以下这些角色。

（1）初创企业的创业者。

商业计划书的第一个读者应该是撰写计划书的创业者们。他们既是第一作者，也是第一读者。对创业者来说，商业计划书是未来事业最好的运营预演。计划书中的每个文字都在帮助创业者进行认真的思考和审慎的分析。计划书就像一面具有前瞻功能的镜子，为创业者们提供客观而清晰的自省机会。

（2）企业的管理者。

当一个新的财政年度开始时，企业需要撰写或修改商业计划书，以帮助管理层应对环境中的新变化，做出新决策。

（3）银行家及金融机构。

当企业需要追加投资，或需要银行资金资助时，一份详尽的商业计划书会帮助这些银行家或金融机构对企业的贷款申请进行评审。

（4）风险投资人。

当初创企业准备实现一个大的梦想时，风险投资人会通过初创企业的商业计划书来决定，是否有必要冒这个风险去投资一个前途未卜的初创企业。

(5) 企业的股东。

当市场环境发生巨大变化,顾客的口味以及消费趋势都出现明显转向时,企业需要一份客观的商业计划书,以帮助股东们进行新的投资方向的选择。

(6) 企业的合作伙伴。

当企业需要寻找合作伙伴,共同研制新产品或开发新技术时,他们需要撰写一份详细的商业计划书以供合作方进行分析,并由合作方做出是否参与合作的决定。

(7) 供应商。

当企业需要寻找更多的原料供应商时,企业的商业计划书会分发给不同的供应商。供应商在阅读完计划书后将决定是否成为企业的供货商。

(8) 政府部门。

当企业需要拓建厂房或需要政府支持以协助开发环保项目时,政府的有关部门就成为企业商业计划书的读者,他们要考虑企业的拓建工程是否符合规划要求,是否有必要协助企业实施环保项目的开发。

从上述这些商业计划书的读者角色来看,商业计划书的受众是不一样的,因此,企业的商业计划书应当是有针对性并突出重点内容的,这样才能给不同的使用者带来不同的影响效果。需要强调的是,大多数企业的商业计划都是供自己内部使用的,不必很长很详细;只有当商业计划书被用来获取外部融资时,它才有必要是一份很详细的正式文件。而模块所介绍的商业计划书主要是以融资为目的的商业计划书,其关键读者主要是提供资金支持的投资人。

## 10.4 投资人想从商业计划书中看到什么

从融资角度来说,商业计划书就是创业者们说服投资人为企业投资的理由描述。因此,对于初创企业的创业者来说,他们在撰写商业计划书时应该明确一个问题,即商业计划书的读者就是未来能够为企业提供资金的人。这些投资人的手中攥着大把的钞票,但他们绝不想让这些钱打了水漂。他们一定是将这些钱投放于能够产生高收益的企业中去。这些投资人并不是嗜血的鲨鱼,他们的苛刻和严谨完全来自于他们对职业的责任。因此,他们在审视每一份商业计划书时都会不停地问自己:"我给这个企业投资真的很值吗?"无论他们做出的是肯定还是否定的回答,他们的决策依据都来源于计划书中的文字描述。他们从计划书中想了解很多信息,尤其是最想知道以下四个方面的信息。

### 10.4.1 是否拥有经验丰富的创业团队

投资人在阅读商业计划书时,非常希望这个初创企业的团队成员在以往曾经有过真实的创业经历,并了解自己的优势是什么,知道在哪里能够发挥自己的优势和特长。投资人不会介意这些团队成员以前是否担任过领导者,甚至他们不会介意这些团队成员以往是否有过创业失败的经历。对投资人来说,他们更愿意为一个创业团队而不是单枪匹马的创业者投资,因为,创建一个企业需要不同的技能。投资人更希望看到的是,在这个团队中,团队成员们拥有不同的技能和经历,这将是初创企业未来成功的重要基础。

### 10.4.2　商业模式是否具有可持续性

对投资人来说,投资的成功意味着所投资的项目在未来比今天更具有价值,也就是说该投资项目必须具有明显的成长性。这里的成长性应该是可量化的,而不是凭空估测出来的,它与目标市场的规模、市场需求的发展趋势等因素相关联。这里所涉及的成长性实际上是企业商业模式的创利性和持续性。商业模式直接决定了利润的流入量和流入的持续性。因此,只有那些让投资人看到清晰的商业模式和真实的成长前景的商业计划书,才能获得投资人的青睐,因为,投资人绝不会用自己任何一分钱去玩打水漂的游戏。

### 10.4.3　是否有明确的退出路径

大多数的投资人也都有过自己创业的经历。当他们创办自己的企业时不曾想过是否退出,但是当他们身为投资人时,他们一定会考虑为初创企业投资的这笔钱如何才能安全地返回自己的口袋里,这是他们在投资之前必须想好的退路。因此,当投资人在阅读商业计划书时,他们不仅仅考虑计划书中所描述的商业想法是否很棒,是否可行,他们还要考虑这笔投资能否成功收回以及收回的途径。比如,在投资人眼中,一个好的商业项目不但有成长空间,而且能够在3~5年后被收购,或者在几年后幸运地成为上市公司。从这个角度来看,为投资人设计好退出路径是商业计划书中的重要环节。

### 10.4.4　计划书是否清晰可行

对投资人来说,帮助他们做出投资决定的关键环节除了上述内容外,还包括计划书本身的质量。投资人希望看到的是思路清晰、重点突出、文字简洁、操作性强的计划书。因此,对于那些概念介绍不清楚、大话连篇、没有灵活变通的空间、不易于执行的计划书,投资人会在第一时间把它们淘汰。当投资人阅读静态的计划书文字时,他们的脑中实际上已经在演练实施计划的动态过程了。一份清晰可行的商业计划书才是投资人真正需要的东西。

**王维开分店需要哪些信息?**

王维在几年前开了一家专门经营烤翅的餐馆,他给自己的餐馆起名为"火翅店"。之所以起这个名字,一方面意味着鸡翅很辣,另一方面意味着买卖很火。他的第一家店铺开在一家大型社区旁,离社区不到100米的地方就是城铁站。由于独特的地理位置,尤其是傍晚下班高峰时段,来店里用餐的客人简直多得不得了。

在收获了第一桶金后,他决定在其他地区开设分店。于是,他又在中小学附近、高档写字楼附近以及其他社区附近开设了分店。但是,这些分店的盈利情况都不如第一家店铺。究其原因有以下几点:在新店铺附近有其他餐馆与之竞争;有的店铺的租金费用太高,即使生意很火,但消耗在租金方面的费用把相当部分的利润抵消了;客源似乎没有第一家店铺那么多,即便在高峰期,客人数量也不是那么令人满意。显然,开分店的想法并没有给王维带来很多的盈利。他应该好好总结一下分店失利的原因。

请帮助王维分析一下,他在开分店之前应该收集哪些必要的信息?他应该怎样获得这些信息?

| 开分店前应收集哪些信息? | 王维从哪里获得这些信息? |
| --- | --- |
| 1. | |
| 2. | |
| 3. | |
| 4. | |
| 5. | |
| 6. | |
| 7. | |
| 8. | |

## 10.5　商业计划书的内容

撰写商业计划书就是设计通往成功的路线图。一份优秀的商业计划书应该是创业者对影响自己未来经营的各种因素所做的系统性评估。因此,在商业计划书中要将那些起重要作用的影响因素逐一进行客观的分析和评价,在突出商业模式、市场、产品、竞争、管理团队和财务等要素的同时,也要兼顾写作格式和表达方式等细节。从在整体框架来看,商业计划一般涵盖以下四大部分的内容。

① 企业部分:该部分主要是明确地表达开发该项目的愿望和重要性,并概括性地介绍企业属于哪个行业?具体提供什么产品或服务?企业的盈利模式是怎样的?项目的前景是什么?以及如何使这个构想成功?

② 市场部分:该部分要分析谁是企业的目标顾客?这些顾客在哪里?他们为什么会买你的产品?谁是企业的竞争者?企业如何进行营销策划打败这些竞争者?

③ 管理部分:该部分主要介绍公司的领导层是怎样构成的?公司雇用了哪些优秀的雇员?无论是管理者还是雇员,他们都拥有哪些经历和技能?他们接受过哪些训练?这些人是否拥有足够的素质和能力把项目带向成功?

④ 财务部分:在这个部分中,商业计划必须详细描述在未来几年运营过程中收入从哪里来?现金流状况将如何?企业有哪些资产和负债?企业会在多长时间内达到盈亏平衡?

如果把上述四个部分进行细分，一个完整的商业计划应该由包括封面和目录在内的一系列细分内容组成。

### 10.5.1 封面

商业计划书的封面虽然内容很简单，但是它包含着企业自身最重要的信息。因此，封面的设计要做到语言简单，信息正确。在封面中一般需要传达以下五个基本信息：

① 项目名称；
② 企业全称；
③ 联系方式；
④ 联系人；
⑤ 提交计划书的时间。

**商业计划书**

项目名称　＿＿＿＿＿＿＿＿＿＿＿
企业名称　＿＿＿＿＿＿＿＿＿＿＿

通讯地址　＿＿＿＿＿＿＿＿＿＿＿
邮政编码　＿＿＿＿＿＿＿＿＿＿＿
电　　话　＿＿＿＿＿＿＿＿＿＿＿
传　　真　＿＿＿＿＿＿＿＿＿＿＿
电子邮件　＿＿＿＿＿＿＿＿＿＿＿
联 系 人　＿＿＿＿＿＿＿＿＿＿＿
日　　期　＿＿＿＿＿＿＿＿＿＿＿

### 10.5.2 目录

在商业计划书的目录中将列出计划书所包含的每个部分的内容标题以及相对应的页码。

## 目  录

一、执行概要 …………………………
二、企业基本情况 ……………………
三、产品/服务 ………………………
四、行业及市场分析 …………………
五、竞争对手分析 ……………………
六、管理团队 …………………………
七、技术与研发 ………………………
八、营销策略 …………………………
九、财务计划 …………………………
十、风险控制 …………………………
附录 …………………………………

## 10.5.3 执行概要

在商业计划书中,最先展示在读者面前的内容是计划书的执行概要部分。执行概要的目的是概括性地向读者传达写商业计划书的意图以及企业想达成的意愿。因此,在整个商业计划书中,执行概要部分扮演着举足轻重的角色。就像面试中的第一印象一样,投资人对商业计划书的整体感觉首先来自于执行概要带来的第一印象。因而,执行概要的陈述质量会直接影响到投资人的判断结果。

执行概要虽然很重要,但也不宜用长篇大论来叙述。执行概要中的文字表述应该尽可能地简短而清晰,要在有限的篇幅内将商业计划书的整体思想勾勒出来。尤其是初创企业的创业者在构思商业计划书时,应该以介绍经历、背景以及创业缘由为重点。以下几个重要信息应在执行概要中有所体现。

(1) 企业简介。

简单介绍企业相关的重要信息,比如:企业的主营业务、企业的法律形式、创建时间、注册地区、注册资本、企业所有人情况以及关键员工情况。

(2) 企业愿景。

企业愿景描述就是对企业未来发展设想的描述。这个描述涵盖了企业核心价值观的阐述以及基于顾客、员工、股东利益的远期目标的描述,是企业对所从事的商业项目的目的和目标做出的简要概括。

(3) 商业概念。

商业概念信息即对企业未来从事的商业活动内容进行描述。应明确地指出企业将提供怎样的产品或服务？这些产品或服务的消费对象是谁？企业的盈利模式是怎样的？

(4) 财务说明。

重点介绍企业的销售、利润、现金流以及投资回报情况。这是投资人最为关心的环节之一，也是他们进行投资决策的重要依据。

(5) 融资要求。

在执行概要中还要清楚地描述初创企业需要多少启动资金和未来项目的拓展资金，并客观说明这些资金的具体用途。积极乐观的创业者常常倾向于认为：只要销售收入能保持增长，那么一切开销都不成问题。因为，利润会支撑一切所需的开销。但是，现实并不是这般乐观。现实是，在顾客付钱给你之前，你先要付钱给你的供应商，或者付租金给你的店铺房东，或者付利息给为你贷款的银行。也就是说，创业者的经营越好，成长速度越快，他们越需要从银行家或风险投资人那里寻求资金的支持。所以，在创业者启动他们的创业想法之前，他们需要筹划一下，他们到底需要多少钱。如果商业计划书的目的不是通过股权而是通过债权方式来融资，那么，在执行概要中还要特别说明贷款的抵押来源或担保来源。

(6) 项目进展状况。

详细描述目前项目的进展情况，包括目前已取得的专利、商业模式、经营地点、已签订的重要合同以及产品的营销效果等。

### 10.5.4 企业基本情况

与执行概要中企业简介部分不同的是，企业基本情况介绍应该更全面、更具体地对企业的整体情况进行描述，使读者对该企业有比较全面地了解。企业基本情况介绍应该包括以下内容：

① 企业成立时间；
② 企业注册地点及注册资本；
③ 企业的类型或所属行业——农业、制造业、批发业、零售业、服务业、新兴产业等；
④ 企业的法律形式——个人独资、合伙企业、有限责任公司、有限股份公司等；
⑤ 企业的主营业务；
⑥ 企业的经营地点及企业产品的覆盖区域；
⑦ 企业股东参股情况；
⑧ 企业人员构成情况；
⑨ 企业宗旨及未来发展目标描述。

### 10.5.5 产品/服务

在这个部分，创业者主要围绕企业的主营产品，向投资人介绍投资该产品的原因和背景、产品的盈利模式、产品的特点以及产品本身的价值所在。其目的是吸引投资人的目光，让投资者了解企业是如何赚钱的以及未来是否也蕴涵着巨大的盈利潜力。产品部分的介绍是商业计划书中关键的环节之一,它会直接影响投资人的最终决策。因此,这个部分的文字要把四个重要信息传递给投资人,即让投资人知道:该产品是被市场广泛接受的、是具有明显的市场竞争力的、是值得投资的、是可以从中获取巨大利润的。在产品的介绍中应该包含以下内容:

① 拟投资的产品背景;
② 产品的成本与售价;
③ 产品的生产过程、工艺流程、技术水平;
④ 产品主要原材料供应商及进货渠道的稳定性和可靠性说明;
⑤ 与竞争对手相比,企业的产品(服务)在价格、技术含量、功能以及服务方面是否具有独特性或优势;
⑥ 产品(服务)的盈利模式和盈利状况;
⑦ 产品(服务)是否具有专利、商标、版权等;
⑧ 产品(服务)的目标市场是什么;
⑨ 产品(服务)将满足顾客的哪些需求;
⑩ 产品的发展前景;
⑪ 融资对该产品(服务)的生产和开发带来怎样的好处。

### 10.5.6 行业及市场分析

行业及市场分析就是促使创业者全面把握企业的外部环境,对行业及市场中的各个环节进行客观的了解、认识和思考的过程。对创业者而言,行业及市场分析的主要目的是在熟悉市场环境的基础上确定企业的目标市场以及企业在市场中的定位,并帮助创业者制定后期的市场战略。对投资者来说,他们最关心的还是产品或服务有没有市场,市场容量有多大,顾客为什么要买企业所提供的产品以及市场是否具有成长性等问题。市场是企业赖以生存的土壤,失去了土壤,企业就像无根基的植物,无法正常地存活下来。因此,商业计划不仅要让投资者相信企业具有广阔的市场前景,而且还要提供充分的证据向投资者证明,企业的预测和目标是可信的、可行的,不是盲目乐观的。行业及市场分析主要包括以下内容:

① 企业所属行业的发展现状;
② 市场的规模与结构;
③ 企业的目标市场及可能的市场份额;
④ 企业产品销售收入增长潜能预测;
⑤ 市场的进入障碍分析——技术壁垒、政策限制、竞争程度、资源获取的难度等;
⑥ 市场的发展前景和变化趋势。

### 10.5.7 竞争对手分析

在商业计划书中还需要对竞争对手的情况进行客观的描述,向投资人传达有关竞争对手的必要信息。对竞争者分析的过程既是企业将自身的优势和劣势与竞争者进行比较的过程，也是企业经营战略的形成过程。竞争者分析的目的是帮助企业和投资人更准确地判断竞争对手的战略定位，并在此基础上预测竞争对手未来的发展能力。投资人也通过对企业竞争对手的了解来把握企业的整体实力，为后续的投资决策做好准备。在对竞争者分析时，应该涉及以下内容：

① 确认谁是企业的竞争对手；
② 竞争对手向市场提供怎样的产品；
③ 竞争对手的产品与本企业的产品有什么区别；
④ 竞争对手的盈利情况如何；
⑤ 本企业相对于竞争者来说有哪些竞争优势；
⑥ 竞争对手会给本企业带来哪些潜在的不利或威胁。

### 10.5.8 管理团队

管理团队是创业企业的灵魂，创业企业的成功不仅取决于好的项目，还取决于好的团队。投资者对管理团队的关注甚至超过项目本身。因为他们知道，要将一个好的项目市场化，或者把一个好的想法转变为一个成功的企业，关键是要有一个充满智慧并积极合作的团队。因此，在商业计划书中要向投资人全面地介绍管理团队的人员构成、职能分工、特殊才能、出资情况以及发展目标等（如表10-1所示）。其目的是让投资人对企业的管理团队充满信心，并确信企业的管理团队能够很好地利用投资完成未来的使命。管理团队的介绍包括以下几个方面：

① 企业所有人及管理团队的人员构成及职能分工；
② 管理团队成员的知识结构及能力水平；
③ 企业所有人及团队成员的出资比例介绍；
④ 管理团队的稳定性预测；
⑤ 企业的组织结构说明。

表 10-1 合伙（合作）人与合伙（合作）协议

| 内容＼合伙人 条款 | | | | | |
|---|---|---|---|---|---|
| 出资方式 | | | | | |
| 出资数额与期限 | | | | | |
| 利润分配和利润分摊 | | | | | |
| 经营分工权限和责任 | | | | | |
| 合伙人个人负债的责任 | | | | | |
| 协议变更和终止 | | | | | |
| 其他条款 | | | | | |

### 10.5.9 技术与研发

技术与研发部分的说明并不是所有商业计划书中都必须具有的。这取决于企业所从事的业务内容和产品属性。如果创业企业属于高新技术企业,那么,在商业计划书中就应该对产品的技术研究与开发部分做出详细说明。主要向投资人介绍技术成果的先进性、研发资金的投入情况以及未来技术发展趋势。在这个部分中应该注意的是,投资人关心的是利润而不是技术或研发本身,因此,商业计划书的撰写重点不是对技术先进性的描述和研发阶段的介绍,而是要着重说明企业是否有能力将研发成果转化为高技术含量的产品,并为市场所接受,从中获得不错的利润。这个部分的主要内容包括以下几个方面:

① 企业目前的研发成果及技术的先进性;
② 技术上的改善或突破为企业带来哪些市场机会;
③ 技术与研发成果转化为市场产品的可行性;
④ 技术与研发成果对企业利润增长的影响程度;
⑤ 企业的技术研发队伍构成;
⑥ 研发经费使用情况以及后续再投入的资金需要情况。

### 10.5.10 营销策略

营销策略部分主要介绍企业如何销售产品以及分销渠道的情况。通过营销策略的描述,使投资人了解产品是通过什么途径到达消费者的手中。营销策划部分的主要内容体现在以下几个方面:

① 产品的价格定位和价格策略说明;
② 产品的销售成本与销售价格;
③ 产品目前的销售渠道;
④ 在广告促销方面的策略;
⑤ 产品售后服务介绍;
⑥ 产品销售团队介绍;
⑦ 在产品的销售策略方面企业与竞争对手的比较。

### 10.5.11 财务计划

财务部分一般放在商业计划书的结尾部分,但是这并不意味着它不重要。反而由于这个部分的特殊性,那些精明的投资者会非常仔细地阅读财务计划中的每个数据、图形、表格以及各种的比率,从中揣摩出项目的可行程度以及未来的发展潜力。该部分的特殊性在于,它的很多内容都是由数据构成。数据往往比文字的陈述更简单、客观而具有说服力。就像我们日常的体检一样,企业的财务数据反映的是企业生命中的呼吸频率、脉搏的跳动以及血压的数值,这些数据都能帮助投资人了解企业的健康状况,成为他们最终投资决策的重要参考依据。财务计划的内容主要包括未来3~5年重要的财务指标,这些指标包括:

① 产品销售计划表；
② 项目产品成本说明；
③ 产品的毛利润；
④ 产品的纯利润；
⑤ 项目盈亏平衡表；
⑥ 项目资产负债表；
⑦ 项目现金流量表（第一年中 12 个月的现金流量表以及后续年度现金流量表）；
⑧ 需新增投资多少；
⑨ 新投入资金的用途和使用计划。

在对财务计划进行说明时，需要完成以下财务表格（如表 10-2～表 10-8 所示）中的数据描述。

**表 10-2　固定资产情况**

1. 工具和设备

根据预测的销售量，假设达到 100% 的生产能力，企业需要购买以下设备：

| 名称 | 数量 | 单价 | 总费用（元） |
| --- | --- | --- | --- |
|  |  |  |  |
|  |  |  |  |

| 供应商名称 | 地址 | 电话和传真 |
| --- | --- | --- |
|  |  |  |
|  |  |  |

2. 交通工具

根据交通和营销活动的需要，拟购置以下交通工具：

| 名称 | 数量 | 单价 | 总费用（元） |
| --- | --- | --- | --- |
|  |  |  |  |
|  |  |  |  |

| 供应商名称 | 地址 | 电话或传真 |
| --- | --- | --- |
|  |  |  |
|  |  |  |

3. 办公家具和设备

办公室需要以下设备：

| 名称 | 数量 | 单价 | 总费用（元） |
| --- | --- | --- | --- |
|  |  |  |  |
|  |  |  |  |
|  |  |  |  |
|  |  |  |  |

续表

| 供应商名称 | 地址 | 电话或传真 |
|---|---|---|
|  |  |  |
|  |  |  |
|  |  |  |
|  |  |  |

4. 固定资产和折旧

| 项目 | 价值(元) | 年折旧(元) |
|---|---|---|
| 工具和设备 |  |  |
| 交通工具 |  |  |
| 办公家具和设备 |  |  |
| 厂房/店铺 |  |  |
| 合计 |  |  |

表 10-3　产品全年的销售收入预测表

| 产品 \ 销售额 \ 月份 | | 1 | 2 | 3 | 4 | 5 | 6 | 7 | 8 | 9 | 10 | 11 | 12 |
|---|---|---|---|---|---|---|---|---|---|---|---|---|---|
| 产品1 | 销售数量 |  |  |  |  |  |  |  |  |  |  |  |  |
|  | 单价 |  |  |  |  |  |  |  |  |  |  |  |  |
|  | 月销售额 |  |  |  |  |  |  |  |  |  |  |  |  |
| 产品2 | 销售数量 |  |  |  |  |  |  |  |  |  |  |  |  |
|  | 单价 |  |  |  |  |  |  |  |  |  |  |  |  |
|  | 月销售额 |  |  |  |  |  |  |  |  |  |  |  |  |
| 产品3 | 销售数量 |  |  |  |  |  |  |  |  |  |  |  |  |
|  | 单价 |  |  |  |  |  |  |  |  |  |  |  |  |
|  | 月销售额 |  |  |  |  |  |  |  |  |  |  |  |  |
| 月销售总收入 | |  |  |  |  |  |  |  |  |  |  |  |  |

表 10-4　全年销售及成本计划

| 项目 \ 金额 \ 月份 | | 1 | 2 | 3 | 4 | 5 | 6 | 7 | 8 | 9 | 10 | 11 | 12 | 合计 |
|---|---|---|---|---|---|---|---|---|---|---|---|---|---|---|
| 销售 | 含流转税销售收入 |  |  |  |  |  |  |  |  |  |  |  |  |  |
|  | 流转税(增值税等) |  |  |  |  |  |  |  |  |  |  |  |  |  |
|  | 销售净收入 |  |  |  |  |  |  |  |  |  |  |  |  |  |

续表

| 项目 \ 金额 \ 月份 | | 1 | 2 | 3 | 4 | 5 | 6 | 7 | 8 | 9 | 10 | 11 | 12 | 合计 |
|---|---|---|---|---|---|---|---|---|---|---|---|---|---|---|
| 成本 | 业主工资 | | | | | | | | | | | | | |
| | 员工工资 | | | | | | | | | | | | | |
| | 租金 | | | | | | | | | | | | | |
| | 营销费用 | | | | | | | | | | | | | |
| | 公共事业费 | | | | | | | | | | | | | |
| | 维修费 | | | | | | | | | | | | | |
| | 折旧费 | | | | | | | | | | | | | |
| | 贷款利息 | | | | | | | | | | | | | |
| | 保险费 | | | | | | | | | | | | | |
| | 登记注册费 | | | | | | | | | | | | | |
| | 原材料(列出各项原材料成本) (1) | | | | | | | | | | | | | |
| | (2) | | | | | | | | | | | | | |
| | (3) | | | | | | | | | | | | | |
| | (4) | | | | | | | | | | | | | |
| | 总成本 | | | | | | | | | | | | | |
| 利润 | | | | | | | | | | | | | | |
| 税费 | 企业所得税 | | | | | | | | | | | | | |
| | 个人所得税 | | | | | | | | | | | | | |
| | 其他税费 | | | | | | | | | | | | | |
| 税后利润 | | | | | | | | | | | | | | |

表 10-5 资产负债表（简化）

单位：元

| 资产 | 年初余额 | 年末余额 | 负债和股东权益 | 年初余额 | 年末余额 |
|---|---|---|---|---|---|
| 流动资产： | | | 流动负债： | | |
| 　货币资金 | | | 　短期借款 | | |
| 　应收账款 | | | 　应付账款 | | |
| 　预付账款 | | | 　应付职工薪酬 | | |
| 　应收利息 | | | 　应缴税费 | | |
| 　应收股利 | | | 　流动负债合计 | | |
| 　存货 | | | 非流动负债： | | |
| 　流动资产合计 | | | 　长期借款 | | |
| 非流动资产： | | | 　长期应付款 | | |
| 　持有至到期投资 | | | 　非流动负债合计 | | |
| 　长期应收款 | | | 负债合计 | | |
| 　长期股权投资 | | | 股东权益： | | |
| 　固定资产 | | | 　股本 | | |
| 　其中：设备 | | | 　资本公积 | | |
| 　非流动资产合计 | | | 　盈余公积 | | |
| | | | 　未分配利润 | | |
| | | | 　股东权益合计 | | |
| 资产总计： | | | 负债与股东权益总计： | | |

表 10-6　损益表(利润表)

单位：元

| 项目 | 行次 | 本月数 | 本年累计数 |
|---|---|---|---|
| 一、主营业务收入 | 1 | | |
| 　减：主营业成本 | 2 | | |
| 　　　主营业税金及附加 | 3 | | |
| 二、主营业务利润 | 4 | | |
| 　加：其他业务利润 | 5 | | |
| 　减：销售费用 | 6 | | |
| 　其中：房租 | 7 | | |
| 　　　　运输费 | 8 | | |
| 　　　　工资 | 9 | | |
| 　　　　管理费用 | 10 | | |
| 　　　　财务费用 | 11 | | |
| 二、营业利润 | 12 | | |
| 　加：营业外收入 | 13 | | |
| 　　　投资收益 | 14 | | |
| 　　　补贴收入 | 15 | | |
| 　减：营业外支出 | 16 | | |
| 三、利润总额 | 17 | | |
| 　减：所得税费用 | 18 | | |
| 四、净利润 | 19 | | |

备注：当出现亏损时，用"－"号填列。

表 10-7　全年现金流计划

单位：元

| | 金额　　月份　项目 | 1 | 2 | 3 | 4 | 5 | 6 | 7 | 8 | 9 | 10 | 11 | 12 | 合计 |
|---|---|---|---|---|---|---|---|---|---|---|---|---|---|---|
| 现金流入 | 月初现金余额 | | | | | | | | | | | | | |
| | 现金销售收入 | | | | | | | | | | | | | |
| | 家庭贷款 | | | | | | | | | | | | | |
| | 银行贷款 | | | | | | | | | | | | | |
| | 投资收入 | | | | | | | | | | | | | |
| | 现金流入总额(A) | | | | | | | | | | | | | |
| 现金流出 | 办公日常用品(A4纸、办公用笔、粘贴工具、装订工具、时钟、日历 | | | | | | | | | | | | | |
| | 业主工资 | | | | | | | | | | | | | |
| | 员工工资(正式员工＋兼职) | | | | | | | | | | | | | |
| | 租金 | | | | | | | | | | | | | |
| | 营销费用 | | | | | | | | | | | | | |
| | 公共事业费 | | | | | | | | | | | | | |
| | 保险费 | | | | | | | | | | | | | |
| | 登记注册费 | | | | | | | | | | | | | |
| | 其他(电话费) | | | | | | | | | | | | | |
| | 税金 | | | | | | | | | | | | | |
| | 现金流出总额(B) | | | | | | | | | | | | | |
| | 月底现金余额(A－B) | | | | | | | | | | | | | |

表 10-8 现金流量表

编制单位：××××××××× 　　　年　　月　　日　　　　　　　单位：元

| 项目 | 行次 | 金额 |
|---|---|---|
| 一、经营活动产生的现金流量： | | |
| 销售商品、提供劳务收到的现金： | | |
| 收到的税费返还： | | |
| 收到的其他与经营活动有关的现金： | | |
| 现金流入小计 | | |
| 购买商品接受劳务支付的现金 | | |
| 支付给职工以及为职工支付的现金 | | |
| 支付的各项税费 | | |
| 支付的其他与经营活动有关的现金 | | |
| 现金流出小计 | | |
| 经营活动产生的现金流量净额 | | |
| 二、投资活动产生的现金流量： | | |
| 收回投资所收到的现金 | | |
| 取得投资收益所收到的现金 | | |
| 处置固定资产、无形资产和其他长期资产所收回的现金净额 | | |
| 收到的其他与投资活动有关的现金 | | |
| 现金流入小计 | | |
| 购建固定资产、无形资产和其他长期资产所支付的现金 | | |
| 投资所支付的现金 | | |
| 支付的其他与投资活动有关的现金 | | |
| 现金流出小计 | | |
| 投资活动产生的现金流量净额 | | |
| 三、筹资活动产生的现金流量： | | |
| 吸收投资所收到的现金 | | |
| 取得借款所收到的现金 | | |
| 收到的其他与筹资活动有关的现金 | | |
| 现金流入小计 | | |
| 偿还债务所支付的现金 | | |
| 分配股利、利润和偿付利息所支付的现金 | | |
| 支付的其他与筹资活动有关的现金 | | |
| 现金流出小计 | | |
| 筹资活动产生的现金流量净额 | | |
| 四、汇率变动对现金的影响 | | |
| 五、现金及现金等价物净增加额 | | |

## 10.5.12 风险控制

风险控制部分主要是向投资人介绍企业在项目实施过程中可能遇到的风险以及应对风险的解决办法或防范风险的措施。在谈及风险时主要根据企业的具体情况从以下几个方面进行考虑：
① 技术开发风险；
② 经营管理风险；
③ 来自生产过程中的风险；
④ 竞争对手引发的风险；
⑤ 市场开拓风险；
⑥ 政策风险；
⑦ 财务风险。

## 10.5.13 附录

附录是商业计划书的结尾部分，主要包括补充性支撑材料。比如，市场调查问卷、数据分析、相关法律文书、专利证书复印件以及相关行业资料或技术资料。

### 风险在哪里？

创业者设计商业计划书时一定要考虑创业的风险情形。请为下列的创业项目进行简单的风险评估。说出这些项目的主要风险是什么。

| 创业项目 | 风险描述 |
| --- | --- |
| 1. 休闲度假庄园 | |
| 2. 婚纱影楼 | |
| 3. 绿色水果采摘园 | |
| 4. 云贵菜系餐馆 | |
| 5. 双语幼儿园 | |
| 6. 假日旅游公司 | |
| 7. 画廊 | |
| 8. 速递公司 | |
| 9. 垂钓园 | |
| 10. DIY 裁缝店 | |

## 10.6 撰写商业计划书常见的问题

一个成功的商业计划应该具有结构完整、层次清晰、目标明确、文字易懂、突出重点等特点。但是在撰写过程中,人们常常避免不了一些问题,这些问题主要有以下几种。

### 10.6.1 卖点过多

撰写者为了向投资人表达多渠道的利润来源,常常在计划书中堆积过多的卖点,使得主营业务不突出,从而使主营利润受到质疑。对中小企业的创业者来说,尤其应该注意对主营业务的把握。在向投资人阐述项目时,应该针对主营产品进行详尽的说明,而不是到处"撒胡椒面",这样会因为看不懂重点环节而使投资人对项目失去兴趣。

### 10.6.2 缺乏市场调研

撰写者在写计划书时,往往从自身的角度出发,长篇大论地谈自身产品或服务的特点及优势,过多地进行主观想法的描述,而缺乏客观的行业分析和市场调研,尤其缺乏真实的调研数据,无法用客观数据去说明企业所提供的产品或服务是否具有市场需求。这会使投资人认为计划者对行业的了解有限,从而使其投资信心大打折扣。

### 10.6.3 市场数据缺乏针对性

为了获得投资人的认可,创业者在撰写计划书时为增加计划书的真实性和可信性,常常会用到一些数据去描述所进入的行业或市场,以显示未来乐观的前景。但是,这些数据大都是一些国家的宏观数据,它们对说明本地市场的真实需求状况不具有参考价值。因此,创业者在撰写计划书时,应该着眼于本地区的具体市场进行调研,并采用本地区的真实数据来描述市场的客观状况,否则,那些缺乏针对性的数据根本不会使投资人了解到本地市场的真实需求。

### 10.6.4 缺乏竞争对手分析

在创业计划书中通常应该分析竞争对手的情况,包括行业内的现有企业数量、谁是企业直接的竞争对手、竞争对手的优势和劣势分析以及竞争对手产品和服务的分析。不分析竞争对手的情况会对公司未来面临的危机缺乏认识。头脑清楚的创业者应该非常了解他们所面临的竞争处境。一个可靠的商业计划应该交代清楚关于竞争对手的详细情况,以及为什么这项创业方案具有超越竞争对手的竞争优势。

### 10.6.5 重利润不重现金流

在撰写商业计划书时,大多数人会把精力放在利润而不是现金流上。人们的思考逻辑常常是:我们需要多少成本?可以卖出多少产品?以及每件货品可能产生多少利润?但是要知道,这些数字都是理论上的预期,而不是真实的利润进账。真实的利润进账应该是建立在一笔笔正向现金流的基础上的。现金流状况决定利润水平。所以,创业者面对的真实情境应该是:需要花多少现金购买原材料?需要花多少现金支付拖欠货款?需要花多少钱支付水电费?需要花多少钱购置面粉机?需要花多少钱缴纳税费?卖出一个产品可以收回多少钱?一个月内能进账多少钱?……所有的这一切都还不是经营利润,而是现金的流动。当某个关键环节缺乏现金支撑时,后面的利润将成为泡影。因此,了解现金流是至关重要的。有些投资人甚至提出:如果你的商业计划书只有一个表,那么就应该是现金流量表。虽然这种说法很夸张,但是,它提醒创业者:在关注利润之前应该先关注现金流。

### 10.6.6 团队成员介绍不到位

在商业计划书中,计划者对团队成员的介绍常常很不到位。他们一般只提供一个组织结构图或者管理框架图,实际上,这个并不是投资人最关心的事情。那么,投资人关心什么?我们常常听到业内人士的一种说法:宁可投资一流的团队、二流的项目,也不愿投资一流的项目、二流的团队。这句话足以说明在商业计划书中团队介绍应该是重点内容。投资商重视的是人,是能把项目做成功的人。因此,在介绍团队的时候至少应该包含以下内容:创业者自我介绍、团队成员的背景和经验以及个性特征、成员以前取得的成绩和技术资质以及相关的经营经验或者打工实习的经历。这些介绍能够帮助投资人对创业团队有更清晰的了解。

### 10.6.7 财务数据不真实

在撰写商业计划书时,一些计划者在描述财务数据时的确遇到了很大障碍。由于创业计划还没有真正地实施,所以,根本无从知晓具体的财务运营数据,很多数据只是靠想象甚至瞎编来完成。这样一来,投资者最为关心的内容成为最不靠谱的内容,最终使得投资人对商业计划产生怀疑。因此,创业者在提交商业计划书时应该特别注意财务数据的真实性,一定要尽可能客观地计算和说明总投资额、盈亏平衡点、保本销量、第一年销售收入、第一年净利润以及投资回收期等,这些数据决定了投资人的最终决策。

### 10.6.8 盈利模式不清楚

所谓盈利模式不清楚是指,在商业计划书中,创业者对于通过怎样的渠道来赚钱交代不清楚。这里说的模式应该是有规律性的、可以把握的、可以借鉴的、可以持续的。如果创业者在计划书中不能清晰地说明赚钱的模式,投资人看不到稳定的赚钱路径,他们是不会对项目进行投资的。

## 案例讨论

### 案例一:宠物托养店经营方案

人人都说宠物的钱容易赚,但随着越来越多竞争者的加入,赚宠物的钱也不那么容易了。先前比较流行的宠物医院和宠物用品商店,由于商家过多,已造成销售额下降,生意运作逐渐步入低谷。

北京市东城区有一家"宠物托养所",它以其独特的经营方式受到了广大宠物主的青睐。当你走进店家便会发现有几只小狗正悠闲地走来走去,而旁边则是一句"为心中的它找一个温暖的家"的广告语。开业半年来,这句充满人情味的广告语已基本为附近的居民所熟悉。

据这家宠物托养所的店主张芳女士介绍:前年国庆节前夕,她们打算去香港旅游,可是临行前家中的几条宠物狗没人照看,后来不得不取消了旅游计划。不过,这次贻误的旅游却给张芳带来了新的商机,她心想:我自己的难处也可能是广大宠物饲养者共同的难处所在。如果为宠物找个地方托养,不也正好满足了广大宠物爱好者的愿望吗?想到此,她决定开设一家宠物托养所。

有了这个打算后,张芳便开始进行市场调查和选址工作。调查发现,有宠物托养需求的顾客主要是一些经常外出且具有较强经济实力的人。按照这个思路,市内高档楼盘自然成了理想的店址。张芳最终将店址选在繁华的市区。她通过物业公司了解到,东城区某小区的人数很多,仅登记在册的宠物狗就有5000多条,而且这些住户比较容易接受新生事物。

在经过紧张的筹备后,张芳的托养所开张了。虽然只有60平方米的面积,但宠物生活用具却一样也不少。除此之外,她还聘请了几位工人专门负责照料宠物衣食起居。

张芳的收费标准很独特,分带粮和不带粮两种。对于自带口粮的宠物,收费标准按宠物的体重计算:10公斤以下的15~25元/天,10公斤以上的25~35元/天。由于饲养这些宠物大多数需要用进口粮食,因此对于不带粮的则按体重差异加收10~15元/天。

张芳的运作管理程序也非常简单。顾客先填写一张表格,包括宠物吃什么、一天喂几次等宠物习性以及双方的责任权利的范围。接下来,张芳要给宠物做一系列诸如测体温等简单体检,防止有传染病的宠物入园。当托管到期后,顾客只需交纳规定的托管费用,即可领回宠物。张芳说,由于刚起步经营,业务量不多,每个月的平均收入在6000元左右。

除托养外,张芳还在店内经营一些进口宠物食品、玩具、饰物等,同时还对外承接给宠物洗澡、修剪毛、扎辫子、去虱子、修剪指甲等业务。目前,这些业务占整个宠物托养所收入的一半多。因此,每个月的营业额在1.5万元以上。

张芳说:要办好一个宠物托养所,还得具备一些饲养宠物和防治宠物常见疾病的基本知识,有条件的话最好到正规的宠物医院接受专业的培训。宠物托养所开张之前,还要做必要的舆论宣传。由于宠物托养所一般都开设在小区内,因此做广告宣传要在小区附近,这样做既可以节省一定的开支,又能获得较为突出的效果。

由于宠物托养所刚刚出现,业务范围还比较狭窄,张芳的小店还算独领风骚的一家。

(资料来源:根据北京创业网"宠物托养店经营方案"改编)

**小组讨论：**

（1）张芳的宠物托养所的盈利模式是怎样的？

（2）替张芳想一想，宠物托养所如何才能扩大收入规模。

（3）你们认为经营宠物托养所都有哪些风险？如何防范这些风险？

案例二：DIY 服装设计网站揭秘

最近在城市近郊出现了不少"自己做东西"（DIY）的小店铺。这些店铺的被光顾率很高，大多需要顾客提前预订。比方说 IKEA 推出这类活动时，可能一两天内就被订光。最爱光顾这些 DIY 小店的顾客通常是年轻白领、在校学生或是幼儿园的小朋友。小朋友可以自己彩绘瓷器、画油画、捏黏土、做木工……店家的门票价格虽然不便宜，但是孩子的父母仍然带着孩子时常光顾，因为这些爸爸妈妈都愿意为孩子的快乐体验花大把的钱。

看起来，开个特色 DIY 小店还是蛮受欢迎的。但是，如果你认为这种 DIY 的模式只能通过实体店铺的形式来经营那就错了。在网上照样可以享受 DIY 的乐趣。我们可以去拜访一个名为"给孩子的 DIY 网站"（FashionPlaytes.com），看看他们是怎样为孩子们带来网上 DIY 的快乐。

这家网站创立于 2009 年，先后获得 150 万美元和 400 万美元的风投资金支持。他们打的是"DIY 流行"牌，主要目标是 6～14 岁的"小女生"。来到这个网站，你发现"什么都可以做"比如上衣、裤子、内衣、外套，还有各式各样的包包。很多父母看到这个网站都会引发"自己也想做一个！"的冲动，因为这种经历实在太好玩了。这是一个很有潜力的市场，在这些网络 DIY 经历的背后是来自父母们的强大购买力。那是一个有着 430 亿美元的大市场，一个为小女生提供快乐童年经历的市场。这家网站从那些小女生的在线行为，去推敲现在孩子们喜欢什么。他们还找来一群深度使用者，成立了"Fashion Advisory Board"（流行趋势咨询会），让大人们在设计新的款式时，可以问问这些小朋友，她们喜欢什么。

在人人都说赚钱难的今天，照样有人把现金流源源不断地注入自己的蓄水池。他们不是天才，他们也不是幸运儿，他们是生活的观察家。那些简单的创富秘密都隐藏在不经意的需求中，快去发现吧，财富就在那里。

（资料来源：根据"策划那些事"网站"DIY 服装设计网站揭秘"改编）

**小组讨论：**

（1）你们认为这个网站吸引风险投资人的理由是什么？

（2）如果你们是网站的经营者，你们如何推销这个网站？

（3）想象一下，还有哪些项目可以通过网络 DIY 的形式经营？

案例三：余额宝 PK 传统银行

阿里巴巴的投资平台——余额宝，对银行业的未来盈利来说无疑是个巨大的威胁。自上线 6 个月以来，余额宝在中国已有了逾 3000 万注册用户。起初，阿里巴巴对余额宝的宣传定位是，帮助用户管理在线支付账务里富余资金的平台。如今，余额宝正在变成一款比这一定位强大得多的产品，即传统银行存款的直接替代品。

据英国《金融时报》基于官方数据的计算，自 2013 年 6 月份以来，中国企业和个人每向中国各银行存入 12 元人民币，就会往余额宝户头存入约 1 元人民币。尽管与中国银行体系的存款总额相比,余额宝吸纳的资金仍然很少,但资金从银行流向余额宝的速度正在不断加快。在这一过程中,余额宝可能会颠覆中国受到国家保护的金融业的行业规则,逐步破坏银行业盈利模式,并将权力转移至存款人一方,这开始引起银行业的惊慌。

某跨国银行的一名分析师表示:"这可能会彻底改变游戏规则。就中低收入顾客群而言,互联网金融是银行面临的最大威胁。"

以2013年11月为例,该月银行活期存款年利率只有0.35%,而同期余额宝的平均年化收益率约为5%。因此,余额宝带来如此巨大的需求也就毫不奇怪了。自2013年6月上线以来,余额宝很快成为中国最成功的货币市场基金。到2014年1月为止,余额宝已筹集了2500亿元人民币,它所对接的天弘基金是首支达到千亿级别的货币市场基金。

2013年10月,阿里巴巴收购了该基金公司大部分股权。分析人士称,天弘将所有余额宝资金都投入了货币市场基金,主要包括银行间贷款及部分短期债务证券。因此,余额宝的现金大部分最终仍流入银行,不过这些现金的回报率是按照市场价格确定的,而不是按照由政府控制的利率确定。换句话说,余额宝正走向利率去监管化的道路。国内银行间利率的攀升部分反映出银行间的揽储竞争日益激烈。

阿里巴巴曾经有过一场势头很猛的营销活动。在北京和上海的地铁站里,贴着阿里巴巴的广告,这些广告的内容令人不能不怀疑它已将银行视为对手。广告中高调声称:"余额宝累计收益率(年化)……是活期存款的近14倍。"还有句广告词说:"支付宝钱包,会赚钱的钱包。"

(资料来源:根据英国《金融时报》中文版:"余额宝不断吸引传统银行储户"改编)

**小组讨论:**

(1) 余额宝的盈利模式与传统的银行盈利模式有什么区别?
(2) 余额宝这种盈利模式是否具有持续性?
(3) 传统银行的盈利模式会被取代吗?

## 课堂活动

### 活动一:设计你的创业计划书

1. 活动目的

学生根据创业设想去思考创业中的细节问题,切身体验企业家是怎样进行分析和决策的。引导学生把创业想法写成创业计划书。

2. 活动学时

9学时。

3. 活动环境

(1) 安排6个独立讨论的小空间,供学生分组讨论;
(2) 教室需备有白板、白板笔、多媒体电脑。

4. 活动道具

道具一:《创业设想》卡片。

创业设想1："时光锁"影像工作室
——为家庭设计制作艺术影集或艺术录像资料

创业设想2：暖香咖啡屋
——开一家有格调的咖啡店

创业设想3：宠物欢乐园
——提供与宠物相关的餐饮、服装、游玩、寄宿等服务

创业设想4：生态摄影馆
——为顾客提供具有独特的天然绿色环境装饰效果的大型室内摄影服务

创业设想5：探险者乐园
——提供探险旅游服务

创业设想6：家庭园艺坊
——为家庭提供室内园艺设计、植物栽培、养护指导等服务。

创业设想7：私人厨艺大师
——为家庭提供周末聚餐、家宴、纪念日家庭餐等服务。

创业设想8:个性T恤设计工作坊
——提供各种个性化T恤设计服务。

道具二:《创业计划书思考程序表》。

**表10-9 创业计划书思考程序表**

| 序号 | 思考问题 |
|---|---|
| 1 | 描述你们的创业设想。 |
| 2 | 你们提供什么产品或服务? |
| 3 | 描述一下你们的盈利模式 |
| 4 | 谁是你们的顾客? |
| 5 | 你们的店铺地点在哪里? |
| 6 | 你们用什么方法或营销手段吸引顾客关注你们的产品甚至购买你们的产品? |
| 7 | 谁可能是你们的竞争对手? |
| 8 | 你们产品或服务需要多少投资?——固定资产和流动资产。 |
| 9 | 你们需要多少启动资金? |
| 10 | 你们如何为产品或服务定价? |
| 11 | 你们公司的企业性质、组织形式是怎样的? |
| 12 | 描述一下你们的创业团队。 |
| 13 | 描述一下你们需要多少员工,如何招聘员工。 |
| 14 | 你们如何为员工设定工资? |
| 15 | 你们产品的成本是如何计算的? |
| 16 | 你们的竞争对手是谁? |
| 17 | 你们通过什么渠道向顾客出售产品或服务? |
| 18 | 你们每个月的销售收入是多少? |
| 19 | 你们大概什么时候能收回成本? |
| 20 | 描述一下你们可能面对的风险。 |

5.活动步骤

(1)教师事先准备好8张《创业设想》卡片,供学生分组抽签。

(2)教师事先将8份《创业计划书思考程序表》打印出来备用。

(3)将全班分成8个小组,每组约4人。

(4)教师向每个小组布置任务:每个小组的任务都写在创业设想卡片上了。各小组以抽签的形式拿到本小组的创业设想卡片,并按照卡片所给出的创业设想去设计本小组的创业计划书。小组成员可以分工协作,对《创业计划书思考程序表》中的问题做出回答。

(5)为了更好地了解企业产品在市场中的需求情况,各个小组要根据前面模块所学的营销知识设计一个市场调查问卷表,并向其他小组成员进行小规模模拟问卷调查。每个小组要对收集到的数据进行分析,然后将本小组营销方案写进计划书。

(6)每个小组将本小组的创业计划设想以PPT的形式展现给大家,并通过演讲,向大家介绍本小组的行动设想。

(7)教师对每个组的表现进行点评,并为每个小组打分。

(8)每个小组分享学习心得,派代表发言,谈一谈从别的小组的演讲中学到了什么?有哪些收获?

**活动二:创业计划书的问题在哪里?**

1. 活动目的

让学生们以投资人的眼光去阅读一份有缺陷的创业计划书,并给计划书挑毛病,从而训练他们发现问题、分析问题、解决问题的能力。

2. 活动学时

1学时。

3. 活动环境

(1)安排6个独立讨论的小空间,供学生分组讨论。

(2)教室备有白板、白板笔、多媒体电脑。

4. 活动道具

一份有缺陷的创业计划书。

5. 活动步骤

(1)把全班学生分成6个小组,每个小组约6~8人。

(2)教师向学生说明本次课堂活动的目的,并对学生提出要求:找出创业计划书中至少5个突出问题,并尝试着进行修改。

(3)教师将提前打印好的创业计划书发给学生,每人1份。该计划书可以是曾经参加"创青春"创业大赛被淘汰的计划书。

(4)学生们分组讨论。讨论结束后,每个小组派代表向全班介绍该小组的分析结果。

(5)教师对课堂活动进行总结,并逐一分析这份有缺陷的创业计划书所存在的问题。

**活动三:设计我们企业的LOGO**

1. 活动目的

通过创作自己企业的LOGO,启发学生的创新思维。

2. 活动学时

0.5学时。

3. 活动环境

活动桌椅拼成6个独立空间。教室备有白板、白板笔。

4. 活动准备

A4纸若干张,彩笔6~8盒。

5. 活动步骤

(1)根据活动1为自己确立的创业领域,将全班分为四个小组。每组若干人。

(2)每个小组选择一个成员的具体创业领域,设想几个年轻人正打算创建新公司,为公司起一个有吸引力的名字。

（3）为企业设计LOGO。

（4）小组代表在全班分享设计的初衷和想法，介绍LOGO的含义。

### 思考与实践

1. 拜访一位投资人

学生们真实地去拜访一位投资人，并与之交谈，了解以下信息：该投资人最大一笔投资是什么项目？最失败的一笔投资是什么项目？目前最赚钱的投资项目是怎样的盈利模式？商业计划书中关键的环节是什么？

2. 拜访一家中小型科技公司

学生们真实地去拜访一家中小型科技公司，了解以下信息：该公司的盈利模式是什么？如果有投资人愿意出资支持该公司，他们需要做哪些努力去获得投资人的信任？

3. 比萨店的商业计划

以团队的形式进行讨论：一家新创办的比萨店的商业计划与一家现有的比萨店的商业计划之间有什么区别？

# 参 考 文 献

[1] 祖辉.我拿什么去创业[M].北京：中国物资出版社,2009.
[2] 金龙.打好工才能创好业[M].北京：台海出版社,2009.
[3] 周锡兵.智者的反省：创业家经典名言的智慧[M].北京：新世界出版社,2008.
[4] 曼昆.经济学原理[M].北京：北京大学出版社,2015.
[5] 高鸿业.西方经济学[M].4 版.北京：中国人民大学出版社,2007.
[6] 梁小民.西方经济学教程[M].北京：中国统计出版社,2012.
[7] 盛洪.经济学精神[M].上海：上海三联书店,2003.
[8] 王则柯.你身边的经济学[M].北京：中信出版社,2008.
[9] 张玉利.创业管理[M].北京：机械工业出版社,2013.
[10] 汪艳丽.大学生心理素质训练[M].北京：高等教育出版社,2015.
[11] 郭本禹,姜飞月.自我效能理论及其应用[M].北京：人民邮电出版社,2004.
[13] 路桑斯·F.心理资本[M].李超平,译.北京：中国轻工业出版社,2008.
[14] 克里斯托弗·彼得森.打开积极心理学之门[M].侯玉波,等译.北京：机械工业出版社,2010.
[15] 樊富珉.团体心理咨询[M].北京：高等教育出版社,2007.
[16] 共青团中央,中华全国青年联合会,国际劳工组织.大学生 KAB 创业基础[M].北京：高等教育出版社,2007.
[17] 李时椿.创业管理[M].北京：清华大学出版社,2015.
[18] 张志军.CEO 成长手册[M].北京：中华工商联合出版社.2006.
[19] 荆新,王化成,刘俊彦.财务管理学[M].北京：中国人民大学出版社,2015.
[20] 劳动和社会保障部.改善你的企业——成本核算[M].北京：中国劳动社会保障出版社,2005.
[21] 罗伯特·C.希金斯.财务管理分析[M].北京：北京大学出版社,2004.
[22] 卢家仪,蒋冀.财务管理[M].北京：清华大学出版社,2006.
[23] 陆正飞.财务管理[M].大连：东北财经大学出版社,2010.
[24] 斯坦利·B.巴洛克,等.财务管理基础[M].北京：机械工业出版社,2010.
[25] 吴立范,周天芸.公司财务管理[M].北京：机械工业出版社,2010.
[26] 菲利普·科特勒,凯文·莱恩·凯勒.营销管理[M].北京：中国人民大学出版社,2012.
[27] 范铁明.服装品牌营销与市场策划[M].重庆：重庆大学出版社,2011.
[28] 尹庆民,等.服装市场营销[M].北京：高等教育出版社,2013.

[29] 韩志辉. 创造附加值[M]. 北京：北京大学出版社, 2007.

[30] 里斯, 特劳特. 定位[M]. 北京：中国财政经济出版社, 2003.

[31] Jerome Katz, Richard P. Green. Entrepreneurial Small Business3rd Edition[M]. NewYork：McGraw－Hill, 2011.

[32] 曾照英, 王重鸣. 关于我国创业者创业动机的调查分析[J]. 科技管理研究, 2009(9).

[33] 杨樱, 沈从乐. 柯达：一个伟大的公司和一个失去方向的行业[J]. 第一财经周刊, 2012(2).

[34] http://www.entrepreneur.com/ Elements of a Business Plan.

[35] Alvin Chan, Entrepreneurship：What does it REALLY mean? http://www.zeromillion.com